Renaissance Kamite : Héritage, Identité et Modernité

Du même auteur,
- Le Cri de l'innocence
- Solitude, l'enfance (volume 1)
- Solitude, révolte (volume 2)
- Akoni Yoruba
- Voleurs d'âmes
- Toya, Dahomey (volume 1)
- Toya, Haïti (volume 2)
- Nos Héroïnes noires : 30
- Insoumis
- Renaissance Kamite : Héritage, Identité et Modernité
- L'Ombre oubliée
- Khepri l'Egyptien

Retrouvez Gabriel sur l'ensemble de ses réseaux,

Gabriel Souleyka

www.gabrielsouleya.com / www.tiolejafilms.com

Renaissance Kamite : Héritage, Identité et Modernité

Essai

GABRIEL SOULEYKA

Édition : BoD · Books on Demand, 31 avenue Saint-Rémy,
57600 Forbach, bod@bod.fr
Impression : Libri Plureos GmbH, Friedensallee 273,
22763 Hamburg (Allemagne)
Dépôt légal : Janvier 2025

© 2024 Gabriel Souleyka
Tous droits réservés,
ISBN : 978-2-3225-3310-7
Tous droits de traduction, de reproduction et d'adaptation réservés
pour tous pays.

AVANT PROPOS

Comme toi, j'ai été abreuvé par les œuvres du grand Cheick Anta Diop, magistrale composition sur des milliers de pages. J'ai modestement voulu apporter un éclairage à cette question du renouveau Kamite, non pas pour faire la leçon. Mais sincèrement susciter des réflexions, face aux enjeux de plus en plus vastes.

Plongez dans l'écriture de ce livre, pour s'immerger dans une mer vaste et profonde, où les échos des temps anciens, ceux de Kemet, résonnent encore avec une force inaltérable. C'est dans cette source de sagesse immémoriale que j'ai puisé la matière de ces pages, guidé par la conviction intime que notre passé, loin d'être une simple réminiscence, est une boussole. Une boussole pour orienter nos pas dans les tourments du présent et esquisser les contours d'un avenir plus lumineux, plus juste, et plus harmonieux.

J'ai arpenté les traces de cette histoire majestueuse, celle de Kemet, non seulement pour redécouvrir ses trésors spirituels et culturels, mais surtout pour en tirer des lumières capables d'éclairer les défis d'aujourd'hui, ceux que les peuples africains et leur diaspora continuent de relever. Ce livre est plus qu'une simple exploration intellectuelle ; il est une invitation. Une invitation à un voyage intérieur, une quête identitaire profonde, un appel à renouer avec la richesse de nos racines tout en tendant la main vers d'autres horizons, d'autres traditions, pour bâtir ensemble un monde où chacun trouve sa place.

Chaque chapitre, tel un morceau de ce grand puzzle qu'est l'expérience Kamite, explore un aspect de cette aventure humaine, des origines historiques à la renaissance moderne. Sur ce chemin, les écueils sont nombreux, les controverses inévitables, mais c'est dans l'adversité que naissent les plus grandes réflexions. Que ces pages, au fil de votre lecture, éveillent en vous des sources d'inspiration, des espaces de méditation, et surtout, un sentiment profond de fierté.

Le Kamitisme, avec sa spiritualité solidement ancrée dans la Maât, nous enseigne l'art de l'équilibre, la quête incessante de la justice et la valeur essentielle de la vérité. Il nous rappelle que, bien au-delà des frontières visibles, nous sommes tous reliés par un fil invisible et sacré, celui de la sagesse ancestrale. Et que notre mission, ici et maintenant, est de tisser ensemble ce futur fait de dignité et de liberté, où chaque être humain puisse marcher dans la lumière de ses ancêtres tout en s'ouvrant à l'universel.

A ceux qui en doutent, Kamite ce n'est ni une religion, ni une insulte et encore moins un sectarisme. Apprendre son histoire est un acte de résistance.

Gabriel Souleyka

Sommaire

Introduction
- ✓ Présentation du concept de Kamite
- ✓ Justification du sujet
- ✓ Objectifs de l'essai

Chapitre 1 : Origines et histoire du mouvement Kamite
- — Les racines historiques du Kamitisme
- — L'importance de Kemet (l'Égypte ancienne)
- — Naissance du mouvement Kamite moderne

Chapitre 2 : Identité Kamite à l'époque contemporaine
- Redécouverte et renaissance
- Être Kamite aujourd'hui
- Défis de l'identité Kamite

Chapitre 3 : Kamitisme, Spiritualité et Religion
- Le rôle de la spiritualité Kamite
- Contraste avec les religions abrahamiques
- L'importance de la Maât

Chapitre 4 : Kamitisme, Culture et Politique
- Le mouvement panafricaniste et Kamite
- La culture Kamite à travers les arts et la littérature
- Conscience politique et action

Chapitre 5 : Défis et controverses dans le Kamitisme
- Critiques du mouvement Kamite
- Kamites et autres identités

Chapitre 6 : Être Kamite dans la diaspora
- La question diasporique
- Kamitisme et décolonisation des mentalités

Conclusion

Annexes : Bibliographie

Introduction

Présentation du concept de Kamite
Le terme "Kamite" s'inscrit aujourd'hui dans une quête profonde de redécouverte et de réaffirmation de l'identité africaine et afrodescendante. Au-delà de son apparence étymologique, il résonne comme un appel à une mémoire ancienne, une mémoire qui transcende les frontières géographiques, temporelles et même spirituelles. **Kemet**, nom originel de l'Égypte antique, signifie "la terre noire". Cette appellation se réfère non seulement à la fertilité des sols nourris par les crues du Nil, mais aussi à la couleur de peau de ses habitants, un peuple qui a bâti une des civilisations les plus avancées de l'Antiquité. La "terre noire", dans ce cadre, est bien plus qu'une simple désignation géographique : elle incarne une métaphore vivante de la richesse matérielle, intellectuelle et spirituelle de cette civilisation.

Kemet, bien plus qu'un territoire, fut un phare. Ses pyramides majestueuses, ses temples colossaux et ses textes sacrés gravés dans la pierre témoignent d'une sagesse et d'une connaissance dont l'écho a traversé les âges. Cette terre a été le foyer de penseurs, d'astronomes, d'architectes, de philosophes et de prêtres, dont les enseignements spirituels rayonnaient bien au-delà de la vallée du Nil. Dans ses racines réside une tradition intellectuelle et culturelle d'une profondeur inégalée, dont l'empreinte se retrouve aujourd'hui dans les idées et les mouvements qui redéfinissent l'identité africaine et la diaspora noire. Pourtant, dans le monde contemporain, ce lien avec Kemet a parfois été dénaturé, ridiculisé, ou même combattu. Certains qualifient le mouvement Kamite de "communautarisme" ou d'idolâtrie, cherchant à miner sa légitimité historique et à fragmenter l'unité des afrodescendants en quête d'identité. Des récits religieux sont mis en opposition avec la spiritualité Kamite, semant la discorde parmi ceux qui cherchent à se réapproprier leur histoire. Ces critiques, souvent énoncées par des voix extérieures, tentent de présenter les revendications Kamites comme un retour à des croyances archaïques ou un simple romantisme identitaire. Mais en réalité, ce mouvement n'est pas une révolte contre les autres croyances, ni une nostalgie d'un passé perdu. C'est une renaissance, une réconciliation avec ce que l'Histoire a souvent cherché à effacer.

Le Kamitisme, dans sa forme contemporaine, est une réponse directe à des siècles de colonisation mentale, où l'histoire africaine a été volontairement réécrite ou occultée. Renier cet héritage n'est pas une décision neutre ou un choix individuel, mais le résultat d'une longue dynamique d'effacement culturel et historique orchestrée par les puissances coloniales et impérialistes. L'oubli de Kemet, la distorsion de son histoire, sont des outils de domination qui ont réussi à couper une partie des peuples africains et afrodescendants de leurs racines. Ce reniement, cette rupture avec une civilisation source de sagesse et de spiritualité, a contribué à une crise identitaire profonde. Mais aujourd'hui, cette crise donne naissance à un réveil. Ce mouvement Kamite moderne, bien plus qu'un simple retour à l'antiquité, est une réaffirmation collective d'une identité éclatée, fragmentée par l'histoire. Il est une réponse à des siècles d'invisibilisation, une reconquête de la dignité. Pour ceux qui se revendiquent Kamites, il ne s'agit pas de revêtir les habits du passé, mais de réinterpréter cet héritage millénaire à la lumière des défis contemporains. En ce sens, Kemet devient un symbole vivant, non figé dans le marbre des musées, mais respirant à travers chaque individu qui choisit de renouer avec sa propre histoire.

Cet essai se veut une modeste contribution à cette renaissance. S'inscrivant dans la continuité des travaux de grands penseurs et historiens, il propose une exploration contemporaine du Kamitisme. Il ne s'agit pas simplement de célébrer le passé, mais d'interroger sa pertinence dans le monde actuel. Quels enseignements peut-on tirer de cette civilisation ancienne pour éclairer notre chemin aujourd'hui ? Comment le Kamitisme peut-il répondre aux crises identitaires que traversent tant de personnes de la diaspora africaine et afrodescendante ? Ce livre tentera d'apporter des réponses à ces questions en explorant les multiples facettes du Kamitisme, de la spiritualité à la culture, en passant par la politique. De même, il est important de souligner que la revendication Kamite ne se positionne pas contre d'autres traditions ou croyances, mais cherche à réhabiliter une histoire longtemps marginalisée. Le Kamitisme n'est pas une réaction de rejet, mais un acte d'auto-détermination. En affirmant leur appartenance à cette civilisation fondatrice, les Kamites d'aujourd'hui cherchent à redonner à l'Afrique et à sa diaspora la place centrale qui lui a été retirée dans le récit historique global.

Cet essai est aussi une invitation à tous ceux qui se sentent éloignés de leur identité, à regarder en arrière non pas avec nostalgie, mais avec fierté et dignité. La renaissance Kamite est un appel à la réappropriation d'une histoire volée, mais aussi une invitation à bâtir un futur collectif, en puisant dans les enseignements de Kemet des valeurs de justice, de vérité et de respect mutuel. En fin de compte, la quête Kamite n'est pas une simple recherche de racines. C'est un acte de résistance face aux forces qui ont cherché à effacer l'héritage africain, et c'est surtout une promesse de renouveau. Comme le Nil qui revient chaque année pour fertiliser la terre noire, le Kamitisme s'élève aujourd'hui pour nourrir les esprits et restaurer la fierté des peuples descendants de cette civilisation millénaire. Le choix du terme "Kamite" pour désigner les descendants des civilisations de l'Afrique ancienne n'est pas anodin. Il résulte d'une volonté consciente de reconnecter les diasporas africaines et leurs descendants à une histoire que l'on a tenté d'effacer à travers des siècles de traite négrière, de colonisation et d'oppression. La destruction méthodique des mémoires collectives et individuelles a été une arme puissante dans les récits eurocentriques, effaçant, distordant, et minimisant les réalisations des peuples africains. Être Kamite aujourd'hui, c'est d'abord et avant tout un acte de résistance. C'est une démarche militante visant à réaffirmer que l'Afrique et ses civilisations ne se résument ni à l'esclavage, ni à la colonisation. Elles remontent à des temps où l'Afrique brillait de sa propre lumière, où des civilisations comme **Kemet**, l'Égypte ancienne, élevaient l'humanité par leurs contributions à la science, la spiritualité et la culture.

Cette affirmation est d'autant plus puissante que les forces qui tentent de maintenir les descendants africains dans l'obscurantisme sont elles-mêmes nourries par l'ignorance. Toutefois, ces tentatives de marginalisation rencontrent désormais une opposition croissante : la génération de l'éveil, une génération qui redécouvre son patrimoine, qui refuse d'être définie uniquement par les récits imposés par l'Occident. Pour cette génération, être Kamite, c'est redonner voix à l'Afrique précoloniale, restaurer une dignité longtemps niée, et réinscrire cette mémoire collective dans le présent et l'avenir. Une figure pionnière de ce réveil est **Cheikh Anta Diop**, l'historien et anthropologue sénégalais dont l'œuvre a marqué un tournant décisif dans la réhabilitation de Kemet. Dans son livre **"Nations Nègres et Culture"**, Diop démontre, à travers une érudition rigoureuse, que la civilisation égyptienne est non seulement une civilisation africaine, mais qu'elle a influencé le monde antique de manière bien plus large que l'histoire traditionnelle ne l'admet. Pour Diop, la clé de l'émancipation africaine réside dans cette réappropriation des racines africaines profondes, dont Kemet représente l'emblème suprême.

Cheikh Anta Diop va plus loin que la simple revendication historique. Il souligne l'importance de comprendre que cette réappropriation n'est pas un simple exercice intellectuel, mais une nécessité pour restaurer la dignité africaine. Sa thèse selon laquelle l'Égypte ancienne, civilisation mère de l'Afrique, a influencé des cultures bien au-delà de ses frontières invite les Africains et les Afrodescendants à se réapproprier cette fierté historique. Cette démarche ne consiste pas seulement à dire que l'Afrique a été une grande civilisation, mais à affirmer que ses idées, ses connaissances et sa culture ont profondément marqué le développement de l'humanité. Dans cette veine, les travaux de **Kalala Omotunde**, **Doumbi Fakoly**, et **Théophile Obenga** ont contribué à approfondir et à élargir ce mouvement de réhabilitation historique. Ces intellectuels ont poursuivi la démarche de Diop, offrant des preuves irréfutables de l'appartenance africaine de l'Égypte antique et mettant en lumière la continuité des traditions philosophiques, spirituelles et culturelles qui traversent l'histoire africaine. **Kalala Omotunde**, par exemple, a minutieusement documenté les échanges culturels entre l'Égypte et les autres civilisations africaines, montrant que Kemet n'était pas isolée, mais faisait partie d'un vaste réseau de relations intra-africaines. Développant un raisonnement remarquable quant à l'apport scientifique de Kemet à l'humanité.

Pour les Kamites modernes, revendiquer cette histoire, c'est affirmer que l'Afrique n'a pas seulement été le berceau de l'humanité, mais aussi une force créatrice majeure dans le développement de la civilisation mondiale. C'est un message radical, car il remet en question des siècles de marginalisation et de désinformation, remplaçant les images stéréotypées de l'Afrique par une histoire riche de conquêtes intellectuelles et spirituelles. Mais cette réappropriation n'est pas sans obstacles. Certaines critiques du mouvement Kamite pointent du doigt l'essentialisation de cette identité. D'aucuns estiment que certains Kamites tombent dans le piège d'une glorification excessive du passé, oubliant que le présent et le futur demandent aussi de nouveaux engagements. Ces critiques font partie des tensions internes au mouvement, et elles reflètent un dilemme plus large auquel sont confrontés les mouvements de réappropriation identitaire : comment éviter de se figer dans un passé idéalisé tout en utilisant ce passé comme tremplin pour affronter les défis contemporains ? Un autre aspect critique du mouvement Kamite moderne est la manière dont certains utilisent ce discours à des fins personnelles, parfois pour s'enrichir, en détournant l'essence de la revendication historique. Ces dérives ne doivent pas éclipser la légitimité du mouvement, mais elles posent la question de l'intégrité dans l'engagement. Le véritable Kamitisme, celui fondé sur les enseignements de Kemet et les luttes de figures comme Cheikh Anta Diop, ne peut être dissocié de valeurs éthiques fortes, à l'image de la **Maât**, ce concept central de la civilisation égyptienne qui prône la justice, la vérité, et l'équilibre.

Aujourd'hui, la réappropriation de Kemet représente bien plus qu'un simple exercice de mémoire historique. Elle est un appel à l'unité africaine et une exigence de transformation politique, sociale et culturelle. Les descendants des peuples africains, dispersés à travers le monde, trouvent dans cette réhabilitation un socle commun pour reconstruire une identité éclatée. Dans un monde en pleine mutation, cette quête identitaire est également un espace de résistance contre les forces de la globalisation qui tendent à uniformiser les cultures et à étouffer les voix des marges. L'importance symbolique de Kemet dans le Kamitisme réside dans sa capacité à rassembler les Afrodescendants autour d'une histoire commune, mais aussi à leur offrir un cadre spirituel, politique et culturel à partir duquel construire l'avenir. Les défis sont nombreux, mais la renaissance Kamite se veut un mouvement d'élévation, un mouvement qui ne cherche pas à rejeter les influences extérieures, mais à affirmer une identité propre, enracinée dans l'histoire, et tournée vers l'avenir.

Être Kamite aujourd'hui va bien au-delà d'une simple revendication identitaire ou d'une reconstruction historique. C'est une démarche holistique, spirituelle, et culturelle profondément ancrée dans les traditions africaines. Dans un monde globalisé, où les identités sont souvent fragmentées, éclatées, et redéfinies par les influences extérieures, le Kamitisme se dresse comme un chemin de réappropriation, un moyen de réconcilier les Afrodescendants avec une histoire trop souvent marquée par la violence, l'effacement, et l'oubli. Être Kamite, c'est s'engager dans une démarche de reconnexion à soi-même, à sa culture et à ses valeurs ancestrales, en puisant dans la profondeur spirituelle des peuples de l'Afrique ancienne. L'une des clefs fondamentales de cette renaissance est le retour à la **Maât**, cette philosophie éthique et spirituelle qui constituait le fondement de la civilisation égyptienne antique. La **Maât**, loin d'être une simple doctrine morale, est un principe cosmique universel qui incarne la vérité, la justice, l'harmonie et l'équilibre. Pour les Kamites contemporains, il ne s'agit pas de réinterpréter ces notions de manière académique ou de les emprisonner dans des récits passés. Au contraire, la **Maât** devient un guide pour réorienter la vie quotidienne, non seulement dans les relations humaines, mais aussi dans le rapport à la nature, à la société, et à l'ordre cosmique. Ce retour à la Maât, à la quête de la justice et de l'harmonie, est essentiel dans un monde où l'injustice, la division et la violence sont omniprésentes.

L'une des critiques que les Kamites rencontrent fréquemment provient des religions monothéistes qui considèrent souvent la redécouverte des spiritualités africaines comme une forme de paganisme ou d'idolâtrie. Ces critiques tendent à opposer la **Maât** à des systèmes religieux plus contemporains, comme le christianisme ou l'islam, en oubliant que cette philosophie est bien plus ancienne et n'est en aucun cas une religion polythéiste ou un culte idolâtrique. Au contraire, la Maât dépasse ces distinctions et n'aspire pas à diviser, mais à unir, à élever l'individu dans une quête de vérité personnelle et collective. Elle n'est ni exclusive ni dogmatique, mais bien plus un cadre moral qui guide l'individu vers une vie en accord avec les lois de l'univers. Dans cette optique, la **Maât** offre une alternative à un monde dominé par des dogmes rigides, en permettant aux individus de réintégrer les dimensions spirituelles et éthiques de leur existence dans une quête plus universelle de justice et d'équilibre. Pour les Kamites d'aujourd'hui, suivre les enseignements de la Maât, c'est s'inscrire dans une démarche de transformation, de régénération spirituelle et de reconquête culturelle.

Un penseur majeur qui a exploré cette idée de reconquête spirituelle est **Molefi Kete Asante**, figure clé du mouvement afrocentrique. Dans son ouvrage phare, **"Afrocentricity : The Theory of Social Change"**, Asante souligne l'importance de cette réorientation spirituelle pour les Africains et Afrodescendants. Pour lui, le retour à une conscience afrocentrée enracinée dans Kemet est crucial pour permettre aux populations africaines de retrouver leur dignité et de se positionner en tant qu'acteurs de leur propre histoire. Ce retour ne consiste pas à nier les influences extérieures ou à cultiver une identité fermée sur elle-même, mais plutôt à réaffirmer une **identité retrouvée**, basée sur des valeurs universelles et une spiritualité authentique. Cette spiritualité Kamite, enracinée dans l'héritage de **Kemet**, est également un espace de résistance. Elle représente une réponse à la fragmentation des identités et à l'aliénation causée par des siècles de colonialisme, d'esclavage, et de néocolonialisme. Être Kamite aujourd'hui, c'est revendiquer une appartenance à une histoire et une tradition qui dépassent les récits imposés par l'Occident, et c'est aussi se tourner vers un avenir où cette identité peut s'épanouir pleinement. En cela, le Kamitisme s'oppose aux divisions, aux cloisonnements, et aux étiquettes qui enferment l'individu dans des catégories réductrices. La **dimension spirituelle du Kamitisme** n'est pas séparée de sa dimension culturelle et politique. Elle est au cœur de cette réaffirmation identitaire, car elle permet de reconnecter les Afrodescendants à des racines profondes et de rétablir un lien avec leurs ancêtres. De plus, cette spiritualité ne s'arrête pas à la sphère religieuse ; elle influence également la manière dont les Kamites se positionnent dans la société contemporaine, en tant qu'acteurs de changement social et politique. Les **principes de la Maât**, tels que la justice, l'équité, la vérité et l'harmonie, deviennent des outils de résistance face aux injustices contemporaines. Ils constituent un cadre moral à partir duquel les Kamites peuvent réinventer leurs vies, réorganiser leurs communautés et redéfinir leur rôle dans la société. Aujourd'hui, dans un contexte marqué par la montée des inégalités, des violences policières, des discriminations raciales et des crises écologiques, la **Maât** offre un modèle de régénération éthique et sociale.

Être Kamite, c'est donc participer activement à la construction d'un monde plus juste. Ce n'est pas seulement une quête intérieure de spiritualité, mais aussi une démarche collective visant à créer des sociétés fondées sur l'harmonie et la justice. Dans cet esprit, **Cheikh Anta Diop** et ses successeurs ont toujours insisté sur l'importance de la **réappropriation culturelle** et **spirituelle** pour lutter contre les systèmes de domination qui continuent de marginaliser l'Afrique et ses descendants. Cette redécouverte de la spiritualité Kamite est un processus de guérison, un retour aux sources qui permet de renouer avec une histoire riche et noble, longtemps effacée ou déformée. En cela, elle représente une forme de résistance face à l'oubli et à la marginalisation. Pour les Kamites contemporains, il ne s'agit pas seulement de célébrer un passé glorieux, mais d'utiliser cet héritage pour construire un avenir fondé sur les principes d'unité, de justice et de respect de la diversité. C'est dans cette quête que réside la force du Kamitisme aujourd'hui. Dans un monde en mutation, où les questions identitaires et spirituelles sont plus que jamais au cœur des préoccupations des peuples, la renaissance Kamite se positionne comme une voie d'éveil et de transformation. Elle invite à une reconquête spirituelle et éthique de soi, mais aussi à une réorganisation des sociétés sur des bases plus justes et équitables. En s'inspirant de la Maât et de l'héritage de Kemet, les Kamites d'aujourd'hui s'engagent non seulement dans une redécouverte de leur passé, mais aussi dans la construction d'un futur plus lumineux pour les générations à venir. Le concept de Kamitisme se situe à l'intersection de la réaffirmation identitaire et de la résistance intellectuelle face à des siècles de distorsion historique. Depuis l'époque des conquêtes coloniales et de l'esclavage, le récit eurocentrique de l'histoire a façonné la perception mondiale de l'Afrique, souvent la réduisant à un continent sans histoire significative avant l'arrivée des Européens. Cette vision réductrice, imposée par les puissances coloniales, a non seulement alimenté une dévalorisation systématique des civilisations africaines, mais a également contribué à une déshumanisation des Africains et de leurs descendants à travers le monde. En les enfermant dans un schéma historique où ils étaient perçus comme des peuples sans culture propre, les récits dominants ont contribué à effacer leur rôle fondamental dans la construction de la civilisation universelle. L'éminent historien sénégalais **Cheikh Anta Diop** a brillamment exposé ce problème dans ses œuvres. L'ensemble de ses livres démontrent les théories racistes qui soutenaient que les civilisations avancées, comme celle de Kemet, n'étaient pas africaines, mais venues d'ailleurs. En s'appuyant sur des preuves archéologiques, linguistiques et culturelles, Diop a restauré l'image de Kemet comme une civilisation éminemment africaine, qui a influencé l'ensemble du monde antique, des Grecs aux civilisations asiatiques. Ce travail n'a pas seulement permis de réhabiliter l'histoire africaine, il a également donné aux Afrodescendants les outils nécessaires pour comprendre que leur héritage va bien au-delà de la traite négrière et de la colonisation.

Cette distorsion historique, qui persiste encore de nos jours, est une tentative délibérée de nier la contribution immense des peuples africains à la construction du monde moderne. Lorsque des figures comme **Hegel** déclarait que l'Afrique n'avait pas d'histoire, ou lorsque les manuels scolaires occidentaux ignoraient les grandes civilisations africaines, ce n'était pas par ignorance, mais par choix politique. Une négation, une réécriture de l'histoire a permis de maintenir l'Afrique dans une position subalterne, et de justifier les violences économiques et politiques infligées aux peuples africains pendant des siècles. Cette histoire falsifiée a contribué à ancrer dans l'imaginaire collectif l'idée que les Africains étaient des peuples sans apport significatif à l'histoire mondiale. Être Kamite aujourd'hui, c'est refuser cette invisibilisation et cette négation. C'est affirmer que les civilisations africaines, à commencer par **Kemet**, ont joué un rôle majeur dans l'histoire de l'humanité, et que cet héritage doit être réhabilité non pas seulement pour glorifier un passé, mais pour éclairer le présent et construire l'avenir. C'est une démarche de réappropriation intellectuelle, mais aussi une résistance culturelle et spirituelle face aux récits imposés. Le Kamitisme n'est pas un retour nostalgique à une époque révolue, mais une voie de reconstruction identitaire qui refuse de se limiter à la vision eurocentrique de l'histoire.

Dans un monde où la jeunesse afrodescendante est souvent en quête de modèles positifs, cette réhabilitation de l'histoire africaine est cruciale. Les jeunes générations, qu'elles vivent sur le continent africain ou dans la diaspora, sont souvent confrontées à un monde globalisé où leurs identités sont fragmentées, où elles subissent encore les effets des discriminations raciales et des stéréotypes qui découlent de cette distorsion historique. En se reconnectant à leur passé, elles trouvent des points d'ancrage, des récits qui valorisent leur héritage, et qui leur permettent de se projeter dans l'avenir avec une confiance renouvelée. Un exemple de cette renaissance est visible dans le mouvement afrocentrique des États-Unis, où des intellectuels et militant, ne cessent de le revendiquer. Il ne s'agit pas simplement de s'inspirer de Kemet pour nourrir une fierté identitaire, mais de réinvestir ces valeurs dans la transformation des sociétés modernes. Cette démarche, loin de se limiter à un espace intellectuel ou académique, se prolonge dans les arts, la littérature, la politique, et même les luttes sociales. Les artistes comme **Jean-Michel Basquiat**, avec ses œuvres qui réinterprètent l'héritage africain dans un contexte urbain moderne, ou les écrivains comme **Chinua Achebe**, qui ont réécrit l'histoire coloniale de l'Afrique à travers des romans puissants tels que *"Things Fall Apart"*, participent à cette réaffirmation de l'identité africaine dans le monde contemporain. Ces artistes, à travers leurs œuvres, rejettent les stéréotypes et les récits imposés pour redonner une voix à ceux qui ont été historiquement marginalisés. Être Kamite aujourd'hui, c'est donc à la fois une **quête de vérité** et un **acte de résistance**. C'est refuser de se laisser enfermer dans les récits colonisateurs et affirmer haut et fort que l'histoire africaine est riche, complexe, et a profondément marqué l'histoire de l'humanité. Mais il ne s'agit pas seulement de revendiquer ce passé glorieux ; il s'agit aussi d'en tirer des leçons pour construire l'avenir. En réintégrant les valeurs de Kemet, comme la **Maât**, dans la vie quotidienne, les Kamites d'aujourd'hui proposent une vision éthique du monde, fondée sur l'harmonie, la justice, et le respect des autres. Ces valeurs, qui semblent souvent absentes des sociétés contemporaines, peuvent constituer un cadre pour repenser les questions sociales, politiques, et même environnementales. Ainsi, le **Kamitisme contemporain** s'oppose aux récits eurocentriques, non pas par un simple rejet, mais par une **reconstruction positive** de l'histoire et de l'identité. Il s'agit de redonner aux Afrodescendants les moyens de se réapproprier leur passé, mais aussi de se projeter dans l'avenir avec fierté et assurance. Ce mouvement, qui se veut à la fois spirituel, intellectuel, et politique, est une réponse à des siècles de domination et de négation, et un outil puissant pour réécrire l'histoire à partir d'une perspective véritablement africaine.

Le Kamitisme ne doit en aucun cas être réduit à une simple exploration nostalgique d'un passé révolu. Il s'agit d'un mouvement profondément vivace, enraciné dans les réalités contemporaines, qui cherche à réhabiliter l'héritage culturel, historique et spirituel des peuples africains et de leurs descendants. À travers cette démarche, les Kamites rejettent la vision eurocentrique qui a longtemps cherché à minimiser, voire effacer, la contribution des civilisations africaines à l'histoire de l'humanité. Être Kamite aujourd'hui, c'est assumer pleinement une identité complexe, à la fois ancrée dans un passé glorieux et tournée vers un avenir libéré des schémas oppressifs qui ont marqué les siècles précédents. Cette renaissance est avant tout culturelle, et cela se reflète dans la réappropriation des récits, des symboles et des valeurs qui ont structuré les sociétés africaines avant l'irruption du colonialisme. Dans un monde où l'Afrique a été systématiquement réduite à la souffrance de l'esclavage et de la colonisation, le Kamitisme vient rappeler que l'histoire du continent s'étend bien au-delà de ces périodes sombres. Les Kamites se réapproprient l'histoire de **Kemet** et des autres grandes civilisations africaines pour affirmer que l'Afrique a une longue tradition de pensée, de spiritualité et d'organisation sociale qui peut encore inspirer les générations actuelles. Prenons par exemple le revival des arts traditionnels africains qui s'opère depuis plusieurs décennies, tant dans la diaspora qu'en Afrique même. Des artistes tels que **Yinka Shonibare** ou **Kehinde Wiley**, qui fusionnent les esthétiques africaines avec des éléments contemporains, participent activement à cette renaissance. Ces œuvres ne se contentent pas de célébrer un passé idéalisé ; elles explorent la manière dont cet héritage peut informer la modernité et donner naissance à de nouvelles formes d'expression. Les arts visuels, tout comme la musique ou la littérature, deviennent ainsi des lieux de résistance culturelle où le Kamitisme s'exprime pleinement. Sur le plan spirituel, le Kamitisme offre une réponse à l'aliénation engendrée par des siècles de domination coloniale et d'imposition religieuse. Il propose une alternative aux religions importées qui, bien que jouant un rôle central dans la vie de nombreux Africains et Afrodescendants, ont souvent contribué à la négation des spiritualités indigènes. En redécouvrant les enseignements de **Maât**, les Kamites renouent avec un système éthique fondé sur la vérité, la justice et l'équilibre cosmique. Contrairement à certaines conceptions religieuses qui mettent l'accent sur la soumission à une autorité divine extérieure, la spiritualité Kamite valorise la responsabilité individuelle et collective dans le maintien de l'harmonie universelle.

Dans ce sens, le Kamitisme peut être vu comme une forme de **décolonisation spirituelle**. Il ne s'agit pas d'un rejet des croyances monothéistes, mais d'un retour aux sources, d'une réappropriation des fondements spirituels propres aux civilisations africaines précoloniales. Cette quête de spiritualité Kamite trouve un écho dans les mouvements de **reconnexion** des Afrodescendants à leurs racines spirituelles, comme on peut le voir à travers la popularité croissante des pratiques spirituelles basées sur les traditions africaines, que ce soit le vodou, l'ifa ou encore les cultes ancestraux bantous. Ce retour aux sources ne signifie pas un simple mimétisme des pratiques anciennes, mais plutôt une relecture contemporaine de ces traditions pour les adapter aux défis actuels. Les intellectuels contemporains de **Molefi Kete Asante** ou **Ngugi wa Thiong'o** ont également joué un rôle majeur dans cette renaissance en posant les bases d'une pensée Kamite moderne. Dans *"Afrocentricity"*, Asante insiste sur l'importance de replacer les Africains et Afrodescendants au centre de leur propre histoire, de réécrire le récit global à partir d'une perspective africaine. Cela implique non seulement une réhabilitation de l'histoire, mais aussi une refonte des systèmes de pensée et de valeurs qui ont été imposés par les anciens colonisateurs. Cette renaissance culturelle et spirituelle Kamite ne se limite pas à la sphère individuelle ; elle se traduit également par une **revendication collective** de la dignité et de la justice. Dans un monde toujours marqué par les inégalités raciales et les violences postcoloniales, le Kamitisme propose une vision alternative de la société. Il ne s'agit pas simplement de dénoncer les injustices, mais de proposer un cadre éthique basé sur les valeurs de **Maât** pour les surmonter. Ces principes d'équité et de respect peuvent être appliqués aux luttes contemporaines contre le racisme, la pauvreté, et l'exploitation des ressources africaines. Par exemple, l'idée de justice inhérente à Maât peut nourrir les mouvements de justice sociale et de réparation pour les descendants de la traite négrière et de la colonisation. Le **Black Lives Matter**, bien qu'ancré dans une réalité américaine, porte en lui certains des idéaux que l'on retrouve dans le Kamitisme, à savoir la reconnaissance de la valeur et de la dignité de chaque vie humaine, en particulier celles qui ont été historiquement dévalorisées. Dans un monde où la marginalisation des populations noires reste une réalité quotidienne, l'éthique Kamite offre une boussole morale pour guider les actions de ceux qui luttent pour l'égalité et la justice. En outre, l'idée d'**harmonie** présente dans la spiritualité Kamite trouve une application concrète dans les discussions contemporaines sur la **crise écologique**. La vision de l'équilibre entre l'homme et la nature, qui était au cœur de la civilisation de Kemet, peut fournir des solutions aux défis environnementaux actuels. En se réappropriant cette conception, les Kamites peuvent contribuer à repenser les relations entre les sociétés humaines et leur environnement, en favorisant des pratiques plus durables et respectueuses de l'écosystème.

Finalement, le Kamitisme incarne une **démarche de réconciliation** entre passé et présent, entre identité et modernité, entre spiritualité et action. C'est une renaissance qui appelle non seulement à la connaissance et à la fierté de son héritage, mais aussi à l'engagement actif pour transformer la société. En réintégrant les valeurs de Kemet, en se réappropriant leur histoire et leur spiritualité, les Kamites d'aujourd'hui construisent une nouvelle voie vers une émancipation collective qui transcende les divisions imposées par l'histoire coloniale. Ainsi, être Kamite aujourd'hui, c'est embrasser une identité en résistance, une spiritualité en réappropriation, et une culture en renaissance. C'est affirmer que l'Afrique, loin d'être une simple victime de l'histoire, a toujours été et reste un contributeur majeur à l'humanité. C'est revendiquer haut et fort que l'héritage africain est une source d'inspiration pour construire un avenir plus juste, plus équilibré, et plus humain.

Justification du sujet

Ayant écrit et publié de nombreux romans historiques, ma démarche a toujours été guidée par la volonté de raconter notre histoire à travers notre propre prisme. Citant souvent **Miriam Makeba** dans mes interviews, je m'efforce de suivre son conseil : « *N'attendez pas que ceux qui nous ont combattu, colonisé, racontent notre histoire* ». Avec le soutien constant de mon éditrice **Yasmina Fagbemi** chez **Tioleja éditions**, nous avons toujours œuvré à proposer une narration sous notre propre contrôle, loin des attentes d'éditeurs en vogue, qui n'ont jamais pleinement compris l'importance de notre démarche. Ce travail d'écriture, centré sur le thème de l'identité **Kamite**, s'inscrit dans un contexte où les Afrodescendants sont en quête de **réappropriation historique** et culturelle. Ce sujet trouve une pertinence particulière à notre époque actuelle, marquée par des luttes identitaires, des révolutions sociales et un désir croissant de se reconnecter à des racines souvent perdues ou déformées par les récits dominants.

Pendant des siècles, l'histoire des peuples noirs a été effacée, altérée ou réduite à des récits limités à l'esclavage et à la colonisation, ce qui a engendré une perte de repères pour des générations entières. Le Kamitisme se présente comme une réponse à cette **fracture historique**, une démarche permettant de retrouver une identité collective ancrée dans la **fierté** et l'**authenticité**. Aujourd'hui, la question de l'identité est au cœur des débats politiques et sociaux. Ainsi, **Black Lives Matter** aura mis en lumière les inégalités auxquelles sont confrontés les Afrodescendants, tout en réclamant une **réappropriation des récits**. Le Kamitisme, dans ce contexte, représente une voie de résistance à l'oppression historique et contemporaine. Il ne s'agit pas simplement de revendiquer un passé glorieux, mais de réhabiliter un héritage qui a été ignoré ou nié. Cette réappropriation historique ne cherche pas à raviver une nostalgie, mais à offrir un cadre de réconciliation avec le passé pour bâtir un avenir fondé sur la dignité et la reconnaissance. Le Kamitisme transcende les luttes politiques pour s'inscrire également dans une démarche personnelle et spirituelle. Redécouvrir des valeurs ancestrales telles que Maât, qui incarnent la vérité, la justice et l'équilibre, offre des réponses aux désordres contemporains. Dans un monde dominé par l'injustice et les inégalités, ces principes peuvent être des leviers puissants pour nourrir une vision plus juste et plus équilibrée de la société.

Ce mouvement n'est pas seulement un retour aux sources ; il constitue une renaissance culturelle vivante, un dialogue entre le passé et le présent. Les jeunes générations africaines et afrodescendantes explorent de plus en plus leurs racines à travers des expressions artistiques, littéraires et culturelles modernes. Le Kamitisme devient une boussole identitaire qui permet de naviguer entre les traditions et les défis contemporains. On peut voir cette réappropriation dans des œuvres comme celles de **Chinua Achebe**, qui a redonné une voix à l'histoire africaine, ou encore dans la montée des artistes qui fusionnent les sonorités traditionnelles africaines avec les tendances modernes, témoignant ainsi de cette continuité culturelle. Dans un contexte global, la diaspora noire revendique de plus en plus son droit à la mémoire et à la reconnaissance. Le Kamitisme devient ainsi un

antidote contre l'oubli, permettant à des millions de personnes de se reconnecter à un passé qui a façonné non seulement l'Afrique, mais l'humanité tout entière. En revoyant cette histoire à travers le prisme Kamite, nous nous réapproprions une **mémoire collective**, loin des récits eurocentriques. Le Kamitisme ne se contente pas de revisiter l'histoire ; il projette une vision pour l'avenir. Cette démarche est essentielle pour lutter contre les représentations dévalorisantes qui ont été imposées aux peuples africains et à leurs descendants. Le panafricanisme, souvent lié au Kamitisme, a toujours promu l'unité africaine et la reconnaissance des civilisations du continent. Des figures comme **Marcus Garvey**, **Kwame Nkrumah** ou **Thomas Sankara** ont pavé la voie pour cette **réappropriation**, et le Kamitisme s'inscrit dans cette lignée. Aborder ce sujet aujourd'hui répond à une urgence. Il est crucial de faire entendre la voix d'un continent et d'une diaspora qui refusent d'être définis par le regard de l'Autre. Il s'agit de rappeler que **l'Afrique**, berceau de l'humanité, a toujours été un acteur majeur de l'histoire mondiale et continue de l'être. Le Kamitisme propose une réflexion pour un avenir où les valeurs africaines ancestrales, telles que **la justice, l'équité et l'harmonie**, peuvent contribuer à la construction d'une société plus équilibrée. Ce thème est une invitation à une **guérison collective**, à une relecture de l'histoire et à une redéfinition de l'identité afrodescendante. Il s'agit d'un retour à une histoire effacée, mais aussi d'une projection vers un avenir où l'Afrique et sa diaspora occupent pleinement leur place dans le monde. C'est un **choix**, un **engagement** et un **chemin de libération**.

Objectifs de l'essai

L'essai que nous nous apprêtons à explorer a pour but d'examiner et de redéfinir ce que signifie être **Kamite** à notre époque contemporaine. Au-delà de l'histoire, il s'agit d'une réflexion profonde sur l'identité, la culture et la spiritualité africaines, non seulement pour renouer avec les racines du continent, mais aussi pour offrir une nouvelle voie à ceux qui, dans la diaspora ou sur le continent, cherchent à se réapproprier leur héritage. Ce travail n'est pas seulement un retour aux origines ; il s'inscrit dans une démarche moderne, active et engagée. Voici les principaux objectifs de cet essai. Le premier objectif est de dévoiler, à travers une analyse minutieuse, la richesse et la complexité de l'identité Kamite. Il est essentiel de rappeler que "Kamite" fait référence à plus qu'une simple étiquette identitaire ; c'est un concept philosophique, historique et culturel qui prend racine dans les civilisations de la haute vallée du Nil, mais qui s'étend aussi à d'autres sociétés africaines anciennes. Cet essai veut restituer la grandeur de cette identité, souvent marginalisée ou ignorée par les récits historiques dominants. Il s'agit de réinscrire l'Afrique et ses peuples dans l'histoire universelle, non pas en tant que simples victimes des systèmes coloniaux, mais en tant qu'acteurs puissants de l'histoire humaine. En revisitant ces civilisations fondatrices telles que **Kemet** (l'Égypte ancienne), nous voulons rappeler que l'Afrique ne se limite pas à l'expérience coloniale et à l'esclavage. Il s'agit de mettre en lumière les contributions des sociétés africaines à la philosophie, aux sciences, à la spiritualité, et à l'art mondial, en rétablissant des vérités historiques occultées.

Dans un monde globalisé où les identités sont souvent diluées et fragmentées, reconnecter les jeunes générations à leur héritage est plus pertinent que jamais. Cet essai a pour ambition d'être un pont entre le passé et le présent, une invitation à renouer avec des traditions millénaires tout en offrant une perspective sur la manière dont elles peuvent être réinterprétées aujourd'hui. Les jeunes Africains et Afrodescendants, confrontés aux défis de l'assimilation culturelle et de l'aliénation identitaire, ont souvent du mal à trouver des repères qui les relient à leurs origines. Le Kamitisme, dans sa forme contemporaine, propose une boussole qui aide à naviguer dans un monde moderne tout en restant fidèle à ses racines. En présentant des figures emblématiques, des exemples concrets et des pratiques culturelles encore vivantes, cet essai espère inspirer une génération à s'approprier son histoire avec fierté et à en faire un levier pour construire son avenir.

Toute démarche identitaire, surtout lorsqu'elle est aussi ancrée dans la profondeur historique, peut parfois prêter à des dérives ou des réinterprétations extrêmes. Un des objectifs majeurs de cet essai est de proposer une réflexion critique sur certaines formes contemporaines du Kamitisme qui peuvent tomber dans le piège du révisionnisme historique, du sectarisme, voire du nationalisme **extrême**. Il est essentiel de reconnaître que si la redécouverte de l'identité Kamite est une source de fierté et d'émancipation pour beaucoup, elle peut également être mal utilisée pour promouvoir des divisions ethniques ou des idéologies fondées sur l'exclusion. Cet essai propose donc de tracer une ligne claire entre un retour aux racines positif et une instrumentalisation qui pourrait saper les principes d'universalité, de justice et de fraternité qui sont au cœur de l'héritage Kamite. Le but est de garder une approche équilibrée qui honore les ancêtres sans sombrer dans une lecture rigide ou dogmatique de l'histoire. L'une des dimensions essentielles du Kamitisme est sa composante spirituelle. Aujourd'hui, dans un monde dominé par les religions abrahamiques, notamment le Christianisme et l'Islam, de plus en plus d'Africains et d'Afrodescendants cherchent à renouer avec des spiritualités plus proches de leurs racines. Le Kamitisme propose une alternative spirituelle centrée sur des valeurs comme celles de **Maât** (l'équilibre, la vérité, la justice). Cet essai a pour objectif de mettre en lumière ces croyances ancestrales et de montrer comment elles peuvent être réintégrées dans la vie spirituelle contemporaine. Il s'agit de souligner que la spiritualité Kamite n'est pas un retour à des rituels figés dans le passé, mais une dynamique vivante, capable d'apporter un équilibre dans un monde en quête de sens. Elle propose une voie qui valorise la nature, l'harmonie, et le respect de l'humanité, en contraste avec les logiques dominantes de consommation et de matérialisme.

Enfin, cet essai veut encourager une démarche d'émancipation à travers la connaissance. Le mouvement Kamite s'inscrit dans un projet plus vaste de décolonisation des savoirs, une remise en question des récits historiques imposés par les puissances coloniales. Réapprendre son histoire, redécouvrir les pensées et philosophies africaines, c'est se libérer de la dépendance intellectuelle et culturelle envers des systèmes de pensée eurocentrés. Cet ouvrage vise à fournir aux lecteurs des outils intellectuels et culturels pour repenser leur rapport au monde, déconstruire les stéréotypes hérités de la colonisation, et se réapproprier un savoir authentique. En revisitant les penseurs africains anciens et contemporains, nous souhaitons inspirer une nouvelle génération de leaders, de créateurs et de penseurs qui pourront à leur tour contribuer à l'émancipation et à la renaissance de l'Afrique et de sa diaspora. En somme, cet essai est une invitation à la réflexion, à la redécouverte et à l'action. Il aspire à reconnecter les fils de l'histoire africaine tout en traçant des perspectives pour l'avenir. Être Kamite à notre époque, c'est porter fièrement l'héritage des ancêtres tout en construisant un monde nouveau, basé sur la justice, la dignité et l'harmonie.

Chapitre 1 Origines et histoire du mouvement Kamite
Les racines historiques du Kamitisme

Pour saisir pleinement ce que signifie être Kamite aujourd'hui, il est essentiel de remonter aux racines historiques du mouvement Kamite, profondément ancrées dans l'histoire ancienne de l'Afrique. Ce voyage nous ramène à la vallée du Nil, berceau de l'une des plus anciennes civilisations humaines, celle de **Kemet** (l'Égypte antique), où se sont développées les premières formes d'organisation sociale, de spiritualité et de savoir. Kemet, avec ses monuments majestueux, ses avancées en sciences, en astronomie, en médecine et en philosophie, a influencé non seulement le continent africain, mais également des civilisations du monde antique. L'histoire de **Kemet** est celle d'une civilisation noire qui a rayonné bien avant que les colonisateurs européens ne redéfinissent l'histoire du monde à travers un prisme eurocentrique. Les **Kamites**, descendants symboliques de ces peuples, trouvent dans cet héritage une source de fierté et une référence identitaire. Le mouvement Kamite est ainsi une réponse directe à des siècles de négation et de dévalorisation des civilisations africaines, où les récits historiques, façonnés par les puissances coloniales, ont souvent réduit l'Afrique à un simple réceptacle de domination et de souffrance. La **civilisation de Kemet**, fondée autour des valeurs de **Maât** — la justice, l'équilibre, la vérité, et l'harmonie universelle —, offre une base philosophique et éthique encore pertinente pour les Kamites aujourd'hui. Ces valeurs, qui régissaient non seulement les relations humaines mais aussi l'ordre cosmique, constituent le fondement d'une vision du monde profondément enracinée dans l'idée que l'homme est indissociable de la nature et du divin. En se réappropriant ces principes, les Kamites contemporains réaffirment leur droit à une histoire qui dépasse la période de l'esclavage et de la colonisation. **Cheikh Anta Diop**, demeure un pionnier de la renaissance africaine et de la revalorisation de l'héritage Kemet, démontrant que la **civilisation égyptienne** est une civilisation africaine, rétablissant ainsi la continuité historique des peuples noirs. Ses travaux, ainsi que ceux d'autres intellectuels africains comme **Théophile Obenga**, ont permis de **déconstruire** les récits historiques eurocentriques qui tentaient de séparer Kemet de l'Afrique subsaharienne. En réaffirmant cette continuité, les Kamites s'inscrivent dans une démarche de **réhabilitation historique**, revendiquant une place centrale dans l'histoire de l'humanité.

Le **Kamitisme** est ainsi un acte de **résistance intellectuelle** et culturelle face aux siècles de domination coloniale, qui ont souvent cherché à effacer ou à minimiser les contributions des peuples noirs. En se réappropriant leur histoire, les Kamites ne se contentent pas de revendiquer un passé glorieux, ils s'appuient sur cet héritage pour nourrir leur **identité** et leur **spiritualité** dans un monde globalisé. Kemet, symbole de **savoir** et de **puissance spirituelle**, devient ainsi une **source d'inspiration** pour repenser l'identité noire dans le présent, tout en traçant un avenir fondé sur la **fierté** et la **reconnaissance** de soi. Dans cette quête de réhabilitation, être Kamite aujourd'hui signifie renouer avec des **racines historiques** profondes et embrasser une vision du monde fondée sur des valeurs ancestrales. C'est une démarche qui dépasse les simples revendications identitaires pour offrir une **reconnexion spirituelle** et culturelle avec un passé glorieux, souvent occulté ou déformé.

1.1 Kemet, la terre noire : Un berceau de l'humanité

Le terme **Kamite** tire son origine du mot **Kemet**, qui signifie "terre noire", en référence à la riche fertilité des sols rendus noirs par les inondations annuelles du Nil. Ce nom, donné à l'Égypte par ses propres habitants, bien avant que les Grecs ne rebaptisent **"Aegyptus"**, illustre non seulement la vitalité agricole de la vallée du Nil, mais symbolise également une

civilisation florissante, reconnue comme l'une des plus grandes de l'histoire de l'humanité. **Kemet** ne se limite pas à une simple région géographique, elle est le cœur battant de l'Afrique ancienne, et un **berceau de l'humanité** qui a influencé de manière significative les cultures du Proche-Orient et du bassin méditerranéen. Avec ses **pharaons**, ses **pyramides**, ses **temples** majestueux, et ses **scribes** érudits, Kemet a été le théâtre de réalisations impressionnantes, dont l'écho résonne encore aujourd'hui. Ses **avancées scientifiques, médicales, et architecturales**, ainsi que ses systèmes de gouvernance et sa vision cosmologique, ont laissé une empreinte indélébile sur le monde antique. Bien que souvent représentée par ses monuments colossaux, c'est sa **philosophie** et ses **valeurs éthiques**, notamment incarnées par la déesse **Maât**, qui sont au cœur de son héritage. La civilisation de Kemet repose sur des principes fondés sur **l'équilibre**, la **vérité**, et la **justice**, symbolisés par Maât. Ces idéaux ont régi les affaires humaines aussi bien que les relations avec le divin, créant un ordre universel où chaque action devait être en accord avec les lois naturelles et cosmiques. Cet ordre était non seulement nécessaire à la stabilité de la société, mais aussi pour assurer une **connexion harmonieuse** entre les hommes, la nature et les dieux. L'importance de ces valeurs réside dans leur **perpétuation à travers les âges**. Pour les **Kamites contemporains**, Maât est bien plus qu'un concept théorique ancien ; elle est un modèle pour naviguer dans le monde moderne. Les Kamites modernes, en revendiquant leur identité à travers Kemet, s'inspirent de ces idéaux pour forger une conscience collective qui défie les récits dominants souvent eurocentriques. Ce retour aux sources symbolise une réhabilitation de l'histoire africaine et une affirmation de soi, face aux siècles de dénigrement colonial et post-colonial.

L'une des questions centrales que se posent les Kamites d'aujourd'hui est : Comment ces idées et valeurs ont-elles survécu à travers les millénaires ? Malgré les bouleversements politiques, les invasions, les colonisations, et l'effacement progressif de nombreuses civilisations africaines de la mémoire collective, l'héritage de Kemet a résisté. Les savoirs ont été transmis par des écrits, des monuments, mais aussi par la mémoire collective, portée par des griots et des traditions orales. Les efforts de penseurs africains contemporains ont également joué un rôle crucial dans la réhabilitation de Kemet et dans la reconnexion des Afrodescendants avec leur histoire. Être Kamite aujourd'hui, c'est donc puiser dans cet héritage pour réaffirmer une identité fondée sur la fierté et la richesse culturelle. C'est revendiquer que Kemet ne doit pas être vue uniquement comme une civilisation passée, mais comme un modèle de résilience et un socle philosophique qui peut encore guider les Africains et les Afrodescendants dans la quête de justice, de vérité, et de réconciliation avec leur passé.

1.2 L'apport des premières civilisations africaines

Avant même que les Grecs et les Romains ne gravent leurs premières lois dans la pierre, les peuples de **Kemet**, de **Nubie**, **Kush**, **Méroé**, **Carthage**, et d'autres grands royaumes africains avaient déjà bâti des civilisations majestueuses, dotées de systèmes politiques avancés, de réalisations architecturales impressionnantes, et de savoirs philosophiques et spirituels profonds. Ces empires africains, qui rivalisaient avec ceux d'Europe et d'Asie, ont laissé un héritage inestimable, longtemps négligé par les récits historiques dominants. Pour les Kamites contemporains, cet héritage ancien est une source de fierté, un rappel de la grandeur des civilisations africaines avant la dévastation coloniale. L'une des civilisations africaines les plus influentes, au-delà de Kemet, est celle de la **Nubie**. Située plus au sud, elle entretenait des liens étroits avec l'Égypte antique, notamment par le biais d'**échanges commerciaux**, de **mariages royaux**, et de dynasties partagées. La **XXVe dynastie** de Kemet, souvent appelée la **dynastie kouchite**, était d'origine nubienne, soulignant l'**interconnexion** entre ces deux grandes civilisations africaines. Les pharaons nubiens, tels que **Taharqa**, ont non seulement régné sur l'Égypte, mais ont également étendu leur influence à travers l'ensemble de la vallée du Nil, apportant avec eux un renouveau des traditions et des valeurs égyptiennes. Cette relation symbiotique entre Kemet et Nubie montre que l'Afrique antique était un continent de **civilisations dynamiques** et interconnectées. Au-delà de Nubie et de Kemet, d'autres royaumes africains tels que **Kush** et **Méroé** ont également laissé leur marque dans l'histoire. Le royaume de **Kush**, qui s'étendait le long du Nil, était réputé pour ses **pyramides**, encore plus nombreuses que celles de l'Égypte. Méroé, souvent vue comme le **successeur culturel** de Kush, jouait un rôle crucial dans le **commerce** entre l'Afrique, la Méditerranée et l'Arabie, et influençait même les croyances religieuses du monde antique. Les **pyramides de Méroé**, qui témoignent d'une avancée architecturale impressionnante, sont des preuves matérielles de la puissance et de la richesse de ce royaume africain. En dehors de la vallée du Nil, l'Afrique regorgeait de **civilisations florissantes**. Dans les forêts denses de l'Afrique centrale, dans les savanes de l'Ouest, des royaumes tels que ceux des **Mossi**, des **Yoruba**, ou encore des **Ashanti** ont construit des structures sociales et politiques complexes, dotées de systèmes de gouvernance sophistiqués, d'armées puissantes, et de philosophies riches. Par exemple, les **Ashanti**, situés dans l'actuel Ghana, sont connus pour leur organisation politique et leur militarisme, tandis que les Yoruba ont développé une mythologie complexe et une riche tradition artistique.

Ces réalisations africaines montrent que les civilisations du continent n'étaient pas des sociétés stagnantes ou isolées avant l'arrivée des Européens. Elles étaient au contraire des foyers de créativité, de connaissances, et de prospérité. Elles ont influencé leurs voisins et contribué à l'essor du commerce, de la culture et des sciences bien avant que l'Afrique ne soit touchée par les ravages de la traite transatlantique et de la colonisation. Cet héritage riche et diversifié constitue le fondement de la pensée Kamite, qui dépasse les frontières de Kemet pour englober l'ensemble du continent africain précolonial. Aujourd'hui, les **Kamites** puisent dans cette vaste histoire pour réhabiliter la place de l'Afrique dans le récit mondial et pour redéfinir l'**identité noire** en s'appuyant sur une mémoire collective effacée par des siècles de domination coloniale. Être Kamite, c'est reconnaître l'importance et la contribution des premières civilisations africaines à l'histoire de l'humanité, et réaffirmer leur légitimité et leur grandeur dans le cadre de la renaissance culturelle et spirituelle contemporaine.

1.3 Sagesse de Kemet et ses ramifications mondiales

Les savoirs développés à **Kemet** ont marqué l'histoire mondiale, et leurs influences se sont étendues bien au-delà de la vallée du Nil. Cette civilisation, reconnue pour ses connaissances avancées en mathématiques, astronomie, médecine et philosophie, a joué un rôle central dans la transmission de ces savoirs à d'autres cultures. L'exemple le plus flagrant de cette diffusion est l'impact profond de Kemet sur la Grèce antique. De nombreuses figures majeures de la philosophie et des sciences grecques ont voyagé en Égypte pour s'instruire auprès des prêtres et des sages de Kemet. Des personnalités comme **Pythagore**, **Platon**, et **Hérodote** ont fait le pèlerinage vers Kemet, reconnaissant l'avancée intellectuelle des Égyptiens. Pythagore, célèbre pour ses théorèmes en géométrie, aurait étudié les mathématiques sous la tutelle des prêtres de Kemet. Il affirmait lui-même que les Égyptiens étaient les véritables inventeurs de la géométrie, utilisée notamment pour les constructions monumentales telles que les pyramides. Ces structures, encore aujourd'hui des merveilles d'ingénierie, témoignent de l'avancement technologique et scientifique de cette civilisation. **Hérodote**, considéré comme le "père de l'histoire", reconnaissait l'énorme dette intellectuelle que les Grecs devaient à l'Égypte. Il décrivait l'Égypte comme une terre de sagesse et de connaissances, un centre intellectuel qui surpassait largement les savoirs européens de l'époque. Il notait également que la plupart des idées religieuses et des pratiques rituelles grecques avaient leur origine dans l'Égypte antique. Hérodote était conscient que ce n'était pas seulement une question de savoir technique, mais aussi de philosophie et de spiritualité, qui avait migré de Kemet vers la Méditerranée. Pour les Kamites modernes, cet héritage est crucial dans la réhabilitation de l'histoire africaine. Ils ne cherchent pas à romantiser ce passé glorieux, mais à rétablir la vérité sur l'origine de nombreux savoirs qui ont façonné la civilisation occidentale. Loin des récits qui dénigrent ou minimisent l'impact de l'Afrique dans l'histoire mondiale, les Kamites revendiquent une reconnaissance de la contribution majeure de Kemet dans les domaines intellectuel, scientifique et spirituel. Ce retour aux sources permet de corriger les idées reçues et de donner une image plus complète de l'histoire mondiale. L'un des plus grands défenseurs de cette réhabilitation est le philosophe et historien sénégalais Cheikh Anta Diop que nous ne cesserons pas de citer de par l'impact de ses travaux. À travers ses recherches révolutionnaires, Diop a montré que l'Afrique était un foyer de connaissances et d'innovations bien avant l'essor des civilisations européennes. Son travail a mis en lumière le rôle central de l'Égypte et d'autres civilisations africaines dans le développement de la science, de la philosophie et de la culture universelle. En démontrant que l'Égypte ancienne était une civilisation à majorité africaine, Diop a permis de briser les stéréotypes racistes qui excluaient les Africains des grands récits de l'histoire humaine. Cheikh Anta Diop est considéré comme l'un des pères fondateurs du néo-Kamitisme, un mouvement intellectuel et culturel qui vise à restaurer la place légitime de l'Afrique dans l'histoire du monde. Diop a été un précurseur dans la quête de reconnaissance historique pour le continent africain, et son travail a inspiré des générations d'intellectuels africains et afrodescendants. Le néo-Kamitisme, en puisant dans les recherches de Diop, vise à réhabiliter non seulement l'histoire de Kemet, mais aussi celle de l'ensemble de l'Afrique ancienne, en rendant à ce continent son rôle central dans la construction de la civilisation mondiale. Pour les Kamites contemporains, être Kamite signifie non seulement se reconnecter à cet héritage glorieux, mais aussi revendiquer la profondeur et la richesse des contributions africaines aux savoirs qui ont façonné le monde moderne. C'est une démarche de fierté, de résistance et de réaffirmation identitaire, qui consiste à se réapproprier les récits historiques et à contester les récits eurocentriques qui ont longtemps minimisé l'apport de l'Afrique à l'humanité.

1.4 Résistance face à l'invasion étrangère

L'histoire des peuples Kamites ne se limite pas à une simple narration de grandeur et de progrès ; elle est également jalonnée de luttes acharnées contre l'invasion et la domination étrangère. L'invasion perse sous **Cambyse II**, suivie de la conquête grecque par **Alexandre le Grand**, puis de la domination romaine, a conduit Kemet à passer sous le contrôle de puissances étrangères. Toutefois, à chaque époque, les habitants de Kemet ont fait preuve d'une résistance farouche à l'assimilation forcée, s'accrochant à leur culture et à leurs traditions. Un des épisodes emblématiques de cette résistance est la lutte contre l'occupation romaine. Cléopâtre VII, dernière reine de la dynastie ptolémaïque, incarne cette volonté de reconquête de l'indépendance et de la grandeur de l'Égypte face à l'empire romain. Bien qu'elle fût issue d'une lignée grecque, Cléopâtre s'est efforcée de préserver l'héritage culturel égyptien. Elle a appris la langue égyptienne, s'est immergée dans les traditions locales et a participé aux rituels des anciens dieux. Son engagement à restaurer les valeurs et les croyances de Kemet, tout en cherchant à établir des alliances stratégiques, témoigne d'un profond attachement à son pays d'adoption. Bien que son échec à repousser Rome ait conduit à la chute de Kemet en tant que puissance indépendante, son héritage perdure, prouvant que l'influence de l'Égypte ancienne transcende les frontières du temps et de l'espace. La mémoire de ces luttes et de ces résistances constitue une pierre angulaire du Kamitisme moderne. En honorant ceux qui se sont battus pour préserver leur terre, leur culture et leur dignité, les Kamites contemporains tirent des leçons de ces récits historiques pour faire face aux défis actuels. Les luttes menées par les Kamites à travers les âges deviennent des modèles de résistance face aux oppressions contemporaines, qu'elles soient politiques, économiques ou culturelles. Cette mémoire collective est d'autant plus cruciale à une époque où les descendants d'Africains font face à des formes de domination et de marginalisation. Le Kamitisme propose une relecture de l'histoire qui valorise la force et le courage de ceux qui ont résisté, et invite les nouvelles générations à s'inspirer de ces luttes pour revendiquer leur place dans le monde moderne. En se remémorant ces récits de résistance, les Kamites ne se contentent pas de pleurer un passé révolu, mais ils s'engagent à protéger et à préserver leur identité face à un monde qui continue souvent à ignorer ou à réécrire leur histoire. Cette démarche de résistance est également une manière de revendiquer un espace de dignité dans un contexte global où les récits dominants cherchent à effacer la contribution des Africains et des Afrodescendants. En reconnectant les luttes du passé avec celles du présent, les Kamites établissent un lien vital entre l'histoire et l'action contemporaine, affirmant que les combats d'hier nourrissent les luttes d'aujourd'hui. Cette continuité historique permet non seulement de comprendre l'importance de la résistance, mais aussi de revendiquer une identité Kamite qui est à la fois ancrée dans le passé et résolument tournée vers l'avenir.

1.5 La transmission des savoirs : De l'oralité à l'écrit

La transmission du savoir en Afrique ne s'est pas uniquement effectuée par l'écriture, comme en témoignent les hiéroglyphes de Kemet, mais également par l'oralité, véritable colonne vertébrale de la culture africaine. Les **griots**, figures emblématiques de l'Ouest africain, ou les **initiés** et **conteurs** dans d'autres régions, ont joué un rôle fondamental dans la préservation des histoires, des traditions et des croyances. Ces gardiens de la mémoire, souvent considérés comme des sages, ont su transmettre un savoir d'une profondeur et d'une richesse inestimables, allant bien au-delà des simples récits. Ils ont été les architectes d'un héritage vivant, façonné au fil des âges et des générations. Contrairement à l'idée reçue, trop souvent véhiculée par les colons, selon laquelle l'Afrique manquait d'histoire parce qu'elle ne s'appuyait pas sur l'écriture pour relater ses récits, la tradition orale s'est révélée être un moyen d'expression d'une complexité et d'une profondeur impressionnantes. À travers le chant, la musique, la danse et les rituels, les Africains ont su tisser des récits qui non seulement racontaient le passé, mais qui formaient également une identité collective et un sentiment d'appartenance. Ces récits étaient souvent accompagnés d'éléments visuels, tels que les masques ou les costumes traditionnels, créant ainsi une expérience immersive qui engageait tous les sens. Les histoires transmises par les griots ou les conteurs sont des réservoirs de sagesse qui englobent des enseignements sur la vie, la mort, l'amour, et les relations humaines. Elles intègrent également une connaissance approfondie des cycles de la terre, des mouvements des astres, et des dynamiques de la nature. En ce sens, le savoir Kamite se révèle être un savoir multidimensionnel, englobant des dimensions scientifiques, spirituelles et relationnelles. Être Kamite, c'est ainsi se rattacher à cette culture à la fois écrite et orale, une culture où chaque acte de la vie quotidienne est un hommage à l'équilibre et à l'harmonie universelle.

Les anciens Kamites avaient une compréhension aiguë des phénomènes naturels. Ils observaient les cycles des saisons, l'évolution des étoiles et les mouvements des planètes. Ces connaissances étaient intégrées dans leur agriculture, leur médecine, et même leur spiritualité. L'astronomie, par exemple, était essentielle pour déterminer les moments propices aux semences et aux récoltes. La philosophie de Maât, incarnant la vérité et l'harmonie, offrait un cadre pour vivre en cohésion avec le monde naturel, guidant les comportements individuels et collectifs. La richesse de l'oralité ne doit pas occulter l'importance de l'écrit dans la culture Kamite. Les hiéroglyphes n'étaient pas seulement un moyen d'enregistrer des événements ; ils représentaient une langue sacrée, une forme d'expression artistique qui reliait le terrestre au divin. Les inscriptions sur les murs des temples racontaient non seulement des faits historiques, mais elles exprimaient également des concepts métaphysiques, traduisant des vérités profondes sur l'existence humaine. Les textes funéraires, tels que **le Livre des Morts**, offrent un aperçu fascinant de la pensée religieuse et spirituelle des anciens Égyptiens, témoignant de leur quête de l'immortalité et de leur compréhension complexe de la vie après la mort. Il est essentiel de rappeler que la transmission des savoirs ne se limite pas à une simple succession de générations. Elle s'inscrit dans un processus dynamique, où chaque conteur, chaque griot, enrichit les récits d'éléments contemporains tout en préservant les enseignements ancestraux. Les jeunes générations, à leur tour, sont encouragées à s'approprier ces histoires et à les réinterpréter à la lumière de leur propre expérience, créant ainsi une continuité entre passé et présent. Les racines historiques du Kamitisme plongent donc au cœur de la civilisation africaine ancienne, bien avant l'arrivée des colonisateurs européens. De la grandeur de Kemet à la lutte contre les invasions, en passant par la transmission des savoirs, cette histoire est riche, complexe et fondatrice. Elle rappelle que l'Afrique n'a jamais été une terre sans histoire, mais un continent vibrant de lumière, de savoir et de spiritualité. C'est cette mémoire que les Kamites modernes cherchent à réhabiliter et à vivre pleinement dans un monde qui tente encore trop souvent de la marginaliser. Dans un monde en constante évolution, où les identités sont souvent en quête de sens, la redécouverte et la valorisation de ces savoirs ancestraux s'avèrent cruciales. Les Kamites modernes ne se contentent pas de pleurer un passé révolu ; ils s'engagent dans une quête spirituelle, intellectuelle et culturelle qui transcende les limites de l'espace et du temps. Plongeons encore plus profondément dans cette histoire, pour comprendre l'ampleur et la richesse de cet héritage, et pour reconnaître que la transmission des savoirs, qu'elle soit orale ou écrite, est un fil d'Ariane reliant les Kamites d'hier à ceux d'aujourd'hui et de demain. C'est dans cette continuité que le Kamitisme trouve sa légitimité et son pouvoir. Il incarne un mouvement vers la réappropriation d'une identité, une renaissance où chaque mot, chaque récit et chaque acte est une affirmation de la dignité et de la valeur d'un héritage souvent négligé. En célébrant cette richesse culturelle, les Kamites modernes s'érigent en défenseurs d'une mémoire collective qui ne s'éteindra jamais, mais continuera de briller, illuminant les chemins du futur.

1.6 Le Nil : La veine d'une civilisation

Pour les Kamites, le **Nil** n'était pas seulement un fleuve, mais procède d'une dimension sacrée, quasiment divine, une source de vie essentielle à la survie de la civilisation égyptienne. Ce fleuve majestueux, long de plus de 6 800 kilomètres, prend sa source dans les **grands lacs d'Afrique centrale**, tels que le **lac Victoria**, ainsi que dans le **lac Albert** et le **lac Edward**, qui s'étendent à travers plusieurs pays, notamment l'Ouganda, le Kenya et le Rwanda. Il serpente à travers l'Afrique, traversant le Soudan avant de s'étirer jusqu'à l'Égypte, où il se divise en plusieurs bras avant de se jeter dans la mer Méditerranée. Chaque année, avec la saison des crues, le Nil se transforme en un spectacle grandiose. Ces inondations, attendues avec impatience, apportent un dépôt de limon noir riche en nutriments sur les rives du fleuve. Ce limon fertilise les terres, transformant le paysage aride en un paradis agricole où les cultures de blé, d'orge, de lin et d'autres denrées prospèrent. La générosité du fleuve permet de nourrir des millions de personnes, illustrant ainsi sa fonction essentielle dans la pérennité de la civilisation égyptienne. Cependant, le Nil ne se contente pas de nourrir physiquement les Kamites ; il incarne également des concepts bien plus profonds. Au-delà des moissons et des récoltes, le fleuve symbolisait l'**ordre cosmique**, le cycle de la vie, de la mort et de la renaissance. Le Nil était souvent vu comme le reflet terrestre du ciel d'**Osiris**, le dieu des morts, où les âmes des défunts, après avoir été jugées selon les lois de **Maât**, retrouvaient la paix éternelle. Cette association entre le fleuve et la spiritualité s'exprimait à travers des rituels et des cérémonies célébrés le long de ses rives, où les Kamites honoraient leurs dieux et leur lien avec l'au-delà. Le long de ce fleuve sacré, les temples surgissaient comme autant de balises spirituelles et politiques, des lieux de culte, de pouvoir et d'apprentissage. Ces structures monumentales, telles que le **Temple de Karnak** et le **Temple de Louxor**, n'étaient pas seulement des lieux de prière, mais aussi des **centres de savoir** où les scribes s'instruisaient sur les mathématiques, la médecine, l'astronomie et la littérature. Les **hiéroglyphes** gravés dans la pierre et les rouleaux de papyrus témoignent de la richesse d'une culture qui a su enregistrer ses connaissances et ses traditions.

Les Kamites ont appris à lire dans les étoiles et à comprendre les mystères de l'univers bien avant que d'autres civilisations ne s'y attellent. Ils observaient le mouvement des astres, établissant un lien intime entre le ciel, la terre et le fleuve. Le Nil, en ce sens, représentait une trinité indissociable, une harmonie parfaite entre les forces naturelles et humaines. Les calendriers agricoles étaient élaborés en fonction des cycles des crues, permettant ainsi aux agriculteurs de maximiser leur production et de garantir la sécurité alimentaire de leurs communautés. Cette synergie entre le Nil et la vie des Kamites se manifestait également à travers des légendes et des mythes qui circulaient de génération en génération. Le fleuve était souvent personnifié, honoré par des rites qui lui attribuaient des caractéristiques divines. On racontait comment le Nil, dans sa majesté, avait nourri les ancêtres, cultivé des récoltes abondantes et procuré des eaux vitales aux animaux et aux humains. Le fleuve devenait ainsi le témoin silencieux des joies et des peines des Kamites, une entité vivante avec laquelle ils entretenaient un rapport de respect et de gratitude. À mesure que les âges passaient, le Nil continuait de sculpter le destin de la civilisation égyptienne, forgeant son identité et son caractère. Il était le garant de la continuité culturelle, un symbole de résilience face aux défis des invasions étrangères et des catastrophes naturelles. La mémoire collective des Kamites s'est nourrie des flots du fleuve, unissant les générations autour d'un patrimoine commun qui transcende le temps et l'espace.

Les luttes pour préserver l'intégrité du Nil, notamment lors de périodes de sécheresse ou d'invasions, font écho à la manière dont les Kamites ont toujours cherché à défendre leur terre, leur culture et leur spiritualité. Les récits de ces luttes sont intimement liés à la manière dont le fleuve a nourri et soutenu la vie, à la fois physique et spirituelle. Ainsi, chaque goutte d'eau qui s'écoule dans ses rivières est perçue comme une promesse de continuité, une assurance que le passé, le présent et le futur sont inextricablement liés.

En somme, le Nil n'est pas seulement une veine d'eau pour la civilisation Kamite ; il est la source même de son existence, un symbole de vie, de mort et de renaissance. C'est cette compréhension profonde de l'importance du fleuve qui alimente la quête identitaire des Kamites modernes. Ils cherchent à raviver les liens sacrés avec cette rivière qui a tant donné et continue de nourrir leurs âmes, à travers l'histoire et l'expérience humaine. Le Nil est plus qu'un simple fleuve ; il est l'essence même de la civilisation, un acteur clé de l'histoire Kamite qui continue d'inspirer et de nourrir les esprits des générations à venir.

1.7 La transmission du savoir par la pierre et l'étoffe

Dans les ruines des anciens temples et des pyramides de Kemet, chaque bloc de pierre, chaque hiéroglyphe raconte une histoire, un fragment de sagesse qui a résisté au passage des siècles. À l'ombre des pyramides de Gizeh, les mystères d'un savoir ancestral continuent de fasciner le monde moderne. Ces monuments, véritables colosses de pierre, étaient bien plus que de simples tombeaux ; ils étaient des **livres de pierre**, où chaque gravure, chaque inscription servait à transmettre les codes sacrés de la science et de la spiritualité. Les anciens Kamites maîtrisaient l'art du symbolisme, de la géométrie sacrée, et de l'astronomie. Les pyramides elles-mêmes sont un exemple frappant de cette connaissance. Construits avec une précision impressionnante, elles illustrent non seulement des prouesses architecturales, mais également une compréhension profonde des cycles célestes et des orientations terrestres. Leurs structures pyramidales, orientées selon les points cardinaux, reflètent une connexion directe entre la terre et le cosmos, un rappel constant que l'humanité est intégrée dans un univers plus vaste.

Des papyrus tels que celui d'**Ebers**, qui remonte à environ 1550 av. J.-C., nous éclairent encore aujourd'hui sur l'avancée de la médecine, abordant des traitements et des remèdes qui témoignent d'une connaissance approfondie de l'anatomie et de la pharmacologie. Le célèbre **Papyrus Rhind**, quant à lui, atteste de leur maîtrise des mathématiques, dévoilant des méthodes de calcul avancées qui ont influencé non seulement l'Égypte, mais également les civilisations futures. Ces textes, soigneusement préservés, constituent des trésors d'informations sur la vie, la santé et les croyances des anciens Kamites. Mais tout ne s'écrivait pas. La transmission des savoirs se faisait également à travers des rituels, des cérémonies et des mythes qui traversaient les âges par la parole et le geste. Les récits mythologiques, tels que ceux des dieux **Isis** et **Osiris**, n'étaient pas de simples contes ; ils véhiculaient des leçons morales, des explications sur la vie, la mort, et la résurrection, façonnant ainsi la spiritualité collective des Kamites. Ces histoires étaient récitées lors de cérémonies publiques, inscrivant les enseignements dans l'esprit des participants et les reliant aux grands cycles cosmiques. Dans les **tissus** tissés par des artisans et artisanes, on retrouvait les couleurs et les motifs représentant les cycles cosmiques. Les vêtements étaient ornés de symboles qui racontaient des histoires de fertilité, de croissance et de transformation. Chaque pièce de tissu, qu'il s'agisse d'une simple étoffe ou d'une parure cérémonielle, était imprégnée de significations profondes. Les motifs répétés, tels que le **lotus** ou l'**ankh**, symbolisaient la vie, la renaissance et la connexion entre le monde des vivants et celui des ancêtres. En portant ces vêtements, les Kamites se rattachaient à leur histoire, tout en honorant les divinités qui veillaient sur eux. L'**oralité**, chez les Kamites, était également un pilier fondamental de la transmission du savoir. Les prêtres, les sages avaient pour mission de préserver les histoires, les épopées et les chants. Leur rôle était crucial, car ils étaient les gardiens de la mémoire collective. À travers les récits narrés et les chants interprétés, ils transmettaient les valeurs culturelles et spirituelles, assurant la continuité des traditions. Les rituels d'initiation, comme ceux associés aux mystères d'Isis et d'Osiris, permettaient de connecter les croyants aux grands cycles cosmiques, à la création du monde et à la destinée des âmes. Ces rites, souvent dramatisés à travers des représentations théâtrales, impliquaient une interaction entre les participants et les forces divines. En participant à ces rituels, les individus s'imprégnaient des enseignements ancestraux, réaffirmant leur place au sein de l'univers et leur engagement envers la communauté. L'oralité, combinée à la richesse des écrits et des symboles, forgeait ainsi un réseau complexe de savoirs, permettant aux Kamites de naviguer à travers le temps et l'espace. En somme, la transmission du savoir à travers la pierre et l'étoffe est une illustration poignante de la manière dont les anciens Kamites ont su préserver leur héritage culturel. Ce lien entre l'écrit, l'oral et le visuel souligne l'importance d'une approche holistique de la connaissance, où chaque élément contribue à la construction d'une identité collective. L'héritage Kamite, ancré dans ces pratiques de transmission, continue d'inspirer et de nourrir les esprits des générations actuelles, rappelant que le savoir est un continuum, une chaîne d'union entre le passé, le présent et l'avenir.

1.8 Kemet face à l'envahisseur

Mais cette terre, aussi prospère et vénérée fût-elle, n'a pas été épargnée par les convoitises des puissances étrangères. L'histoire de Kemet est tout autant celle des luttes héroïques contre les invasions que celle des périodes de splendeur. Les **Hyksos**, venus du Levant, furent les premiers à envahir la vallée du Nil. Ce peuple, dont le nom signifie littéralement "les chefs des pays étrangers", s'est installé en Égypte vers 1650 av. J.-C. Leur domination a été marquée par l'introduction de nouveaux outils de guerre, notamment le char à roues, qui ont transformé le paysage militaire de l'époque. Les Hyksos ont établi la **XVe dynastie**, mais leur règne a été ressenti comme une période d'humiliation pour les Kamites, qui ont vu leur culture et leurs traditions mises à mal. Cependant, cette période d'occupation ne dura pas. Après des décennies de domination, les souverains de Thèbes, déterminés à restaurer l'ordre et la grandeur de leur terre natale, se sont levés pour repousser ces envahisseurs. Parmi eux, figure un héros légendaire : **Ahmose I**. Ce pharaon, connu pour sa bravoure et son leadership, a conduit des campagnes militaires audacieuses qui ont abouti à la victoire sur les Hyksos. Ce triomphe a marqué le début de la **XVIIIe dynastie** et inauguré l'une des périodes les plus fastes de l'histoire de l'Égypte : le **Nouvel Empire**, une époque de prospérité économique, de développements artistiques et d'expansion territoriale. Les invasions successives, qu'elles soient hyksos, perses ou grecques, ont toujours rencontré la résistance farouche des Kamites. Chaque tentative de domination étrangère a vu naître des héros, des guerriers et des reines prêtes à tout pour protéger la terre noire. La résistance des Kamites n'était pas uniquement militaire ; elle était aussi culturelle et spirituelle. Les luttes pour l'indépendance étaient souvent accompagnées d'un renouveau des pratiques religieuses, renforçant ainsi le lien entre le peuple et ses ancêtres. Un exemple marquant de cette résistance est celui de **Cléopâtre VII**, la dernière reine de la dynastie ptolémaïque. Souvent simplifiée dans les récits historiques comme une figure associée à la culture gréco-romaine, elle reste, jusqu'à son dernier souffle, une défenseure acharnée de l'indépendance de l'Égypte. Cléopâtre n'a pas seulement cherché à préserver son trône ; elle a également cherché à protéger la culture et l'identité égyptiennes face à l'impérialisme romain. Son alliance avec **Marc Antoine**, un général romain, était une stratégie désespérée mais emblématique de sa volonté de défendre la souveraineté de Kemet. Leur relation politique, mêlée à une passion romantique, était une réponse à la menace croissante de Rome, symbolisant à la fois l'unité et la fragilité d'une époque en déclin. La mort de Cléopâtre, en 30 av. J.-C., marqua non seulement la fin de sa dynastie, mais aussi la fin d'une époque de résistance active contre la domination étrangère. Pourtant, la lutte pour l'autonomie et la souveraineté Kamite ne s'arrêta pas là. Les idéaux de résistance se perpétuèrent dans les cœurs des générations futures. Les récits de bravoure et de sacrifice des figures héroïques, tant militaires que spirituelles, continuèrent à nourrir l'identité égyptienne. Les Kamites, face à l'invasion, ne se contentaient pas de combattre sur le champ de bataille ; ils créaient également des espaces de résistance intellectuelle et culturelle. Les temples, qui étaient souvent des bastions de savoir, ont joué un rôle crucial dans cette lutte. Ils étaient non seulement des lieux de culte, mais aussi des centres d'enseignement, où les sages et les prêtres formaient de nouvelles générations à la connaissance et à la spiritualité. Les inscriptions murales, les sculptures et les récits gravés sur les pierres transmettaient des valeurs d'héroïsme, d'unité et de résilience, servant de mémoire collective pour le peuple.

Dans le contexte de cette lutte, l'existence de cultes locaux et de pratiques religieuses traditionnelles a également servi de moyen de résistance. Les cérémonies et les rites, souvent basés sur des mythes ancestraux, ont permis de maintenir vivante la culture Kamite face à l'oppression. Le culte d'**Isis**, par exemple, non seulement honorait la déesse de la fertilité et de la maternité, mais devenait aussi un symbole de la résistance féminine et de la régénération spirituelle. Les femmes, en particulier, ont joué un rôle crucial dans la préservation des traditions, s'érigeant en gardiennes de la mémoire et de l'identité culturelle. Enfin, les invasions ont également permis aux Kamites de développer une capacité d'adaptation et de résilience. Chaque rencontre avec un envahisseur a abouti à une assimilation sélective de certaines pratiques et savoirs, sans pour autant compromettre l'essence de leur culture. Cette dynamique a enrichi Kemet, faisant de cette terre un véritable creuset de cultures et d'idées. Les influences extérieures, qu'elles soient militaires ou culturelles, ont souvent été réinterprétées à la lumière des valeurs Kamites, montrant ainsi que, même face à l'adversité, la créativité et la résilience du peuple Kamite demeuraient intactes. En somme, l'histoire de Kemet face à l'envahisseur est un témoignage puissant de résistance et de résilience. Au-delà des conquêtes et des pertes, cette histoire souligne une vérité fondamentale : Kemet, malgré les tempêtes de l'histoire, a su préserver son âme, sa culture et son identité. Chaque acte de résistance, chaque héros et chaque héroïne, a contribué à forger une mémoire collective qui continue d'inspirer les Kamites modernes à revendiquer leur héritage et à se battre pour la dignité et l'autonomie dans un monde qui reste, parfois, hostile à leur grandeur passée.

1.9 L'invention de l'écriture et la science du langage

Les Kamites sont également reconnus pour leur apport inestimable à la linguistique et à l'écriture. L'écriture hiéroglyphique, apparue environ 3 100 ans avant notre ère, est l'une des premières formes d'écriture de l'histoire humaine. Ces hiéroglyphes, littéralement "écriture sacrée", étaient bien plus qu'un simple outil de communication. Ils reflétaient une manière de percevoir le monde, où chaque symbole, chaque caractère, renvoyait à une réalité divine ou cosmique. Ainsi, l'écriture était imbriquée dans le tissu même de la vie spirituelle des Kamites. La plume du scribe Kamite était une baguette magique, un instrument capable de donner vie aux pensées, aux récits, aux prières. À travers ces symboles, les Kamites ont laissé des traces indélébiles de leurs philosophies, de leurs découvertes scientifiques et de leur compréhension du monde invisible. La littérature égyptienne ancienne, notamment les **Textes des pyramide**s et les **Textes des sarcophages**, illustre cette riche tradition écrite, où l'art de la langue se mêle à la spiritualité. L'écriture hiéroglyphique, à la fois art et science, était intimement liée à la spiritualité : chaque mot écrit devenait une parole vivante, un pont entre les humains et les dieux. Cette conception sacrée du langage se retrouve également dans les écrits de **Kemet,** où le mot "Maât" ne désigne pas seulement l'ordre cosmique, mais représente aussi une véritable philosophie de vie, intégrant vérité, justice et harmonie. La découverte de la **pierre de Rosette** en 1799 fut un tournant majeur. Cet artefact, comportant un même texte en trois scripts – hiéroglyphes, écriture démotique et grec ancien – a permis au monde moderne de redécouvrir ces savoirs en offrant la clé de la traduction des hiéroglyphes. Cet événement fut comme un nouveau souffle, un éveil qui a permis de restituer une part de l'histoire Kamite effacée par des siècles de colonisation culturelle. Grâce à ce déchiffrement, des générations de chercheurs, comme **Jean-François Champollion**, ont cru percer les mystères des textes anciens et ainsi révéler une richesse de connaissances. Oubliant qu'ils n'ont qu'effleurer la matière, développant des hypothèses face à leur incompréhension d'une science inaccessible à leur niveau. Loin de se limiter à l'Égypte antique, le Kamitisme fait appel à une mémoire collective africaine qui embrasse les savoirs anciens, les luttes héroïques et les résistances culturelles contre la domination étrangère. Des penseurs comme Cheikh Anta Diop et Theophile Obenga ont joué un rôle crucial dans la revalorisation de cet héritage, soulignant l'importance des contributions africaines à la science, à la philosophie et à la linguistique. Diop, dans ses travaux, a démontré comment l'Afrique, et Kemet en particulier, a été un foyer de connaissance bien avant que d'autres civilisations ne commencent à se développer. Son ouvrage *Civilisation ou Barbarie* met en lumière l'impact culturel et scientifique de l'Égypte sur d'autres sociétés, y compris la Grèce antique. Être Kamite, c'est revendiquer une identité ancestrale qui a façonné les premières grandes civilisations de l'humanité. Cela signifie également un appel à se reconnecter aux valeurs de justice, d'équilibre et de respect pour la nature, qui ont toujours été au cœur des sociétés africaines précoloniales. Le philosophe Molefi Kete Asante, dans ses écrits sur la culture afrocentrée, souligne l'importance de redécouvrir les racines africaines pour comprendre pleinement l'impact des civilisations anciennes sur le monde moderne. En intégrant ces dimensions linguistiques et culturelles, le Kamitisme ne se contente pas de revendiquer un passé glorieux ; il appelle aussi à une renaissance intellectuelle et spirituelle. Il invite les descendants de la diaspora, tout comme les peuples africains, à renouer avec cette richesse spirituelle, culturelle et intellectuelle, faisant ainsi écho à l'idée que le langage, en tant qu'outil de communication et de transmission des savoirs, est un pilier fondamental de l'identité collective. En embrassant cette histoire de l'écriture et du langage, les Kamites modernes s'attachent à construire un avenir qui honore le passé tout en s'engageant dans une quête de justice sociale et de reconnaissance des contributions africaines à l'humanité.

L'Importance de Kemet (L'Égypte ancienne)

Kemet, l'Égypte ancienne, s'élève comme une étoile brillante dans l'histoire de l'humanité, un phare de culture, de sagesse et de spiritualité qui continue d'illuminer les âmes des descendants de cette grande civilisation. Dans l'imaginaire collectif, Kemet est souvent associée à des pyramides majestueuses, à des pharaons régnant sur des dynasties glorifiées, et à une richesse de connaissances qui a défié le temps. Mais Kemet est bien plus que cela ; elle est le socle sur lequel se construit l'identité noire, un héritage que les Kamites, et au-delà, tous les Afrodescendants, cherchent à redécouvrir et à célébrer. Au cœur de Kemet se trouve une philosophie profondément intégrée à la nature et à l'univers, que l'on peut résumer par le concept de **Maât**. Cette notion, qui incarne la vérité, la justice et l'harmonie, a façonné la vision du monde des Kamites. Les écrits des sages de Kemet, tels que le sage **Ptahhotep**, montrent comment cette harmonie devait s'appliquer non seulement dans les relations humaines, mais aussi dans le respect de l'ordre naturel. Maât n'était pas simplement un principe moral ; elle était une force cosmique, essentielle à l'équilibre de l'univers. En reconnaissant cet héritage, les Kamites modernes et les Afrodescendants se reconnectent avec une tradition qui valorise la justice sociale et l'équilibre. Kemet est aussi le berceau de nombreuses disciplines scientifiques et artistiques. Les avancées en médecine, en mathématiques et en astronomie témoignent d'une curiosité insatiable et d'un désir de compréhension du monde. Les écrits sur les papyrus, tels que le **Papyrus Ebers**, documentent des pratiques médicales avancées qui ont influencé des générations de médecins à travers l'histoire. L'astronomie, quant à elle, était intimement liée à la construction des pyramides, orientées avec une précision remarquable par rapport aux étoiles. Ces réalisations démontrent que les Kamites avaient une compréhension sophistiquée des cycles naturels, des saisons et des mouvements célestes, renforçant leur relation sacrée avec le cosmos. Les arts, quant à eux, sont un reflet de cette spiritualité omniprésente. Les sculptures, peintures et hiéroglyphes de Kemet racontent des histoires de dieux et de déesses, de rites sacrés et de la vie quotidienne, imprégnant chaque œuvre d'une profonde signification. Ces expressions artistiques, loin d'être de simples ornements, constituaient des témoignages vivants de l'histoire et des croyances des Kamites. Le célèbre **Nefertiti**, par exemple, incarne la beauté et la puissance féminine, tout en illustrant l'importance du rôle des femmes dans la société Kamite.

Kemet a également été le carrefour d'échanges culturels. Les interactions avec d'autres civilisations, telles que les Grecs, les Romains et les Nubiens, ont permis un enrichissement mutuel des savoirs. Des figures emblématiques comme **Hérodote** ont reconnu l'impact incommensurable de Kemet sur la pensée et la culture grecques, affirmant que « les Égyptiens sont les véritables inventeurs de la science et de la philosophie ». Cette reconnaissance met en lumière la manière dont Kemet a façonné le développement intellectuel du monde méditerranéen. La spiritualité Kamite, profondément ancrée dans le quotidien, est une autre dimension essentielle de l'importance de Kemet. Les rituels, les cultes et les croyances autour des divinités comme **Osiris**, **Isis** et **Horus** soulignent une compréhension unique de la vie, de la mort et de la renaissance. Les cérémonies funéraires, par exemple, étaient conçues pour assurer la continuité de l'âme dans l'au-delà, témoignant d'une conception du temps et de l'existence qui transcende la simple réalité matérielle. Les valeurs spirituelles que les Kamites ont cultivées sont une source d'inspiration pour les Afrodescendants modernes, qui cherchent à redécouvrir leurs racines spirituelles. Aujourd'hui, Kemet est plus qu'une période historique ; elle représente un mouvement vers la réhabilitation de l'identité noire. Les Kamites contemporains, inspirés par l'héritage de leurs ancêtres, œuvrent pour valoriser et réintroduire cet héritage dans la culture moderne. De **Cheikh Anta Diop**, **Aminatta Sow Fall**, à **Wole Soyinka**, ils font résonner cet appel à la mémoire collective, incitant à un retour aux valeurs ancestrales qui prônent l'unité, le respect de soi et la dignité. Kemet est le reflet d'une civilisation riche et complexe qui continue de nourrir les âmes et les esprits. Son importance réside non seulement dans les réalisations impressionnantes de ses ancêtres, mais aussi dans l'héritage vivant qu'ils ont laissé, un héritage que les Kamites et tous les Afrodescendants s'efforcent de préserver, d'honorer et de célébrer. Reconnaître Kemet, c'est embrasser une histoire collective, un savoir ancien et une spiritualité qui, ensemble, éclairent le chemin vers un avenir empreint de fierté, de justice et de résilience.

Kemet : Une civilisation aux multiples facettes
Kemet, signifiant littéralement "la terre noire" en raison de la fertilité de ses terres alluviales, était une civilisation qui a fleuri pendant plus de trois mille ans. Le Nil, véritable colonne vertébrale de cette société, ne se contentait pas de fournir une source de vie ; il était le fil conducteur d'une culture riche, où se mêlaient traditions, croyances et savoirs. Des rives du Nil surgissaient non seulement des monuments colossaux, mais aussi un réseau complexe d'idées qui formaient le tissu de la vie quotidienne. Les Kamites ont élaboré un système de pensée qui interrogeait la nature de l'existence, la divinité et l'ordre cosmique, s'interrogeant sur leur place dans un monde à la fois mystérieux et tangible. Cette civilisation, à la fois scientifique et spirituelle, a donné naissance à des innovations majeures dans de nombreux domaines, influençant des générations de penseurs et d'érudits à travers le monde. L'architecture de Kemet, avec ses pyramides emblématiques et ses temples majestueux comme ceux de Karnak et de Louxor, témoigne d'un savoir-faire exceptionnel. Les structures en pierre, parfaitement alignées avec les étoiles et les constellations, révèlent une compréhension profonde des lois de la physique et des mathématiques, témoignant de l'ingéniosité des architectes Kamites. En matière de médecine, les papyrus médicaux de Kemet, tels que le **Papyrus Ebers** et le **Papyrus Edwin Smith**, témoignent d'une connaissance avancée des plantes médicinales et des pratiques chirurgicales qui étonnent encore les chercheurs d'aujourd'hui. Ces textes, rédigés par des médecins et des sages, compilent des remèdes pour diverses affections, illustrant une approche holistique de la santé qui intégrait à la fois le corps et l'esprit. Loin d'être un simple ensemble de recettes, ces écrits reflètent une compréhension des maladies qui mêle observation, spiritualité et expérimentation. Les Kamites utilisaient des herbes comme le séné, l'ail et le cumin, et avaient développé des techniques chirurgicales rudimentaires mais efficaces, comme la trépanation. Les avancées mathématiques et astronomiques de Kemet sont tout aussi impressionnantes. Les Kamites ont été parmi les premiers à diviser l'année en 365 jours, en observant les cycles du Nil et les mouvements des astres. Leurs connaissances en géométrie ont permis la construction de monuments d'une précision inégalée,

tout en leur offrant des outils pour naviguer sur le Nil et au-delà. Les temples, comme celui de Karnak, étaient souvent alignés avec des événements astronomiques, créant ainsi un lien sacré entre le ciel et la terre, entre l'humain et le divin. Kemet ne se limitait pas à ses réalisations scientifiques ; elle était également une terre de spiritualité intense. Les croyances religieuses, centrées sur un panthéon riche de dieux et de déesses, comme **Rê**, **Osiris** et **Isis**, formaient le fondement de la vie quotidienne. Les rituels, les offrandes et les pratiques funéraires étaient des expressions d'une quête d'immortalité et de connexion avec l'au-delà. Le Livre des Morts, par exemple, offrait des instructions précieuses pour le voyage de l'âme dans l'au-delà, illustrant la complexité de leurs croyances sur la vie après la mort.

Les Kamites avaient également un sens aigu de la justice et de l'éthique, incarné par le concept de **Maât**, qui représentait l'ordre, la vérité et l'équilibre. Cette philosophie guidait non seulement la vie personnelle des individus, mais influençait également les lois et les structures de gouvernance. Les pharaons étaient considérés comme les gardiens de Maât, responsables de maintenir l'harmonie et l'équilibre dans le royaume. Leurs actions étaient perçues comme des réflexions de l'ordre cosmique, renforçant l'idée que l'humanité et l'univers sont intrinsèquement liés. L'importance de la culture Kamite réside également dans sa capacité à s'adapter et à évoluer tout en préservant son essence. Les échanges avec d'autres civilisations, telles que les Grecs et les Romains, ont permis une fertilisation croisée des idées. Des penseurs comme **Pythagore** et **Platon** ont été influencés par les enseignements des sages de Kemet, reconnaissant l'apport inestimable de cette civilisation à la philosophie et aux sciences. Aujourd'hui, la redécouverte de l'héritage de Kemet est essentielle pour les Kamites modernes et tous les Afrodescendants. Ce retour aux sources, loin d'être un simple regard nostalgique, incarne une quête de réappropriation de l'identité et des savoirs ancestraux. Les penseurs contemporains, que nous ne cessons de citer comme référence, **Cheikh Anta Diop** et **Molefi Kete Asante**, encouragent cette redécouverte en affirmant que l'héritage de Kemet ne doit pas seulement être reconnu, mais célébré comme une fondation essentielle de la civilisation mondiale. En somme, Kemet est une civilisation aux multiples facettes, un modèle d'harmonie entre la science et la spiritualité, une source d'inspiration intemporelle pour ceux qui aspirent à comprendre leur place dans le monde. Reconnaître et célébrer Kemet, c'est embrasser un héritage vivant, une sagesse ancienne qui continue de guider les générations futures vers un avenir de connaissance, de respect et de résilience.

Les fondements spirituels et philosophiques de Kemet
La spiritualité occupait une place centrale dans la vie des anciens Kamites. Au cœur de leur vision du monde se trouvait le concept de **Maât**, symbole de vérité, de justice, d'équilibre et d'harmonie. Maât n'était pas seulement une déesse, mais une force vivante qui régissait l'univers, une essence divine incarnée dans les lois de la nature et les relations humaines. Pour les Kamites, vivre selon les principes de Maât était essentiel, non seulement pour assurer sa propre prospérité, mais aussi pour maintenir l'harmonie de l'univers. Ce principe éthique et moral, ancré dans la philosophie Kamite, transcende le temps et reste un élément clé de l'identité Kamite contemporaine, un appel à renouer avec une sagesse ancestrale. Les mythes, les rituels et les traditions orales de Kemet étaient profondément ancrés dans cette philosophie. Les récits d'**Osiris**, d'**Isis** et d'**Horus** ne se limitaient pas à des histoires d'amour et de trahison ; ils étaient aussi des allégories sur la vie, la mort et la résurrection. Ces histoires enseignaient des leçons universelles sur la lutte entre le bien et le mal, la résilience et le renouvellement. Dans le mythe d'Osiris, par exemple, la mort et la résurrection du dieu symbolisent le cycle éternel de la vie et de la nature, renforçant la croyance en un cosmos ordonné où chaque être a un rôle à jouer. Les rites funéraires, qui mettaient l'accent sur le jugement des âmes par Osiris, étaient une manière de rappeler que la vie terrestre n'était qu'une étape dans un voyage beaucoup plus vaste et spirituel. Le passage à l'au-delà était une réalité tangible pour les Kamites, et chaque cérémonie était imprégnée de symboles et de rites destinés à faciliter cette transition. Les épreuves de l'âme, où l'on pesait le cœur du défunt contre la plume de Maât, incarnaient la nécessité d'une vie vécue en accord avec les principes de vérité et de justice. Ce rituel, essentiel dans la culture Kamite, était un moyen d'assurer la

continuité de l'âme dans l'autre monde, tout en soulignant l'importance d'une vie éthique sur terre. La philosophie Kamite s'étendait également à la relation entre l'homme et la nature. Les Kamites percevaient le monde naturel comme une manifestation des divinités, et chaque élément de la nature, des rivières aux montagnes, était chargé de significations spirituelles. Cette compréhension profonde de l'interconnexion entre tous les aspects de la vie a conduit à une approche holistique de l'existence, où l'harmonie avec l'environnement était essentielle pour vivre en accord avec Maât. La nature n'était pas un simple décor, mais un partenaire sacré dans le cycle de la vie, et les rituels agricoles, célébrant la fertilité du sol et les crues du Nil, en étaient des illustrations vivantes.

Les philosophes et penseurs Kamites, comme **Imhotep**, qui est souvent considéré comme l'un des premiers médecins et architectes de l'histoire, incarnaient cette synthèse entre science et spiritualité. Imhotep, vénéré comme un sage et un guérisseur, a établi des principes médicaux qui témoignent d'une connaissance approfondie du corps humain et des maladies, tout en respectant la dimension spirituelle de la santé. Sa réputation a transcendé les âges, et il est encore reconnu dans diverses cultures comme un symbole de sagesse et d'intelligence. Dans le cadre de cette tradition spirituelle, la musique, la danse et les arts visuels jouaient également un rôle crucial dans la transmission de la sagesse et des enseignements. Les cérémonies étaient souvent accompagnées de chants et de danses qui célébraient les cycles de la vie, en honorant les dieux et les ancêtres. Ces expressions artistiques étaient des moyens puissants de renforcer l'identité culturelle et de transmettre des valeurs à travers les générations. Les enseignements Kamites n'étaient pas réservés à une élite ; ils étaient partagés et transmis à tous, des nobles aux paysans. Cette démocratisation du savoir témoigne d'une société fondée sur la communion, où chaque voix comptait et chaque vie avait une signification. La préservation de l'oralité, des histoires, des proverbes et des chants traditionnels assurait la continuité de ces valeurs, permettant aux générations futures de se connecter avec leur histoire et leur culture. Aujourd'hui, la redécouverte de ces fondements spirituels et philosophiques est essentielle pour la réhabilitation de l'identité Kamite et afrodescendante. Des penseurs contemporains comme **Marimba Ani** et **Naim Akbar** encouragent cette exploration, affirmant que la résilience et la force de la culture Kamite sont des ressources précieuses dans la lutte contre l'aliénation culturelle et l'injustice sociale. En s'inspirant de la sagesse des ancêtres, les Kamites modernes cherchent à rétablir un équilibre entre les aspects matériels et spirituels de leur existence, embrassant ainsi un héritage qui transcende le temps et l'espace. En somme, les fondements spirituels et philosophiques de Kemet constituent un trésor inestimable pour comprendre non seulement l'identité Kamite, mais aussi pour inspirer une quête de justice, d'équilibre et d'harmonie dans un monde souvent chaotique. Se reconnecter à ces valeurs ancestrales est un acte de résistance et de résilience, un appel à rétablir l'ordre dans nos vies, à vivre en harmonie avec nous-mêmes, avec les autres et avec la nature.

Kemet et la science du langage : Le pouvoir des mots
Les anciens Kamites ont laissé un héritage linguistique sans précédent, dont l'impact résonne encore aujourd'hui. L'écriture hiéroglyphique, qui a émergé dans cette civilisation florissante, n'était pas simplement un moyen de communication ; elle incarnait une véritable forme d'art et une science raffinée. Chaque hiéroglyphe, composé de symboles stylisés et évocateurs, portait une charge symbolique riche et puissante. Ces symboles, soigneusement choisis, étaient censés toucher le cœur de l'âme humaine, révélant des vérités profondes sur l'existence, la nature divine et les relations humaines. Les Kamites croyaient fermement que la parole et l'écrit avaient le pouvoir d'influencer le monde spirituel. En gravant leurs pensées sur la pierre, ils cherchaient à établir un lien éternel entre le monde matériel et l'au-delà. Chaque inscription était un acte sacré, une prière inscrite dans le temps qui avait pour but de préserver leur mémoire et leur sagesse au-delà des âges. Ainsi, les hiéroglyphes devenaient des portails vers l'immortalité, permettant aux idées et aux croyances de perdurer malgré l'érosion du temps. Cette valorisation du langage trouve une expression particulièrement puissante dans les textes sacrés, tels que le **"Livre des Morts"**, un recueil de formules et d'instructions destinées à guider les âmes dans l'au-

delà. Ce texte, riche en métaphores et en symbolisme, ne se contentait pas de décrire les étapes du voyage post-mortem, mais offrait également une réflexion profonde sur la vie, la mort et la résurrection. Les paroles inscrites dans ces écrits étaient conçues pour aider les défunts à naviguer dans les mystères de l'au-delà, soulignant ainsi l'importance du langage comme moyen d'élévation spirituelle. En outre, la richesse des proverbes et des maximes, transmises de génération en génération, témoigne de l'importance accordée à la sagesse et à l'éloquence dans la culture Kamite. Ces expressions succinctes et percutantes sont souvent chargées de significations profondes, illustrant des vérités universelles sur la vie, la morale et les relations humaines. Des figures telles que **Ptahhotep**, l'un des premiers sages connus, ont contribué à cette tradition par leurs enseignements sur la conduite éthique et la sagesse, qui continuent d'inspirer et de guider les générations futures. L'art de la rhétorique, quant à lui, était également prisé parmi les Kamites. Les discours prononcés lors des cérémonies, des célébrations ou même des plaidoyers en justice étaient soigneusement élaborés, reflétant une maîtrise du langage qui transcende les simples mots. La capacité des orateurs à captiver et à convaincre leur auditoire était un signe de grande compétence et de respect dans la société. Ces pratiques oratoires ne faisaient pas seulement partie de la communication quotidienne, elles étaient un pilier fondamental de la culture Kamite, soulignant l'importance de l'expression personnelle et collective.

Cette valorisation du langage et des mots s'avère essentielle à la compréhension de l'identité noire contemporaine. Elle souligne la capacité des Kamites à exprimer des idées complexes et profondes, une qualité qui a inspiré d'autres cultures à travers les âges. En se reconnectant à cet héritage linguistique, les Afrodescendants peuvent retrouver une partie de leur histoire et de leur culture, tout en réaffirmant l'importance de la parole comme vecteur de savoir, de résistance et de résilience. La science du langage, dans le contexte Kamite, devient ainsi un puissant outil de réappropriation identitaire, une célébration de l'héritage spirituel et intellectuel de leurs ancêtres.

Kemet comme modèle d'autonomie et de résilience
Au-delà de son savoir-faire intellectuel et spirituel, Kemet incarne un modèle exemplaire de résistance et d'autonomie face à des défis considérables. L'Égypte ancienne a traversé de nombreuses invasions et occupations, que ce soit par les Hyksos, les Assyriens, les Perses ou les Romains. Chaque fois, la culture Kamite a démontré une remarquable capacité à résister, à s'adapter et à intégrer des éléments étrangers tout en préservant son essence unique. Ce phénomène de résilience, ancré dans une histoire riche et complexe, représente une source d'inspiration pour les Afrodescendants contemporains, qui cherchent à s'affirmer et à revendiquer leur identité face aux héritages coloniaux et aux luttes actuelles. Les récits de révolte, de défense de la patrie et de préservation de la culture sont omniprésents dans l'histoire de Kemet. La mémoire collective des Kamites est jalonnée de figures héroïques, comme celle de **Ramsès II**, souvent célébré pour son esprit guerrier et sa détermination inébranlable. Lors de la bataille de Kadesh, Ramsès II a su repousser les envahisseurs hittites avec une stratégie brillante et une ferveur qui témoigne d'une volonté indéfectible de défendre la terre des ancêtres. Cette bataille, considérée comme l'une des plus grandes confrontations militaires de l'histoire antique, illustre la capacité des Kamites à s'unir face à l'adversité et à faire front avec courage et dignité. La résilience des Kamites ne se limitait pas aux champs de bataille. Dans les temples, les arts et les sciences, Kemet a su préserver sa culture face à l'influence étrangère. Les prêtres et les sages, en tant que gardiens du savoir, ont joué un rôle essentiel dans la transmission des traditions et des croyances. Même lorsque des éléments étrangers étaient intégrés dans la société, ils étaient souvent réinterprétés à la lumière des valeurs Kamites, enrichissant ainsi le patrimoine culturel tout en préservant l'identité propre. Cette dynamique de résistance trouve un écho puissant dans les luttes des Afrodescendants contemporains. Tout comme les Kamites ont lutté pour leur autonomie face aux envahisseurs, les communautés afrodescendantes du monde entier s'efforcent aujourd'hui de revendiquer leur identité et de faire face aux injustices historiques et contemporaines. Les mouvements pour les droits civiques, la reconnaissance culturelle et la justice sociale sont autant de manifestations d'un esprit

résilient qui s'inscrit dans la lignée des luttes Kamites. En revendiquer l'héritage de Kemet, c'est célébrer une histoire de dignité et de fierté. C'est reconnaître que chaque victoire, chaque avancée sociale et culturelle est le fruit d'un long combat pour l'autonomie et la justice. Les histoires de courage et de résistance, telles que celles des pharaons et des guerriers Kamites, deviennent des récits inspirants qui nourrissent l'identité afrodescendante contemporaine. Elles rappellent que la lutte pour la reconnaissance et l'égalité est un devoir collectif, un legs sacré à transmettre aux générations futures. Ainsi, Kemet émerge non seulement comme une grande civilisation du passé, mais comme un modèle vivant d'autonomie et de résilience. Elle invite chacun à se reconnecter à cet héritage, à puiser dans la force de ses ancêtres pour affronter les défis du présent et à bâtir un avenir où la dignité et la justice prévalent. Dans ce parcours de réappropriation, les Afrodescendants peuvent s'inspirer des enseignements de Kemet pour construire des ponts vers un avenir prometteur, ancré dans la fierté de leurs racines et la richesse de leur histoire.

Kemet et l'héritage global
L'impact de Kemet ne s'est pas limité aux rives du Nil. En effet, ses influences se sont répandues à travers le monde, touchant des civilisations aussi diverses que les Grecs, les Romains, et même au-delà. L'héritage Kamite, riche et multiforme, a joué un rôle fondamental dans le développement de la pensée, de la spiritualité et des sciences à l'échelle mondiale. Les philosophes grecs, tels qu'**Aristote** et **Platon**, ont souvent emprunté aux enseignements Kamites, reconnaissant la profondeur et la complexité de la pensée égyptienne. Platon, en particulier, a été influencé par la métaphysique et l'idéalisme de la philosophie Kamite, incorporant des idées sur l'immortalité de l'âme et l'ordre cosmique dans ses propres théories. Il a même décrit l'Égypte comme le pays des sages dans son dialogue "Critias", soulignant ainsi l'importance de Kemet dans l'élaboration de la pensée occidentale. Cette connexion a été si marquante que certains historiens affirment que l'Académie de Platon, où il enseignait, a été fondée sur les principes éducatifs et philosophiques hérités des anciens Égyptiens. Au-delà de la philosophie, l'héritage

scientifique de Kemet a également eu un impact significatif. Les mathématiques et l'astronomie Kamites ont servi de fondement aux connaissances scientifiques des civilisations qui ont suivi. Les anciens Égyptiens maîtrisaient les calculs nécessaires à la construction de leurs impressionnantes pyramides et à l'élaboration d'un calendrier basé sur les cycles solaires. **Ptolémée**, un astronome et géographe grec, a intégré des connaissances égyptiennes dans ses travaux, comme l'utilisation des étoiles pour la navigation, témoignant ainsi de l'importance des savoirs Kamites dans l'avancement de la science. De plus, l'héritage de Kemet s'est perpétué dans les spiritualités africaines et afrodescendantes. Les pratiques religieuses, les rituels et les croyances ancestrales ont été profondément influencés par les doctrines Kamites. Par exemple, la vénération des ancêtres, si centrale dans les cultures africaines contemporaines, trouve ses racines dans les pratiques religieuses égyptiennes où les ancêtres étaient honorés et considérés comme des intermédiaires entre les vivants et les dieux. La spiritualité Vodun, pratiquée au Bénin et dans la diaspora africaine, intègre des éléments similaires, rendant hommage aux ancêtres et cherchant leur guidance dans la vie quotidienne.

La résilience de ces traditions est une illustration vivante de la manière dont l'identité Kamite a évolué et perduré à travers les siècles. Les rites de passage, les célébrations communautaires et les contes transmis de génération en génération témoignent de cette continuité culturelle. Des figures comme **Wole Soyinka**, prix Nobel de littérature, ont souligné l'importance de l'héritage culturel africain dans leurs travaux, mettant en avant la richesse des traditions orales et des récits ancestraux qui préservent l'histoire et l'identité des peuples. L'impact de Kemet s'étend également aux arts, notamment la musique et la danse. Les rythmes et les styles musicaux d'Afrique subsaharienne portent en eux des échos de traditions Kamites, où la musique était perçue comme un moyen de communication avec les divinités et un outil de renforcement des liens communautaires. La danse, souvent intégrée aux rituels, reflète la cosmogonie égyptienne et l'importance de la spiritualité dans la vie quotidienne. En somme, Kemet n'est pas simplement un symbole d'une grande civilisation du passé, mais une source vivante d'inspiration et de sagesse qui continue d'influencer les sociétés modernes. L'héritage Kamite, à travers ses contributions à la pensée, à la science, à la spiritualité et aux arts, est une richesse qui appelle à être redécouverte et célébrée. Pour les Afrodescendants et les peuples d'ascendance africaine, cet héritage constitue une clé pour comprendre leur identité et leur place dans le monde, affirmant que les valeurs et les connaissances des ancêtres demeurent pertinentes et vitales dans le monde contemporain. Kemet, en tant que modèle d'autonomie et de résilience, offre ainsi des leçons inestimables pour les luttes actuelles pour la justice, la dignité et l'égalité.

Inspiration aux Kamite d'aujourd'hui
Aujourd'hui, alors que les mouvements de réaffirmation de l'identité noire et afrodescendante émergent à l'échelle mondiale, Kemet représente un pilier fondamental dans cette quête de redécouverte. Les Kamites contemporains se tournent vers leur héritage pour puiser des ressources dans les philosophies, les croyances et les pratiques de leurs ancêtres. Ce retour aux sources s'accompagne d'un désir ardent de reconnecter les jeunes générations avec leurs racines, d'instaurer une fierté identitaire et de lutter contre les stéréotypes qui ont longtemps marginalisé les voix africaines. Ce processus de réaffirmation identitaire est crucial dans un monde où les récits historiques sont souvent déformés ou complètement omis. Les jeunes Afrodescendants, en quête de leur identité, trouvent dans l'histoire de Kemet des modèles de résilience et de force. Les figures emblématiques de Kemet, telles que **Néfertiti, Hatshepsout** ou **Imhotep**, ne sont pas seulement des personnages historiques, mais des symboles vivants de force, de sagesse et de détermination. Hatshepsout, par exemple, est non seulement connue pour avoir été une pharaonne puissante qui a régné en tant que femme dans un monde dominé par des hommes, mais aussi pour ses réalisations en matière de commerce, d'architecture et de diplomatie. Son célèbre temple mortuaire à **Deir el-Bahari** reste un témoignage de son ambition et de sa vision. Dans le mouvement Kamite contemporain, elle incarne la possibilité pour les femmes afrodescendantes de prendre leur place sur la scène mondiale et de revendiquer leurs droits et leurs capacités. Imhotep, quant à lui, est souvent

considéré comme l'un des premiers polymathes de l'histoire. En tant qu'architecte, médecin et sage, il a laissé une empreinte indélébile sur la médecine et l'architecture. Les Kamites contemporains s'inspirent de son génie et de son approche holistique de la vie, qui combine la science et la spiritualité, la matière et l'esprit. Son héritage rappelle l'importance de l'éducation, de l'innovation et de l'intégration des savoirs dans la construction d'une société plus juste et équilibrée.

Les mouvements tels que le Kamitisme, qui s'inscrivent dans cette quête d'identité, cherchent à rétablir la dignité et la fierté des peuples africains face à un monde souvent dominé par des narrations coloniales. Ils encouragent les Afrodescendants à se reconnecter avec leurs ancêtres, à embrasser leurs traditions et à les adapter aux réalités contemporaines. Par cette démarche, les Kamites contemporains visent non seulement à restaurer une image positive de leur héritage, mais aussi à créer un espace où la culture noire peut s'épanouir librement. L'importance de Kemet dans la pensée Kamite va bien au-delà de ses réalisations architecturales et scientifiques. Elle incarne une richesse de savoirs, de croyances et de valeurs qui façonnent encore aujourd'hui l'identité noire. En revenant sur les fondements de cette grande civilisation, les Kamites contemporains se réapproprient une histoire qui a été souvent déformée ou oubliée. Ce chapitre est une invitation à plonger dans l'univers fascinant de Kemet, à découvrir ses trésors cachés et à honorer un héritage qui continue d'inspirer des millions de personnes à travers le monde. Kemet, l'Égypte ancienne, est souvent considérée comme le berceau de la civilisation, un lieu où la sagesse humaine a fleuri dans toute sa splendeur. Le Nil, cette artère vitale, serpentait à travers un paysage où l'eau et la terre fertile offraient des promesses de vie et de prospérité. Dans ce contexte privilégié, les Kamites ont cultivé non seulement des récoltes, mais également des idées, des philosophies et des pratiques spirituelles qui continuent d'influencer le monde aujourd'hui. La grandeur de Kemet réside dans sa capacité à allier la matérialité à la spiritualité, à intégrer le quotidien dans un cadre cosmique, où chaque geste, chaque mot, chaque intention résonnait au-delà du visible. Les enseignements Kamites, en particulier ceux liés à la justice, à l'équilibre et à la communauté, sont particulièrement pertinents dans le contexte des luttes actuelles pour l'égalité et la justice sociale. Le concept de Maât, qui symbolise l'harmonie et l'équilibre, devient un phare pour ceux qui cherchent à construire des sociétés justes et équitables. Ce retour à Maât est un appel à vivre de manière éthique, à respecter les autres et à travailler ensemble pour le bien commun. Enfin, le mouvement Kamite contemporain est une plateforme d'échange et de redécouverte où les voix des jeunes Afrodescendants résonnent avec puissance. En utilisant les médias modernes, la musique, l'art et la littérature, ils expriment leur fierté et leur connexion à un héritage riche. La fusion des anciennes sagesses avec des formes d'expression contemporaines crée un dialogue entre le passé et le présent, permettant aux nouvelles générations de se voir dans un récit qui leur appartient. Kemet, à travers son héritage historique et spirituel, continue d'être une source d'inspiration pour les Afrodescendants du monde entier. En célébrant leur identité Kamite, ils bâtissent des ponts vers le passé tout en forgeant un avenir lumineux et prometteur, où la diversité culturelle et la fierté raciale s'entrelacent pour donner naissance à une nouvelle réalité.

Les civilisations fluviales : Kemet comme modèle de prospérité

L'une des caractéristiques marquantes de Kemet réside dans son exploitation magistrale des ressources naturelles, principalement le Nil. Ce fleuve emblématique, véritable artère vitale de la civilisation égyptienne, a joué un rôle central dans la prospérité de cette grande nation. Chaque année, le Nil inondait les rives, apportant avec lui des limons fertiles, qui enrichissaient le sol. Ces inondations, prévisibles grâce à un calendrier astronomique minutieusement observé, permettaient aux agriculteurs de savoir exactement quand semer et récolter. Ce savoir-faire, hérité de génération en génération, a permis à Kemet de prospérer pendant des millénaires. Les ancêtres Kamites ont ainsi pu se consacrer à l'étude, à la création artistique et à l'avancement des sciences. Cette harmonie avec la nature, qui se manifeste dans leur capacité à vivre en symbiose avec le fleuve, est un modèle de durabilité et d'équilibre. Les agriculteurs de Kemet cultivaient une variété de cultures, dont le blé, l'orge et le lin, leur permettant non seulement de nourrir leur population mais aussi de développer des échanges commerciaux avec d'autres civilisations. Le surplus de production agricole a ainsi favorisé le développement d'une société complexe et diversifiée. Des découvertes archéologiques telles que les outils agricoles en bronze, les moulins à grain et les restes de silos témoignent de cette sophistication. Les Kamites ont su transformer leur environnement avec ingéniosité, développant des systèmes d'irrigation qui attestaient d'une compréhension profonde des cycles naturels. Ces innovations ont permis d'optimiser l'utilisation des ressources en eau et de maximiser la productivité agricole, des pratiques qui restent pertinentes dans le contexte des défis environnementaux contemporains. Mais cette prospérité ne se limitait pas à l'agriculture. La ville de Thèbes, par exemple, était un véritable centre névralgique de commerce, de culture et de spiritualité, rivalisant avec d'autres grandes cités du monde antique. Le commerce fluvial, facilité par la navigation sur le Nil, permettait d'échanger non seulement des biens matériels, mais aussi des idées, des croyances et des pratiques culturelles. Les échanges avec d'autres civilisations, telles que celles de Nubie et de Méditerranée, ont enrichi la culture Kamite et favorisé l'émergence d'une société cosmopolite.

Les temples majestueux de Thèbes, ornés de hiéroglyphes et de bas-reliefs, racontaient des récits d'universalité, mettant en scène les interactions entre l'homme, le divin et la nature. Ces édifices étaient non seulement des lieux de culte, mais aussi des centres de savoir et de transmission de la culture. Le temple de Karnak, par exemple, était un véritable complexe religieux où l'on célébrait des rites et des festivals qui rythmaient la vie des Kamites. Les inscriptions murales et les fresques témoignent de la profondeur spirituelle de cette civilisation, reliant les hommes aux forces cosmiques et divines. La prospérité de Kemet a également permis l'émergence d'une riche tradition artistique et intellectuelle. Les artistes, les architectes et les penseurs ont pu s'épanouir dans un contexte où la créativité était valorisée. La sculpture, la peinture et l'architecture égyptienne ont non seulement marqué leur époque, mais continuent d'inspirer des artistes et des architectes à travers le monde. Les pyramides, symboles d'une ambition architecturale sans précédent, sont devenues des merveilles du monde, témoignant de l'habileté technique et de la vision spirituelle de cette civilisation. La science et la médecine ont également connu un essor considérable grâce à cette prospérité. Les papyrus médicaux retrouvés révèlent des connaissances avancées en anatomie, en phytothérapie et en pratiques chirurgicales. Les Kamites possédaient une compréhension approfondie du corps humain et des maladies, et leur approche holistique de la santé est une source d'inspiration pour les médecines traditionnelles contemporaines. Kemet, en tant que modèle de prospérité, offre des leçons précieuses pour les sociétés d'aujourd'hui. Son approche intégrée des ressources naturelles, son respect pour l'environnement et son investissement dans l'éducation et la culture témoignent de la possibilité d'une coexistence harmonieuse entre l'homme et la nature. Dans un monde confronté à des défis écologiques sans précédent, les principes de durabilité et de résilience que l'on peut tirer de l'héritage Kamite sont plus pertinents que jamais. Ainsi, l'exemple de Kemet en tant que civilisation fluviale modèle démontre que la prospérité durable est réalisable lorsque l'on respecte et exploite intelligemment les ressources naturelles, tout en cultivant une culture riche et diversifiée. Ce legs inspire aujourd'hui les mouvements de développement durable qui visent à réconcilier l'humanité avec son environnement, un défi crucial pour les générations futures.

Une spiritualité ancrée dans le quotidien
La vie quotidienne des Kamites était profondément imprégnée de spiritualité. Chaque aspect de leur existence, du lever du soleil aux rituels funéraires, était influencé par la nécessité de vivre en harmonie avec les principes de Maât. Cette déesse de la vérité et de la justice incarnait l'équilibre entre les forces de la nature et les aspirations humaines. Les Kamites croyaient fermement que l'ordre cosmique devait être respecté pour que la prospérité et la paix règnent sur la terre. Les temples, tels que celui de Karnak, n'étaient pas seulement des lieux de culte, mais aussi des centres communautaires où les fidèles pouvaient se rassembler pour vénérer les dieux et participer à des rites qui renforçaient les liens entre le ciel et la terre. Le temple de Karnak, par exemple, est le

plus grand complexe religieux jamais construit et se composait de nombreuses chapelles, de sanctuaires et de vastes cours, où les prêtres accomplissaient des rituels complexes pour honorer les dieux et assurer la fertilité du pays. Ces espaces sacrés étaient remplis de statues, de fresques et d'inscriptions qui racontaient l'histoire divine et l'importance de Maât.

Une anecdote emblématique souligne cette connexion entre le spirituel et le quotidien. Il est dit qu'un prêtre, au cours d'un rite, a été interpellé par une paysanne qui lui a demandé pourquoi elle devrait s'adresser aux dieux pour ses moissons alors que ses efforts étaient visibles sur le terrain. Le prêtre, avec sagesse, lui a répondu que la dévotion et le travail étaient deux faces d'une même pièce. La prière, expliqua-t-il, était le moyen par lequel l'homme pouvait s'aligner avec les forces cosmiques, assurant ainsi la fertilité de ses terres. Cette interaction entre le sacré et le profane illustre l'essence de la culture Kamite, où chaque acte humain était une extension de la divine. La spiritualité Kamite était également manifestée dans les rituels quotidiens et les pratiques domestiques. Les familles Kamites commençaient souvent leur journée par des prières et des offrandes faites aux ancêtres, en reconnaissant l'importance des liens familiaux et communautaires. Les petites maisons étaient souvent ornées d'amulettes et de symboles religieux, témoignant de leur désir de protection divine et de prospérité. La pratique de l'**Oudjat**, l'œil d'Horus, symbolisait la protection et la guérison, et était souvent portée en pendentif pour éloigner le mal et attirer la chance.

Les rituels de passage, tels que les naissances, les mariages et les funérailles, étaient empreints de spiritualité et de signification. Chaque cérémonie était soigneusement orchestrée pour honorer les ancêtres et les divinités, marquant ainsi l'importance de ces événements dans le cycle de la vie. Les funérailles, en particulier, étaient des rites d'une grande importance, car les Kamites croyaient fermement en l'au-delà. Le jugement de l'âme par Osiris, où le cœur du défunt était pesé contre la plume de Maât, était un moment crucial, représentant la quête d'une vie vécue en conformité avec les principes divins. Le concept de Maât ne se limitait pas seulement à des rituels religieux ; il était également intégré dans les valeurs morales et éthiques de la société. Les

Kamites s'efforçaient d'incarner Maât dans leur vie quotidienne, que ce soit dans leurs interactions sociales, leurs décisions économiques ou leurs relations familiales. La vérité, la justice et l'équilibre étaient des principes directeurs, et leur non-respect pouvait entraîner des conséquences non seulement individuelles, mais aussi collectives. Cette vision holistique de la vie créait une société où chacun avait un rôle à jouer dans le maintien de l'harmonie. Les événements de la vie quotidienne étaient souvent rythmés par le calendrier religieux et agricole. Les festivals, célébrant les récoltes, les inondations du Nil ou les anniversaires des pharaons, apportaient la communauté ensemble dans un esprit de célébration et de gratitude. Par exemple, la fête d'**Opet**, qui marquait la célébration annuelle de l'inondation, était un moment où les habitants de Thèbes participaient à des processions colorées, chantant et dansant en l'honneur des dieux. Ces moments de joie collective renforçaient les liens sociaux et rappelaient à chacun l'importance de la dévotion dans la prospérité de leur société. Ainsi, la spiritualité des Kamites était profondément ancrée dans chaque aspect de leur quotidien. Leur capacité à relier le sacré au profane, à voir la divinité dans chaque moment de la vie, témoignait d'une culture riche et vibrante. Cette approche holistique de l'existence continue d'inspirer de nombreuses philosophies spirituelles modernes, rappelant l'importance de vivre en harmonie avec soi-même, les autres et l'univers. En redécouvrant ces pratiques et ces croyances, les Kamites contemporains cherchent à se reconnecter à cette tradition spirituelle ancestrale, à en puiser des leçons pour naviguer dans les défis du monde actuel.

Les conquêtes de la pensée et de la connaissance
La réputation de Kemet comme centre de savoir a attiré des penseurs de diverses civilisations, créant un carrefour intellectuel qui a transcendé les âges. Les philosophes grecs, tels que Platon et Aristote, ont voyagé en Égypte pour étudier les enseignements des sages Kamites, reconnaissant ainsi l'importance de ce foyer de sagesse. Aristote, en particulier, aurait mentionné que la philosophie européenne devait beaucoup aux idées égyptiennes, soulignant l'impact durable de Kemet sur la pensée occidentale. Cette influence s'étendait à des domaines aussi variés que la

géométrie, l'astronomie, et la médecine, des disciplines dans lesquelles les Kamites avaient élaboré des théories avancées et des pratiques sophistiquées. Les papyrus médicaux, tels que le **Papyrus Ebers** et le **Papyrus Edwin Smith**, témoignent de cette connaissance avancée. Le **Papyrus Ebers**, qui date d'environ 1550 avant notre ère, est considéré comme l'un des plus anciens traités médicaux connus. Il contient des remèdes à base de plantes, des diagnostics et des descriptions de maladies, ainsi que des pratiques chirurgicales. Ce document révèle une compréhension approfondie des maladies et des traitements, ainsi qu'un riche savoir sur les propriétés curatives des plantes, témoignant de l'approche scientifique des Kamites envers la santé.

Un exemple marquant de cette richesse intellectuelle est celui d'**Imhotep**, considéré comme l'un des premiers médecins et architectes de l'histoire. Il a été le premier à introduire des pratiques médicales basées sur l'observation systématique des patients, faisant de lui le père de la médecine. Imhotep n'était pas seulement un praticien ; il était également un sage, un conseiller du pharaon et un architecte dont les réalisations incluent la célèbre **Pyramide de Djoser** à Saqqarah, symbole de l'ingéniosité architecturale Kamite. Sa légende raconte comment il aurait guéri le pharaon Djoser grâce à une combinaison de soins pratiques et de rituels spirituels, illustrant cette fusion entre science et spiritualité qui était caractéristique de Kemet. La renommée d'Imhotep a perduré à travers les siècles, au point qu'il est devenu une divinité dans certaines traditions ultérieures, témoignant de l'impact de son savoir sur la culture Kamite et au-delà. Au-delà d'Imhotep, d'autres figures kamites ont également marqué l'histoire de la science. **Ahmes**, un autre savant égyptien, est connu pour son rôle dans la rédaction du **Papyrus Rhind**, un texte mathématique qui expose des principes de géométrie et d'algèbre, démontrant ainsi l'avancée des Kamites dans les mathématiques. Ce papyrus fournit des instructions pour résoudre des problèmes arithmétiques et géométriques, ainsi que des méthodes pour calculer les volumes et les surfaces. L'approche méthodique des Kamites en matière de mathématiques et de géométrie a jeté les bases des disciplines mathématiques modernes. Les avancées Kamites en astronomie sont également notables. Les anciens Égyptiens avaient développé un calendrier basé sur les cycles solaires et lunaires, leur permettant de prévoir les crues du Nil et d'optimiser les pratiques agricoles. Ils avaient observé les mouvements des étoiles et des planètes, créant ainsi une compréhension complexe des phénomènes célestes. Leurs observations ont également mené à l'élaboration d'instruments tels que le **Merkhet**, un dispositif similaire à un astrolabe, qui permettait de mesurer l'heure en fonction des positions des étoiles. L'architecture de Kemet est une autre manifestation de son héritage intellectuel. Les monuments, les pyramides, et les temples, construits avec une précision remarquable, témoignent d'une maîtrise exceptionnelle des techniques d'ingénierie. La Grande Pyramide de Gizeh, par exemple, demeure l'une des plus grandes réalisations architecturales de l'histoire, malgré les progrès actuels, l'invention de grues gigantesques, l'incapacité de reproduire ces constructions, donne la mesure de l'ingénierie Kamite. Les techniques de construction, qui impliquaient une compréhension avancée de la géométrie et de la logistique, continuent de fasciner les chercheurs et les architectes modernes.

Cette richesse intellectuelle ne se limitait pas à des domaines techniques. Les Kamites avaient également développé une compréhension profonde de l'éthique et de la morale, fondée sur les principes de Maât. Leur vision du monde intégrait une responsabilité sociale, un respect pour la nature et une préoccupation pour l'harmonie au sein de la communauté. Ces valeurs ont non seulement influencé leur société, mais ont également été transmises aux générations suivantes, contribuant à façonner d'autres cultures. En somme, Kemet se distingue non seulement par ses réalisations architecturales et scientifiques, mais aussi par son impact profond sur la pensée et la connaissance humaines. L'héritage intellectuel des Kamites continue de résonner aujourd'hui, inspirant des générations à travers le monde à explorer, à apprendre et à redécouvrir les trésors de cette grande civilisation. En se tournant vers les racines de cette sagesse ancienne, les mouvements contemporains cherchent à établir des liens entre le passé et le présent, honorant ainsi l'immense contribution de Kemet à la connaissance humaine.

Kemet : Un modèle de diversité et d'intégration

Le grand débat qui entoure l'identité noire de Kemet est un sujet d'étude complexe, mais il est essentiel de reconnaître que cette question ne doit plus être envisagée de manière isolée. Les recherches menées par des égyptologues, notamment les travaux de Cheikh Anta Diop, ont brisé le mythe d'une Égypte ancienne monolithique, dévoilant plutôt un paysage culturel dynamique et varié. Kemet, bien que fondamentalement la création d'un peuple noir, était un carrefour de civilisations où cohabitaient différentes ethnies, langues et croyances. Cette richesse culturelle a façonné une identité unique et résiliente, capable d'absorber les influences tout en préservant son essence. Durant la période gréco-romaine, Kemet a connu un mélange exceptionnel de traditions égyptiennes et grecques. Cette fusion a non seulement enrichi la culture Kamite, mais a également produit des figures emblématiques qui symbolisent cette diversité. **Cléopâtre VII**, célèbre pour sa beauté et son intelligence, est sans doute l'un des exemples les plus marquants de cette intégration. Bien que son ascendance soit souvent débattue, il est indéniable qu'elle représentait un point de convergence entre les cultures égyptienne et hellénique. En tant que dernière pharaonne de l'Égypte, Cléopâtre a su allier les pratiques égyptiennes, telles que la vénération des anciens dieux, avec des idées et des influences grecques, comme la philosophie et les arts. Son règne a ainsi marqué une ère de créativité et d'innovation qui a laissé des empreintes indélébiles dans l'histoire, témoignant d'un dialogue interculturel riche et fécond.

Les relations entre Kemet et d'autres cultures, telles que celles des **Nubiens**, **Libyens** et même des **Phéniciens**, sont des exemples emblématiques de cet esprit d'ouverture. Les échanges commerciaux qui ont eu lieu entre Kemet et ces régions ont permis une circulation continue d'idées, de biens et de technologies. Par exemple, les Nubiens, qui vivaient au sud de l'Égypte, ont non seulement été des partenaires commerciaux, mais ont également contribué à l'enrichissement des traditions artistiques et religieuses de Kemet. De nombreux pharaons ont épousé des princesses nubiennes, consolidant ainsi des alliances politiques et culturelles qui témoignent d'un mélange harmonieux des cultures. Des éléments comme les mariages mixtes, les alliances politiques et les échanges intellectuels ont créé un cadre dans lequel les idées et les pratiques pouvaient circuler librement. Les échanges commerciaux entre les différentes régions, notamment le commerce de l'or, des textiles, et des épices, ont favorisé une interconnexion qui transcende les frontières géographiques et culturelles. Ces interactions ont permis de forger une identité collective qui, tout en restant ancrée dans les racines Kamites, a su évoluer et s'enrichir.

L'art et l'architecture de Kemet en sont de puissants témoignages. Les monuments, les temples et les sculptures reflètent non seulement la pensée égyptienne, mais également des influences variées provenant des cultures environnantes. Les artistes Kamites ont intégré des motifs et des styles d'autres civilisations, tout en conservant des éléments distinctifs qui leur étaient propres. Cette capacité à s'adapter tout en restant fidèle à son héritage est un modèle d'intégration culturelle qui peut servir de guide aux Afrodescendants contemporains. Aujourd'hui, alors que de nombreux Afrodescendants cherchent à redécouvrir et à revendiquer leur identité, le modèle d'intégration culturelle de Kemet offre une perspective précieuse. Il souligne l'importance de la diversité et du dialogue interculturel dans la construction d'une identité collective. La façon dont Kemet a embrassé les différences et a su en tirer force et richesse doit servir d'exemple pour les générations futures. Dans un monde de plus en plus interconnecté, il est crucial de reconnaître que la diversité n'est pas seulement une richesse, mais également une source de résilience. Les mouvements contemporains qui cherchent à réaffirmer l'identité noire et afrodescendante peuvent tirer de précieuses leçons de l'histoire de Kemet. En valorisant la diversité culturelle et en encourageant le dialogue entre les différentes traditions, ces mouvements peuvent construire une identité collective qui honore le passé tout en s'ouvrant vers l'avenir. La capacité de Kemet à accueillir et à intégrer les influences tout en maintenant sa propre identité est un modèle de prospérité et de résilience qui peut inspirer des millions de personnes à travers le monde à embrasser leurs racines tout en se tournant vers un avenir partagé.

La résistance Kamite face aux invasions
Malgré sa richesse et sa sophistication, Kemet n'a pas été à l'abri des invasions et des conquêtes étrangères. Parmi les périodes les plus marquantes de son histoire figure l'occupation par les **Hyksos**, une dynastie étrangère qui a conquis l'Égypte durant la Deuxième Période Intermédiaire, entre le XVIIe et le XVIe siècle avant notre ère. Les Hyksos, venant probablement de la région du Levant, ont introduit de nouvelles technologies militaires, telles que le char à roues, qui ont modifié le paysage de la guerre en Égypte. Malgré leur domination, cette période ne fut pas une simple soumission ; au contraire, elle a engendré une réponse résiliente et déterminée de la part des Kamites. La résistance à l'occupation hyksos fut menée par le pharaon **Ahmose**, figure emblématique de la lutte pour la liberté. Ahmose, dont le nom signifie "Né de la lune", a hérité d'un contexte tumultueux, mais il a su rassembler ses forces pour orchestrer une révolte victorieuse qui a finalement libéré Kemet de l'emprise hyksos. Sa campagne militaire, marquée par des batailles décisives et des tactiques astucieuses, a non seulement permis de reprendre le contrôle du pays, mais a également symbolisé le renouveau de l'identité Kamite. La détermination d'Ahmose et de ses partisans rappelle que la lutte pour l'autonomie et la préservation de l'identité est une constante dans l'histoire de l'humanité. Cette période de résistance a été documentée dans divers récits historiques, qui témoignent de l'héroïsme des Kamites. Les inscriptions retrouvées dans les temples et les monuments érigés en l'honneur d'Ahmose et de ses victoires parlent d'un peuple uni, déterminé à reconquérir sa terre et à préserver ses valeurs. Ces récits, transmis de génération en génération, sont devenus des exemples inspirants de courage et de résilience. Ils rappellent aux Kamites d'aujourd'hui que la lutte pour l'identité et la justice est un devoir sacré, une responsabilité qui transcende le temps et l'espace. Kemet a également connu d'autres invasions, comme celles des **Assyriens**, des **Perses**, et plus tard des **Grecs** et des **Romains**. Chaque conquête a été suivie d'un élan de résistance,

illustrant la volonté indéfectible du peuple Kamite de protéger sa culture et ses traditions. La campagne de **Kush**, un royaume situé au sud de l'Égypte, a permis de maintenir une influence Kamite, malgré les invasions. Les rois de Kush, tels que **Piye** et **Taharqa**, ont parfois pris le titre de pharaon, affirmant ainsi leur légitimité et leur connexion à l'héritage égyptien. Cette interaction a abouti à une renaissance culturelle, où des éléments de la culture Kamite ont été préservés et adaptés.

Les **Candaces**, ces puissantes reines de Nubie, jouent également un rôle crucial dans cette histoire de résistance. Les Candaces, figures emblématiques de la souveraineté et de la bravoure féminine, ont affronté les puissances romaines avec une détermination inébranlable. L'une d'elles, **Candace Amanirenas**, se distingue par sa résistance héroïque lors de la guerre contre les Romains. La légende raconte qu'elle a mené ses troupes dans une série de batailles audacieuses, démontrant non seulement la force de son royaume, mais aussi la capacité des femmes à diriger et à combattre. Les Romains, souvent perçus comme invincibles, ont trouvé en elle une adversaire redoutable, un symbole de la résistance Kamite contre l'impérialisme. La détermination de ces reines nubiennes rappelle que la lutte pour la dignité et la souveraineté ne connaît pas de genre. Les récits des Candaces sont des hymnes à la bravoure, des témoignages d'une époque où les femmes prenaient les armes pour défendre leur patrie. Cette résistance face aux forces romaines met en lumière la diversité des luttes menées pour la préservation de l'identité et de la culture, un écho des combats actuels pour la justice et l'égalité. La résistance Kamite n'est pas uniquement un aspect militaire, mais elle se manifeste aussi dans la vie quotidienne. Les pratiques religieuses, les rites et les traditions familiales ont été préservées malgré les influences étrangères. La dévotion aux dieux égyptiens, comme **Rê**, **Osiris** et **Isis**, a perduré, même face aux tentatives d'imposer d'autres croyances. Ces éléments de continuité culturelle témoignent de la résilience d'un peuple qui refuse de se laisser dissoudre dans des forces extérieures. Les leçons tirées de ces luttes historiques sont d'une grande résonance aujourd'hui. La résistance Kamite face aux invasions est un exemple puissant pour les Afrodescendants contemporains, qui font face à leurs propres défis d'identité et de justice dans un monde souvent dominé par des narrations historiques inéquitables. Ces récits de résistance sont des rappels que l'autonomie culturelle et l'affirmation identitaire nécessitent non seulement de la détermination, mais aussi une volonté collective de se battre pour la justice et la dignité. Ainsi, les histoires de héros comme Ahmose et de la résistance Kamite face aux invasions continuent d'inspirer les mouvements contemporains de réaffirmation de l'identité noire. Ces récits servent de fondation sur laquelle les Afrodescendants peuvent construire leur propre lutte pour la reconnaissance, la justice et la fierté. En se réappropriant cette histoire de résistance, ils trouvent non seulement une source d'inspiration, mais aussi un modèle d'unité et de détermination qui transcende les âges. La lutte des Kamites pour leur identité et leur autonomie reste un symbole puissant de la capacité humaine à surmonter l'adversité, un héritage que chaque génération est appelée à honorer et à perpétuer.

Un héritage vivant : Kemet et les mouvements contemporains

L'héritage de Kemet continue de vibrer dans le cœur de millions de personnes à travers le monde. La redécouverte de cette grande civilisation par les mouvements afrocentriques et panafricains a revitalisé l'intérêt pour ses principes, ses valeurs et ses pratiques. Aujourd'hui, les descendants des Kamites s'efforcent de se reconnecter avec leurs racines, de puiser dans cet héritage pour nourrir leur identité et leur culture. Cette quête de réappropriation s'est manifestée dans diverses initiatives culturelles et éducatives qui honorent l'héritage Kamite. Des **festivals culturels** célébrant la musique, la danse et l'art africains prennent vie dans des villes du monde entier, des **Festi'Kemet** de Paris aux célébrations de la **Journée de l'Afrique** à Atlanta. Ces événements offrent des espaces où la richesse de l'héritage Kamite peut être honorée, où les artistes contemporains s'inspirent des traditions anciennes pour créer des œuvres qui parlent à la génération actuelle. Ces festivals ne sont pas seulement des célébrations de la culture, mais aussi des lieux de dialogue où les communautés explorent leur identité partagée.

Les écrits de figures emblématiques telles que **Cheikh Anta Diop** et **Theophile Obenga** ont éclairé les contributions des Kamites à la civilisation mondiale, affirmant leur place dans l'histoire. Diop, par exemple, a soutenu que la culture égyptienne était au cœur de la civilisation africaine, faisant ressortir l'importance de Kemet dans l'histoire de l'humanité. Ses travaux ont inspiré un renouveau intellectuel qui a encouragé de nombreux Afrodescendants à revendiquer leur héritage et à s'engager dans des études qui mettent en lumière les contributions africaines à la science, à la philosophie et à l'art. Un exemple marquant de cette dynamique est celle des "Mouvements Kamites", qui s'engagent à promouvoir une vision positive de l'identité noire. Ces mouvements organisent des conférences, des ateliers et des expositions qui soulignent l'importance de Kemet dans le contexte moderne. Des organisations comme le **Black Lives Matter**, en s'inspirant des luttes historiques des Kamites, s'efforcent de redéfinir ce que signifie être noir dans le monde contemporain. En redéfinissant ce que signifie être Kamite aujourd'hui, ils créent un pont entre les ancêtres et les générations futures, renforçant ainsi le sentiment d'appartenance et d'orgueil.

Les artistes et écrivains contemporains puisent également dans cet héritage. L'écrivaine **Yaa Gyasi**, par exemple, dans son roman *Homegoing*, explore les répercussions de l'esclavage et de la colonisation sur les identités africaines et afro-américaines, en intégrant des références à l'histoire de Kemet pour souligner l'importance de la mémoire collective. D'autres, comme le rappeur **K'naan**, intègrent des éléments de l'histoire Kamite dans leurs paroles, réaffirmant la richesse de l'héritage africain tout en abordant les luttes contemporaines. Kemet, l'Égypte ancienne, ce n'est pas seulement une période historique ; elle est une source de sagesse, d'inspiration et d'identité pour les Kamites contemporains. Son importance réside dans sa capacité à transcender les âges, à offrir des leçons de résilience, d'intégration et d'autonomie. Les valeurs de Maât, telles que la vérité, la justice et l'équilibre, continuent de guider les efforts des mouvements actuels, qui cherchent à instaurer une société plus juste et équitable. En revisitant cette grande civilisation, nous ne faisons pas qu'explorer notre passé ; nous construisons les fondations de notre avenir. Être Kamite, c'est embrasser cette histoire, célébrer cette culture et se projeter vers l'avenir avec l'espoir d'un renouveau, d'une renaissance qui valorise la richesse d'un patrimoine indissoluble. Kemet n'est pas seulement une référence historique, elle est le souffle vital qui nourrit les aspirations d'un peuple en quête de son identité. Les valeurs, les croyances et les traditions qui ont façonné cette civilisation continuent d'influencer les mouvements de justice sociale et de dignité dans le monde entier.

Aujourd'hui, alors que nous assistons à une résurgence de l'intérêt pour l'identité noire, il est essentiel de reconnaître Kemet non seulement comme un symbole d'une grandeur passée, mais aussi comme une source d'inspiration pour les luttes contemporaines. Les célébrations de la culture, les mouvements d'émancipation et les études académiques autour de Kemet sont autant de manifestations d'un héritage vivant, un héritage qui continue de former les bases d'une identité forte et résiliente. Les descendants des Kamites, à travers le monde, portent en eux le flambeau de cet héritage, affirmant que Kemet est bien plus qu'une antiquité, c'est une force qui pulse encore dans le présent, forgeant des voies pour un avenir où la dignité et la justice prévalent.

Naissance du Mouvement Kamite Moderne

La naissance du mouvement Kamite moderne est intimement liée à l'histoire complexe de l'Afrique, de sa diaspora et de la quête pour redécouvrir une identité perdue dans les méandres du colonialisme, de l'esclavage et de la domination culturelle. Ce mouvement, qui puise ses racines dans l'héritage glorieux des peuples de la vallée du Nil, a émergé comme une réponse directe aux injustices subies, à la réécriture de l'histoire et à l'effacement de la mémoire collective des peuples noirs. À la fin du XIXe siècle et au début du XXe siècle, dans un contexte où les nations africaines étaient encore sous le joug du colonialisme européen, des intellectuels tels que **W.E.B. Du Bois** et **Marcus Garvey** ont commencé à articuler une vision panafricaine, cherchant à revendiquer l'héritage africain comme une source de fierté. Cette période a vu la naissance de mouvements qui cherchaient à réaffirmer l'identité noire et à promouvoir la dignité humaine face à l'oppression. Les idées de Garvey, en particulier, avec son slogan "Retour en Afrique", ont inspiré des générations à reconnecter avec leurs racines africaines, posant les jalons d'une renaissance culturelle. Dans les années 1960, le mouvement Kamite a pris une ampleur considérable grâce aux luttes pour les droits civiques aux États-Unis et aux mouvements de décolonisation en Afrique. Figures emblématiques comme **Malcolm X** et **Martin Luther King Jr.** ont souligné l'importance de l'héritage africain dans leurs discours, renforçant le lien entre l'identité noire et les racines ancestrales. Leurs appels à la justice sociale et à l'égalité ont résonné avec les principes Kamites, qui mettent en avant la dignité, l'autonomie et la liberté.

L'émergence de la **conscience noire** dans les années 1970 a également joué un rôle essentiel dans la naissance du mouvement Kamite moderne. Des artistes et intellectuels tels que **Nina Simone** et **James Baldwin** ont utilisé leurs plateformes pour promouvoir une redécouverte de l'identité africaine. Leurs œuvres, souvent ancrées dans des références à l'héritage kamite, ont créé un pont entre les luttes contemporaines et l'histoire des Kamites, redonnant une voix à ceux qui avaient été historiquement réduits au silence.

Parallèlement, l'essor de l'**Afrocentrisme** a introduit une nouvelle perspective sur l'histoire mondiale, plaçant les contributions africaines au cœur du récit historique. Les travaux de **Cheikh Anta Diop** ont été fondamentaux dans cette redéfinition, affirmant que l'histoire de Kemet est intrinsèquement liée à l'identité et à l'héritage des peuples africains. Ses recherches, qui démontraient la continuité culturelle entre Kemet et d'autres sociétés africaines, ont encouragé de nombreux Afrodescendants à revendiquer leur histoire et à s'inspirer de cette grande civilisation. Aujourd'hui, le mouvement Kamite moderne s'exprime à travers une multitude de canaux : l'éducation, l'art, la musique, et même la mode. Des festivals comme le **Festival Afrikaboom** ou le **Black History Month** offrent des espaces pour célébrer la richesse de la culture Kamite, tandis que des organisations communautaires, telles que le **Mouvement de la Conscience Noire**, œuvrent à l'éducation sur l'héritage africain et à la sensibilisation aux injustices contemporaines. Ce mouvement ne se limite pas à la simple célébration du passé ; il incarne également une volonté de construire un avenir où la dignité et la justice prévalent. Les initiatives éducatives, les programmes artistiques et les projets communautaires visent à nourrir une identité collective qui s'inspire des leçons de l'histoire Kamite. L'engagement à préserver et à promouvoir cet héritage devient un acte de résistance contre les narrations dominantes qui ont longtemps marginalisé les contributions africaines. En se tournant vers Kemet comme source d'inspiration, les mouvements contemporains créent un espace où l'identité noire est célébrée et valorisée. La résistance à l'effacement de la mémoire collective devient une pierre angulaire de ce mouvement, permettant aux Afrodescendants de revendiquer leur histoire avec fierté et détermination. Ainsi, le mouvement Kamite moderne ne se contente pas d'honorer un passé glorieux ; il forge également une voie vers un avenir où la richesse et la diversité de l'héritage africain sont reconnues et célébrées à leur juste valeur.

La blessure coloniale : Effacement et réécriture de l'histoire africaine

Pendant des siècles, l'Afrique a été dépeinte par les puissances coloniales comme un continent sans histoire, sans contribution significative à la civilisation humaine. Cette vision déshumanisante a trouvé un écho sinistre dans les écrits de penseurs européens, tels que **David Hume**, philosophe écossais du XVIIIe siècle, qui affirmait sans complexe que les Africains n'avaient jamais produit de grande œuvre d'art, de science ou de pensée. Ces idées, propagées avec insistance à travers les systèmes éducatifs coloniaux, ont profondément déformé la perception des Africains et de leurs descendants, leur inculquant l'idée d'une infériorité inhérente. L'une des grandes tragédies de la colonisation fut le pillage systématique des trésors culturels africains, accompagné d'une réécriture cynique de l'histoire. Des statues, des manuscrits, des objets d'art, des savoirs scientifiques et spirituels, tous témoins d'une richesse civilisationnelle millénaire, furent arrachés à leur terre d'origine, parfois pour se retrouver dans les vitrines des musées européens, coupés de leur contexte. Le British Museum, le musée du Louvre, ou encore le Musée royal de l'Afrique centrale en Belgique, sont tristement célèbres pour abriter des milliers de pièces volées, notamment des trésors de civilisations telles que celles du royaume du Bénin, du Mali, ou des empires du Soudan. À cela s'ajoute la minimisation, voire l'effacement, du rôle joué par des civilisations prospères comme celles de **Nubie**, de **Kemet (Égypte)**, du royaume du **Mali**, **Kongo**, **Songhaï**, **Ghana** dans les manuels d'histoire occidentaux. Cette réécriture de l'histoire visait à justifier l'entreprise coloniale, en présentant l'Afrique comme un continent arriéré, peuplé de peuples incapables de gouverner ou de produire des savoirs complexes. Dans cette optique, l'Égypte antique fut systématiquement blanchie dans les récits européens, déconnectée de son origine africaine. **Napoléon Bonaparte**, lors de sa campagne en Égypte, ordonna à ses savants d'étudier et de documenter cette civilisation, tout en évitant soigneusement de reconnaître son appartenance à l'Afrique noire. Les contributions scientifiques de figures telles qu'**Imhotep**, architecte et père de la médecine que nous avons évoqué, rarement dans les manuels occidentaux, ou les innovations culturelles et artistiques des royaumes soudano-sahéliens furent délibérément ignorées ou attribuées à des influences externes. Cette falsification historique a eu des conséquences dévastatrices pour l'estime de soi des Africains et des Afrodescendants. La colonisation, loin de se limiter à l'occupation physique des terres, s'est aussi manifestée par une colonisation des esprits, un effacement méthodique de l'identité et des savoirs. **Frantz Fanon**, dans son œuvre majeure *Peau noire, masques blancs*, évoque les traumatismes psychologiques causés par cette aliénation culturelle. Les Africains, réduits à des "sauvages", ont été dépossédés de leur humanité, et ont été contraints de s'adapter à une image dévalorisante d'eux-mêmes, façonnée par le regard du colonisateur. Cela a jeté les bases de la construction de systèmes racistes et oppressifs que les Afrodescendants continuent de combattre aujourd'hui.

L'enseignement colonial a renforcé cette image, formant des générations d'Africains à mépriser leur propre histoire et à admirer celle de l'Occident. Les écoles missionnaires et les institutions coloniales inculquaient aux jeunes Africains une version de l'histoire où l'Europe était le berceau de la civilisation, tandis que l'Afrique était simplement perçue comme une terre d'ombres. Des figures comme **Thomas Sankara** ou **Amílcar Cabral** ont dénoncé cette forme de domination culturelle et ont appelé à une reconquête de l'identité africaine à travers la réappropriation de l'histoire. Sankara, notamment, a mené une politique de valorisation des cultures locales et de rejet des vestiges de la colonisation intellectuelle, encourageant les Africains à célébrer leur propre patrimoine. Cette aliénation culturelle a laissé une blessure profonde dans la conscience collective des Afrodescendants. Le poids de l'histoire coloniale a continué à façonner les relations entre l'Afrique et l'Occident longtemps après les indépendances. Les stigmates de cette marginalisation historique sont encore visibles aujourd'hui dans la lutte des Afrodescendants pour la reconnaissance de leur héritage. Cependant, au sein de cette douleur s'est également formé un puissant mouvement de résistance intellectuelle et culturelle. Depuis les années 1950, des penseurs afrocentriques comme **Cheikh Anta Diop** et **Théophile Obenga** ont pris la tête d'un vaste mouvement visant à restaurer la vérité sur l'histoire africaine. Diop, dans ses travaux, a fermement soutenu l'origine noire de l'Égypte antique, prouvant par des recherches linguistiques, historiques et anthropologiques que Kemet faisait partie intégrante de la civilisation africaine. Ses travaux ont été une arme puissante contre le discours hégémonique européen qui cherchait à arracher l'Égypte à l'Afrique.

Aujourd'hui, de nombreux mouvements panafricanistes et Kamites poursuivent ce travail de réappropriation, en luttant pour la restitution des objets volés, en réécrivant l'histoire du point de vue africain, et en réaffirmant la dignité et la richesse des cultures noires. Les initiatives comme le projet **AFRICOM** pour la restitution des biens culturels, ou encore les œuvres d'écrivains et d'intellectuels africains et afrodescendants, visent à cicatriser cette blessure coloniale. Des artistes comme **Chinua Achebe**, à travers ses romans, ont dépeint l'impact destructeur du colonialisme sur les sociétés africaines, tout en réaffirmant la vitalité et la résilience de ces peuples. Cette réécriture moderne de l'histoire ne se limite pas aux cercles académiques ; elle se manifeste également dans les mouvements sociaux, les expressions artistiques, et même les pratiques spirituelles qui cherchent à reconnecter les Afrodescendants avec leur passé glorieux. Le succès des films tels que *Black Panther* a montré l'importance de cette redécouverte, en projetant sur grand écran une vision d'une Afrique puissante, technologiquement avancée, et libre de toute domination extérieure. Ces représentations participent à la guérison collective des blessures de l'aliénation culturelle et ouvrent la voie à un avenir où l'Afrique et sa diaspora peuvent réécrire leur propre histoire, selon leurs propres termes. Ce silence historique a laissé une blessure profonde dans la conscience collective des Afrodescendants. La construction de l'identité noire a longtemps été façonnée par les yeux du colonisateur, qui voyait en l'Afrique un simple réservoir de main-d'œuvre pour alimenter les économies du Nouveau Monde, réduisant ainsi ses peuples à l'état de "sauvages". Cette perception raciste a jeté les bases d'une structure mentale et sociale oppressive que des générations d'Africains ont dû déconstruire.

La quête d'une renaissance culturelle : Cheikh Anta Diop et la réappropriation de l'histoire

C'est dans ce contexte de réécriture historique et de dislocation culturelle qu'a émergé le mouvement Kamite moderne, une lutte intellectuelle et spirituelle pour redonner à l'Afrique son rôle légitime dans l'histoire du monde. Parmi les pionniers de cette renaissance, **Cheikh Anta Diop**, historien, anthropologue, et scientifique sénégalais, occupe une place centrale. Son travail rigoureux et révolutionnaire a transformé la perception de l'histoire africaine, réintroduisant le continent au cœur des récits historiques mondiaux, notamment grâce à ses théories sur la véritable identité des anciens Égyptiens. Cheikh Anta Diop est né en 1923 à Thieytou, au Sénégal, dans une période où l'Afrique subissait encore le joug du colonialisme européen. Très tôt, il montre une grande curiosité pour l'histoire de son continent. Ses études en France l'amènent à embrasser diverses disciplines, allant de la physique à l'anthropologie, avec une motivation profonde : déconstruire les mythes historiques qui dévalorisaient l'Afrique et ses habitants. Son ambition était claire : réhabiliter la grandeur de l'Afrique précoloniale, prouvant que l'Afrique avait

joué un rôle fondamental dans le développement des sciences et de la civilisation mondiale. En 1951, Diop présente sa thèse de doctorat à la **Sorbonne**, l'une des plus prestigieuses universités d'Europe. Intitulée *« Nations nègres et culture »*, cette thèse soutenait que les bâtisseurs de l'Égypte ancienne, aussi appelée Kemet, étaient des Africains noirs. Cela contredisait radicalement la pensée dominante de l'époque, qui refusait de reconnaître la grandeur de civilisations africaines. Pendant plusieurs années, sa thèse est rejetée, jugée trop provocante et politiquement sensible. Diop faisait face à une opposition académique et politique intense, les chercheurs eurocentrés ne pouvant accepter que l'Afrique ait été le berceau de la civilisation humaine. Ce n'est qu'en 1960, après des années de persévérance et de recherches approfondies, que sa thèse est enfin acceptée. Dans *« **Nations nègres et culture** »*, Diop adopte une approche multidisciplinaire, utilisant des analyses linguistiques, archéologiques, anthropologiques et historiques pour démontrer que l'Égypte ancienne est d'origine négro-africaine. Il s'appuie notamment sur des comparaisons entre les langues de Kemet et les langues africaines modernes, telles que le **wolof** et le **sérère**, pour prouver que les anciens Kamites partageaient des racines culturelles avec les peuples d'Afrique subsaharienne. Diop n'a pas seulement révolutionné la façon dont l'Afrique se voyait elle-même, mais il a également profondément affecté la perception des chercheurs étrangers. Dans *« **Nations nègres et culture** »*, il fait une déclaration retentissante :
« L'Afrique noire, jusque-là calomniée et oubliée, doit désormais occuper la place qui lui revient dans l'histoire universelle. »

L'une des contributions majeures de Cheikh Anta Diop fut de démontrer que Kemet (l'Égypte ancienne) n'était pas simplement une société hautement avancée, mais qu'elle était, de surcroît, une société noire. Selon Diop, reconnaître cette vérité historique permet de restituer aux Africains un sentiment de fierté identitaire. Il explique que la contribution des anciens Kamites aux mathématiques, à la médecine, à l'astronomie et à la philosophie a été systématiquement sous-évaluée ou ignorée par les historiens occidentaux. Dans *« **Civilisation ou barbarie** »* (1981), Diop élargit son analyse pour explorer l'impact des civilisations africaines sur les cultures européennes et asiatiques. Selon lui, avant même l'avènement des civilisations grecques et romaines, l'Afrique avait atteint un haut degré de sophistication culturelle et scientifique. L'Égypte ancienne, en particulier, était un modèle de civilisation avancée dont l'influence s'est étendue bien au-delà de ses frontières géographiques. Il écrit : « *Toute l'Afrique a vu son histoire réécrite pour servir les intérêts de l'oppression coloniale. Notre tâche, en tant qu'intellectuels africains, est de rendre justice à nos ancêtres et de redonner à nos peuples leur dignité.* »

Outre ses travaux historiques, Cheikh Anta Diop était un ardent défenseur du panafricanisme. Dans « *L'unité culturelle de l'Afrique noire* » (1959), il démontre que, malgré les différences linguistiques et ethniques, une même essence culturelle unit les peuples africains. Il plaide pour la réunification culturelle du continent, expliquant que la division de l'Afrique par le colonialisme est artificielle et doit être surmontée. Son ouvrage « **Antériorité des civilisations nègres** » (1967) va plus loin en réfutant les mythes eurocentriques qui prétendaient que l'Afrique n'avait pas d'histoire avant la colonisation. Diop y souligne que des civilisations telles que celles de Nubie, du Mali, de Ghana, ou encore de Kush, ont prospéré bien avant l'arrivée des Européens. Le penseur africain Theophile Obenga, l'un des disciples et collaborateurs de Diop, note : « *Le travail de Cheikh Anta Diop a bouleversé les paradigmes établis. Il a démontré que l'Afrique est non seulement le berceau de l'humanité, mais aussi le berceau de la civilisation.* » Leurs travaux communs, notamment lors du fameux Colloque du Caire en 1974, organisé par l'UNESCO, ont marqué un tournant décisif. Ce colloque a validé de nombreuses thèses de Diop, confirmant que l'Égypte ancienne était bien une civilisation négro-africaine. Pour les intellectuels africains et afrodescendants, cet événement a été un moment historique, offrant une base scientifique solide pour les revendications identitaires et culturelles.

Aujourd'hui, **Cheikh Anta Diop** est célébré comme l'un des plus grands intellectuels du XXe siècle. Ses théories, d'abord controversées, sont maintenant largement acceptées et enseignées dans les universités africaines et internationales. Son œuvre a permis de poser les bases d'un nouveau récit historique, plus juste et plus inclusif. Des institutions, des festivals, des colloques, et même des établissements d'enseignement portent son nom, témoignant de l'impact durable de son héritage. L'Université Cheikh Anta Diop de Dakar, l'une des plus prestigieuses du continent africain, est un hommage vivant à son immense contribution intellectuelle. Cette institution représente non seulement un lieu d'apprentissage, mais aussi un symbole de la résistance intellectuelle contre l'oppression coloniale. Diop lui-même déclarait : « *Tant qu'on ne rétablira pas la vérité historique sur l'Afrique, il n'y aura pas de paix véritable ni de réconciliation entre les peuples.* » Son œuvre continue d'inspirer les mouvements Afrocentristes, le mouvement Kamite moderne, ainsi que de nombreux militants pour la justice raciale et l'égalité des peuples. Il a montré que la réappropriation de l'histoire est un outil de libération, et que la connaissance du passé est la clé pour construire un futur plus juste. L'héritage de Cheikh Anta Diop va bien au-delà de la simple réhabilitation de l'histoire africaine. Il nous enseigne que l'histoire est un terrain de lutte où se jouent la dignité et l'identité des peuples. Par son travail, Diop a rendu aux Africains et à leurs descendants les clés d'une fierté retrouvée, en leur montrant que leur histoire ne commence ni avec l'esclavage, ni avec la colonisation, mais avec des civilisations brillantes, pionnières dans de nombreux domaines du savoir humain.

En reconnaissant l'importance de ses recherches et en valorisant son héritage, les peuples africains et la diaspora disposent désormais des outils intellectuels nécessaires pour affirmer leur identité, résister à l'oppression et participer à la création d'un futur fondé sur la vérité et la justice historique.

Les mouvements de libération africains : L'éveil politique et culturel

Dans les années 1950 et 1960, alors que l'Afrique luttait pour se libérer des chaînes du colonialisme, une dynamique de réappropriation culturelle s'est développée en parallèle des luttes politiques. Ce mouvement, souvent associé à l'éveil panafricaniste, a pris une dimension politique et culturelle marquante. Au cœur de ce processus se trouvent des leaders emblématiques tels que **Kwame Nkrumah** au Ghana, **Julius Nyerere** en Tanzanie et **Patrice Lumumba** au Congo. Ces figures de proue ont non seulement lutté pour la libération politique de leurs pays, mais aussi pour une renaissance culturelle qui réaffirmerait la dignité et l'identité des peuples africains, profondément marqués par des siècles de colonisation. Pour Nkrumah, en particulier, la libération de l'Afrique ne pouvait se limiter à la seule indépendance politique. Elle devait être accompagnée d'une véritable unité africaine, fondée sur la reconnaissance de la grandeur des civilisations africaines anciennes. Dans son discours visionnaire, il déclarait : « *Nous devons redevenir maîtres de notre propre destin en redécouvrant nos racines, et en bâtissant notre avenir sur les fondations de notre passé glorieux*»

Inspiré par le panafricanisme, Nkrumah voyait dans l'unité africaine un moyen non seulement de résister à l'impérialisme, mais aussi de revaloriser un patrimoine culturel et spirituel souvent dénigré par le colonialisme. Pour lui, l'Afrique devait retrouver son identité historique, en se libérant non seulement des chaînes visibles de l'oppression coloniale, mais aussi des chaînes invisibles de la domination culturelle. Il écrivait : « *L'impérialisme ne se contente pas de dominer économiquement et politiquement, il cherche également à contrôler l'esprit, en effaçant notre passé, notre culture, et en nous rendant étrangers à nous-mêmes.* »

L'un des plus grands défis des premiers gouvernements africains indépendants fut de déconstruire l'héritage mental laissé par le colonialisme. Il ne suffisait pas de chasser les colonisateurs des institutions politiques et des structures économiques ; il fallait également redéfinir l'identité africaine dans un cadre postcolonial. Cela passait par une réforme des curricula scolaires, la promotion des langues africaines, et la réintroduction des récits des héros africains dans les livres d'histoire. Cette réappropriation culturelle faisait partie intégrante des luttes pour l'émancipation. **Julius Nyerere**, à travers sa politique de l'**Ujamaa** en Tanzanie, insistait sur la nécessité de reconnecter les Africains à leurs racines et de valoriser leurs cultures indigènes comme base pour la construction de la nation. Il déclarait dans l'un de ses discours : *« Il ne peut y avoir de développement véritable si l'on ne commence pas par reconnaître et respecter les fondements culturels de notre peuple. La culture est la source de notre force collective. »*

Pour des figures comme **Amilcar Cabral**, chef du mouvement d'indépendance en Guinée-Bissau et au Cap-Vert, la culture était l'une des armes les plus puissantes dans la lutte contre l'oppression. Cabral comprenait que l'arme la plus destructrice utilisée par les colonisateurs n'était pas la baïonnette, mais la négation de l'histoire et de la culture des opprimés. Selon lui, l'aliénation culturelle était l'une des formes les plus subtiles et les plus efficaces de domination. Il déclarait : *« Le colonialisme ne se contente pas de piller les ressources matérielles de nos peuples ; il cherche également à annihiler leur histoire et leur culture. En nous privant de notre identité, il nous rend plus vulnérables à la domination. »*
Dans cette perspective, la réappropriation de l'histoire devenait un acte de résistance. Cabral affirmait que : *« La libération d'un peuple est avant tout la réappropriation de son histoire, car un peuple sans histoire est un peuple sans âme. »* Ce principe était également au cœur des idées développées par **Frantz Fanon**, un autre intellectuel influent de la période de décolonisation. Dans son ouvrage majeur *« Les Damnés de la Terre »*, Fanon montre que la colonisation n'était pas seulement un acte de domination physique, mais aussi un processus de déshumanisation par la destruction des cultures indigènes. Il écrivait : *« Le colonialisme n'a pas seulement privatisé les terres et les richesses, il a aussi déformé les âmes et aliéné les esprits. »*

Fanon insistait sur le fait que la récupération de l'identité culturelle était une condition essentielle à la libération mentale des peuples opprimés. Sans cette étape, l'indépendance politique resterait incomplète. Ce processus de désaliénation culturelle permettrait aux Africains de se réapproprier leur dignité humaine, essentielle pour construire un avenir libre. Dans le contexte de ces luttes de libération, le mouvement Kamite moderne a trouvé un écho particulier. S'inspirant des travaux d'intellectuels comme Cheikh Anta Diop, le mouvement Kamite cherche à reconnecter les peuples africains à leur passé précolonial, en réaffirmant la grandeur des civilisations anciennes comme Kemet (Égypte ancienne). Il s'agit d'une démarche non seulement historique, mais aussi spirituelle et philosophique, visant à rendre aux Africains leur dignité humaine, trop longtemps niée par l'histoire coloniale. Cheikh Anta Diop, dans son ouvrage *« Nations nègres et culture »*, avait déjà montré l'importance de réhabiliter l'histoire africaine pour redonner aux Africains un sentiment de fierté identitaire. Il soulignait que la connaissance de l'histoire était un outil de libération : *« La culture africaine a été systématiquement dénigrée et effacée par les colonisateurs. Revenir à cette culture, c'est retrouver notre véritable essence. »*

Le mouvement Kamite moderne, en se réappropriant l'héritage de Kemet, propose une lecture nouvelle de l'histoire africaine, en valorisant la spiritualité et les valeurs ancestrales comme piliers d'une renaissance identitaire. Aujourd'hui, les idées panafricanistes et les mouvements comme celui des Kamites continuent d'influencer les intellectuels, les artistes et les militants africains. Ils cherchent à déconstruire les stéréotypes hérités de l'époque coloniale et à valoriser l'histoire et la culture africaines dans les débats contemporains. Les figures comme Kwame Nkrumah, Julius Nyerere, Amilcar Cabral, et Frantz Fanon sont devenues des références incontournables pour comprendre la complexité des luttes postcoloniales. Leurs œuvres sont non seulement étudiées dans les universités, mais aussi dans les cercles militants et artistiques qui cherchent à promouvoir une renaissance africaine basée sur la justice, la vérité historique et la fierté identitaire. Leurs messages résonnent encore aujourd'hui, rappelant que la libération politique doit toujours être accompagnée d'une réappropriation culturelle pour être complète et durable. En somme, les mouvements de libération africains ont jeté les bases d'une nouvelle ère de réflexion et d'action, où la réhabilitation de l'histoire et la redécouverte des racines culturelles sont au cœur des enjeux pour un avenir libre et souverain.

Le Kamitisme dans la diaspora

Le mouvement Kamite moderne ne s'est pas limité au continent africain, mais a profondément influencé la diaspora africaine, notamment aux États-Unis et dans les Caraïbes, où les descendants d'esclaves cherchaient à retrouver leurs **racines ancestrales**. Cette quête d'identité et de fierté culturelle a été un fil conducteur des mouvements intellectuels et politiques de la diaspora noire tout au long du XXe siècle. Parmi les moments clés de cette renaissance, la **Harlem Renaissance** dans les années 1920 et le **mouvement Black Power** des années 1960 se démarquent comme des périodes de réaffirmation de l'identité africaine dans un contexte de lutte contre la suprématie blanche et l'oppression raciale. Dans les années 1920, la Harlem Renaissance fut l'un des premiers mouvements de la diaspora où des artistes et intellectuels noirs américains ont activement cherché à puiser dans leur héritage africain pour redéfinir leur identité et contrer les stéréotypes déshumanisants hérités de l'esclavage et de la ségrégation. Le quartier de Harlem, à New York, devint le centre d'une effervescence artistique et intellectuelle sans précédent. Des poètes, écrivains, musiciens et artistes y ont exploré la richesse des cultures africaines comme une source d'inspiration, une ancre de leur existence dans un monde où l'héritage noir était souvent effacé ou dévalorisé. Des figures emblématiques de ce mouvement, comme le poète **Langston Hughes** et l'écrivaine **Zora Neale Hurston**, se sont tournées vers les récits oraux, la spiritualité et les traditions africaines pour réaffirmer la beauté et la résilience de la culture noire. Hughes, dans son poème « The Negro Speaks of Rivers », évoque cette connexion entre la diaspora africaine et son passé, en reliant les rivières africaines comme le Nil et le Congo à l'expérience noire en Amérique. Cela évoque le lien profond et ancien des Afro-Américains avec l'Afrique, soulignant une identité intemporelle qui transcende l'histoire de l'esclavage et qui plonge ses racines dans les civilisations africaines antiques. Hughes, comme d'autres artistes de la Harlem Renaissance, cherchait à reconstruire une histoire collective en réhabilitant l'image de l'Afrique comme berceau de la civilisation, et non comme un simple continent « sauvage », tel qu'il était souvent décrit dans les récits coloniaux. L'intellectuel et activiste **Marcus Garvey**, fondateur du mouvement **Universal Negro Improvement Association (UNIA)**, a également joué un rôle clé dans cette dynamique. Garvey prônait un retour en Afrique et une renaissance de la fierté noire, inspirée par les grandes civilisations africaines. Sa vision de la fierté raciale, son insistance sur l'unité des peuples noirs et son rejet du colonialisme ont fortement influencé les générations suivantes de militants panafricanistes et Kamites. Pour Garvey, comme pour les intellectuels de la Harlem Renaissance, la réappropriation de l'histoire africaine n'était pas seulement un exercice académique, mais une étape essentielle dans la reconquête de la dignité et de la souveraineté des peuples noirs à travers le monde.

Dans les années 1960, la quête de réappropriation de l'identité africaine a pris une dimension plus militante avec l'émergence du **mouvement Black Power** aux États-Unis. Ce mouvement, né en réponse aux limites perçues du mouvement pour les droits civiques, visait à construire une fierté noire plus affirmée, en se basant sur une autonomie politique, une réappropriation culturelle et une résistance active contre l'oppression raciale. Des figures comme **Malcolm X** et **Stokely Carmichael** (aussi connu sous le nom de Kwame Ture) ont joué des rôles centraux dans cette lutte pour l'émancipation noire. Malcolm X, notamment après son pèlerinage à La Mecque, a révisé ses positions sur la fraternité humaine, mais il a toujours insisté sur la reconnexion avec les racines africaines comme une forme de résistance à l'oppression blanche. Il dénonçait avec force l'aliénation des Noirs américains vis-à-vis de leur culture d'origine et appelait à un retour symbolique vers l'Afrique.

Le mouvement **Black Power a** permis de renforcer cette idée que la libération des Noirs passait par la redécouverte et la réhabilitation de leur histoire précoloniale, un élément essentiel de leur lutte contre le racisme systémique. Les militants de ce mouvement voyaient l'histoire de Kemet (l'Égypte ancienne) et ses pyramides, pharaons et symboles comme l'Ankh, non seulement comme des artefacts historiques, mais comme des emblèmes de la grandeur noire, longtemps niée ou effacée par les récits historiques occidentaux. Dans ce contexte, **Nation of**

Islam, un mouvement religieux et politique fondé dans les années 1930, prônait un retour à une spiritualité noire, rejetant les religions imposées par les colonisateurs. Sous la direction de figures comme **Elijah Muhammad** et plus tard **Malcolm X**, Nation of Islam insista sur l'importance de se réapproprier une identité spirituelle en phase avec la culture africaine, tout en rejetant les modèles occidentaux d'oppression religieuse et culturelle. Les mouvements Kamites, de manière similaire, ont cherché à réhabiliter l'identité africaine en prônant un retour à la spiritualité ancestrale de l'Afrique précoloniale.

Dans l'imaginaire du mouvement Black Power et des courants Kamites, l'Égypte ancienne, ou Kemet, est devenue un symbole puissant de la grandeur noire. Les pyramides, les temples, les sculptures des pharaons, ainsi que des symboles tels que l'Ankh (représentant la vie éternelle), ont été réappropriés comme des icônes de la civilisation africaine qui avaient influencé le monde entier. Ces symboles ne servaient pas seulement à illustrer un passé glorieux, mais également à galvaniser la lutte pour la dignité et l'autonomie culturelle des peuples noirs. Des écrivains comme **Leopold Sédar Senghor**, l'un des fondateurs du concept de la Négritude, ont également puisé dans cette idée de reconnecter les Africains et la diaspora à leur histoire ancienne. Senghor affirmait que pour construire un avenir libre, il était essentiel que les Africains retrouvent leur mémoire collective, ancrée dans leur héritage précolonial. Il écrivait : *« L'émotion est nègre, la raison est hellène. »* Cette phrase souvent citée souligne la complémentarité des cultures, mais elle invite aussi à une réconciliation avec les racines africaines, longtemps considérées comme incompatibles avec le progrès et la modernité par l'idéologie coloniale. Aujourd'hui, l'influence de ces mouvements se fait toujours sentir dans la diaspora africaine et dans les luttes sociales contemporaines. Des artistes, militants et intellectuels continuent de puiser dans l'héritage de la Harlem Renaissance, du Black Power, et des courants Kamites pour redéfinir l'identité noire dans un contexte mondial de plus en plus globalisé et interculturel. La réappropriation de Kemet et des symboles de la grandeur noire sert aujourd'hui de fondement identitaire à un mouvement qui continue d'inspirer la jeunesse africaine et afrodescendante. La diaspora reste un lieu d'influence majeur où les idées Kamites et panafricanistes, enracinées dans l'histoire africaine ancienne, alimentent les réflexions sur la fierté noire, la solidarité africaine, et la nécessité de déconstruire les stéréotypes racistes pour bâtir un futur plus juste.

L'apport du mouvement Rastafari et des spiritualités africaines

Le mouvement Kamite moderne, loin de s'épanouir en vase clos, a puisé sa force et sa richesse dans une mosaïque de courants spirituels afrocentriques. Parmi ces influences majeures, le mouvement **Rastafari**, né en Jamaïque dans les années 1930, occupe une place prépondérante. Cette émergence, sur fond de lutte contre l'oppression coloniale et l'esclavage, a éveillé chez les descendants d'Africains un profond désir de redécouverte identitaire et de réappropriation culturelle. Le rastafarisme, centré sur la figure emblématique de l'empereur éthiopien **Haile Sélassié** et l'Éthiopie comme symbole de l'héritage africain, s'inscrit dans une volonté commune avec le Kamitisme : reconnecter la diaspora à ses racines ancestrales tout en rejetant les valeurs eurocentriques imposées par des siècles de colonisation et de christianisation. À la croisée des chemins entre ces deux mouvements, l'Afrique émerge comme une source inépuisable de rédemption et de salut spirituel pour les descendants de la diaspora. Pour les Rastafariens, l'Afrique, plus précisément l'Éthiopie, revêt une dimension sacrée, une Terre Promise vers laquelle les Noirs aspirent à retourner tant sur le plan spirituel que physique. Ce concept de « repatriation », fréquemment évoqué par les leaders du mouvement, dépasse le simple désir de revenir sur les terres ancestrales. Il s'agit d'un retour à une essence spirituelle profondément enracinée dans les croyances précoloniales, une quête pour retrouver l'identité perdue. Parallèlement, les Kamites, en plaçant Kemet (l'Égypte ancienne) au cœur de leur mouvement, redécouvrent une civilisation grandiose qui, selon eux, détient les clés de la sagesse ancestrale, capable d'orienter les peuples noirs dans leur cheminement vers l'émancipation et la réhabilitation identitaire.

Ces mouvements partagent également une remise en question radicale des valeurs religieuses héritées du colonialisme. Pour les Rastafariens, le christianisme tel qu'imposé par les colonisateurs est perçu comme un outil d'aliénation, un moyen d'effacer les cultures africaines authentiques. Ainsi, une volonté commune émerge : celle de renouer avec les spiritualités africaines précoloniales. Cette réappropriation se manifeste à travers des pratiques variées, allant de l'adoration des ancêtres à la communion avec la nature, en passant par la reconnaissance des divinités locales. Les Rastafariens, par exemple, voient en Haile Sélassié une continuité historique avec les anciens rois d'Éthiopie, affirmant ainsi une spiritualité africaine qui s'émancipe de l'influence occidentale. De leur côté, les Kamites explorent les enseignements de Kemet et les pratiques spirituelles de leurs ancêtres, redonnant vie à des systèmes de croyances que les colonisateurs avaient tenté d'éradiquer. La notion d'auto-suffisance spirituelle et culturelle est également un élément fondamental qui unit ces deux mouvements. Les Rastafariens, prônant un mode de vie en harmonie avec les principes de l'**Ital**, adoptent un régime alimentaire naturel et pur qui témoigne de leur conviction en la sacralité de la terre. Ils rejettent les modes de vie industrialisés, les considérant comme dénaturés et aliénants. Les Kamites, quant à eux, s'attachent à renouer avec les cycles de la vie, inspirés par les philosophies de l'Égypte ancienne et d'autres cultures africaines qui célébraient les éléments naturels comme des manifestations du divin. Cette quête de pureté, tant spirituelle que physique, devient alors une affirmation de leur identité et un rejet de l'influence corrosive du colonialisme, une redécouverte d'une forme de vie authentiquement africaine. Le mouvement rastafari ne se limite pas à une recherche spirituelle ou identitaire, il a également eu un impact majeur sur la scène politique et sociale, tant en Jamaïque que dans l'ensemble de la diaspora. Fortement influencé par les enseignements de Marcus Garvey, le rastafarisme a su s'ériger en mouvement de résistance politique, dénonçant les inégalités raciales, la pauvreté et les formes insidieuses de néocolonialisme. Les Rastafariens ont élevé l'Éthiopie et l'Afrique au rang de symboles de la lutte contre l'oppression, appelant à une libération totale des peuples noirs, tant sur le plan spirituel que matériel. De la même manière, les

Kamites considèrent la réappropriation de leur histoire et de leur culture comme une étape cruciale pour combattre le racisme systémique et l'injustice économique. Un exemple emblématique de cette dynamique est le rôle prépondérant de la musique reggae dans la diffusion des idées rastafari et de la fierté africaine à une échelle mondiale. Des artistes de renommée tels que **Bob Marley**, **Peter Tosh** et **Burning Spear** ont utilisé la musique non seulement comme un moyen d'expression artistique, mais aussi comme une plateforme pour sensibiliser les masses à l'importance de renouer avec leurs racines africaines et de résister à l'oppression. Le reggae, souvent décrit comme la « voix des opprimés », a véhiculé des messages puissants d'unité africaine, de justice sociale et de rébellion contre les injustices coloniales. De façon similaire, les Kamites ont trouvé dans l'art, la littérature et la musique des outils efficaces pour réaffirmer la grandeur de leur culture et encourager une renaissance culturelle au sein de la diaspora.

En outre, les spiritualités africaines traditionnelles continuent d'exercer une influence profonde sur le mouvement Kamite moderne. Des pratiques telles que le **Vodun**, le **Yoruba** et le culte des **orishas** dans les Caraïbes et en Amérique latine sont devenues des points d'ancrage pour ceux qui cherchent à renouer avec leurs racines africaines. Ces systèmes de croyances, souvent diabolisés ou marginalisés par les colonisateurs, ont survécu à des siècles de répression et ont ressurgi en tant que formes de résistance culturelle. Prenons l'exemple de **Haïti**, où la pratique du Vodun a joué un rôle central dans la révolution haïtienne, un soulèvement couronné de succès qui a abouti à la création du premier État indépendant dirigé par des anciens esclaves. Aujourd'hui, les Kamites s'inspirent de ces exemples de résilience spirituelle pour affirmer la continuité de la grandeur africaine à travers les âges. Ainsi, l'apport du mouvement Rastafari et des spiritualités africaines au Kamitisme moderne se révèle être non seulement multidimensionnel, mais également essentiel. Ensemble, ces courants forment un ensemble cohérent de pratiques et de philosophies qui s'emploient à libérer l'esprit des peuples noirs des chaînes de l'aliénation culturelle et spirituelle, tout en cultivant une fierté africaine renouvelée. Leur influence s'étend bien au-delà des seules questions religieuses, nourrissant également des réflexions politiques, sociales et culturelles tant dans la diaspora que sur le continent africain. À travers une vision commune, ils œuvrent pour la rédemption des peuples noirs, en célébrant et en réaffirmant la richesse de leur histoire et de leur spiritualité.

La symbolique des pharaons dans le Kamitisme moderne
Dans le mouvement Kamite, la figure du pharaon s'érige en tant que symbole puissant de souveraineté et de résistance face à l'oppression. Les pharaons de Kemet transcendent leur rôle de dirigeants politiques ; ils deviennent des icônes spirituelles et des gardiens de la justice. Ces souverains anciens incarnent une vision du monde où l'harmonie entre l'homme, la nature et le divin est non seulement envisagée, mais activement vécue. Leur exemple continue d'inspirer les Kamites modernes, qui voient en eux des modèles de leadership éclairé et de sagesse. Prenons par exemple le pharaon Akhenaton, souvent cité pour sa tentative audacieuse d'établir un culte monothéiste centré sur le dieu Aton. Cette démarche est perçue comme une révolution spirituelle, une quête de vérité qui cherche à unifier les croyances religieuses. Akhenaton n'était pas seulement un dirigeant ; il représentait une aspiration vers une compréhension plus profonde de la spiritualité. En tentant de redéfinir la relation entre l'humanité et le divin, il incarne l'essence même du Kamitisme, qui appelle à renouer avec une sagesse ancestrale et à retrouver une vision unifiée de l'humanité. Dans le contexte du Kamitisme moderne, les pharaons deviennent également des symboles de réhabilitation identitaire. L'histoire de la colonisation a longtemps effacé, déformé ou ridiculisé les réalisations africaines. Les Kamites cherchent donc à restaurer cette image de grandeur, à rappeler au monde que les pharaons de Kemet étaient non seulement des bâtisseurs de pyramides, mais aussi des visionnaires qui ont influencé des civilisations entières. Cette réappropriation de l'histoire est essentielle pour redonner fierté et dignité aux descendants d'Africains, qui peuvent ainsi se reconnaître dans un héritage glorieux et inspirant. Le mouvement Kamite moderne trouve ses racines dans cette nécessité de rétablir une connexion avec un passé souvent négligé ou dénigré. Des figures intellectuelles comme Cheikh Anta Diop ont joué un rôle

fondamental en mettant en lumière les contributions de l'Afrique à l'histoire mondiale. Par ses recherches, Diop a non seulement affirmé la valeur des civilisations africaines, mais a également mis en exergue l'importance de la culture et de la spiritualité africaines dans la formation de l'identité noire contemporaine. Sa pensée, ainsi que celle d'autres militants politiques et spirituels de la diaspora, est devenue le fer de lance d'une lutte pour la reconnaissance et la réhabilitation de l'héritage africain.

Être Kamite aujourd'hui, c'est donc participer à un mouvement de redécouverte et d'affirmation. Cela implique de s'immerger dans les philosophies et les pratiques spirituelles qui ont traversé les âges, en s'inspirant de l'exemple des pharaons qui ont su allier pouvoir, sagesse et harmonie. Dans un monde où l'Afrique continue de se battre pour sa place et sa voix, cette quête d'identité est plus cruciale que jamais. Les Kamites modernes se réunissent autour de l'idée que la renaissance culturelle est non seulement possible, mais nécessaire pour assurer un avenir où les valeurs africaines sont célébrées et respectées. La symbolique des pharaons transcende les siècles, rappelant aux Kamites l'importance de l'unité, de la sagesse et de la justice. Les enseignements tirés de l'époque des pharaons, tels que le respect de la nature, la valorisation de l'héritage ancestral et la quête de vérité, forment les fondements d'un mouvement qui aspire à un monde plus équitable et conscient. En réintégrant ces éléments dans leur vie quotidienne, les Kamites contribuent à une renaissance culturelle et spirituelle, affirmant ainsi leur place dans le grand récit de l'humanité. Dans les méandres du temps, les pharaons de Kemet se dressent comme des géants, leurs ombres projetées sur les sables éternels du désert. Leur règne, bien plus qu'une simple succession de dynasties, est une symphonie de pouvoir et de spiritualité, une danse délicate entre le terrestre et le divin. Chaque pierre des pyramides, chaque hiéroglyphe gravé dans la roche, murmure les secrets d'une civilisation qui a su capturer l'essence même de l'existence humaine. **Akhenaton**, le pharaon hérétique, est l'un de ces esprits audacieux qui ont osé défier l'ordre établi. Son rêve d'un dieu unique, Aton, brille comme un phare dans la nuit des temps, une lueur d'espoir et de transformation. En élevant Aton au-dessus de tous les autres dieux, Akhenaton ne cherchait pas seulement à réformer la religion, mais à réinventer la relation entre l'homme et l'univers. Son règne, bien que bref, a laissé une empreinte indélébile sur l'âme de Kemet, une marque de courage et de vision. Pour les Kamites modernes, **Akhenaton** est plus qu'un simple souverain ; il est un guide spirituel, un modèle de quête intérieure et de vérité. Sa révolution religieuse résonne encore aujourd'hui, inspirant ceux qui cherchent à reconnecter avec leurs racines ancestrales et à redécouvrir la sagesse perdue des anciens. En suivant les traces d'Akhenaton, les Kamites embrassent une vision du monde où l'unité et l'harmonie sont les piliers de l'existence.

La réhabilitation de l'identité africaine passe par cette reconnexion avec le passé glorieux des pharaons. Les Kamites, en redécouvrant l'histoire de Kemet, trouvent une source inépuisable de fierté et de dignité. Les pyramides, les temples et les statues ne sont pas seulement des vestiges archéologiques ; ils sont les témoins silencieux d'une grandeur passée, d'une époque où l'Afrique était le berceau de la civilisation. En revendiquant cet héritage, les Kamites réaffirment leur place dans le monde, refusant de laisser l'histoire coloniale définir leur identité. Cheikh Anta Diop, avec sa plume acérée et son esprit brillant, a été l'un des pionniers de cette renaissance culturelle. Ses travaux ont révélé au monde la richesse et la profondeur des civilisations africaines, brisant les chaînes de l'ignorance et du préjugé. Diop a montré que l'Afrique n'était pas un continent sans histoire, mais un foyer de savoir et de spiritualité. Son héritage intellectuel continue d'inspirer les Kamites, les guidant dans leur quête de vérité et de justice. Être Kamite aujourd'hui, c'est marcher sur les traces des pharaons, c'est embrasser une vision du monde où la sagesse ancestrale éclaire le chemin vers l'avenir. C'est un voyage de redécouverte, une plongée dans les profondeurs de l'âme africaine. Dans un monde en quête de sens et de justice, les Kamites apportent une perspective unique, enracinée dans des millénaires de sagesse et de spiritualité. La symbolique des pharaons transcende les siècles, rappelant aux Kamites l'importance de l'unité, de la sagesse et de la justice. Les enseignements tirés de l'époque des pharaons, tels que le respect de la nature, la valorisation de l'héritage ancestral et la quête de vérité, forment les fondements d'un mouvement qui aspire à un monde plus équitable et conscient. En réintégrant ces éléments dans leur vie quotidienne, les Kamites contribuent à une renaissance culturelle et spirituelle, affirmant ainsi leur place dans le grand récit de l'humanité.

La Renaissance Kamite dans le contexte des mouvements d'émancipation globale

Le Kamitisme moderne ne peut être pleinement compris sans situer son émergence dans le cadre plus large des mouvements d'émancipation globale qui ont marqué le XXe siècle. Tandis que l'Afrique cherchait à se libérer du joug colonial, des luttes pour les droits civiques, pour la décolonisation des esprits, et pour la redécouverte des identités marginalisées avaient lieu partout dans le monde. Des mouvements comme la décolonisation en Amérique latine, la lutte des Indiens d'Amérique, et les révolutions anti-impérialistes en Asie ont tous partagé une quête commune : celle de redonner une voix à des populations longtemps opprimées. Dans ce contexte, le Kamitisme n'était pas simplement un mouvement limité à la sphère culturelle africaine ; il faisait partie d'une dynamique plus vaste de résistance à l'effacement des mémoires indigènes. L'ère des indépendances africaines, tout comme les mouvements de **Black Consciousness** en Afrique du Sud avec **Steve Biko**, a permis une réaffirmation de la valeur et de la dignité des identités africaines précoloniales. La redécouverte de Kemet devenait alors un symbole non seulement pour les Africains, mais pour tous ceux qui luttaient contre les récits eurocentriques dominant les discours sur l'histoire mondiale. Le philosophe **Aimé Césaire**, dans son célèbre Discours sur le colonialisme, critiquait sévèrement les régimes impérialistes européens pour leur déni de l'histoire africaine. Pour Césaire, la négritude, à laquelle le Kamitisme est lié, constituait une revendication fondamentale de la dignité noire, en puisant notamment dans l'héritage glorieux de civilisations comme Kemet. Cet héritage n'était pas seulement une source d'inspiration culturelle ; il représentait une rupture avec des siècles de dévalorisation systématique des populations noires.

Pour comprendre pleinement la portée du Kamitisme moderne, il est essentiel de le replacer dans le contexte plus vaste des mouvements d'émancipation globale qui ont marqué le XXe siècle. Tandis que l'Afrique cherchait à se libérer du joug colonial, des luttes pour les droits civiques, pour la décolonisation des esprits, et pour la redécouverte des identités marginalisées avaient lieu partout dans le monde. Des mouvements comme la décolonisation en Amérique latine, la lutte des Indiens d'Amérique, et les révolutions anti-impérialistes en Asie ont tous partagé une quête commune : celle de redonner une voix à des populations longtemps opprimées. Dans ce contexte, le Kamitisme n'était pas simplement un mouvement limité à la sphère culturelle africaine ; il faisait partie d'une dynamique plus vaste de résistance à l'effacement des mémoires indigènes. L'ère des indépendances africaines, tout comme les mouvements de Black Consciousness en Afrique du Sud avec Steve Biko, a permis une réaffirmation de la valeur et de la dignité des identités africaines précoloniales. La redécouverte de Kemet devenait alors un symbole non seulement pour les Africains, mais pour tous ceux qui luttaient contre les récits eurocentriques dominant les discours sur l'histoire mondiale. Le philosophe Aimé Césaire, dans son célèbre Discours sur le colonialisme, critiquait sévèrement les régimes impérialistes européens pour leur déni de l'histoire africaine. Pour Césaire, la négritude, à laquelle le Kamitisme est lié, constituait une revendication fondamentale de la dignité noire, en puisant notamment dans l'héritage glorieux de civilisations comme Kemet. Cet héritage n'était pas seulement une source d'inspiration culturelle ; il représentait une rupture avec des siècles de dévalorisation systématique des populations noires.

La réévaluation du patrimoine scientifique et technologique de Kemet

Une autre dimension fondamentale de la naissance du mouvement Kamite moderne réside dans la réévaluation du patrimoine scientifique et technologique de Kemet. Ce mouvement, porté par des figures emblématiques telles que **Theophile Obenga** et **Kalala Omotundé**, s'attache à démontrer que l'Égypte ancienne ne se limitait pas à une civilisation artistique et religieuse, mais était également le berceau d'avancées scientifiques majeures. Les anciens Égyptiens, ces maîtres des mathématiques, de l'astronomie, de la médecine et de l'ingénierie, ont laissé des traces indélébiles de leur génie. Les grandes pyramides, ces monuments colossaux défiant le temps, les systèmes complexes d'irrigation du Nil, et les prouesses architecturales des temples majestueux de Karnak et de Louxor, témoignent d'une maîtrise exceptionnelle des sciences physiques. Le mouvement Kamite moderne s'efforce de redonner à ces avancées une place centrale dans le récit de l'histoire mondiale, réfutant avec vigueur les théories racistes qui attribuaient ces réalisations à des influences externes. Le **papyrus d'Ebers**, l'un des plus anciens textes médicaux connus, révèle que les anciens Égyptiens pratiquaient des interventions chirurgicales sophistiquées, connaissaient les propriétés curatives des plantes et comprenaient les mécanismes de certaines maladies bien avant que l'Europe médiévale n'ait développé une telle connaissance. Les Kamites modernes voient en ces découvertes non seulement une source de fierté, mais aussi une preuve éclatante de la continuité intellectuelle et scientifique des civilisations africaines, largement sous-estimée dans les récits eurocentriques.

En plongeant dans les méandres de l'histoire, les Kamites contemporains redécouvrent les trésors cachés de Kemet. Ils révèlent au monde la splendeur d'une civilisation qui, bien que souvent occultée par les récits dominants, a jeté les bases de nombreuses disciplines scientifiques. Les travaux rigoureux de Theophile Obenga et Kalala Omotundé, véritables phares dans cette quête de vérité, éclairent les chemins obscurs de l'histoire, redonnant à l'Afrique son rôle central dans l'évolution de la connaissance humaine. Les temples de **Karnak** et de **Louxor**, avec leurs colonnes majestueuses et leurs hiéroglyphes énigmatiques, ne sont pas seulement des vestiges architecturaux, mais des témoignages vivants d'une époque où la science et la spiritualité étaient indissociablement liées. Les systèmes d'irrigation du Nil, ingénieusement conçus, montrent une compréhension approfondie des cycles naturels et une capacité à harmoniser les besoins humains avec les forces de la nature. Le mouvement Kamite moderne, en réévaluant ces contributions, ne se contente pas de corriger les erreurs du passé. Il aspire à inspirer les générations futures, à leur montrer que l'héritage de Kemet est une source inépuisable de savoir et de fierté. En redonnant à l'Afrique son juste statut dans l'histoire des sciences, les Kamites modernes ouvrent la voie à une renaissance intellectuelle et culturelle, où chaque découverte ancienne devient une pierre angulaire pour bâtir un avenir plus éclairé.

Ainsi, la réévaluation du patrimoine scientifique et technologique de Kemet par le mouvement Kamite moderne est bien plus qu'un simple exercice académique. C'est une véritable odyssée intellectuelle, une quête de justice historique et une célébration de l'ingéniosité humaine. En honorant les réalisations des anciens Égyptiens, les Kamites contemporains réaffirment la place de l'Afrique dans le panthéon des grandes civilisations et redonnent à Kemet la lumière qu'elle mérite.

Les intellectuels Afrocentristes et la diaspora

Le Kamitisme, dans sa version moderne, est également le produit des contributions intellectuelles des Afrocentristes de la diaspora, qui ont consacré leur vie à reconnecter les Afrodescendants avec leurs racines africaines. L'un des concepts clés au cœur du Kamitisme moderne est celui de la réhabilitation de la mémoire historique, un processus que des intellectuels comme Molefi Kete Asante, un pionnier de la théorie afrocentrique, ont contribué à définir. **Doumbi Fakoly** n'avait de cesse de vouloir expliquer à la jeunesse ces concepts, en mentionnant la nécessité d'une connexion avec les ancêtres. Asante soutient que l'afrocentricité est une démarche par laquelle les Afrodescendants recentrent leur histoire, leurs valeurs et leurs perspectives autour de leur propre héritage, plutôt que d'accepter les récits imposés par les colonisateurs. Pour lui, Kemet représente non seulement un modèle historique, mais aussi une matrice culturelle à travers laquelle les Africains peuvent construire leur propre compréhension du monde. En réintroduisant Kemet dans le discours contemporain, le Kamitisme moderne devient ainsi un projet à la fois politique et spirituel. L'un des éléments les plus frappants de cette réhabilitation culturelle est la réappropriation des langues africaines et égyptiennes anciennes, comme le méroïtique ou le copte, qui ont été au cœur des rituels et croyances spirituelles de Kemet. Des initiatives modernes visent à réintroduire ces langues comme des moyens de revitaliser les liens ancestraux. C'est aussi une manière pour les Kamites de s'éloigner des langues imposées par la colonisation, comme l'anglais, le français, ou le portugais, et de renouer avec les fondements linguistiques de leur identité. Les intellectuels Afrocentristes ont joué un rôle crucial dans la formation et la diffusion du Kamitisme. Cheikh Anta Diop, par exemple, a été un fervent défenseur de l'idée que l'Égypte antique était une civilisation noire africaine. Ses travaux ont inspiré de nombreux autres chercheurs et militants à explorer et à revendiquer cet héritage. Diop a insisté sur l'importance de la recherche historique pour rétablir la vérité sur les contributions africaines à la civilisation mondiale.

John Henrik Clarke, un autre éminent historien afrocentrique, a également contribué à cette réhabilitation en soulignant l'importance de l'histoire africaine dans le contexte mondial2. Clarke a souvent parlé de la nécessité pour les Afrodescendants de connaître leur propre histoire pour se libérer des chaînes mentales imposées par des siècles de colonisation et d'esclavage. **Maulana Karenga**, créateur de la fête de **Kwanzaa,** a également été influent dans la promotion des valeurs afrocentriques. Karenga a développé la philosophie de **Kawaida**, qui met l'accent sur la culture africaine comme base pour la reconstruction de la communauté noire. Il a souvent intégré des éléments de la spiritualité et de la philosophie de Kemet dans ses enseignements. La diaspora africaine a également joué un rôle essentiel dans la propagation du Kamitisme. Aux États-Unis, des mouvements comme le Black Power et le Panafricanisme ont souvent puisé dans les symboles et les philosophies de l'Égypte antique pour renforcer leur message de fierté et de solidarité noire. Des figures comme Malcolm X et Marcus Garvey ont utilisé des références à Kemet pour inspirer un sentiment de grandeur et de continuité historique parmi les Afrodescendants. En Europe, des intellectuels et militants comme Kalala Omotundé ont travaillé à populariser le Kamitisme et à encourager la diaspora à se reconnecter avec ses racines africaines. Omotundé a écrit plusieurs ouvrages sur l'importance de la mémoire historique et de la réappropriation culturelle pour les Afrodescendants. Le Kamitisme moderne, enrichi par les contributions des intellectuels Afrocentristes et de la diaspora, représente un mouvement puissant de réhabilitation culturelle et historique. En recentrant l'histoire et les valeurs africaines, il offre aux Afrodescendants un cadre pour comprendre leur passé et construire un avenir basé sur la fierté et la connaissance de soi. Les initiatives visant à réintroduire les langues et les pratiques ancestrales jouent un rôle crucial dans ce processus, permettant aux Kamites de renouer avec les fondements de leur identité et de se libérer des influences coloniales.

L'héritage panafricaniste et son impact sur le Kamitisme
Le Kamitisme moderne a été profondément influencé par le mouvement panafricaniste, qui a vu le jour dans la diaspora, avec des figures emblématique comme **W.E.B. Du Bois, Marcus Garvey**, et plus tard **Kwame Nkrumah**. Le panafricanisme visait à l'unité des peuples africains à travers le globe, en réponse aux effets dévastateurs de la traite transatlantique et de la colonisation. Pour Garvey, par exemple, la réhabilitation de l'histoire africaine était essentielle pour l'émancipation de la diaspora. Son célèbre slogan "Retour en Afrique" faisait écho à une aspiration profonde des descendants d'esclaves : retrouver la terre de leurs ancêtres, non seulement sur le plan géographique, mais aussi sur celui de l'esprit et de l'identité. Il s'inscrivait ainsi dans une dynamique de renaissance qui a influencé le Kamitisme, en tant que mouvement de retour à la grandeur africaine précoloniale. En revisitant l'Égypte ancienne et en mettant en avant l'héritage des pharaons, le Kamitisme a contribué à cette dynamique panafricaine, en insistant sur l'importance de Kemet comme matrice de la culture africaine dans son ensemble. De plus, la philosophie de Maât, centrée sur la vérité, l'harmonie, et la justice, a trouvé une résonance particulière dans les luttes panafricanistes pour la dignité et les droits humains.

Le panafricanisme, en tant que mouvement intellectuel et politique, a émergé à la fin du XIXe siècle et au début du XXe siècle, porté par des leaders de la diaspora africaine. W.E.B. Du Bois, l'un des pionniers, a organisé la première conférence panafricaine en 1900 à Londres, jetant les bases d'un mouvement qui allait croître en influence au fil des décennies1. Marcus Garvey, avec son Universal Negro Improvement Association (UNIA), a promu l'idée d'un retour en Afrique et d'une renaissance culturelle et économique des peuples africains. Kwame Nkrumah, premier président du Ghana indépendant, a incarné la vision panafricaine sur le continent africain. Il a œuvré pour l'unité africaine et a été un fervent défenseur de l'idée que l'indépendance politique devait être suivie par une indépendance économique et culturelle3. Nkrumah a également été influencé par les idées de Cheikh Anta Diop, un historien et anthropologue sénégalais, qui a soutenu que l'Égypte ancienne était une civilisation noire et que les Africains devaient se réapproprier cette histoire pour renforcer leur identité et leur fierté culturelle. Le Kamitisme, en tant que mouvement spirituel et culturel, trouve ses racines dans cette dynamique de réappropriation historique et culturelle. En se tournant vers l'Égypte ancienne, les adeptes du Kamitisme cherchent à renouer avec une période de grandeur et de sagesse, symbolisée par les pharaons et les enseignements de Maât. Cette philosophie, centrée sur la vérité, l'harmonie, et la justice, offre un cadre éthique et moral qui résonne avec les aspirations panafricanistes pour la dignité et les droits humains. Le Kamitisme met également en avant l'importance de Kemet (l'Égypte ancienne) comme matrice de la culture africaine. En célébrant les réalisations des anciens Égyptiens, les Kamites cherchent à démontrer que l'Afrique a une histoire riche et complexe, souvent ignorée ou déformée par les récits coloniaux6. Cette réappropriation historique est vue comme un moyen de renforcer l'identité et la fierté des Africains et de la diaspora.

Le panafricanisme a fourni au Kamitisme un cadre idéologique et une inspiration pour son développement. Les idées de réhabilitation de l'histoire africaine, de retour aux sources et de renaissance culturelle, promues par des figures comme Garvey et Nkrumah, ont trouvé un écho dans le Kamitisme. En insistant sur l'importance de l'unité africaine et de la solidarité entre les peuples africains, le panafricanisme a également encouragé les Kamites à voir leur mouvement comme une partie intégrante de la lutte plus large pour la libération et l'émancipation des Africains.

En conclusion, l'héritage panafricaniste a eu un impact profond sur le Kamitisme, en fournissant une base idéologique et une inspiration pour son développement. En revisitant l'Égypte ancienne et en mettant en avant l'héritage des pharaons, le Kamitisme a contribué à cette dynamique panafricaine, en insistant sur l'importance de Kemet comme matrice de la culture africaine dans son ensemble. De plus, la philosophie de Maât, centrée sur la vérité, l'harmonie, et la justice, a trouvé une résonance particulière dans les luttes panafricanistes pour la dignité et les droits humains.

La spiritualité dans le Kamitisme moderne : un outil de résistance

L'un des aspects les plus puissants de la renaissance Kamite moderne est son lien profond avec la spiritualité. Contrairement à l'Occident, où la séparation entre le sacré et le profane est devenue la norme, les anciens Kamites voyaient la spiritualité comme un élément central de la vie quotidienne et de l'ordre cosmique. Ce modèle de spiritualité intégrée a inspiré le mouvement Kamite moderne, qui cherche à réintroduire les pratiques spirituelles ancestrales africaines comme une forme de résistance à l'aliénation culturelle et religieuse imposée par la colonisation. Le culte de Maât, personnification de la vérité, de la justice et de l'équilibre cosmique, occupe une place prépondérante dans cette résurgence spirituelle. La quête de justice, incarnée par Maât, est au cœur du projet Kamite moderne, qui voit dans ce principe un moyen de rétablir l'harmonie dans les sociétés africaines et diasporiques, fragmentées par les violences historiques. Aujourd'hui, de nombreux Kamites contemporains intègrent des rituels inspirés des pratiques égyptiennes anciennes dans leur vie quotidienne, célébrant le cycle des saisons, les forces cosmiques et les principes d'équité et de réciprocité. Cette redécouverte spirituelle s'accompagne également d'un rejet progressif des religions abrahamiques, perçues par beaucoup comme des outils de domination coloniale.

Nombreux sont ceux qui, dans la diaspora et sur le continent, choisissent de réintégrer les systèmes de croyances africains ancestraux, qu'il s'agisse des rites **Vodun** en Afrique de l'Ouest, du Candomblé au Brésil, ou de la **Santería** à Cuba. Cette réappropriation des traditions spirituelles africaines est vue non seulement comme un retour aux sources, mais aussi comme une affirmation de l'identité et de la dignité des peuples africains face à des siècles de dénigrement et de marginalisation. En renouant avec ces pratiques ancestrales, les Kamites modernes cherchent à créer un espace où la spiritualité et la culture africaines peuvent s'épanouir librement, loin des influences coloniales. Ils célèbrent les divinités, les ancêtres et les forces naturelles, tout en réaffirmant les valeurs de solidarité, de respect et de justice. Cette démarche spirituelle est perçue comme un acte de résistance, une manière de se réapproprier une histoire et une culture longtemps dévalorisées par les colonisateurs. Ainsi, la spiritualité Kamite moderne ne se contente pas de ressusciter des pratiques anciennes ; elle les adapte et les réinvente pour répondre aux besoins et aux défis contemporains. Elle devient un outil puissant de résilience et de résistance, un moyen de se reconnecter à des racines profondes tout en forgeant un avenir empreint de dignité et de justice.

Les défis contemporains du mouvement Kamite moderne
Malgré son essor, le mouvement Kamite moderne fait face à plusieurs défis. Ils sont multiples et complexes, reflétant les tensions entre passé et présent, tradition et modernité. Malgré son essor, le mouvement Kamite moderne fait face à plusieurs défis. D'abord, la récupération historique de Kemet par les Africains eux-mêmes reste complexe, car une grande partie des artefacts et des savoirs égyptiens se trouvent aujourd'hui dans les musées occidentaux. La quête de restitution de ces biens culturels est l'un des aspects majeurs du combat culturel Kamite. Le British Museum ou le musée du Louvre, par exemple, abritent des milliers de pièces majeures de l'héritage égyptien, souvent arrachées à leurs contextes d'origine. Ensuite, le Kamitisme moderne doit lutter contre une forme de scepticisme qui émane à la fois des historiens occidentaux et de certaines franges de la société africaine, qui voient dans cette réappropriation de Kemet

un romantisme exagéré, voire un projet trop élitiste. Le défi pour les Kamites modernes est donc de rendre cet héritage accessible et de l'adapter aux réalités contemporaines sans tomber dans l'idéalisation ou l'essentialisme. Ainsi, la naissance du mouvement Kamite moderne représente à la fois un acte de résistance et de renaissance. C'est une réponse à des siècles de déshumanisation, un appel à renouer avec un passé glorieux qui continue d'inspirer la lutte pour la dignité africaine. À travers le Kamitisme, les descendants de Kemet, et plus largement de l'Afrique, cherchent à rétablir un équilibre entre tradition et modernité, à puiser dans les racines profondes de la sagesse africaine pour affronter les défis contemporains.

La récupération historique de Kemet par les Africains eux-mêmes reste complexe, car une grande partie des artefacts et des savoirs égyptiens se trouvent aujourd'hui dans les musées occidentaux. La quête de restitution de ces biens culturels est l'un des aspects majeurs du combat culturel Kamite. Cette situation soulève des questions profondes sur la légitimité de la possession de ces artefacts et sur le droit des peuples africains à récupérer leur patrimoine culturel. Les Kamites modernes voient dans cette restitution non seulement un acte de justice historique, mais aussi une manière de reconnecter les Africains avec leur passé glorieux et de renforcer leur identité culturelle. Le Kamitisme moderne doit également lutter contre une forme de scepticisme qui émane à la fois des historiens occidentaux et de certaines franges de la société africaine, qui voient dans cette réappropriation de Kemet un romantisme exagéré, voire un projet trop élitiste. Le défi pour les Kamites modernes est donc de rendre cet héritage accessible et de l'adapter aux réalités contemporaines sans tomber dans l'idéalisation ou l'essentialisme. Ils doivent trouver un équilibre entre la valorisation de l'héritage de Kemet et la nécessité de répondre aux besoins et aux aspirations des Africains d'aujourd'hui. Cela implique de repenser les approches éducatives, de promouvoir une histoire inclusive et de créer des espaces de dialogue et de réflexion sur l'importance de cet héritage dans le monde contemporain.

Ainsi, la naissance du mouvement Kamite moderne représente à la fois un acte de résistance et de renaissance. C'est une réponse à des siècles de déshumanisation, un appel à renouer avec un passé glorieux qui continue d'inspirer la lutte pour la dignité africaine. À travers le Kamitisme, les descendants de Kemet, et plus largement de l'Afrique, cherchent à rétablir un équilibre entre tradition et modernité, à puiser dans les racines profondes de la sagesse africaine pour affronter les défis contemporains. Ils voient dans cette démarche une manière de redéfinir leur identité, de renforcer leur fierté culturelle et de contribuer à la construction d'un avenir plus juste et plus équitable pour les générations futures. Le mouvement Kamite moderne, en dépit des obstacles, continue de croître et de se transformer, porté par une vision de renouveau et de résilience qui transcende les frontières et les époques.

Chapitre 2 Identité Kamite à l'époque contemporaine
Redécouverte et Renaissance

Le Kamitisme, plus qu'un mouvement intellectuel ou un courant philosophique, est avant tout une redécouverte, une reconquête de l'identité. Il s'agit d'une réponse nécessaire à des siècles de colonisation, d'oppression culturelle et de distorsion de l'histoire africaine. Aujourd'hui, cette redécouverte s'apparente à une renaissance, un réveil des consciences endormies, profondément marqué par une quête de sens, d'ancrage et de dignité retrouvée. Pour comprendre cette renaissance, il faut d'abord prendre la mesure de l'ampleur du travail de sape qui a été opéré sur l'identité africaine. L'Afrique, mère de l'humanité et berceau de grandes civilisations, a vu son passé glorieux effacé, distordu ou minimisé par les colonisateurs. Le processus d'aliénation culturelle qui a accompagné la traite négrière et la colonisation a contribué à briser la mémoire collective des peuples africains et de leurs descendants dans la diaspora. La redécouverte de l'identité Kamite s'inscrit donc dans un contexte de reconquête, de réappropriation de cette mémoire bafouée.

Le poids du silence historique et l'effacement culturel

Pendant des siècles, l'histoire africaine a été narrée à travers des prismes extérieurs, souvent occidentaux, qui ont peint une image de l'Afrique comme une terre sans histoire, sans structure civilisationnelle avancée, réduite à un simple "primitivisme". Ce silence forcé autour des contributions de l'Afrique à l'histoire de l'humanité a créé un vide identitaire. Les descendants de cette terre, qu'ils soient sur le continent ou dans la diaspora, ont été coupés de leur héritage spirituel, culturel et historique. Les manuels scolaires, les représentations artistiques, et même les discours académiques ont tous participé à cette entreprise d'effacement. L'Égypte ancienne, par exemple, était souvent détachée du reste de l'Afrique, considérée comme une anomalie ou une civilisation à part. Kemet, pourtant, était un cœur vibrant de l'Afrique, et le fait de nier son appartenance au continent faisait partie d'une stratégie visant à délégitimer toute notion de grandeur africaine précoloniale. Imaginez un continent où chaque grain de sable, chaque arbre, chaque rivière murmure des histoires millénaires. Des histoires de royaumes puissants, de savants érudits, de bâtisseurs ingénieux et de cultures florissantes. Pourtant, ces voix ont été étouffées, leurs échos perdus dans les méandres d'une histoire réécrite par d'autres. Les bibliothèques de Tombouctou, les murailles de Zimbabwe, les sculptures d'Ifé, toutes ces merveilles témoignent d'un passé glorieux, mais combien d'entre elles sont connues du grand public ? Le silence historique n'est pas seulement une absence de mots, c'est une absence de reconnaissance, une invisibilisation délibérée. C'est comme si l'on avait jeté un voile sur un trésor inestimable, le cachant aux yeux du monde. Ce silence a des répercussions profondes, il façonne les perceptions, il influence les identités. Les Africains et leurs descendants se retrouvent souvent à chercher des fragments de leur histoire, à reconstruire un puzzle dont de nombreuses pièces ont été égarées ou détruites. L'effacement culturel, quant à lui, est une forme de violence insidieuse. Il ne s'agit pas seulement de nier l'existence d'une culture, mais de la remplacer, de la submerger sous des récits étrangers. Les langues, les traditions, les savoirs ancestraux sont relégués au rang de curiosités folkloriques, bons à être exposés dans des musées mais pas à être vécus au quotidien. Cette marginalisation culturelle crée un sentiment de déracinement, une perte de repères.

Cependant, malgré ces tentatives d'effacement, l'esprit de l'Afrique reste indomptable. Les griots continuent de chanter les épopées des anciens rois, les artisans perpétuent des techniques millénaires, les jeunes générations redécouvrent et réinventent leur héritage. Il y a une résilience, une force intérieure qui refuse de se laisser engloutir par le silence. Les voix s'élèvent, les histoires se racontent à nouveau, et peu à peu, le voile se lève. L'histoire africaine, riche et complexe, ne peut être contenue dans les limites étroites des récits dominants. Elle déborde, elle éclate, elle se réapproprie l'espace qui lui a été volé. Et dans ce processus, elle redonne aux Africains et à leurs descendants la fierté et la dignité qui leur ont été niées. Le poids du silence historique est lourd, mais il est en train de se dissiper, laissant place à une renaissance culturelle vibrante et affirmée.

La redécouverte : Des pionniers aux nouveaux bâtisseurs
La redécouverte des racines Kamites est une aventure intellectuelle et culturelle qui a pris une ampleur considérable à partir du milieu du XXe siècle. Face à l'oubli organisé et à la marginalisation systématique de l'histoire africaine, des figures emblématiques comme Cheikh Anta Diop, Frantz Fanon, et Aimé Césaire ont entrepris une quête acharnée pour rétablir la vérité historique. Ces pionniers ont posé les bases d'une contre-narration, insistant sur la nécessité de replacer l'Afrique au centre de l'histoire de l'humanité. Cheikh Anta Diop, par exemple, a mené des recherches scientifiques rigoureuses pour démontrer que l'Égypte ancienne était une civilisation profondément africaine. Ses travaux ont révélé que les racines des peuples du continent s'enracinent dans cette terre, contredisant ainsi les récits eurocentriques qui tentaient de dissocier l'Égypte de l'Afrique subsaharienne. Diop a utilisé des méthodes interdisciplinaires, combinant l'histoire, la linguistique, et l'anthropologie pour prouver ses thèses, et ses œuvres comme "Nations nègres et culture" ont eu un impact durable sur la pensée panafricaine. La redécouverte de Kemet, ou l'Égypte antique, n'était pas qu'un acte symbolique ; elle s'accompagnait d'un projet politique et culturel ambitieux. Il s'agissait de rétablir

une continuité historique entre les civilisations antiques africaines et les Africains contemporains. En affirmant leur héritage pharaonique, les Kamites modernes refusaient l'idée que l'Afrique était une terre sans mémoire, ou pire, une terre dont la mémoire devait être redéfinie par l'Occident. Théophile Obenga, disciple de Diop, a poursuivi ces travaux en étudiant les correspondances linguistiques et culturelles entre l'Égypte antique et les peuples d'Afrique subsaharienne. Ses recherches ont renforcé l'idée d'une unité culturelle et historique africaine, allant à l'encontre des divisions coloniales. Ce travail de redécouverte n'est pas resté cantonné à la sphère académique. Dans les rues de New York, de Paris, de Kinshasa, des milliers de jeunes ont commencé à arborer avec fierté des symboles Kamites : l'ankh (symbole de la vie), le scarabée (symbole de la renaissance), et les représentations des pharaons. Le mouvement hip-hop, notamment à travers des artistes tels que Public Enemy, KRS-One ou Dead Prez, a intégré cette redécouverte dans ses textes, célébrant l'héritage africain et appelant à une conscience politique et spirituelle basée sur cet héritage. Ces artistes ont utilisé leur musique comme un moyen de résistance culturelle, dénonçant les injustices sociales et raciales tout en prônant un retour aux valeurs ancestrales.

La redécouverte des racines Kamites a également trouvé un écho dans la littérature et les arts visuels. Des écrivains comme Chinua Achebe et Ngũgĩ wa Thiong'o ont exploré les thèmes de l'identité et de la mémoire dans leurs œuvres, tandis que des artistes visuels ont réinterprété les symboles et les motifs de l'Égypte antique dans des créations contemporaines. Cette renaissance culturelle a permis de redonner une voix et une visibilité aux héritages africains, souvent occultés ou déformés par les récits dominants. En somme, la redécouverte des racines Kamites est un mouvement complexe et multidimensionnel qui continue d'influencer les discours sur l'identité, la mémoire et la résistance culturelle. Elle rappelle l'importance de connaître et de célébrer ses origines, tout en s'engageant activement dans la construction d'un avenir fondé sur la justice, la vérité et l'harmonie.

La diaspora en quête d'identité

Si la redécouverte de l'identité Kamite est un phénomène mondial, elle prend une résonance particulièrement forte au sein des communautés de la diaspora. Pour les Afrodescendants, en particulier ceux issus de la traite transatlantique, la question de l'identité est centrale. Arrachés à leurs terres d'origine, privés de leurs langues, de leurs croyances et de leurs structures familiales, les esclaves africains et leurs descendants ont dû se reconstruire dans un monde hostile qui leur refusait toute humanité. Le Kamitisme offre à cette diaspora un chemin de retour symbolique vers les racines perdues. Il permet de renouer avec une histoire et une spiritualité effacées par la violence coloniale et la traite négrière. Dans les années 1960 et 1970, des mouvements comme les Black Panthers ou la Nation of Islam ont contribué à cette renaissance identitaire, en insistant sur la nécessité de retrouver une fierté noire basée sur l'héritage ancestral africain. Plus récemment, des artistes comme Beyoncé avec son album Black Is King ou des militants comme Assa Traoré, la Brigade anti négrophobie, en France ont remis au goût du jour cette quête d'identité. En puisant dans les symboles de Kemet, ils offrent à la jeunesse afrodescendante des modèles de fierté et de résistance basés sur une histoire de grandeur et de résilience. Ces références à Kemet ne sont pas qu'une simple mode, elles sont l'expression d'une volonté profonde de renouer avec des racines trop longtemps étouffées. La quête identitaire des Afrodescendants est une odyssée complexe et poignante, marquée par des siècles de souffrance et de résilience. Les descendants des esclaves africains, dispersés aux quatre coins du globe, ont dû naviguer dans des eaux tumultueuses, cherchant à reconstruire une identité fragmentée par l'histoire. Le Kamitisme, en tant que mouvement de redécouverte des racines africaines, offre une boussole dans cette mer agitée. Il ne s'agit pas seulement de retrouver une histoire perdue, mais de réaffirmer une dignité et une humanité niées par des siècles de colonisation et d'oppression.

Les années 1960 et 1970 ont été des décennies de réveil et de révolte. Les Black Panthers, avec leur poing levé et leur détermination farouche, ont incarné une nouvelle ère de fierté noire. La Nation of Islam, avec ses enseignements sur la suprématie noire et la nécessité de se libérer des chaînes mentales de l'oppression, a offert une voie vers l'émancipation spirituelle et culturelle. Ces mouvements ont planté les graines d'une renaissance identitaire qui continue de fleurir aujourd'hui. Dans le monde contemporain, cette quête d'identité prend des formes diverses et vibrantes. Beyoncé, avec son album visuel Black Is King, a créé une œuvre d'art qui célèbre la beauté et la puissance de l'héritage africain. Ses images somptueuses et ses récits mythologiques puisent dans les symboles de Kemet pour offrir une vision de la grandeur noire qui transcende les frontières et les générations. En France, des militants comme Assa Traoré et la Brigade anti négrophobie mènent une lutte acharnée contre le racisme et l'injustice, en s'inspirant des mêmes racines ancestrales pour nourrir leur résistance. Cette quête d'identité n'est pas une simple nostalgie du passé. Elle est une affirmation audacieuse de la continuité et de la résilience de l'esprit africain. En renouant avec les symboles et les traditions de Kemet, les Afrodescendants redécouvrent une histoire de grandeur et de sagesse qui leur a été dérobée. Ils réécrivent leur propre récit, un récit de triomphe sur l'adversité, de beauté dans la diversité, et de force dans l'unité. Ainsi, la diaspora en quête d'identité est un voyage à la fois personnel et collectif. C'est une exploration des profondeurs de l'âme africaine, une reconquête des trésors culturels et spirituels enfouis sous les décombres de l'histoire. C'est une renaissance, une résurgence de la fierté et de la dignité, une célébration de l'héritage africain dans toute sa splendeur et sa complexité.

Renaissance spirituelle et culturelle
L'une des dimensions les plus marquantes de la redécouverte de l'identité Kamite à l'époque contemporaine est son aspect spirituel, des racines ancestrales de Kemet, qui va bien au-delà d'une simple exploration historique ou politique. Pour de nombreux Kamites modernes, ce retour aux sources est avant tout une quête spirituelle, une reconnexion avec des pratiques religieuses ancestrales qui ont été marginalisées par l'introduction des religions abrahamiques durant la colonisation. Ces religions, perçues par certains comme des outils d'asservissement culturel, ont poussé de nombreux Kamites à redécouvrir et à réintégrer les pratiques spirituelles africaines précoloniales dans leur vie quotidienne. Parmi ces pratiques, on retrouve les rituels Vodun,

la spiritualité yoruba, et les cultes dédiés à la déesse Isis de l'Égypte ancienne. Ces traditions offrent une richesse de rituels et de croyances qui permettent aux individus de se reconnecter avec leur héritage spirituel et culturel. Le retour à Maât, la déesse de la vérité, de la justice et de l'harmonie cosmique, est particulièrement central dans cette renaissance. Maât n'est pas seulement un concept philosophique ou religieux, mais une véritable manière de vivre, un équilibre à atteindre entre l'individu et le cosmos. Pour les Kamites modernes, les valeurs de justice sociale, d'égalité et de dignité humaine sont des expressions contemporaines de Maât, et la quête d'une société plus juste trouve ses racines dans cette spiritualité ancienne.

Cette renaissance spirituelle s'exprime également de manière vibrante dans les arts. Des artistes contemporains revisitent les symboles et les rituels de Kemet à travers le cinéma, la musique, la danse et la mode, réinventant ainsi la culture Kamite et offrant au monde des visions nouvelles basées sur des traditions ancestrales. Par exemple, dans des pays comme le Bénin ou le Ghana, des festivals de musique célèbrent désormais le retour aux racines africaines avec des danses et des chants inspirés directement des rituels Kamites. Ces événements sont non seulement des occasions de célébration, mais aussi des moments de transmission culturelle et de renforcement de l'identité Kamite. En somme, la renaissance spirituelle et culturelle Kamite est un mouvement profond et dynamique qui cherche à rétablir un lien authentique avec les racines ancestrales de Kemet. Elle représente une quête de vérité, de justice et d'harmonie, et se manifeste à travers une multitude de pratiques spirituelles et artistiques qui enrichissent et transforment la vie des Kamites modernes.

Une identité en mouvement
Être Kamite aujourd'hui, c'est bien plus qu'une simple revendication identitaire. C'est une démarche de reconquête, un processus de guérison après des siècles de blessures historiques. C'est la redécouverte de ses racines, mais aussi la réinvention de soi dans un monde moderne où l'identité noire, trop souvent fragmentée, cherche à retrouver son unité. C'est à la fois un retour

aux sources et une renaissance, un mouvement de réappropriation culturelle, spirituelle et politique. Cette redécouverte ne se limite pas à un groupe restreint d'intellectuels ou d'activistes ; elle touche des millions d'individus à travers le monde, qu'ils soient sur le continent africain ou dans la diaspora. Le Kamitisme moderne est en pleine expansion, porté par des générations qui cherchent à retrouver un ancrage, un héritage, et un sens de l'histoire qui a longtemps été dénié. La renaissance Kamite est une invitation à redécouvrir la richesse des civilisations africaines anciennes, à honorer les ancêtres, et à puiser dans cette mémoire pour construire un avenir basé sur la fierté, la justice, et la dignité. Mais cette quête identitaire ne se fait pas sans défis. Les Kamites d'aujourd'hui doivent naviguer entre les influences de la mondialisation et les vestiges d'un passé colonial qui a laissé des traces indélébiles. Ils doivent également faire face aux stéréotypes et aux préjugés qui persistent, tout en cherchant à créer des espaces où leur culture et leur histoire peuvent être célébrées et transmises aux générations futures.

Le Kamitisme, c'est aussi une exploration des spiritualités africaines, souvent méconnues ou mal comprises. C'est un retour aux pratiques ancestrales, aux rituels et aux croyances qui ont façonné les sociétés africaines depuis des millénaires. C'est une reconnexion avec la nature, avec les cycles de la vie, et avec une vision du monde où l'harmonie et l'équilibre sont au cœur de l'existence. Dans cette quête, les arts jouent un rôle central. La musique, la danse, la littérature, et les arts visuels sont autant de moyens par lesquels les Kamites expriment leur identité et leur résilience. Ces formes d'expression sont des ponts entre le passé et le présent, des outils de résistance et de transformation. Elles permettent de raconter des histoires, de partager des expériences, et de construire une mémoire collective qui nourrit la fierté et l'appartenance. Le mouvement Kamite est également marqué par une dimension politique. Il s'agit de revendiquer des droits, de lutter contre les injustices, et de promouvoir une vision du monde où la diversité et l'égalité sont valorisées. C'est un appel à l'action, à la solidarité, et à la mobilisation pour un avenir où chaque individu peut s'épanouir pleinement, en étant fier de ses origines et de son héritage. Ainsi, être Kamite aujourd'hui, c'est embrasser une identité en mouvement, une identité qui se construit et se reconstruit au fil du temps et des expériences. C'est une invitation à se reconnecter avec ses racines, à célébrer la richesse de son héritage, et à participer activement à la création d'un monde plus juste et plus inclusif. C'est un voyage de découverte et de redécouverte, un chemin vers la guérison et l'émancipation, et une affirmation de la dignité et de la beauté de l'identité noire.

Redécouverte et Renaissance : Un Mouvement Mondial

La renaissance Kamite à l'époque contemporaine s'inscrit dans un mouvement global de redéfinition des identités noires. Ce phénomène dépasse les frontières du continent africain et s'étend à toutes les diasporas noires à travers le monde. Ce n'est plus seulement une redécouverte de l'histoire, mais aussi un puissant outil d'émancipation dans un contexte mondial où les peuples d'origine africaine cherchent à s'affirmer face à des récits hégémoniques. Cette quête dépasse les cercles militants ou académiques, elle touche la vie quotidienne, l'art, l'éducation et les mouvements sociaux. L'un des exemples les plus concrets de cette redécouverte est l'essor des groupes de reconstruction historique, en particulier ceux qui recréent les pratiques spirituelles et culturelles de l'Égypte antique. Dans des pays comme les États-Unis, la France, ou le Brésil, des communautés d'Afrodescendants organisent des cérémonies où ils rendent hommage à Ra, Osiris, Horus ou Isis, les dieux de Kemet, tout en reconstituant les rituels anciens. Ces événements visent à recréer un lien tangible avec un passé souvent inaccessible à travers les archives coloniales et occidentales.

Par exemple, des groupes comme la United Kemetic Nation, fondée à New York, organisent chaque année des cérémonies d'hommage aux ancêtres, où les membres, habillés à la manière des anciens prêtres égyptiens, récitent des hymnes en langue hiéroglyphique reconstituée. Ces cérémonies sont à la fois des moments de spiritualité, mais aussi des actes politiques : ils rappellent que l'histoire de l'Afrique ne commence ni avec l'esclavage, ni avec la colonisation, mais avec des civilisations puissantes et sophistiquées. Un autre exemple est l'essor des écoles afrocentrées, notamment en France et aux États-Unis, où les jeunes enfants apprennent dès leur plus jeune âge l'histoire de l'Afrique précoloniale, et notamment celle de Kemet. Des manuels scolaires alternatifs, créés par des pédagogues et des historiens engagés dans la redécouverte des racines africaines, mettent en lumière les contributions de l'Afrique à la civilisation mondiale. Ces initiatives offrent une alternative aux systèmes éducatifs nationaux, souvent encore empreints de narrations eurocentrées qui minimisent ou ignorent les réalisations des peuples africains. Les exemples se multiplient aussi dans le domaine de l'art et de la culture populaire. L'album Lemonade de Beyoncé est une ode à l'héritage africain, en particulier à l'héritage Kamite, avec ses nombreuses références visuelles à la déesse **Oshun** ou aux pharaons. L'œuvre artistique de Jean-Michel Basquiat et ses représentations de rois couronnés sont également une relecture moderne des figures de Kemet, réinterprétées pour dénoncer la marginalisation des Noirs dans la société contemporaine. Dans le domaine de la littérature, des écrivains comme **Toni Morrison** ou **Chinua Achebe** puisent directement dans cet héritage pour enrichir leur œuvre. Achebe, dans son livre Le Monde s'effondre, retrace l'impact de la colonisation sur les cultures africaines, rappelant subtilement que les sociétés africaines, bien que parfois perçues comme "primitives" par les colonisateurs, étaient en réalité porteuses de systèmes de valeurs profondément ancrés dans l'ordre cosmique, similaire à celui de Maât. Cette littérature devient une manière de restaurer une fierté identitaire longtemps bafouée.

Le rôle des médias et des réseaux sociaux dans la renaissance Kamite

Aujourd'hui, l'un des vecteurs les plus puissants de la redécouverte Kamite est sans doute les réseaux sociaux. Les médias et les réseaux sociaux jouent un rôle fondamental dans la renaissance Kamite, un mouvement qui redéfinit l'identité et l'héritage des Afrodescendants à travers le monde. Aujourd'hui, les plateformes numériques sont devenues des arènes vibrantes où se tissent les fils de la mémoire collective et où se forge une conscience historique renouvelée. Les réseaux sociaux, avec leur portée mondiale et leur accessibilité, ont permis à des millions de jeunes Afrodescendants de se reconnecter avec l'histoire de Kemet, l'ancienne Égypte, et de s'inspirer des figures emblématiques de l'Afrique. Instagram, Twitter, YouTube, et TikTok sont devenus des outils puissants pour diffuser des citations de penseurs comme Cheikh Anta Diop, partager des informations sur les dynasties pharaoniques, et célébrer les héros africains. Des influenceurs Afrocentristes, véritables gardiens de la mémoire, animent des discussions passionnées, organisent des débats en ligne à l'image du média : **Obosso TV**, et produisent des vidéos pédagogiques qui éclairent les esprits et éveillent les consciences. Ces plateformes numériques sont bien plus que des espaces de divertissement ; elles sont des vecteurs de transmission de la mémoire collective. Des comptes comme "Afrocentricity International" ou **Black Pharaohs Reclaimed** sur Instagram, suivis par des centaines de milliers de personnes, publient régulièrement des infographies, des vidéos explicatives, et des photographies de l'art et de la culture de Kemet. Ces influenceurs jouent un rôle crucial dans la dissémination des idées Kamites, rendant cette redécouverte accessible à un public souvent privé d'accès aux ouvrages académiques ou aux archives historiques. Les réseaux sociaux offrent également une tribune pour contester les récits historiques dominants. De nombreux Kamites contemporains utilisent ces plateformes pour déconstruire des mythes, tels que celui de la "blanchité" des pharaons, un mythe longtemps propagé dans les manuels scolaires occidentaux et encore présent dans les productions hollywoodiennes. Grâce à ces outils numériques, la communauté Kamite peut aujourd'hui revendiquer son héritage et corriger les distorsions qui ont marqué la représentation de l'Afrique dans les médias et les arts visuels.

Mais cette renaissance identitaire ne se limite pas à la sphère culturelle et spirituelle ; elle s'accompagne d'une forte dimension politique. Être Kamite aujourd'hui, c'est aussi s'engager dans la lutte pour la décolonisation des esprits et des structures politiques. Dans de nombreux pays africains et de la diaspora, des mouvements inspirés par la pensée Kamite remettent en question les structures héritées de la colonisation et appellent à une réappropriation des ressources naturelles, à une autonomie politique, et à un renforcement de l'unité panafricaine. Au Bénin, par exemple, où les traditions spirituelles Vodun sont particulièrement fortes, la renaissance Kamite se manifeste par une réaffirmation des croyances locales face à la domination des religions importées comme le christianisme ou l'islam. Les cérémonies traditionnelles, restaurées et politisées, deviennent des symboles de résistance contre l'héritage colonial. Des dirigeants comme **Nicéphore Soglo**, ancien président du Bénin, ont ouvertement revendiqué l'importance de redécouvrir les racines africaines pour forger une identité nationale forte, indépendante des modèles occidentaux. L'actuel président, **Patrice Talon,** ambitionne d'implanter des musées pour promouvoir un tourisme mémoriel, autant d'initiatives à saluer. En Afrique du Sud, des mouvements comme les **Economic Freedom Fighters** (EFF), dirigés par **Julius Malema**, s'inscrivent dans une logique de réappropriation de l'histoire et des ressources africaines, inspirée en partie par la pensée Kamite. Leur discours, centré sur la décolonisation de l'économie et la répartition des terres, trouve un écho chez de nombreux jeunes Africains qui voient dans la redécouverte de leur passé glorieux une source d'inspiration pour construire un futur prospère. Ainsi, les médias et les réseaux sociaux ne sont pas seulement des outils de communication ; ils sont les piliers d'une renaissance culturelle et politique, unissant les Afrodescendants dans une quête commune de redécouverte et de réappropriation de leur héritage. Cette dynamique, portée par la jeunesse et amplifiée par les technologies modernes, promet de transformer profondément les sociétés africaines et de la diaspora, en forgeant une identité collective forte et résiliente.

Une renaissance à consolider
La renaissance Kamite, bien que déjà amorcée, est un voyage complexe et sinueux, parsemé d'embûches et de défis à surmonter. Les vestiges de l'héritage colonial continuent de peser lourdement sur les systèmes éducatifs africains, perpétuant des récits biaisés et des perspectives eurocentriques. Les médias mondiaux, dominés par des représentations occidentales, contribuent à maintenir une vision déformée de l'Afrique et de ses cultures. À cela s'ajoutent les divisions internes au sein des mouvements Afrocentristes, qui, malgré leur objectif commun, peinent parfois à trouver une unité nécessaire pour avancer

ensemble. Cependant, l'espoir n'est pas vain. Les pionniers du mouvement Kamite ont semé des graines qui commencent à germer. Partout sur le continent et au-delà, des voix s'élèvent, des consciences s'éveillent, et des actions concrètes se multiplient pour redonner à l'Afrique et à ses descendants la place qui leur revient dans l'histoire de l'humanité. Cette redécouverte de l'identité Kamite est une entreprise de longue haleine, une quête de réappropriation culturelle et historique qui, malgré les obstacles, progresse inexorablement. Les Kamites modernes, en renouant avec leurs racines et en valorisant les héritages africains, offrent au monde une leçon de résilience, de fierté et de créativité. Ils démontrent que, malgré les tentatives d'effacement, l'histoire est vivante, prête à être réécrite, réappropriée et célébrée pour les générations futures. Cette renaissance est un témoignage vibrant de la capacité d'un peuple à se réinventer, à puiser dans son passé pour construire un avenir plus juste et plus lumineux. Ainsi, la redécouverte Kamite n'est pas seulement un retour aux sources, mais une véritable renaissance culturelle et spirituelle. Elle incarne la volonté d'un peuple de se réapproprier son histoire, de la réécrire avec fierté et dignité, et de la transmettre aux générations futures. C'est un mouvement qui, malgré les défis, continue de croître et de s'épanouir, porté par la détermination et la créativité des Kamites modernes. Ils nous rappellent que l'histoire, loin d'être figée, est un récit en perpétuelle évolution, prêt à être enrichi et célébré par ceux qui ont le courage de le revendiquer.

Être Kamite aujourd'hui : Une Réappropriation de Soi

Longtemps accompagné la vision eurocentrée du monde. Être Kamite aujourd'hui, dans un monde globalisé, est plus qu'une revendication identitaire. C'est un acte de réappropriation, un éveil à la fois personnel et collectif qui engage l'individu à redécouvrir ses racines et à affirmer son héritage africain face aux récits dominants. Pour beaucoup, se dire Kamite, c'est refuser l'amnésie historique qui a tenté d'effacer ou de dénaturer les grandes civilisations africaines. C'est aussi une manière de rejeter les stéréotypes déshumanisants qui ont longtemps accompagné la vision eurocentrée du monde. Mais être Kamite aujourd'hui va bien au-delà de la simple réaffirmation d'une appartenance ethnique ou culturelle. C'est une quête, une recherche profonde de sens qui se traduit dans la vie quotidienne, la spiritualité, l'art, la politique et l'éducation. Pour les Afrodescendants et les Africains eux-mêmes, cette réappropriation est à la fois personnelle et communautaire : elle touche à la question de qui nous sommes, d'où nous venons, et surtout, où nous voulons aller. Imaginez un voyageur, perdu dans le désert, qui retrouve soudainement une oasis. Cette oasis, c'est la redécouverte de l'identité Kamite. Elle offre une source inépuisable de sagesse, de fierté et de résilience. Chaque goutte d'eau symbolise une connaissance ancestrale, une tradition, une histoire qui nourrit l'âme et renforce l'esprit. Être Kamite, c'est plonger ses racines dans cette oasis et en tirer la force nécessaire pour affronter les défis contemporains.

Dans les rues animées des grandes métropoles, dans les villages reculés, dans les salles de classe et les lieux de culte, le Kamite moderne se distingue par une conscience aiguë de son héritage. Il ou elle porte en soi les échos des pharaons, les chants des griots, les rythmes des tambours qui résonnent à travers les âges. Cette réappropriation de soi est une danse, une célébration de la vie et de la culture africaine dans toute sa splendeur. La spiritualité joue un rôle central dans cette quête identitaire. Les pratiques ancestrales, souvent marginalisées ou méprisées, retrouvent leur place légitime. Les rituels, les cérémonies, les invocations aux ancêtres deviennent des actes de résistance et de renaissance. Ils rappellent que la spiritualité africaine est une force vivante, capable de guérir, de guider et d'inspirer. L'art, sous toutes ses formes, est un autre pilier de cette réappropriation. Les artistes Kamites, qu'ils soient peintres, sculpteurs, musiciens ou écrivains, puisent dans leur héritage pour créer des œuvres qui parlent au cœur et à l'esprit. Leurs créations sont des ponts entre le passé et le présent, des témoignages vibrants de la richesse et de la diversité de la culture africaine. En politique, être Kamite signifie lutter pour la justice, l'égalité et la dignité. C'est refuser les systèmes oppressifs et travailler à construire des sociétés où chaque individu peut s'épanouir pleinement. Les leaders Kamites s'inspirent des grands penseurs et révolutionnaires africains, et ils œuvrent pour un avenir où les valeurs de solidarité, de respect et de courage sont au cœur de la gouvernance. L'éducation, enfin, est le terrain où se joue une grande partie de cette réappropriation. Enseigner l'histoire africaine, valoriser les langues et les savoirs traditionnels, c'est semer les graines d'une renaissance culturelle. Les jeunes Kamites, armés de cette connaissance, deviennent les gardiens et les ambassadeurs de leur héritage. Ils portent en eux l'espoir d'un monde où l'Afrique est reconnue et célébrée pour ses contributions inestimables à l'humanité. Être Kamite aujourd'hui, c'est donc embrasser une identité riche et complexe, c'est marcher sur les traces de ses ancêtres tout en forgeant son propre chemin. C'est un acte de courage, de fierté et d'amour pour soi et pour son peuple. C'est une invitation à tous ceux qui se reconnaissent dans cette quête à se lever, à se réapproprier leur histoire et à écrire ensemble les pages d'un avenir lumineux.

Un engagement personnel : La quête des racines
Pour beaucoup, l'identité Kamite se découvre ou se redécouvre par un travail personnel intense. Il s'agit de rompre avec une histoire souvent réécrite, tronquée, pour retrouver la véritable essence des civilisations africaines précoloniales. Cette quête des racines se fait par le biais de lectures, de recherches historiques, mais aussi par la connexion avec les cultures ancestrales à travers des pratiques spirituelles, des rituels ou des initiations. Cheikh Anta Diop, ce pionnier de la réhabilitation de l'histoire africaine, a joué un rôle fondamental dans cette redécouverte en démontrant le rôle central de l'Afrique dans l'émergence de la civilisation humaine. Pour les Kamites d'aujourd'hui, suivre ce chemin, c'est faire face à une contradiction : vivre dans un monde moderne où l'Afrique est souvent perçue à travers les prismes de la colonisation, de l'esclavage ou de la pauvreté, tout en se reconnectant à un passé où les peuples noirs ont contribué de manière significative à la culture, à la science, et à la spiritualité mondiale. C'est aussi se libérer des complexes hérités de la colonisation, de l'oppression raciale, et des structures de pouvoir postcoloniales qui continuent à influencer le présent.

Ce processus de réappropriation n'est pas linéaire. Il peut être fait de moments de doute, de questionnements intérieurs, voire de confrontations avec ceux qui, par ignorance ou par cynisme, refusent cette révision historique. Mais à travers ces défis, se forment des convictions profondes, un ancrage solide dans une identité africaine revitalisée. La quête des racines est une aventure intérieure, une exploration des profondeurs de l'âme. Chaque Kamite qui s'engage dans ce voyage découvre non seulement l'histoire de ses ancêtres, mais aussi une partie de lui-même qu'il ignorait. Les récits des anciens, les chants sacrés, les danses rituelles, tout cela devient une source d'inspiration et de force. Les mots de Cheikh Anta Diop résonnent comme un appel à la renaissance, une invitation à redécouvrir la grandeur de l'Afrique. En plongeant dans les archives, en déchiffrant les symboles anciens, les Kamites renouent avec une sagesse millénaire. Ils apprennent que leurs ancêtres étaient des bâtisseurs de pyramides, des astronomes, des philosophes. Ils découvrent une Afrique riche, complexe, et profondément spirituelle. Cette redécouverte est une source de fierté et de motivation pour affronter les défis du présent.

Mais cette quête n'est pas sans obstacles. Les Kamites doivent souvent lutter contre les stéréotypes et les préjugés. Ils doivent déconstruire les récits dominants qui minimisent ou ignorent les contributions africaines à la civilisation mondiale. Cette lutte est à la fois personnelle et collective. Elle nécessite une solidarité entre les Kamites, une volonté de partager les connaissances et de soutenir ceux qui sont encore en chemin. La réappropriation de l'identité Kamite est un acte de résistance. C'est une affirmation de la dignité et de la valeur des cultures africaines. C'est un refus de se laisser définir par les oppresseurs. En embrassant leur héritage, les Kamites se libèrent des chaînes mentales imposées par des siècles de colonisation et de racisme. Ils se réapproprient leur histoire, leur culture, et leur spiritualité. Ce processus est également une source de transformation personnelle. En se reconnectant à leurs racines, les Kamites trouvent un sens plus profond à leur existence. Ils découvrent des valeurs et des principes qui les guident dans leur vie quotidienne. Ils développent une vision du monde qui est enracinée dans la sagesse ancestrale, mais qui est aussi ouverte aux défis et aux opportunités du présent. La quête des racines est donc un voyage vers soi-même, une exploration des profondeurs de l'âme. C'est une aventure qui transforme ceux qui s'y engagent, qui les rend plus forts, plus sages, et plus connectés à leur héritage. C'est un chemin de découverte et de redécouverte, un voyage vers une identité africaine revitalisée et affirmée.

Être Kamite aujourd'hui, c'est également s'inscrire dans une dynamique collective. Ce mouvement de renaissance est ancré dans une communauté mondiale de millions de personnes qui, de la diaspora afro-américaine à l'Afrique continentale, célèbrent leur héritage et cherchent à l'honorer. Cette fierté collective se manifeste dans des rassemblements culturels, des festivals, des conférences, des rencontres spirituelles, et des initiatives éducatives visant à enseigner l'histoire de l'Afrique précoloniale. Des exemples contemporains en témoignent : le festival annuel Fête de Maât, qui se tient dans plusieurs pays d'Afrique et de la diaspora, est l'un des rendez-vous clés des communautés Kamites. Ces événements ne se limitent pas aux célébrations spirituelles, mais incluent également des ateliers de réflexion sur les questions contemporaines que les Afrodescendants et les Africains doivent affronter aujourd'hui : la place de la femme dans la société, les enjeux de la justice sociale, la lutte contre les inégalités raciales, et les dynamiques de décolonisation des savoirs. Ce sont des espaces où l'on débat, où l'on réinvente les contours d'une identité africaine collective et plurielle, tout en s'ancrant dans une vision unifiée de ce que signifie être Kamite.
Les artistes jouent également un rôle crucial dans cette affirmation. Des créateurs comme Solange, Kendrick Lamar, ou encore des écrivains tels que Ta-Nehisi Coates et Chimamanda Ngozi Adichie, s'inspirent de cet héritage pour questionner les notions d'identité, de pouvoir et de race dans leurs œuvres. L'art Kamite est alors un acte de résistance, un cri contre l'oppression et une manière de réaffirmer la dignité noire dans toutes ses dimensions. Mais au-delà des événements et des figures emblématiques, c'est dans le quotidien que cette fierté Kamite prend tout son sens. Dans les rues animées de Lagos, les marchés colorés de Dakar, ou les quartiers vibrants de Harlem, on

retrouve cette énergie collective. Les conversations, les échanges, les sourires partagés, tout cela contribue à tisser un réseau invisible mais puissant de solidarité et de reconnaissance mutuelle. Chaque geste, chaque parole, chaque regard est une affirmation de cette identité commune, une manière de dire : "Nous sommes ici, nous sommes forts, et nous sommes fiers."

Les initiatives éducatives jouent un rôle fondamental dans cette dynamique. Des écoles et des universités à travers le monde intègrent désormais des programmes dédiés à l'histoire et à la culture africaines. Des plateformes en ligne, des podcasts, des webinaires permettent à un public toujours plus large de découvrir et de s'approprier cet héritage. Les jeunes générations, en particulier, sont au cœur de ce mouvement. Curieuses, engagées, elles cherchent à comprendre leur passé pour mieux construire leur avenir. Elles sont les gardiennes de cette mémoire collective, les porteuses de cette flamme qui ne doit jamais s'éteindre.Et puis, il y a la spiritualité, cet élément central de l'identité Kamite. Les rituels, les chants, les danses, tout cela fait partie intégrante de cette culture vivante. Dans les temples, les églises, les mosquées, ou simplement dans l'intimité des foyers, on célèbre les ancêtres, on honore les divinités, on se connecte à cette force supérieure qui guide et protège. Cette spiritualité, loin d'être figée, évolue avec le temps, s'adapte aux réalités contemporaines tout en restant fidèle à ses racines ancestrales. En fin de compte, être Kamite aujourd'hui, c'est embrasser une identité riche et complexe, faite de traditions et de modernité, de luttes et de victoires, de douleurs et de joies. C'est se reconnaître dans l'autre, voir dans chaque visage un reflet de soi-même, et avancer ensemble, main dans la main, vers un avenir où la dignité et la fierté noires seront pleinement reconnues et célébrées.

La spiritualité Kamite aujourd'hui : Un retour à Maât
Sur le plan spirituel, être Kamite aujourd'hui signifie souvent se tourner vers les principes de Maât, cette notion éthique et cosmique centrale de l'Égypte antique. Maât, la déesse de la justice, de la vérité et de l'harmonie, incarne des valeurs qui sont devenues essentielles dans la redéfinition de l'identité Kamite moderne. Ce retour à Maât n'est pas qu'une redécouverte

théorique ; il s'agit d'un engagement quotidien à vivre selon des principes qui privilégient l'équilibre, le respect de l'autre, et la justice sociale. Cette ancienne philosophie, aux contours délicats et profonds, n'est pas simplement un ensemble de doctrines ; elle est un souffle vital, une pulsation qui résonne à travers le temps, incarnant les principes d'équilibre, de vérité et de justice. En ces temps tumultueux, où les repères s'effritent et les certitudes vacillent, Maât se présente comme une boussole éthique, une lumière qui guide chaque individu vers une existence harmonieuse et respectueuse. La quête spirituelle des Kamites modernes s'apparente à une renaissance, une réappropriation des valeurs ancestrales, comme si ces principes, cachés sous les couches de l'oubli, attendaient patiemment d'être redécouverts. En embrassant les enseignements de Maât, ces hommes et femmes aspirent à tisser des liens profonds avec leur héritage culturel tout en répondant aux défis contemporains. Ce retour à l'essence même de leur identité est bien plus qu'une nostalgie d'un passé glorieux ; c'est une promesse d'un avenir éclairé par la sagesse des ancêtres. Maât, dans sa dimension cosmique, transcende les barrières du temps, s'inscrivant dans un continuum où passé, présent et avenir se rejoignent dans une danse éternelle. Les cérémonies et les rituels qui s'y rapportent, souvent empreints du symbolisme délicat de la plume de Maât, deviennent des moments sacrés de recueillement et d'alignement. La plume, symbole de légèreté et de justesse, rappelle à chacun l'importance de vivre en accord avec les lois de l'univers. Elle incarne l'idée que nos pensées et nos actions doivent s'élever, s'alléger des fardeaux du quotidien pour se rapprocher de la vérité.

Dans cette perspective, chaque acte de justice, chaque geste empreint de vérité, se mue en une contribution à l'équilibre du monde. La spiritualité Kamite ne se cantonne pas aux temples ou aux sanctuaires ; elle se manifeste dans les actes quotidiens, dans le respect de la vie sous toutes ses formes. Elle nous incite à voir le sacré dans chaque interaction, à reconnaître la divinité qui réside en nous et en ceux qui nous entourent. Cette vision holistique de l'existence encourage une connexion profonde avec le cosmos et les autres êtres vivants, un maillage de relations tissé avec soin, où chaque fil contribue à la beauté de la tapisserie de la vie. Le retour à Maât est également un acte de résistance face aux injustices et aux oppressions qui gangrènent nos sociétés modernes. Dans un monde où les inégalités et les divisions semblent régner en maîtres, Maât offre un cadre éthique puissant pour aborder les problèmes contemporains. Les Kamites, animés par cette philosophie, deviennent des acteurs du changement, des bâtisseurs d'un monde où la justice sociale, la vérité et l'harmonie ne sont pas de vains mots, mais des réalités palpables. Leur engagement résonne avec les mouvements de lutte contre le racisme, la corruption et les injustices économiques, créant ainsi un écho vibrant d'espoir et de détermination.

En outre, la renaissance des pratiques spirituelles africaines, telles que le Vodun au Bénin ou la Santeria à Cuba, témoigne de cette quête de sens et de connexion avec les ancêtres. Ces traditions, longtemps stigmatisées, retrouvent aujourd'hui leur légitimité et leur pertinence, s'épanouissant dans la lumière d'une nouvelle reconnaissance. De nombreux Kamites choisissent de réintégrer ces pratiques dans leur vie quotidienne, y voyant une source de force et de guidance. Cette réappropriation des traditions ancestrales devient un moyen de se libérer des paradigmes imposés par la colonisation, une manière de renouer avec une spiritualité authentique et profondément enracinée. Ainsi, à travers Maât, le Kamite d'aujourd'hui ne se contente pas de regarder en arrière ; il forge un avenir où justice, vérité et harmonie deviennent des réalités vécues et partagées. Le voyage vers Maât est une exploration intime et collective de ce qui fait l'essence même de l'humanité. C'est une invitation à vivre en accord avec les lois cosmiques, à chercher l'équilibre dans toutes les dimensions de l'existence, et à contribuer à un monde plus juste et harmonieux. Cette quête spirituelle, loin d'être figée, se révèle dynamique et évolutive. Elle s'adapte aux réalités contemporaines tout en restant fidèle aux enseignements ancestraux. En embrassant Maât, les Kamites redécouvrent une sagesse ancienne, une lumière éclatante qui éclaire leur chemin et les guide dans leur quête de sens et de justice. Maât, dans toute sa grandeur, devient ainsi un phare, illuminant le parcours d'une humanité en quête de renouveau et de réconciliation, invitant chacun à participer à la construction d'un monde où les valeurs de paix, d'amour et d'harmonie sont célébrées et vécues chaque jour. Dans ce voyage vers l'essence même de l'existence, chaque pas résonne comme un chant d'espoir, une mélodie d'unité qui célèbre la richesse de la diversité humaine et la beauté de la vie dans toute sa splendeur.

La politique du Kamitisme contemporain : Une lutte pour la décolonisation des esprits
Être Kamite aujourd'hui ne s'arrête pas à la sphère personnelle ou spirituelle ; c'est aussi un acte politique. Dans un contexte où les héritages coloniaux persistent, notamment dans les institutions politiques et économiques, la redécouverte Kamite est une arme contre l'hégémonie culturelle et intellectuelle de l'Occident. En cela, elle rejoint les combats du **panafricanisme** et des mouvements de libération noire à travers le monde. La politique du Kamitisme contemporain s'affirme comme une lutte audacieuse pour la décolonisation des esprits, un appel vibrant à l'éveil et à la renaissance. Dans un monde où les héritages coloniaux continuent de tisser leur toile à travers les institutions politiques et économiques, la redécouverte Kamite se dresse telle une forteresse contre l'hégémonie culturelle et intellectuelle de l'Occident. Cette quête n'est pas simplement un retour nostalgique vers un passé glorieux ; elle se veut une réaffirmation des identités africaines, une résistance à l'effacement des mémoires et des récits qui, trop souvent, ont été déformés ou ignorés. Les Kamites contemporains se positionnent en héritiers d'une sagesse millénaire, œuvrant à redresser les injustices historiques qui ont longtemps marginalisé leur culture. Leur lutte s'inscrit en écho avec les combats du panafricanisme et des mouvements de libération noire à travers le monde, se reliant ainsi à un réseau mondial d'aspirations à la liberté et à l'autodétermination.

Au cœur de cette démarche, la décolonisation des savoirs apparaît comme une nécessité impérieuse. Les Kamites d'aujourd'hui militent pour une révision radicale des systèmes éducatifs, tant africains qu'occidentaux, souvent empreints de préjugés et de distorsions. L'histoire de Kemet et des grandes civilisations africaines, qui sont les fondations même de l'humanité, doit être intégrée dans les programmes scolaires, reconnue pour sa richesse et sa profondeur. Ce combat pour l'éducation est un acte de révolte contre la mémoire sélective qui a trop souvent réduit l'Afrique à un simple réceptacle de l'histoire coloniale, ignorant la complexité et l'éclat de ses contributions à la civilisation mondiale. Mais la décolonisation des esprits ne se limite pas à la réécriture des manuels scolaires. Elle passe également par la réappropriation des langues africaines, un enjeu fondamental dans la renaissance identitaire. Être Kamite aujourd'hui, c'est valoriser et réapprendre les langues ancestrales, telles que le swahili, le yoruba, le wolof, et tant d'autres, qui sont bien plus que de simples outils de communication. Ces langues, empreintes de la culture et de la sagesse africaine, portent en elles l'âme des ancêtres et les récits des luttes passées. En redécouvrant et en parlant ces langues, les Kamites retrouvent une voix qui avait été étouffée, rétablissant un lien vital avec leurs racines.

La pensée de Cheikh Anta Diop, qui, dans son œuvre magistrale *Nations nègres et culture*, soulignait l'importance cruciale des langues africaines dans la transmission de l'histoire et de la culture des peuples noirs, résonne plus que jamais. Il affirmait avec passion que les langues ne sont pas seulement des moyens d'expression, mais des vecteurs de culture, des gardiennes de savoirs ancestraux, des témoins des luttes et des triomphes de toute une civilisation. Dans ce contexte, la réappropriation linguistique se mue en un acte politique, une déclaration d'identité qui réclame une place sur la scène mondiale. La lutte pour la décolonisation des esprits se manifeste également dans la sphère artistique et littéraire. Les Kamites modernes cherchent à créer des œuvres qui reflètent leur héritage et leur vision du monde, à revendiquer une esthétique qui célèbre la beauté et la diversité de l'Afrique. Dans la musique, la danse, la littérature et les arts visuels, ils insufflent une nouvelle vie aux traditions ancestrales tout en les adaptant aux réalités contemporaines. Ce processus créatif est à la fois un hommage et une réinvention, une manière de tisser des ponts entre le passé et le présent, entre l'Afrique et sa diaspora.

En effet, le Kamitisme contemporain devient une plateforme d'échange et de dialogue, un espace où les voix et les expériences des Kamites à travers le monde se rencontrent et s'entrelacent. Les forums, les conférences, et les rassemblements communautaires offrent des occasions de partager des connaissances, de débattre des enjeux contemporains, et de construire des alliances. Ces échanges enrichissent la lutte collective, nourrissant un mouvement qui aspire à une transformation radicale des mentalités et des structures en place. À travers cette politique du Kamitisme, les Kamites s'affirment comme des acteurs essentiels du changement. Ils ne se contentent pas d'apporter des critiques ; ils proposent des solutions, des modèles alternatifs de société qui mettent l'accent sur la justice, l'équité et la dignité humaine. Ils aspirent à bâtir un avenir où la richesse des cultures africaines est célébrée et où chaque individu peut s'épanouir sans entraves, en harmonie avec son environnement. En somme, la lutte pour la décolonisation des esprits est une entreprise vaste et complexe, mais profondément nécessaire. Être Kamite aujourd'hui, c'est porter en soi la mémoire d'un peuple, c'est s'engager sur le chemin de la vérité, de la justice et de la réconciliation. C'est affronter le passé avec courage, redéfinir l'avenir avec espoir et construire un monde où chaque voix compte, chaque culture est honorée, et où la beauté de l'Afrique resplendit dans toute sa diversité. Ce voyage, à la fois personnel et collectif, invite chacun à participer à une aventure humaine qui transcende les frontières et qui célèbre la richesse de notre héritage commun. Dans cette lutte pour la décolonisation des esprits, les Kamites contemporains s'érigent en gardiens d'une mémoire vivante, d'une sagesse ancienne, et d'une vision d'avenir qui éclaire le chemin de l'humanité.

Les défis contemporains : Entre identité et globalisation
Cependant, cette réappropriation n'est pas sans défis. Dans un monde globalisé où l'individualisme et la consommation dominent, se dire Kamite implique souvent de s'opposer à des forces économiques et politiques puissantes. Le capitalisme mondialisé tend à uniformiser les cultures, à effacer les particularismes et à privilégier une vision de la modernité qui rejette les valeurs ancestrales. Être Kamite aujourd'hui, c'est donc résister à ces forces d'uniformisation et revendiquer une diversité culturelle qui ne soit pas subordonnée aux impératifs

économiques ou commerciaux de l'Occident. Les défis contemporains auxquels font face les Kamites sont nombreux et complexes, mais ils plongent chacun au cœur d'une quête identitaire profondément ancrée dans la résistance et l'affirmation de soi. Dans ce monde globalisé, où les forces de l'uniformisation culturelle tentent de gommer les différences, s'affirmer Kamite devient un acte de rébellion contre la monoculture imposée par le capitalisme mondialisé. C'est refuser l'idée que la modernité soit synonyme de rupture avec les valeurs ancestrales, c'est revendiquer une place légitime pour des traditions millénaires au sein d'un monde qui semble se réinventer en effaçant le passé.

Le capitalisme, avec sa voracité insatiable, tend à homogénéiser les sociétés, dictant ce qui est « moderne » et digne d'être intégré, tandis que les pratiques et les savoirs ancestraux sont relégués au rang de folklore. Les Kamites, en quête de renaissance, se trouvent alors à contre-courant d'une société qui valorise l'individualisme, la consommation rapide et l'obsolescence programmée des cultures. Se revendiquer Kamite dans ce contexte, c'est s'ériger contre cette tendance déshumanisante. C'est puiser dans la richesse de l'héritage africain pour bâtir un futur où l'équilibre, le respect des ancêtres et des lois de la nature ne sont pas sacrifiés sur l'autel du profit. Pourtant, cette lutte identitaire ne se déroule pas sans résistance interne. Dans les grandes villes africaines ou occidentales, les Kamites sont continuellement exposés aux influences extérieures, des publicités omniprésentes aux modes de vie importés, en passant par les systèmes économiques qui valorisent l'oubli des origines. Ces citadins, pris dans l'étau des tentations matérielles et des promesses de modernité, doivent se battre chaque jour pour maintenir vivante leur identité. Porter un pagne dans une mer de costumes-cravate, pratiquer des rituels ancestraux dans des métropoles frénétiques, tout cela devient un acte politique, un geste de résistance symbolique mais puissant.

En dépit des défis, la mondialisation offre aussi des opportunités inattendues. Si elle semble à première vue une menace pour les identités culturelles, elle peut aussi, ironiquement, devenir un outil de connexion. Grâce aux technologies modernes, les

Kamites dispersés à travers la planète peuvent désormais tisser des liens avec la diaspora africaine, échanger des savoirs et renforcer un sentiment d'unité face aux forces qui cherchent à les diviser. L'Internet, les réseaux sociaux, les forums de discussions deviennent alors des lieux de résistance virtuelle, où s'élaborent des stratégies de préservation culturelle. Les traditions ne sont plus seulement transmises de manière orale, mais circulent instantanément d'un continent à l'autre, réinventées, partagées, revitalisées. Cependant, cette interconnexion mondiale n'est pas sans complexité. Elle met en lumière la question des identités multiples, ce délicat équilibre entre les différentes facettes de soi. Comment concilier l'identité Kamite avec d'autres identités modernes ? Comment être, à la fois, profondément attaché aux traditions africaines tout en appartenant à un monde globalisé où ces traditions ne sont pas toujours comprises ni acceptées ? Certains Kamites, tiraillés entre leur foi chrétienne ou musulmane et leur engagement pour les valeurs spirituelles africaines, se retrouvent face à des dilemmes personnels. D'autres, vivant en Europe ou aux Amériques, doivent composer avec leur nationalité et leur appartenance à une société souvent en décalage avec leur héritage Kamite. Cette dualité peut, certes, engendrer des conflits intérieurs, mais elle offre aussi une richesse inestimable. C'est l'occasion pour les Kamites de naviguer entre plusieurs mondes, de tisser des ponts entre des cultures apparemment opposées et de construire des identités plurielles, capables de jongler avec les contradictions. Ce sentiment d'appartenance partagée est à la fois une force et une source de questionnements profonds, obligeant chaque individu à redéfinir, constamment, la place de ses racines dans un contexte en perpétuelle évolution.

Parallèlement à cette lutte interne, les Kamites sont confrontés à une menace extérieure bien réelle : la réappropriation culturelle. Les industries culturelles occidentales, toujours à l'affût de nouveautés à commercialiser, se sont emparées de nombreux éléments des traditions africaines, les simplifiant, les dénaturant pour mieux répondre aux exigences du marché. Des symboles sacrés sont transformés en objets de mode, des rituels ancestraux deviennent des spectacles pour touristes en quête d'exotisme.

Face à cette appropriation, les Kamites se retrouvent devant un dilemme : comment protéger la pureté de leurs pratiques tout en les rendant accessibles à ceux qui cherchent sincèrement à les comprendre ? La question de l'authenticité devient alors centrale. Les Kamites doivent non seulement revendiquer la paternité de leurs cultures, mais aussi se battre pour que leur héritage ne soit pas transformé en produit consommable. Il s'agit de préserver la profondeur de ces traditions, de veiller à ce qu'elles ne soient pas vidées de leur sens au profit du divertissement. Cela exige une vigilance constante, une éducation rigoureuse, et une transmission fidèle des savoirs. Enfin, un autre défi de taille se dresse sur le chemin des Kamites : l'urgence écologique. Alors que la planète souffre des excès du capitalisme industriel, les traditions africaines, profondément en harmonie avec la nature, offrent une sagesse précieuse pour relever les défis environnementaux actuels.

L'héritage Kamite, avec son respect pour la terre, ses pratiques agricoles durables, et sa vision holistique de l'univers, pourrait bien détenir les clés pour un avenir plus respectueux de l'environnement. Intégrer cette dimension écologique dans la lutte Kamite contemporaine devient une nécessité, non seulement pour la survie des traditions, mais aussi pour la préservation de la planète elle-même. Ainsi, être Kamite aujourd'hui, c'est se battre sur de multiples fronts : contre la globalisation qui uniformise, contre les identités fragmentées, contre l'appropriation culturelle, et pour un monde plus juste, plus respectueux de la nature. C'est un chemin parsemé d'embûches, mais aussi de découvertes et de richesses inestimables. La réappropriation de l'identité Kamite dans un monde en perpétuelle mutation est une tâche herculéenne, mais chaque pas accompli renforce cette quête d'une identité retrouvée, d'une culture affirmée, et d'un avenir où le passé éclaire la voie vers un renouveau collectif.

Vers un avenir Kamite : Réconcilier le passé et le futur

Être Kamite aujourd'hui, c'est avant tout un acte de réconciliation. Une réconciliation douce mais puissante, pleine de gravité et de promesses. C'est une réconciliation avec un passé éclatant, dont les échos d'or et d'onyx ont trop souvent été étouffés, ignorés, ou volontairement effacés. Une réconciliation avec les ancêtres, les esprits qui rôdent encore parmi les rivières et les montagnes, veillant, attendant que leurs descendants redressent la tête pour rétablir l'ordre cosmique. Mais au-delà de cela, c'est une réconciliation intime, presque mystique, avec soi-même, une recherche de l'âme dans une quête identitaire où l'authenticité devient un trésor à reconquérir. Cependant, cette démarche Kamite n'est pas tournée uniquement vers le passé. Ce serait une erreur de penser que le Kamitisme se limite à une nostalgie, à un retour pur et simple aux traditions ancestrales. C'est au contraire un projet ardent, brûlant d'une lumière nouvelle, résolument tourné vers l'avenir. Il s'agit de prendre ce flambeau de sagesse que nous ont légué les Anciens, de le faire briller dans les ténèbres du monde moderne, et d'éclairer ainsi un chemin vers un futur où l'Afrique et sa diaspora s'épanouissent avec une puissance retrouvée, sans être prisonnières de modèles imposés, sans soumission aux diktats économiques ou culturels de l'Occident. Il s'agit de créer une nouvelle voie, un sentier sur lequel les descendants d'Afrique marcheront avec fierté, leur destin en main, leur histoire en bandoulière.

L'avenir Kamite n'est pas un retour en arrière, mais une renaissance. Une renaissance ancrée dans les racines les plus profondes, qui plonge ses veines dans le limon du Nil, dans les sables du Sahara, et les forêts sacrées d'Afrique, mais qui s'élève vers les étoiles, vers un monde où la justice, l'harmonie et la vérité seront les fondements de la société. Chaque Afrodescendant, chaque Africain, est appelé à être le bâtisseur de ce monde nouveau, à puiser dans ses racines pour ériger un édifice où l'âme africaine pourra rayonner pleinement, sans se courber devant d'autres modèles, mais en affirmant avec force son propre chemin.

Cette renaissance Kamite est un rêve, un rêve qui vibre dans les cœurs de ceux qui osent encore croire en la grandeur future d'une Afrique libérée de ses chaînes, visibles ou invisibles. C'est un rêve qui résonne comme les battements lointains de tambours ancestraux, ces tambours qui ont accompagné chaque pas, chaque cri de révolte et chaque chant de victoire. Chaque note, chaque frappe raconte une histoire, celle d'un peuple qui a survécu aux pires épreuves, qui s'est relevé après chaque chute, et qui, malgré tout, continue de danser, de chanter, de créer. Cette réconciliation avec le passé n'est pas une simple question d'hommage, elle est bien plus profonde. Il ne s'agit pas seulement d'honorer les ancêtres en évoquant leurs exploits, mais de comprendre leurs luttes, de les intégrer dans le présent, pour puiser dans leurs victoires comme dans leurs échecs les leçons nécessaires aux combats actuels. Ce que les anciens nous ont laissé n'est pas un fardeau, mais une clé. Une clé pour ouvrir les portes d'un avenir où l'Afrique ne sera plus asservie ni aux forces extérieures, ni à ses propres démons internes. Ce voyage vers l'avenir est aussi une odyssée intérieure, une aventure personnelle, presque initiatique. Chaque Kamite, à sa manière, doit entreprendre cette quête de soi, une exploration de l'identité profonde, une plongée dans l'inconnu de ses propres origines. Ce retour aux sources n'est pas un simple retour vers la terre, mais un voyage au cœur de l'esprit, un retour vers cette sagesse immémoriale qui habite encore chaque descendant d'Afrique. Il s'agit de retrouver cette essence, cette vérité cachée sous des couches d'histoire déformée, de colonisation de l'âme, et de répression culturelle. C'est une reconnexion spirituelle, une danse silencieuse avec les esprits anciens qui murmurent encore leurs secrets à ceux qui savent écouter. Mais cette réconciliation intérieure n'est pas une tâche facile. Elle demande du courage, une profonde introspection et une acceptation des parts d'ombre comme des parts de lumière de cet héritage. Être Kamite, c'est reconnaître la richesse infinie des cultures africaines tout en naviguant dans les tumultes d'un monde contemporain qui cherche à réduire cette diversité à une caricature. C'est accepter de porter le fardeau des cicatrices laissées par des siècles de domination et d'effacement, tout en sachant que ces cicatrices peuvent devenir des marques de beauté, des signes de résilience.

L'avenir Kamite ne se construit pas dans la solitude, ni dans l'isolement. Il s'inscrit dans un mouvement global, une renaissance qui dépasse les frontières et les océans. La diaspora, dispersée aux quatre coins du globe, est une force vive de cette réinvention. Les Kamites des Amériques, de l'Europe, des Caraïbes et de l'Afrique tissent des liens invisibles mais puissants, apportant chacun leurs expériences, leurs savoirs et leurs visions pour alimenter cette quête commune. Ils participent à redessiner les contours d'une Afrique forte, libre et unie, une Afrique dont les racines plongent aussi profondément que les branches s'élancent vers le ciel. Ce futur, ces rêves d'un continent et de ses enfants enfin réconciliés avec eux-mêmes, ne sont pas simplement des abstractions. Ils prennent forme dans les actes, dans les projets, dans les collaborations internationales, dans chaque initiative locale où l'on cultive la terre avec respect, où l'on transmet la langue avec amour, où l'on apprend à honorer la mémoire tout en inventant de nouvelles façons de vivre. C'est un futur où l'innovation technologique n'est pas opposée aux savoirs traditionnels, mais où les deux cohabitent harmonieusement, dans un équilibre nécessaire pour construire un monde où l'Afrique retrouvera enfin son éclat. L'avenir Kamite, loin d'être un simple rêve, est une symphonie de voix, une mosaïque d'actions. Chaque Kamite, à sa manière, devient un compositeur de cette grande œuvre collective. Et cette symphonie, qui commence avec un murmure ancestral, s'élève peu à peu pour devenir un chant de liberté. Un chant qui traverse les générations, qui résonne à travers le temps et l'espace, et qui annonce l'aube d'un nouveau jour, celui où l'Afrique et ses descendants marcheront ensemble, libres, fiers et réconciliés avec leur passé et leur futur.

Les enjeux contemporains de l'identité Kamite : Une question d'autodétermination
Dans ce monde mouvant, où les identités se façonnent au gré des changements et des bouleversements globaux, où les certitudes d'hier s'effritent sous le poids des transformations, les Kamites d'aujourd'hui sont confrontés à des choix décisifs. Ils sont à cette croisée des chemins où la mémoire du passé et les promesses de l'avenir se rencontrent, où les récits ancestraux se mêlent aux aspirations modernes. Et au cœur de cette intersection se pose la question de l'autodétermination. Revendiquer son identité

Kamite dans ce contexte, c'est exiger le droit de se définir par soi-même, de façonner sa destinée sans être enfermé dans les grilles de lecture imposées par autrui. L'enjeu n'est pas simplement de se reconnecter avec un passé glorieux, souvent occulté ou falsifié, mais de se réapproprier ce passé pour mieux se situer dans le présent. C'est refuser les récits tronqués, ceux qui réduisent l'histoire africaine à l'esclavage ou à la colonisation, ces récits qui tentent de nous enfermer dans le rôle de victimes éternelles. Être Kamite aujourd'hui, c'est briser ces chaînes narratives, déchirer le voile qui obscurcit l'héritage ancestral, et redéfinir les contours d'une existence riche, complexe, et surtout, autonome. Mais l'autodétermination Kamite ne s'arrête pas à une simple réappropriation historique. Elle va bien au-delà. Il s'agit d'une vision du présent et de l'avenir, d'une démarche qui consiste à s'ancrer fermement dans le monde contemporain tout en restant profondément connecté à ses racines. Il est crucial de ne pas succomber aux pièges de l'essentialisme ou de la nostalgie d'un âge d'or révolu. La grandeur du passé est une source d'inspiration, certes, mais elle ne doit pas devenir une prison. Le Kamitisme moderne, pour être pertinent et vivant, doit savoir se réinventer, s'adapter aux réalités actuelles sans pour autant se renier. Autodétermination signifie aussi la capacité de se raconter, de se définir à travers ses propres mots, ses propres symboles, ses propres récits. Les Kamites contemporains sont engagés dans une lutte pour la représentation, pour l'authenticité dans les arts, les médias, la science. Ils rejettent les stéréotypes réducteurs, les images figées, les clichés déshumanisants qui continuent d'infester les imaginaires collectifs. Ils sont porteurs d'une exigence de vérité historique et de justice mémorielle, cherchant à restaurer l'intégrité des récits africains, à faire entendre des voix longtemps étouffées.

Ce combat pour la souveraineté culturelle est à la fois intime et universel. Chaque Kamite porte en lui une mosaïque d'identités, une multiplicité d'héritages qu'il doit apprendre à harmoniser. Cette pluralité est à la fois une richesse et un défi. Elle impose une vigilance constante pour ne pas se laisser emporter par les vents de la globalisation, qui tend à uniformiser les cultures, à aplanir les différences. L'identité Kamite doit être fluide, ouverte, mais elle doit aussi rester fidèle à elle-même. Il ne s'agit pas de se couper du monde, mais de s'engager dans celui-ci en étant ancré dans ses propres valeurs. Être Kamite aujourd'hui, c'est conjuguer la sagesse des anciens avec les innovations du présent. C'est tisser des liens entre les pratiques spirituelles ancestrales et les technologies modernes. Cette dualité, loin d'être un obstacle, est une source de force et de résilience. Les Kamites puisent dans leurs traditions millénaires pour s'adapter aux enjeux du présent et anticiper ceux de l'avenir. Ils incarnent une vision du monde où le progrès ne signifie pas l'abandon de ce qui a fait leur essence, mais au contraire, une continuité, une transmission réinventée.

Les défis sont nombreux. Les Kamites doivent naviguer entre des mondes parfois antagonistes : les exigences du monde moderne d'un côté, les attentes de leurs héritages culturels de l'autre. Dans cette navigation complexe, il est essentiel de maintenir un cap, de ne pas se perdre dans les méandres des multiples influences qui les traversent. La globalisation offre des opportunités de dialogue, certes, mais elle porte aussi en elle le risque de la dilution des identités. L'identité Kamite doit donc rester vigilante, en équilibre constant entre ouverture et préservation. Cette autodétermination ne se limite pas à la sphère culturelle. Elle implique une pensée critique, une capacité à questionner les structures de pouvoir et d'influence qui façonnent le monde. Les Kamites s'engagent pour une éducation émancipatrice, une éducation qui valorise les savoirs locaux, les histoires oubliées, les connaissances marginalisées. Ils créent des espaces où la réflexion est libre, où la parole circule sans entrave, où les idées s'épanouissent en dehors des carcans imposés par les systèmes de pensée dominants. Cette quête intellectuelle est indissociable de la lutte politique et sociale. Autodétermination signifie aussi agir pour l'égalité, la justice, la dignité humaine. Le concept de souveraineté culturelle est également central. Les Kamites investissent les champs de la littérature, de la musique, du cinéma, des arts visuels, pour faire entendre leurs voix, pour raconter leurs histoires avec leurs propres mots. Cette créativité, cette capacité à réinventer des formes d'expression à partir de leur propre expérience, est un acte de résistance. C'est une manière de s'approprier l'héritage colonial pour mieux le subvertir, de transformer la douleur en force, la marginalisation en pouvoir. Au fond, l'identité Kamite est une célébration. Une célébration de la vie, de la beauté, de la diversité, de la résilience. C'est un hymne à la solidarité, à l'unité dans la pluralité. Les Kamites construisent un avenir où chaque individu peut s'épanouir pleinement, en harmonie avec ses racines et ses aspirations. Ils dessinent un monde où les différences ne sont pas des lignes de fracture, mais des sources de richesse, d'inspiration, de création. Cette quête d'autodétermination est, en fin de compte, une quête de liberté. Ainsi, les Kamites d'aujourd'hui réinventent leur avenir. Ils reprennent les rênes de leur histoire pour tracer leur propre voie, loin des récits imposés, loin des chaînes du passé. Leur lutte est une lutte pour la reconnaissance, pour l'autonomie, pour la souveraineté. Mais c'est aussi, et surtout, une lutte pour l'âme. Ils écrivent leur propre histoire, une histoire où la mémoire et l'innovation se rencontrent, où la tradition et la modernité dansent ensemble. Ils construisent un avenir qui leur ressemble, un avenir libre, lumineux, riche de toutes les possibilités du futur.

Le Kamitisme face aux enjeux économiques et politiques mondiaux

L'une des plus grandes batailles que mènent aujourd'hui les Kamites est celle d'une véritable renaissance économique, d'une libération qui ne se limiterait pas à la réappropriation des symboles et des traditions, mais qui s'étendrait au cœur même de la société moderne : la transformation des systèmes économiques et politiques africains. Dans un monde dominé par les flux de capitaux, les intérêts géopolitiques et les rapports de force mondiaux, comment les Kamites peuvent-ils inscrire leur quête identitaire dans une démarche de libération économique durable ? L'Afrique, cette terre ancestrale au potentiel colossal, demeure engluée dans des maux hérités de l'histoire coloniale : pauvreté, inégalités structurelles, gouvernances vacillantes. Pourtant, elle regorge de richesses inexploitées, non seulement sous la forme de ressources naturelles, mais aussi à travers la résilience et la créativité de ses peuples. La grande question qui se pose pour les Kamites aujourd'hui est celle de l'autonomie. Comment faire émerger des modèles économiques en rupture avec les systèmes d'exploitation et de dépendance qui ont longtemps marqué l'histoire du continent ?

Au cœur de cette réflexion, l'héritage Kamite offre une boussole, une philosophie fondée sur les principes de *Maât* – la vérité, la justice, l'harmonie. Ces valeurs ne se limitent pas à une quête spirituelle ou philosophique, elles peuvent et doivent devenir des piliers d'un nouveau contrat social et économique pour l'Afrique. C'est dans ce cadre que les penseurs Kamites contemporains, à l'instar de leurs prédécesseurs panafricanistes tels que Kwame Nkrumah ou Thomas Sankara, appellent à une renaissance africaine centrée sur la solidarité, l'autosuffisance et l'émancipation des peuples. Le projet Kamite ne se limite pas à l'éloge nostalgique de l'âge d'or de Kemet ou aux chants des traditions ancestrales. Il s'agit de réinventer des modèles de développement ancrés dans une réalité africaine, mais ouverts à l'innovation. En réintégrant la mémoire de leurs ancêtres, les Kamites se demandent comment cette sagesse ancestrale peut servir de socle pour construire des économies plus justes, des gouvernances plus transparentes, et surtout, des sociétés où le pouvoir et la richesse sont redistribués équitablement. L'Afrique, à travers des initiatives comme l'Union africaine, tente de s'unir dans une forme d'intégration politique et économique. Toutefois, la véritable transformation réside dans la capacité des Africains à se réapproprier le contrôle de leurs ressources, de leur destin économique. Le Kamitisme appelle à ce que l'Afrique reprenne les rênes de son développement, non pas selon les modèles de croissance imposés de l'extérieur, mais à travers une dynamique respectueuse des hommes et de la nature. Le développement ne peut être durable que s'il repose sur des principes de justice sociale et d'harmonie environnementale.

Felwine Sarr, dans son ouvrage *Afrotopia*, appelle à une réinvention radicale des modèles africains. Selon lui, il est impératif de s'émanciper des schémas économiques importés de l'Occident qui ne correspondent ni aux réalités sociales ni aux besoins structurels du continent. Le projet Kamite, dans cette lignée, refuse les solutions toutes faites venues de l'extérieur, rejetant les dogmes du capitalisme mondialisé ou les prescriptions technocratiques des institutions financières internationales. Il s'agit de créer un espace où les Africains puissent inventer leurs propres solutions, en valorisant leurs ressources intérieures, tant matérielles qu'intellectuelles. Être Kamite aujourd'hui, c'est croire en la capacité de l'Afrique à redéfinir les règles du jeu économique mondial. Cependant, cette quête pour l'autodétermination ne se fait pas sans rencontrer des obstacles. Les Kamites se retrouvent souvent face à des structures de pouvoir solidement enracinées, dont les intérêts sont directement opposés à ceux de la souveraineté africaine. Les multinationales, les institutions financières internationales, et même certaines élites africaines, tous ces acteurs profitent du statu quo, où les richesses du continent continuent de s'évaporer au profit de quelques-uns. Les Kamites doivent naviguer à travers un dédale complexe de relations internationales, de pressions économiques, et de dynamiques géopolitiques, tout en gardant le cap sur leurs objectifs de souveraineté et de justice.

Face à ces défis, les Kamites prônent une émancipation économique qui repose sur la valorisation des ressources locales, la promotion de l'innovation endogène et l'encouragement de l'entrepreneuriat au sein des communautés africaines. Ils rejettent l'idée d'une croissance qui profite uniquement à une élite minoritaire ou qui dépend de l'exploitation des ressources naturelles au détriment des populations. Au lieu de cela, ils plaident pour des modèles économiques fondés sur la solidarité, le respect des travailleurs et l'inclusion des générations futures. Le développement durable devient alors un impératif moral et philosophique. Il ne s'agit pas seulement d'une mode, mais d'un retour aux principes Kamites d'harmonie avec la nature. Les Kamites reconnaissent que l'Afrique est à la fois une victime et un acteur clé dans la lutte contre le changement climatique. Ils prônent des pratiques agricoles durables, la gestion responsable des forêts et des ressources en eau, ainsi que la promotion des énergies renouvelables pour libérer le continent de la dépendance aux combustibles fossiles. Les solutions Kamites ne se limitent pas à une dimension matérielle, elles reposent sur une vision spirituelle et culturelle de l'équilibre entre l'homme et son environnement.

Dans cette perspective, la souveraineté économique est indissociable de la souveraineté intellectuelle. Les Kamites reconnaissent la nécessité de construire et de valoriser des savoirs locaux, de promouvoir la recherche scientifique et technologique en Afrique. Ils se battent pour la création d'institutions éducatives et culturelles qui reflètent les aspirations africaines, qui préparent les jeunes générations à réussir dans un monde globalisé sans se défaire de leurs racines. L'éducation devient ainsi un champ de bataille essentiel où se joue l'avenir du continent. Enfin, cette transformation ne se limite pas à l'Afrique. Les Kamites reconnaissent l'importance des liens avec la diaspora, ce pont vivant entre les continents qui porte les espoirs, les douleurs, et les triomphes de la mémoire africaine. La diaspora devient un vecteur essentiel d'échange, de partage de connaissances et de solidarité. En s'unissant, les Africains du continent et ceux de la diaspora peuvent amplifier leurs voix sur la scène internationale, redéfinir leur place dans les forums mondiaux, et revendiquer leur droit à participer pleinement aux décisions qui affectent leurs vies. En somme, le Kamitisme face aux enjeux économiques et politiques mondiaux n'est pas seulement une réaffirmation de l'identité, c'est un projet de transformation radicale. C'est une quête pour redonner à l'Afrique et à ses peuples la maîtrise de leur destin, pour construire un avenir où l'exploitation et l'injustice cèdent la place à l'équité, à la dignité et à la prospérité partagée. C'est une lutte pour un monde où l'Afrique ne serait plus le terrain de jeu des puissances étrangères, mais un continent souverain, fier, et résolument tourné vers l'avenir, guidé par les valeurs intemporelles de ses ancêtres, mais ancré dans la réalité du monde moderne.

Un projet de justice et de réconciliation
Dans un contexte diasporique, la réconciliation prend un sens particulier. En effet, les descendants d'Africains dispersés par la traite négrière portent en eux une blessure profonde, celle de l'arrachement forcé à leur terre d'origine. Aujourd'hui, le mouvement Kamite propose de guérir cette blessure. Le Kamitisme contemporain ne se contente pas d'être une simple quête identitaire, une réminiscence nostalgique des gloires

passées. Il se veut avant tout un vaste projet de réconciliation, un processus profond et radical, engageant à la fois les individus et les sociétés dans une démarche de guérison. Mais cette réconciliation, aussi noble soit-elle, ne se réalise pas sans un travail intérieur, une introspection douloureuse mais nécessaire. Elle commence par l'acceptation de soi, par la confrontation aux parts d'ombre qui se cachent dans chaque être. Se dire Kamite, c'est s'engager à embrasser pleinement ses forces et ses faiblesses, son histoire faite de gloires et de blessures. C'est accepter la complexité de l'âme africaine, riche de ses contradictions, et chercher sans cesse cet équilibre entre la lumière et l'obscurité, entre la puissance créatrice et les douleurs infligées par l'histoire.

Au-delà de cette quête personnelle, le Kamitisme appelle à une réconciliation collective, un processus sans doute plus ardu encore. L'Afrique, avec sa diversité culturelle immense, a souvent été déchirée par des divisions internes, des conflits ethniques et religieux, des luttes intestines qui ont laissé des cicatrices profondes. Pourtant, le Kamitisme propose de transcender ces fractures en s'appuyant sur une identité commune, une filiation ancestrale qui dépasse les clivages actuels. Se revendiquer Kamite, c'est convoquer les esprits des peuples de Kemet, des civilisations nubiennes et soudanaises, des royaumes bantous et des cités yorubas pour rappeler que, malgré la diversité, il existe une unité fondamentale : celle de l'Afrique originelle. La figure emblématique de *Maât*, déesse de la vérité et de la justice, incarne cette aspiration à l'équilibre. Elle devient un modèle pour guider les sociétés africaines contemporaines vers une forme de justice réparatrice, une justice non punitive, mais curative. Elle est l'image d'un monde où chacun peut trouver sa place, où les différences culturelles et religieuses ne sont pas sources de division, mais bien de complémentarité. Le Kamitisme est une main tendue à l'autre, un appel à l'unité dans la diversité.

Dans ce grand processus de réconciliation, les descendants d'Africains dispersés à travers le monde par la traite négrière occupent une place particulière. Ils portent en eux la mémoire douloureuse de cet arrachement brutal à leur terre, à leurs ancêtres, à leurs traditions. Cette blessure, transmise de génération en génération, a créé un vide, une quête incessante de retour, de retrouvailles avec ce qui fut perdu. Le Kamitisme offre une réponse à cette douleur : reconnecter la diaspora avec ses racines africaines, restaurer le lien rompu. Il ne s'agit pas d'un simple retour physique, mais d'un retour symbolique, spirituel. Les initiatives comme les pèlerinages vers les anciennes terres africaines, la redécouverte des langues ancestrales, ou encore la réappropriation des rites et pratiques culturelles, sont autant de moyens de renouer ce fil coupé par l'histoire. Cette guérison, bien que tournée vers le passé, ne doit pas masquer la nécessité d'une réconciliation tournée vers l'avenir. L'unité entre les différentes composantes des sociétés africaines et de la diaspora est un impératif pour affronter les défis contemporains. Face aux crises économiques, aux conflits armés, aux enjeux écologiques, la division affaiblit, tandis que l'union renforce. Pour le Kamitisme, il est crucial de créer des espaces de dialogue, où les différences ne sont pas effacées, mais célébrées, où chaque voix peut être entendue, chaque culture reconnue dans sa singularité. Cette unité est à la fois un défi et une force. Elle est l'antidote aux divisions qui ont trop souvent empêché l'Afrique de parler d'une seule voix sur la scène internationale. Mais cette réconciliation ne peut être complète sans un effort de justice. Il ne suffit pas de pardonner les offenses du passé, il faut les reconnaître et y remédier. Le Kamitisme appelle à la restitution des œuvres d'art africaines volées, à la reconnaissance des crimes coloniaux et à la mise en place de politiques de réparation qui prennent en compte les souffrances endurées par les Africains et leurs descendants. La justice, dans ce contexte, est un acte de réconciliation. Elle permet de rétablir une forme d'équité et d'apaiser les esprits en réintégrant dans l'histoire les voix longtemps marginalisées, celles des peuples opprimés. Au-delà des relations humaines, le projet Kamite s'étend également à une réconciliation avec la nature. Les anciennes traditions africaines prônaient une relation harmonieuse avec l'environnement, où l'homme n'était pas maître de la nature, mais son gardien. Le Kamitisme contemporain, loin d'être uniquement centré sur les hommes, s'inspire de cette sagesse ancestrale pour appeler à une gestion durable des ressources naturelles, à la protection de la biodiversité, et à la lutte contre les effets dévastateurs du changement climatique. Cette dimension écologique du Kamitisme est essentielle dans un monde en proie à des crises environnementales majeures. Elle rappelle que l'homme ne peut prospérer s'il néglige la Terre qui le nourrit.

Cependant, cette réconciliation ne doit pas se limiter aux frontières de l'Afrique. Le Kamitisme contemporain a une vocation universelle. Il s'inscrit dans un mouvement global de lutte contre toutes les formes d'oppression et d'injustice. Les Kamites tendent la main aux peuples opprimés du monde entier, qu'ils soient en Asie, en Amérique ou en Europe, pour construire des ponts de solidarité. Ce projet de réconciliation est un appel à l'unité des luttes, à l'échange des savoirs et des expériences. En partageant leurs histoires, leurs souffrances et leurs espoirs, les Kamites s'efforcent de construire une humanité plus juste et plus solidaire. Cette réconciliation est aussi une invitation à la créativité. Le Kamitisme ne se contente pas de répéter le passé, il cherche à réinventer les pratiques culturelles, à explorer de nouvelles formes artistiques, à proposer des solutions inédites aux problèmes contemporains. Les Kamites s'efforcent de créer, d'innover, de bâtir un avenir qui, tout en étant ancré dans les valeurs ancestrales, soit pleinement tourné vers le monde moderne. Ils explorent de nouvelles esthétiques, des musiques hybrides, des formes de poésie qui mêlent les rythmes anciens aux dynamiques actuelles, des technologies qui intègrent les savoirs traditionnels à la pointe des innovations. Cette effervescence créative est un signe de vitalité, elle montre que le Kamitisme, loin d'être figé dans le passé, est un projet vivant, dynamique, en constante évolution. En fin de compte, le projet de justice et de réconciliation porté par le Kamitisme contemporain est une entreprise ambitieuse, multidimensionnelle. Il ne s'agit pas seulement de guérir les blessures du passé, mais de construire un avenir basé sur des valeurs de justice, de respect et d'harmonie. C'est un projet qui cherche à rétablir l'équilibre, tant au sein des sociétés humaines qu'entre l'homme et la nature. Il propose une vision du monde où la diversité est une richesse, où la justice n'est pas une revanche, mais une forme d'amour. C'est une quête d'équité, une démarche de réconciliation qui, à travers les âges, transcende les frontières et les divisions, pour offrir à l'humanité un modèle de cohabitation, de respect mutuel et d'épanouissement collectif.

Le Kamitisme et la jeunesse africaine : Un avenir à bâtir
C'est dans le cœur vibrant de la jeunesse africaine que résonne aujourd'hui l'appel du Kamitisme. Ce mouvement, bien plus qu'une quête d'identité ou une simple revendication culturelle, devient une lumière dans les ténèbres pour une génération en quête de repères, de sens et d'avenir. Cette jeunesse, ballottée par les vagues tumultueuses de la mondialisation, est confrontée à des modèles de réussite souvent imposés, des rêves qui ne lui appartiennent pas. L'Occident, avec ses promesses d'opulence et de gloire, a longtemps servi de boussole pour ceux qui cherchent à s'élever, mais à quel prix ? Le Kamitisme surgit alors comme une force magnétique qui recentre, réoriente, et réveille des aspirations endormies. Il leur dit : « Votre avenir est ici, enraciné dans la terre noire de vos ancêtres, dans les échos des tambours lointains, dans les chants sacrés de vos aïeux. » Il ne s'agit pas d'une simple nostalgie, ni d'un retour figé dans un passé glorifié. Le Kamitisme est un mouvement vivant, bouillonnant, tourné vers l'avenir. Il offre à la jeunesse africaine et afrodescendante une nouvelle façon de se percevoir, non plus comme des héritiers de tragédies, mais comme des bâtisseurs d'un monde nouveau. Dans chaque battement de cœur de cette jeunesse brûle le désir d'affirmer une identité propre, d'incarner une Afrique qui ne serait plus perçue à travers le prisme déformant des récits occidentaux, mais qui parlerait pour elle-même, avec sa propre voix, ses propres rêves, ses propres ambitions.

Et ces ambitions trouvent aujourd'hui une scène mondiale, grâce aux nouvelles technologies qui déchirent les frontières de l'isolement. Les réseaux sociaux deviennent des terrains fertiles où les idées Kamites fleurissent, se répandent, prennent racine dans les consciences. En quelques clics, un jeune de Lagos, Dakar ou de la diaspora peut entrer en contact avec des frères et sœurs d'idées partout sur la planète. Ils échangent, débattent, s'unissent pour des causes communes. Des mouvements comme *Black Lives Matter*, qui dénoncent les violences systémiques faites aux peuples noirs, trouvent un écho naturel dans le Kamitisme. C'est un cri commun, un cri qui transcende les océans, les montagnes et les terres pour demander justice, équité et réparation. Mais au-delà de cette lutte, il y a aussi une volonté de transformation, non pas seulement de résister, mais de construire quelque chose de nouveau. Le Kamitisme a cette force de réappropriation culturelle qui redonne à la jeunesse africaine un sens de fierté et d'appartenance. Les artistes, les musiciens, les créateurs de cette génération, s'emparent de ce mouvement et le traduisent dans des langages universels. Dans les rimes puissantes de **Kendrick Lamar**, dans les rythmes envoûtants de **Burna Boy**, dans l'imagerie flamboyante de Beyoncé, on retrouve ces racines africaines qui résonnent à travers les siècles. Ils ne sont pas seulement des artistes ; ils sont les nouveaux griots, les conteurs modernes qui véhiculent les idéaux Kamites, qui redonnent vie à des mythes oubliés, qui célèbrent une Afrique forte, belle, puissante.

Mais il y a un piège. Le succès, la popularité de cette renaissance culturelle peut devenir une arme à double tranchant. Car dans le monde consumériste où tout se transforme en marchandise, même la révolte, même la fierté identitaire, peut se retrouver déformée, vidée de son essence. L'industrie, toujours avide de capitaliser sur les tendances, risque de réduire le Kamitisme à une simple mode, un phénomène de société éphémère. Mais la jeunesse Kamite, consciente de ces dangers, sait qu'elle doit rester vigilante. Leur objectif n'est pas de se fondre dans la culture dominante, mais de réinventer la leur, de la faire grandir, évoluer, tout en restant fidèle à ses racines. Le Kamitisme est aussi un mouvement de renouveau politique. Il invite les jeunes à ne pas rester passifs face aux injustices, mais à se lever, à agir, à prendre leur destin en main. Ils se mobilisent, s'organisent, participent à des projets communautaires, se battent pour l'égalité des genres, pour la justice sociale, pour la défense des droits humains. Ce n'est pas un engagement de façade, c'est une conviction profonde, un feu sacré qui brûle en eux, alimenté par les valeurs ancestrales de Maât. L'équilibre, la justice, l'harmonie ne sont plus des concepts abstraits ; ils deviennent des idéaux concrets, des objectifs à atteindre dans chaque communauté, chaque ville, chaque village.

Dans ce processus, les savoirs traditionnels africains ne sont pas relégués au passé. Au contraire, ils sont réhabilités, intégrés dans une éducation moderne. La jeunesse Kamite se tourne vers ces connaissances ancestrales pour trouver des solutions aux problèmes d'aujourd'hui. Ils comprennent que l'avenir ne peut se construire sans une reconnexion avec ce passé, avec ces enseignements qui, depuis des siècles, ont façonné des civilisations durables. Ils développent des projets respectueux de l'environnement, ils innovent tout en valorisant les ressources locales, ils cherchent à créer des économies solidaires, autosuffisantes. L'entrepreneuriat, loin d'être une simple quête de profits, devient pour eux un moyen de libération économique, une façon de reconstruire des sociétés basées sur des valeurs humaines, éthiques. Et dans cette quête, les langues jouent un rôle central. Chaque langue africaine qui disparaît est une bibliothèque entière de savoirs, d'histoires, de cosmogonies, qui s'éteint. La jeunesse Kamite le sait. C'est pourquoi elle s'investit dans la préservation, la promotion et la réappropriation des langues africaines. Chaque mot retrouvé, chaque dialecte revitalisé est une victoire, une renaissance. Par la langue, ils retrouvent leur voix, une voix qu'on avait voulu éteindre mais qui revient aujourd'hui, plus forte, plus claire.

Cette jeunesse, par son dynamisme et son audace, est en train de forger l'avenir. Elle refuse de se laisser enfermer dans des stéréotypes, de se plier aux attentes extérieures. Elle est en marche, déterminée, consciente de sa force. Elle n'attend pas que l'avenir vienne à elle, elle le façonne, elle le modèle à son image. Portée par les valeurs de Maât, elle avance, sûre d'elle, vers un futur où l'Afrique pourra enfin briller de tout son éclat, non plus à travers les yeux de l'Occident, mais à travers ceux de ses propres enfants. En somme, le Kamitisme offre à la jeunesse africaine un cadre pour rêver, pour bâtir, pour agir. Il leur donne les outils pour façonner un avenir qui leur appartient, un avenir où leurs valeurs, leurs identités, leurs langues et leurs cultures ne seront plus jamais marginalisées. Cette jeunesse Kamite, armée de son héritage et de sa créativité, est la force motrice d'une Afrique nouvelle, un continent qui se redresse, fier et majestueux, prêt à reprendre sa place dans le concert des nations. Ce qu'ils bâtissent aujourd'hui, c'est un monde où les cicatrices du passé se transforment en forces, où l'espoir est plus fort que le doute, et où l'Afrique, enfin réconciliée avec elle-même, pourra s'élever vers de nouveaux horizons.

Les défis de la modernité et de la globalisation

Dans la clameur du monde moderne, où les lumières artificielles des mégapoles rivalisent avec les étoiles, où les sons des machines se superposent aux chants des anciens, le Kamitisme s'élève comme une voix tissée d'un autre temps, d'un autre rythme, celui des civilisations passées et des sagesses ancestrales. Mais cette réaffirmation de l'identité Kamite dans l'univers contemporain n'est pas sans souffrance, ni sans confrontation. Les défis sont nombreux, profonds, et pour certains, quasi insurmontables. Pourtant, c'est précisément dans cette lutte, dans ce déchirement entre tradition et modernité, que le Kamitisme trouve sa force, sa pertinence, et sa vitalité. Le monde globalisé, avec sa soif insatiable d'homogénéité culturelle, déverse sur les peuples une marée d'images et de messages qui tentent de fondre les identités dans un moule unique. Tout ce qui est singulier devient suspect, tout ce qui s'écarte de la norme est perçu comme une anomalie à corriger. Ainsi, la jeunesse Kamite est sans cesse bombardée par des idéaux de consommation, d'individualisme exacerbé, de succès immédiat et de gloire superficielle. Ces injonctions pèsent sur elle, comme une armure invisible, mais oppressante. Comment, alors, réconcilier cette pression implacable avec une identité fondée sur des valeurs millénaires, où la communauté, l'harmonie, et le respect des ancêtres sont des piliers essentiels ? C'est là que se joue l'un des plus grands enjeux du Kamitisme contemporain : comment être à la fois enraciné dans le passé, fidèle aux ancêtres, et naviguer avec agilité dans un présent où tout semble vouloir les effacer ? Cette tension est palpable, elle résonne dans les rues des grandes villes africaines, elle se reflète dans les écrans des téléphones portables, elle habite les discussions des jeunes Kamites, tiraillés entre deux mondes qui semblent parfois irréconciliables. Pour certains, la solution semble être dans un retour radical aux origines. Une quête d'authenticité, presque désespérée, qui cherche à recréer des modèles de vie intacts, à préserver une pureté perdue. Mais cette quête est semée d'embûches. Car le danger est grand de tomber dans des dérives identitaires, où la fierté se transforme en exclusion, où la recherche d'une authenticité absolue mène à une rigidité figée, à un refus de l'autre. D'autres, au contraire, s'inquiètent que le Kamitisme, dans sa version moderne, ne soit englouti par les sirènes de la mondialisation, qu'il ne devienne qu'une mode parmi d'autres, vidé de sa substance, un simple accessoire exotique dans un monde de consommation. Pourtant, le véritable défi du Kamitisme contemporain ne réside pas dans un choix entre deux extrêmes, mais dans la capacité à naviguer dans cet espace liminal, ce lieu entre les mondes. Il ne s'agit pas de choisir entre tradition et modernité, mais de trouver un équilibre. Et c'est ici que réside la grandeur du Kamitisme : être à la fois une force de transformation et une mémoire vivante, un mouvement de modernité ancré dans des racines profondes.

Cette modernité, souvent perçue comme un ennemi, peut, en vérité, devenir un allié précieux. Car le Kamitisme n'est pas un mouvement de repli, ni de nostalgie. Il n'est pas une révolte contre l'époque contemporaine, mais une invitation à réimaginer le monde à travers le prisme des valeurs ancestrales. La modernité ne doit pas être rejetée en bloc, mais réappropriée, transformée, et ajustée aux principes éthiques du Kamitisme. C'est une tâche délicate, un équilibre fragile, mais nécessaire. Les technologies modernes, si souvent accusées d'être des outils de domination culturelle, peuvent aussi devenir des armes de libération. Les réseaux sociaux, par exemple, permettent aux Kamites du monde entier de se connecter, de partager leurs histoires, de renforcer leur identité collective. Ce qui était autrefois fragmenté et isolé, séparé par les océans et les frontières coloniales, peut désormais être unifié, amplifié par la puissance de la communication numérique. Dans cet espace virtuel, des alliances se forgent, des voix s'élèvent, des idées prennent forme. Les jeunes Kamites, armés de smartphones et de tablettes, deviennent les bâtisseurs d'une nouvelle conscience collective. Ils redéfinissent les termes de la modernité, en intégrant la sagesse des anciens à la vitesse du XXIe siècle. Mais la globalisation ne se limite pas aux seuls défis technologiques ou culturels. Elle impose également des contraintes économiques, souvent brutales. Les inégalités, exacerbées par la mondialisation néolibérale, fragilisent les sociétés africaines, rendant la quête d'autonomie économique plus complexe. Ici encore, le Kamitisme doit relever le défi de créer des modèles alternatifs, qui ne se contentent pas de reproduire les schémas destructeurs du capitalisme mondialisé. Il prône une économie de solidarité, ancrée dans les valeurs communautaires, où l'individu n'est pas réduit à un simple rouage dans la machine consumériste, mais où il est reconnu dans toute sa dignité et sa contribution au bien-être collectif. L'Afrique, dans cette vision Kamite, ne se contente plus d'être un réservoir de matières premières ou un marché à conquérir. Elle devient un espace de création, d'innovation, et de résistance. Le Kamitisme, loin d'être un simple refuge identitaire, devient un laboratoire de pensées nouvelles, un creuset où se mêlent les traditions millénaires et les défis contemporains. Il propose une alternative à l'uniformisation, une manière de vivre et de penser le monde en dehors des cadres imposés.

Loin de se cantonner à une nostalgie stérile, le Kamitisme puise dans les racines de Kemet et des autres grandes civilisations africaines pour éclairer les chemins de l'avenir. Cette sagesse ancienne, transmise de génération en génération, devient une boussole pour naviguer dans les eaux troubles du présent. Elle enseigne la patience dans un monde de vitesse, l'harmonie dans un univers de division, le respect de la nature dans une ère de destruction environnementale. C'est cette sagesse que les Kamites doivent porter haut, non pas comme une relique d'un passé glorieux, mais comme un guide vivant pour un avenir à réinventer. Dans ce processus, l'éducation joue un rôle central. Loin des modèles imposés, l'éducation Kamite doit réintégrer les savoirs traditionnels, tout en s'ouvrant aux innovations contemporaines. Elle doit enseigner aux jeunes non seulement à survivre dans le monde moderne, mais à le transformer, à en faire un lieu plus juste, plus équilibré, où les valeurs de Maât – justice, équité, harmonie – ne sont plus des abstractions, mais des réalités tangibles. Le Kamitisme, face aux défis de la modernité et de la globalisation, est donc à la croisée des chemins. Il peut soit se laisser diluer dans le courant dominant, soit devenir une force de transformation radicale, capable de réinventer non seulement l'Afrique, mais le monde entier. C'est une opportunité unique, un moment historique, où le passé et le futur se rencontrent pour créer une nouvelle réalité. Un défi immense, certes, mais porteur d'une promesse infinie : celle de bâtir un monde où l'identité Kamite, loin d'être une simple survivance, sera une force vive, créatrice, et résolument tournée vers l'avenir.

Une identité en mouvement
Imaginez une rivière, vaste et profonde, dont les eaux portent les mémoires d'époques révolues, mais coulent inlassablement vers l'horizon, emportant avec elles les reflets changeants du ciel. Cette rivière, c'est l'identité Kamite. Elle serpente à travers les âges, façonnant les paysages qu'elle traverse, dévorant les rochers et sculptant de nouvelles vallées. Ses rives abritent des histoires millénaires, des savoirs secrets et des légendes oubliées, mais ses flots continuent, sans jamais s'arrêter, à se réinventer. L'avenir du Kamitisme, comme cette rivière, repose sur sa capacité à rester en mouvement, à se nourrir de chaque détour, de chaque tempête, de chaque éclaircie. Être Kamite aujourd'hui, c'est embrasser cette idée : l'identité n'est pas figée, elle est fluide, elle est transformation. Ce n'est pas une statue de pierre gravée dans le marbre du temps, mais une danse, un rythme, un souffle. Chaque génération, chaque individu qui se réclame de cet héritage apporte une touche personnelle à cette fresque collective. L'identité Kamite, loin de s'enfermer dans des dogmes rigides, respire et s'élève, libre des chaînes du passé tout en s'enracinant dans la profondeur de ses traditions.

Les Kamites d'aujourd'hui vivent dans un monde de contrastes. Le bruit assourdissant de la modernité, avec ses exigences de vitesse et de rentabilité, tente d'étouffer les chants ancestraux qui vibrent encore dans leurs cœurs. Mais être Kamite, c'est refuser cette amnésie collective. C'est savoir écouter la voix des ancêtres tout en naviguant dans les eaux tumultueuses du monde contemporain. C'est un acte de résistance, une forme de survie, mais aussi une source de création. Car de cette tension entre l'ancien et le nouveau, naît une identité plus riche, plus complexe, et infiniment plus puissante. Il serait facile de tomber dans la nostalgie d'un passé glorieux, de se perdre dans les récits épiques des pharaons et des royaumes d'or. Mais le Kamitisme moderne ne se limite pas à une réminiscence de Kemet ou à la célébration des grandes civilisations africaines. Il est une force vivante, un projet en devenir. C'est une boussole pour naviguer dans l'océan du XXIe siècle, où l'Afrique et ses descendants, après des siècles d'oppression et de déshumanisation, réapprennent à se tenir debout, la tête haute, et à être les architectes de leur propre destinée.

Être Kamite aujourd'hui, c'est prendre part à une renaissance. Mais cette renaissance n'est pas une simple récupération d'un passé idéalisé. Elle est bien plus vaste, plus ambitieuse. Elle cherche à intégrer les leçons du passé tout en forgeant des réponses nouvelles aux défis actuels. Dans les quartiers vibrants des grandes villes africaines, dans les diasporas éparpillées aux quatre coins du monde, le Kamitisme résonne comme un cri de liberté, une revendication de dignité, une invitation à participer à la réinvention du monde. Le Kamitisme est une identité en mouvement, une force créative qui puise son inspiration dans les racines profondes de l'Afrique, mais qui regarde avec détermination vers l'avenir. Il ne s'agit pas simplement de préserver des rites anciens ou de reproduire des modèles du passé. Il s'agit de réinventer ces modèles, de les adapter, de les transformer. Le Kamitisme est une invitation à la création, à l'innovation, à l'expérimentation. C'est un mouvement qui refuse de se laisser enfermer dans des catégories préétablies, qui défie les frontières de l'identité et de la culture, et qui embrasse la pluralité, la diversité et le changement.

Les jeunes Kamites, particulièrement, jouent un rôle central dans cette dynamique. Ils sont les porteurs d'un héritage, mais aussi les inventeurs d'un avenir. Ils puisent dans la sagesse de leurs ancêtres pour affronter les défis du monde moderne : la mondialisation, l'injustice sociale, les crises environnementales, l'aliénation culturelle. Chaque jour, ils réécrivent les codes, redéfinissent les contours de leur identité, et construisent des ponts entre les époques, les continents, les imaginaires. Leurs créations, qu'il s'agisse de musique, de littérature, de mode ou de technologie, témoignent d'une capacité extraordinaire à fusionner le passé et le présent, à créer des mondes où les anciennes traditions se mêlent aux nouvelles aspirations. Le Kamitisme est donc un dialogue permanent entre le passé et l'avenir. Il s'inspire des récits des grands royaumes d'Afrique, mais il ne se contente pas de les commémorer. Il les transforme, les réinvente, pour les adapter aux besoins de notre époque. C'est une identité qui, tout en respectant les fondements ancestraux, se refuse à rester statique. Elle se nourrit des réalités vécues par les Africains et Afrodescendants, des expériences diverses, des luttes partagées, des victoires remportées et des espoirs communs. Chaque expérience, chaque histoire ajoutée à cette mosaïque enrichit l'identité Kamite, la rend plus forte, plus résiliente, plus capable de faire face aux défis de demain. Le Kamitisme contemporain est une invitation à la co-création d'un futur où l'Afrique, après des siècles d'exploitation et de marginalisation, reprend sa place dans l'histoire mondiale. C'est un appel à la dignité, à l'autodétermination, à l'émancipation collective. Et cet avenir ne se construira pas seul, isolé du reste du monde. Il s'agit de bâtir des ponts, de forger des alliances, de participer à la grande conversation mondiale tout en restant fidèle à ses racines, à ses valeurs, à son essence. Car le Kamitisme, dans sa dimension la plus profonde, est une quête de vérité. Une vérité qui transcende les frontières de la géographie, du temps, et des cultures. Une vérité qui réside dans la reconnaissance de la dignité humaine, dans le respect de la nature, dans l'harmonie entre les peuples. Être Kamite, c'est embrasser cette quête avec courage, avec persévérance, avec amour. C'est une identité en perpétuel mouvement, toujours en quête de nouvelles formes, de nouveaux horizons, de nouvelles façons d'être et de vivre dans le monde.

Ainsi, l'identité Kamite est bien plus qu'une simple revendication culturelle ou une célébration d'un passé glorieux. Elle est une force vivante, en constante évolution, une source d'inspiration pour tous ceux qui cherchent à construire un monde plus juste, plus équitable, plus humain. Elle est un appel à l'action, une invitation à participer à la grande aventure de l'humanité, où chaque individu, chaque communauté, chaque culture a un rôle à jouer dans la création d'un futur commun. Être Kamite aujourd'hui, c'est participer à ce voyage extraordinaire. C'est naviguer entre les mondes, entre les époques, entre les identités. C'est porter en soi les espoirs d'une renaissance, les rêves d'un avenir meilleur, les luttes d'un peuple qui, malgré les blessures de l'histoire, continue de se relever, de marcher, de créer, et de croire en un destin commun.

Défis de l'identité Kamite

L'identité Kamite, dans toute sa richesse et sa complexité, est comme une étoile qui brille au milieu d'un ciel obscur, jetant des éclats de lumière sur un chemin semé d'embûches. Elle porte en elle la force et les cicatrices d'un héritage millénaire, mais aussi les aspirations brûlantes d'un futur à réinventer. Être Kamite aujourd'hui, c'est entrer dans une arène mondiale où les dynamiques culturelles, politiques et sociales se croisent, se heurtent et se transforment. C'est une identité en quête d'elle-même, prise dans une lutte perpétuelle pour se définir, se revendiquer et se faire entendre. Mais cette quête est tout sauf simple. Les défis sont nombreux, immenses, parfois déconcertants, mais ils sont aussi la clé d'une renaissance possible. L'un des premiers défis que les Kamites doivent affronter, et peut-être le plus brutal, est celui des stéréotypes. Les stéréotypes sont des prisons invisibles, tissées par des siècles de domination coloniale, d'idéologies racistes et de récits simplistes qui ont réduit l'Afrique à une terre de misère, de chaos, d'ignorance. Ces images réductrices, distillées à travers les médias, le cinéma, l'histoire écrite par les vainqueurs, continuent de polluer l'imaginaire collectif. Elles déforment les réalités, enchaînent les esprits et enferment les Kamites dans des rôles qui ne sont pas les leurs. Pourtant, derrière ces caricatures, il y a des vies, des rêves, des histoires d'une profondeur infinie. Lutter contre ces stéréotypes, c'est arracher le masque qui a été posé de force sur le visage de l'Afrique et de ses descendants, pour révéler une humanité complexe, riche, et diversifiée. Cette lutte est une bataille acharnée, qui se mène sur tous les fronts. Elle se joue dans les salles de cinéma, sur les pages des livres, dans les mélodies de la musique, dans les discours politiques. Elle est portée par des voix qui, malgré le bruit assourdissant des récits dominants, continuent de chanter la beauté et la dignité des peuples Kamites. Chaque œuvre d'art, chaque film, chaque poème, chaque essai est une pierre jetée contre les murs de l'oppression. Mais il ne suffit pas de déconstruire les images fausses ; il faut aussi créer de nouveaux récits, des récits où l'Afrique et ses descendants sont des acteurs de leur propre histoire, où leurs luttes, leurs victoires, leurs joies et leurs peines sont racontées avec vérité, sensibilité et profondeur.

Un autre défi, tout aussi grand, est celui de la résistance à l'assimilation. La mondialisation, avec ses promesses d'unité et de progrès, est souvent un cheval de Troie. Sous couvert de modernité, elle impose des modèles de pensée, des modes de vie, des valeurs qui écrasent les cultures minoritaires, les absorbent, les diluent dans une homogénéité destructrice. Pour les Kamites, la question n'est pas de rejeter en bloc tout ce qui vient d'ailleurs, mais de trouver un équilibre, un espace où leur spécificité peut s'épanouir sans être étouffée. Il ne s'agit pas seulement de préserver les traditions ancestrales, mais de les adapter, de les réinventer, pour qu'elles continuent de vivre dans le monde d'aujourd'hui. Cette résistance est une lutte silencieuse, souvent invisible, mais terriblement puissante. Elle se joue dans les choix quotidiens, dans la langue que l'on parle à ses enfants, dans les rituels que l'on pratique, dans la manière dont on se présente au monde. Chaque acte de résistance à l'assimilation est un acte de création, où les Kamites sculptent leur propre destin, refusant d'être avalés par une culture dominante qui les réduirait à l'état de simples consommateurs. En redécouvrant les langues africaines, en pratiquant les rites ancestraux, en transmettant les savoirs anciens, les Kamites se réapproprient leur histoire, leur être, leur essence. Ils refusent de disparaître, de se dissoudre dans l'anonymat globalisé. Mais peut-être le défi le plus intime, le plus douloureux parfois, est celui de l'harmonisation des identités multiples. De nombreux Kamites, qu'ils vivent en Afrique ou dans la diaspora, portent en eux plusieurs visages, plusieurs voix. Ils sont à la fois Africains et membres d'une diaspora, parfois citoyens de plusieurs nations, souvent pris entre plusieurs systèmes de croyances, plusieurs langues, plusieurs cultures.

Comment être Kamite dans un monde qui vous demande constamment de choisir, de vous définir, de vous limiter ? Comment concilier ces identités plurielles, sans renoncer à une part de soi ?

C'est là un défi profondément humain. Être Kamite, c'est souvent porter en soi des histoires de migration, de déracinement, de douleur, mais aussi des récits de résistance, d'espoir, de renouveau. Concilier ces différentes facettes de soi demande une grande force intérieure, une capacité à embrasser la complexité, à accepter que l'identité ne soit pas un bloc monolithique, mais une mosaïque aux mille éclats. Cette tâche n'est pas simple. Elle demande du temps, de la réflexion, et surtout, une ouverture d'esprit. Il ne s'agit pas de choisir entre des identités concurrentes, mais de les harmoniser, de les faire dialoguer, de les intégrer dans une identité globale, riche et cohérente. Au-delà des défis culturels et personnels, les Kamites sont également confrontés à des enjeux sociaux et politiques immenses. Le monde dans lequel nous vivons est structuré par des systèmes de pouvoir qui, bien souvent, cherchent à maintenir le statu quo. Ces systèmes, qu'ils soient politiques, économiques ou institutionnels, ne laissent que peu de place à ceux qui veulent les transformer. Pour les Kamites, la lutte pour la reconnaissance, pour l'égalité, pour la justice est un combat quotidien. Ils doivent se battre pour leur place dans le monde, pour le respect de leurs droits, pour une société qui les reconnaît non comme des citoyens de seconde zone, mais comme des acteurs à part entière de l'histoire humaine.

Cette lutte se joue dans les institutions, dans les tribunaux, dans les parlements, mais aussi dans les rues, dans les écoles, dans les entreprises. Elle passe par la mobilisation collective, par l'éducation, par la participation active à la vie publique. Les Kamites doivent se lever, se faire entendre, exiger leur place et revendiquer leur droit à être des agents de changement. Leur voix, trop souvent marginalisée, doit résonner avec force dans les débats qui définissent l'avenir de notre monde. Car le Kamitisme n'est pas seulement une quête identitaire, c'est aussi un projet politique, une vision d'un monde plus juste, plus équitable, plus humain. Enfin, à travers tous ces défis, le Kamitisme contemporain se révèle comme un mouvement de résistance et de résilience. Il puise sa force dans les racines profondes de l'histoire africaine, mais il se tourne résolument vers l'avenir. Chaque obstacle, chaque épreuve est une opportunité de transformation, un moment pour redéfinir ce que signifie être Kamite dans un monde en mutation rapide. Les Kamites, dans leur quête, sont à la fois les gardiens du passé et les bâtisseurs de l'avenir. Ils créent de nouveaux espaces de liberté, de créativité, où ils peuvent s'épanouir pleinement, en harmonie avec eux-mêmes et avec le monde qui les entoure. Les défis de l'identité Kamite sont immenses, mais ils sont aussi porteurs d'une incroyable richesse. Ils invitent les Kamites à repousser les limites de l'imaginable, à explorer de nouvelles voies, à innover, à réinventer ce que signifie être Africain et descendant d'Afrique dans le monde d'aujourd'hui. C'est un voyage exaltant, parfois difficile, mais toujours porteur d'espoir. Car au fond, chaque défi est une renaissance, chaque lutte est une affirmation de soi, et chaque victoire, si petite soit-elle, est un pas de plus vers un avenir où les Kamites pourront briller de tout leur éclat.

Le poids de l'héritage colonial : Une ombre persistante

L'héritage colonial, sombre et pesant, continue de jeter son ombre sur la construction de l'identité Kamite. C'est une ombre insidieuse, faite de siècles d'exploitation, de dépossessions et de mensonges, qui s'est insinuée dans les esprits, dans les mémoires, et qui déforme encore aujourd'hui la façon dont les Kamites se perçoivent, se vivent et s'affirment. À travers les siècles, les peuples africains ont été arrachés à leurs terres, dépossédés non seulement de leurs richesses matérielles, mais aussi et surtout de leur histoire, de leur dignité, de leur essence même. Les récits des colonisateurs ont dessiné les contours d'un monde où l'Afrique, selon leurs dires, n'avait ni passé glorieux, ni futur envisageable. Cette vision réductrice, imposée à coups de fouet et de ciseaux, a façonné des générations entières et continue, dans bien des esprits, à ternir la lumière éclatante d'un continent aux mille civilisations. Mais cette ombre n'est pas seulement celle des musées, des livres d'histoire biaisés ou des discours politiques. Elle pèse sur les Kamites d'aujourd'hui comme une lourde cape que beaucoup peinent encore à retirer. Car ce poids de l'héritage colonial, c'est celui d'une narration qui a réussi à convaincre le monde – et même parfois les descendants d'Afrique – que leur histoire n'a commencé qu'avec l'arrivée des colons. Pendant des siècles, les colonisateurs ont effacé, réécrit, minimisé. Ils ont présenté l'Afrique comme un espace vide, une terre à conquérir, et ses peuples comme des êtres sauvages, sans civilisation, bons seulement à être éduqués, à être asservis. Cette falsification a pénétré les structures de pouvoir, l'éducation, la culture populaire, modelant la manière dont l'Afrique est perçue et vécue. Pour les Kamites contemporains, déconstruire ces mythes, se libérer de cette ombre, est un défi titanesque. C'est un combat quotidien contre des siècles d'injustice, contre des stéréotypes profondément ancrés, contre des représentations qui continuent de réduire l'Afrique à une terre de chaos, de pauvreté, de guerre. Le fardeau de l'histoire coloniale se manifeste aussi dans la discrimination systémique que les Kamites subissent, dans les inégalités sociales, économiques et politiques qui sont les résidus modernes de cette oppression ancestrale. Pour comprendre l'ampleur de ce défi, il faut plonger dans les profondeurs de cette période, là où tout a commencé : la colonisation, ce moment charnière où des millions de vies ont été bouleversées, où des royaumes et des empires africains ont été écrasés, et où des récits entiers ont été anéantis. À cette époque, il ne s'agissait pas seulement de conquérir des terres ou d'exploiter des ressources naturelles. La colonisation était aussi un projet de domination intellectuelle, culturelle et spirituelle. Les colons n'ont pas seulement réduit les Africains en esclavage, ils ont capturé leurs esprits, les enchaînant à des concepts de supériorité blanche et d'infériorité noire. Chaque institution, chaque loi, chaque école, chaque église coloniale a été construite pour perpétuer cette idée monstrueuse : que les Africains n'étaient que des objets, des êtres inférieurs, devant se conformer aux normes européennes.

Cet héritage toxique, transmis de génération en génération, pèse lourdement sur la façon dont les Afrodescendants se perçoivent et sont perçus. Il a instauré des complexes d'infériorité, des blessures profondes qui, aujourd'hui encore, affleurent à la surface. Reprendre possession de cette histoire, retrouver la dignité volée, est un processus long et douloureux. Mais il est nécessaire, vital même, pour que les Kamites puissent se réapproprier leur humanité dans toute sa grandeur. Cette réappropriation commence par le rejet des récits falsifiés. Elle nécessite une plongée courageuse dans le passé, non pas pour ressasser des traumatismes, mais pour retrouver la vérité. Chaque artefact, chaque manuscrit, chaque tradition orale préservée est une petite victoire, une preuve que tout n'a pas été perdu. À mesure que les Kamites redécouvrent les brillantes civilisations qui peuplaient autrefois l'Afrique – les empires de Koush, du Mali, du Ghana, de Songhaï, les royaumes d'Aksoum, du Bénin, de Zimbabwe –, ils reconstruisent un pont vers une identité riche, ancrée dans des siècles de savoir, de culture et d'innovation.

Mais se réapproprier l'histoire n'est pas suffisant. Les Kamites doivent aussi lutter contre les représentations stéréotypées qui continuent de dominer. Le cinéma, la télévision, les livres, les journaux, tous ces médias continuent de véhiculer des images biaisées de l'Afrique et de ses peuples. Chaque jour, les Kamites sont confrontés à des clichés qui les réduisent à des archétypes : le sauvage, l'asservi, le mendiant. Ces représentations ne sont pas seulement offensantes, elles sont dangereuses, car elles influencent la manière dont les sociétés traitent les Kamites, les plaçant souvent en position de victimes, d'infériorité. Pour contrer ces stéréotypes, il faut créer des espaces où la voix des Kamites peut s'exprimer pleinement, dans toute sa complexité et sa diversité. Il est crucial que les Kamites reprennent le contrôle de leur image, qu'ils se racontent eux-mêmes, qu'ils réinventent les récits qui les définissent. La littérature, l'art, le cinéma, la musique sont des armes puissantes dans cette bataille pour la reconnaissance. Chaque poème, chaque roman, chaque chanson est une révolte contre le silence imposé. C'est par ces expressions culturelles que les Kamites peuvent briser les chaînes invisibles qui les enferment dans des rôles préfabriqués, et montrer au monde la beauté et la diversité de leurs expériences.

Cependant, la réappropriation de l'identité Kamite ne se fait pas uniquement à travers l'art ou la culture. C'est aussi une lutte politique, une exigence de justice, une bataille pour l'égalité. Les Kamites ne peuvent se contenter de déconstruire les stéréotypes ; ils doivent aussi affronter les structures de pouvoir qui maintiennent ces inégalités. Le mouvement Black Lives Matter, qui a secoué les États-Unis et le monde entier, en est un exemple poignant. Ce n'est pas seulement un cri contre la brutalité policière, mais un appel universel à la reconnaissance des droits humains fondamentaux, à la dignité, au respect. Ce mouvement résonne particulièrement chez les Kamites, car il rappelle que, malgré les progrès accomplis, les injustices héritées du colonialisme et de l'esclavage persistent encore. Dans ce combat pour la dignité et l'égalité, la technologie offre un potentiel immense. Les réseaux sociaux, les plateformes numériques, permettent aux Kamites de se rassembler, de se mobiliser, de partager leurs histoires, leurs idées, leurs rêves. Mais la modernité pose aussi des défis. La mondialisation, en apportant l'uniformité, menace d'effacer les spécificités culturelles. Les Kamites doivent naviguer entre tradition et innovation, trouver des moyens d'utiliser ces outils tout en préservant leur authenticité.

Finalement, l'identité Kamite, dans toute sa complexité et sa profondeur, est une quête infinie, un voyage sans fin vers la liberté. C'est une lutte pour s'affranchir des chaînes du passé, pour réaffirmer une humanité niée, pour construire un avenir où l'Afrique et ses descendants pourront briller de leur propre lumière. Chaque obstacle sur ce chemin est une opportunité de se dépasser, chaque défi est une chance de renaître. C'est ce combat, cette marche vers la dignité, qui rend le Kamitisme si bouleversant, si captivant. Il n'est pas seulement une affirmation de soi, il est un cri de ralliement pour toute l'humanité. En se réappropriant leur histoire, en revendiquant leur place, les Kamites tracent la voie vers un monde plus juste, plus équitable, où chaque peuple, chaque individu peut s'épanouir, libre de toute oppression.

La fragmentation identitaire : Entre pluralité et homogénéisation

L'identité Kamite se dresse comme un phare dans la brume d'un monde en mutation, un paysage parsemé de défis, mais aussi d'immenses possibilités. À mesure que le temps s'écoule, la fragmentation de cette identité apparaît comme une réalité incontournable, un défi majeur qui façonne la manière dont les

Kamites se perçoivent et se positionnent. Au cœur de cette lutte pour la reconnaissance de soi, les Kamites d'aujourd'hui se voient confrontés à une multitude d'influences culturelles, un kaléidoscope de références qui, tout en enrichissant leur existence, peut aussi brouiller les pistes de leur essence. Dans cet océan de symboles et de croyances parfois contradictoires, la question de l'homogénéité de l'identité Kamite s'impose avec force. Dans le tumulte de la modernité, l'identité se construit et se déconstruit avec une rapidité vertigineuse. Les Kamites, ancrés dans un héritage riche et complexe, doivent réfléchir à ce que cela signifie véritablement d'être Kamite à une époque où les échanges culturels se multiplient et se densifient. Les influences africaines, afro-américaines et diasporiques se mêlent, créant un tableau vivant où chaque couleur représente une facette de cette identité plurielle. Mais cette richesse s'accompagne également de tensions internes, de conflits entre la tradition et les exigences d'un monde qui évolue à une vitesse effrénée. Comment concilier un passé glorieux avec les réalités contemporaines sans sacrifier son essence même ? Ce cheminement, bien qu'ardent, est essentiel pour bâtir une identité Kamite qui soit non seulement dynamique, mais également inclusive.

La navigation dans ces eaux tumultueuses exige une résilience remarquable. Chaque Kamite se retrouve sur un fil ténu, jonglant avec les héritages multiples, cherchant un équilibre délicat entre les racines ancrées dans l'histoire et les aspirations qui s'élèvent vers l'avenir. Cette quête identitaire est parsemée d'embûches, mais elle est également une source inestimable d'enrichissement et d'innovation culturelle. La fragmentation identitaire, au lieu d'être une menace, se révèle être un catalyseur d'évolution, une opportunité de réinvention et d'épanouissement. Chacune des influences qui s'immisce dans le vécu Kamite apporte une dimension nouvelle, élargissant le cadre de l'identité tout en renforçant son authenticité. Les Kamites, en acceptant cette pluralité, se dotent d'une force inédite. En intégrant les multiples facettes de leur existence, ils parviennent à forger une identité qui ne s'enferme pas dans un moule unique, mais qui respire la complexité de leurs vécus. Cette richesse d'expériences se traduit par une identité dynamique, capable de s'adapter aux défis du temps présent tout en honorant ses racines ancestrales.

Cependant, l'homogénéisation constitue un danger subtil, un piège dans lequel la tentation de se conformer aux normes dominantes peut facilement piéger les esprits. Dans un monde globalisé, la dilution des spécificités culturelles peut sembler une voie rassurante, mais elle mène à une uniformité appauvrissante. Les Kamites doivent donc résister à cette tendance, revendiquer leur singularité et célébrer leur diversité. Cela nécessite une valorisation des cultures locales, un engagement à préserver les langues ancestrales, et une célébration des rites et des traditions qui font la richesse de chaque communauté. Chaque geste de résistance, chaque affirmation culturelle devient une pierre angulaire dans la construction d'une identité Kamite forte et résiliente. Pour aller au-delà des tensions internes et construire une identité commune, un dialogue inclusif au sein de la communauté est indispensable. Créer des espaces de rencontre et d'échange où chacun peut exprimer sa vision, partager son expérience et apprendre des autres est essentiel. Ces lieux de rencontre deviennent des laboratoires d'idées, des foyers de créativité où se forment les contours d'une identité collective. C'est au sein de ces échanges que se transcendent les différences et se cultivent des points communs, ouvrant la voie à un avenir partagé. Les jeunes Kamites, avec leur énergie débordante et leur ouverture d'esprit, portent la flamme de cette évolution identitaire. Ils sont les architectes d'un nouveau récit, capable de puiser dans les traditions pour inventer des formes nouvelles, d'intégrer les influences extérieures tout en enrichissant leur culture. Ils créent des ponts entre les générations, reliant le passé au futur dans un élan de créativité sans précédent. Leur engagement est crucial pour faire vivre et évoluer l'identité Kamite, la propulsant vers de nouveaux horizons.

L'éducation, à cet égard, joue un rôle fondamental. Elle doit être conçue comme un puissant levier d'intégration des identités multiples. Dès le plus jeune âge, inculquer la fierté de ses origines, le respect de la diversité et l'ouverture aux autres cultures devient une nécessité. L'éducation doit valoriser à la fois les savoirs ancestraux et les connaissances modernes, favorisant un esprit critique qui encourage l'exploration et l'innovation. C'est à travers cette approche que se construisent les bases d'une identité Kamite forte, capable de résister aux tempêtes de l'époque moderne. Les défis liés à la fragmentation identitaire sont vastes, mais ils sont également une source de potentiel immense. En acceptant et en célébrant cette diversité, les Kamites peuvent façonner une identité riche, complexe et dynamique, apte à s'adapter aux réalités d'un monde en perpétuel changement. Ce voyage exigeant, parsemé d'épreuves, est également porteur d'espoir et de renouveau. Les Kamites, avec leur résilience et leur créativité, se transforment en architectes de leur propre destin, transformant les défis en opportunités, les tensions en forces, et les fragments en un tout harmonieux.

Cette capacité à se réinventer, à puiser dans les racines tout en tournant son regard vers l'avenir, constitue l'essence même de la force de l'identité Kamite. En évoluant entre pluralité et homogénéisation, en intégrant les multiples facettes de leur héritage, les Kamites dessinent les contours d'une identité unique et inspirante. Une identité en mouvement, vibrante et vivante, prête à relever les défis du monde moderne tout en bâtissant un avenir prometteur. Ainsi, la fragmentation identitaire, loin d'être une menace, se révèle être un puissant vecteur de richesse et d'innovation. Elle offre aux Kamites l'opportunité de se redécouvrir, de se réinventer, et de créer des ponts entre les cultures et les générations. En embrassant cette diversité, en valorisant chaque fragment de leur histoire et de leur culture, les Kamites sont en mesure de construire une identité forte, dynamique et résiliente, prête à s'épanouir dans un monde globalisé. Cette quête identitaire est un voyage extraordinaire, une odyssée où chaque étape est une redécouverte, chaque rencontre une révélation, et chaque défi une occasion de croissance. Les Kamites, porteurs d'une histoire riche et complexe, avancent vers un avenir où l'identité, loin d'être figée, est un processus vivant, en perpétuel mouvement. Ils esquissent les contours d'un monde où la diversité se révèle être une force, où les identités multiples s'enrichissent mutuellement, et où chaque individu peut s'épanouir pleinement dans la plénitude de son être. C'est cette vision d'une identité en mouvement, dynamique et inclusive, que le Kamitisme contemporain propose. Une invitation à redécouvrir ses racines, à valoriser sa diversité et à bâtir ensemble un avenir riche de toutes les potentialités humaines. Un voyage où le passé, le présent et le futur se rejoignent pour créer une symphonie harmonieuse, une identité forte et vibrante, prête à relever les défis du monde moderne et à s'épanouir dans toute sa richesse et sa complexité.

Le piège de l'essentialisme : Une identité en mouvement
Dans la vaste tapisserie de l'identité Kamite, un danger sournois guette, comme une ombre qui plane sur les cimes des arbres anciens : l'essentialisme. Ce concept, qui évoque l'idée d'une essence immuable, d'une vérité unique à ce que signifie être Kamite, se présente tel un piège, séduisant mais redoutable. À première vue, il peut sembler rassurant de se reposer sur des caractéristiques définies, des traits figés dans le marbre. Pourtant, derrière cette apparente simplicité se cache un risque insidieux : celui de se perdre dans des définitions restrictives, de se couper de la richesse et de la pluralité de l'expérience humaine. L'essentialisme peut devenir le mur qui, au lieu de nous rassembler, érige des barrières au sein de notre propre communauté, excluant ceux qui ne rentrent pas dans ce cadre rigide. Ainsi, l'identité Kamite, qui devrait être un champ d'exploration, de découvertes infinies, se retrouve figée dans des stéréotypes. Les externalités, avec leur besoin de simplification et de catégorisation, exploitent cette vision étroite pour réduire le mouvement Kamite à des caricatures simplistes, à des représentations déformées. C'est une dynamique insidieuse qui peut aisément annihiler la complexité et la profondeur de notre héritage. Pour s'épanouir dans ce monde où l'on nous pousse à la conformisation, il est impératif de cultiver une approche fluide de notre identité, d'accepter les nuances, d'apprécier la mosaïque qu'est l'expérience humaine.

Chaque Kamite, avec son histoire personnelle, son parcours singulier, devient un éclat précieux dans cette mosaïque. L'essentialisme, en figeant les identités dans des moules rigides, prive les individus de leur droit à la redéfinition, à la réinvention, à l'expression dans toute leur diversité. Cela impose des frontières là où il devrait y avoir des ponts, crée des exclusions là où il devrait y avoir des inclusions. Au contraire, c'est dans l'exploration des différences que nous trouvons la véritable beauté de notre identité. Ce n'est pas en s'accrochant à des définitions étriquées que nous forgerons une identité Kamite forte et résiliente, mais en célébrant la fluidité de nos héritages. La beauté de l'identité Kamite réside précisément dans cette capacité d'adaptation et d'évolution. C'est une danse délicate entre tradition et modernité, entre les racines profondément ancrées de notre histoire et les vents nouveaux qui soufflent sur nos sociétés contemporaines. Dans cette quête de vérité et de justice, les Kamites sont appelés à embrasser cette dynamique de mouvement, à se nourrir des influences qui les entourent tout en restant fidèles à leurs valeurs. Ce mariage entre enracinement et ouverture est le socle sur lequel se construit la force et la richesse de notre identité.

Mais attention, l'essentialisme ne se limite pas aux frontières de notre communauté. Les forces extérieures, souvent animées par des intentions peu reluisantes, peuvent instrumentaliser cette notion pour diviser, stigmatiser, caricaturer. Les stéréotypes et les préjugés, alimentés par ces visions réductrices, deviennent des outils de domination et d'exclusion. Il est donc essentiel de s'armer de conscience, de vigilance, et de s'efforcer de déconstruire ces images trompeuses en proposant des récits alternatifs, des représentations authentiques et diversifiées. Il est temps de réécrire les narrations, de revendiquer notre complexité, notre humanité. Au cœur de cette lutte se trouve la notion de construction dynamique de l'identité Kamite. Chaque individu, chaque expérience, chaque génération contribue à enrichir cet édifice en perpétuelle évolution. Les Kamites, avec leur diversité, apportent leurs vécus, leurs visions, leurs aspirations. C'est cette capacité à intégrer et à transformer, à réinterpréter les héritages à la lumière de leurs propres expériences, qui fait la force et la vitalité de l'identité Kamite. Chaque jour est une occasion de renouveler cette quête d'authenticité, de refus de la simplification.

La résilience des Kamites face aux tentatives d'essentialisation est un témoignage de leur capacité à résister, à s'adapter, à innover.

Ils ne se contentent pas de reproduire des schémas hérités ; ils les réinventent, les enrichissent, les font vivre à travers des récits nouveaux. En créant une identité vivante, en mouvement, ils répondent aux défis de leur temps tout en restant fidèles à leurs racines. Ils incarnent cette vision d'un monde où la diversité n'est pas une menace, mais une source inépuisable de créativité.

Ce refus de l'essentialisme, cette quête de complexité et de fluidité, rappelle que l'identité n'est pas un état, mais un processus, une quête perpétuelle. Dans un monde globalisé, où les identités se heurtent et se mélangent, il est crucial pour les Kamites de naviguer avec finesse entre tradition et modernité, enracinement et ouverture. Ils doivent puiser dans leur héritage pour façonner des réponses contemporaines, tout en s'inspirant des apports extérieurs. C'est cette capacité à s'adapter, à se réinventer constamment, qui fait la force et la vitalité de l'identité Kamite. Être Kamite aujourd'hui, c'est embrasser cette complexité, cette diversité, cette fluidité. C'est se reconnaître dans une histoire riche et profonde, tout en se projetant résolument vers l'avenir. C'est un voyage fascinant, rempli d'obstacles et de défis, mais aussi de possibilités infinies. Les Kamites, avec leur créativité débordante et leur esprit indomptable, construisent une identité authentique, vivante, en perpétuel mouvement. Cette quête identitaire est un appel à l'exploration, à l'audace de réinventer le quotidien, à la passion de bâtir des ponts entre les cultures et les générations. C'est une invitation à célébrer la richesse des vécus, à reconnaître chaque histoire comme une pièce essentielle du puzzle collectif. Le Kamitisme, loin d'être une essence figée, est un processus vivant, une quête permanente de soi et de l'autre, un espace de dialogue et de partage où chaque voix compte. En nous engageant sur ce chemin, nous traçons les contours d'un avenir lumineux, où chaque identité peut s'épanouir, où la pluralité est une force, où la reconnaissance de notre humanité commune nous permet d'ériger des ponts. C'est dans cette dynamique d'ouverture et d'inclusion que nous trouverons les clés pour faire face aux défis contemporains, pour bâtir ensemble un monde plus juste, plus équitable, plus humain. Un monde où chaque individu peut trouver sa place, où chaque histoire peut résonner, où chaque identité peut vibrer avec force et authenticité.

La spiritualité et le Kamitisme : Un équilibre délicat

La spiritualité, essence vivante et pulsante de l'identité Kamite, est à la fois un phare et un labyrinthe. Elle brille d'une lumière ancienne, invitant ceux qui cherchent à se reconnecter à leurs racines, mais elle sème également des semences de confusion et de conflit. Alors que certains empruntent les sentiers sacrés de leurs ancêtres, d'autres se heurtent à un mur de conceptions divergentes, aux éclats de croyances qui, bien que riches, peuvent devenir une source de discorde. Dans cette odyssée spirituelle, le mouvement Kamite contemporain doit naviguer à travers un paysage religieux complexe, où le syncrétisme se mêle aux influences abrahamiques, telles que le christianisme et l'islam. Ces forces, comme des courants tumultueux, peuvent éroder le socle des traditions ancestrales. Les tensions créées par cette coexistence sont palpables, particulièrement pour ceux qui aspirent à une réappropriation des pratiques spirituelles traditionnelles. Les débats autour de la légitimité de certaines croyances et rites ne sont pas de simples discussions ; ils sont le reflet d'un conflit de valeurs, d'une lutte pour la reconnaissance et l'affirmation d'un héritage souvent méconnu. Dans les salons feutrés des discussions passionnées, sur les réseaux sociaux où la voix de chacun résonne avec une intensité palpable, il est fascinant de constater à quel point l'ignorance et les idées reçues peuvent obscurcir le regard. Des adeptes des religions abrahamiques, souvent piégés par des dogmes rigides, imaginent les Kamites comme des figures primitives, prosternées devant des statuettes égyptiennes, des croix d'Ankh enfilées comme des amulettes, obscurcies par des rituels jugés occultes. Cette perception biaisée, ancrée dans une méfiance ancestrale, empêche d'appréhender la profondeur et la beauté de la spiritualité Kamite.

Pourtant, la quête de cette spiritualité authentique est une aventure exaltante, une odyssée vers la vérité, une connexion ardente avec les ancêtres. Les pratiques traditionnelles, empreintes de sagesse et de mysticisme, se révèlent être un refuge, une source de force intérieure. Elles nous invitent à renouer avec les cycles de la nature, à honorer les esprits, à retrouver cet équilibre et cette harmonie que beaucoup de nos contemporains semblent avoir perdus. Ce retour aux sources, loin d'être un acte de régression, s'affiche comme une résistance audacieuse contre l'effacement culturel, une affirmation flamboyante de la vitalité de l'héritage africain. Cependant, le chemin vers cette spiritualité retrouvée est parsemé d'embûches. Les influences abrahamiques, comme des ombres persistantes, s'immiscent dans de nombreuses sociétés africaines et diasporiques, imposant des défis à cette réappropriation. Le syncrétisme, mélange intrigant de croyances et de pratiques, peut être à la fois un enrichissement et une source de trouble, une danse délicate entre la tradition et l'innovation. Certains Kamites se retrouvent alors dans un balancement constant entre des pratiques chrétiennes, musulmanes et traditionnelles, cherchant désespérément à créer un équilibre qui respecte et honore chaque facette de leur héritage spirituel.

La tolérance et le respect mutuel se présentent comme les piliers nécessaires pour naviguer dans cette diversité spirituelle. Les Kamites doivent embrasser la légitimité des différentes voies spirituelles qui sillonnent leur communauté. Chaque chemin, qu'il soit ancré dans les traditions ancestrales ou influencé par des croyances abrahamiques, contribue à la richesse et à la diversité de l'expérience Kamite. C'est cette acceptation de la pluralité qui permet de construire une identité spirituelle inclusive, un sanctuaire où les différences ne sont pas craintes mais célébrées. Malheureusement, les préjugés et l'ignorance dressent des barrières sur ce chemin vers une réconciliation spirituelle. Les perceptions erronées des pratiques Kamites, nourries par des siècles de mépris et de déformations, créent des fissures qui peuvent sembler insurmontables. Les idées reçues, souvent teintées d'exotisme ou de crainte de l'inconnu, doivent être déconstruites avec soin et détermination. Il est impératif de promouvoir une compréhension juste et nuancée de la spiritualité Kamite, de ses rites et de ses symboles. C'est par l'éducation, le dialogue, le partage des expériences et des récits que ces stéréotypes peuvent être abattus, transformés en pierres angulaires d'une nouvelle compréhension.

Le chemin vers une spiritualité Kamite authentique et épanouissante est avant tout un voyage intérieur, une quête intime et personnelle. Chaque Kamite est invité à explorer sa propre relation avec le sacré, à se plonger dans la profondeur de son être pour trouver son propre chemin vers la sérénité et l'harmonie. Les rites de passage, les célébrations des ancêtres, les méditations et les prières s'érigent en autant de ponts pour se reconnecter avec l'essence spirituelle de l'identité Kamite. Cette introspection, ce moment d'immobilité dans le tumulte du monde, se transforme en source de force et de résilience, un ancrage dans les valeurs et les traditions qui ont traversé les âges, un rappel de la puissance de nos ancêtres. La diversité des pratiques spirituelles au sein du Kamitisme est une richesse précieuse, un kaléidoscope d'expériences qui reflète la pluralité de notre identité. Elle témoigne que l'identité Kamite n'est pas monolithique, mais plurielle et dynamique, un tableau en constante évolution. Les Kamites doivent embrasser cette diversité, la célébrer, la valoriser comme une œuvre d'art vivante. Chaque croyance, chaque rite, chaque prière est une note dans cette symphonie spirituelle qui compose l'identité collective, un chant d'harmonie et de respect.

En fin de compte, la spiritualité Kamite est un voyage vers l'unité, une unité qui transcende les divisions et les tensions, qui célèbre la diversité et l'inclusion. C'est une quête de réconciliation avec soi-même, avec les ancêtres, avec la communauté. Elle nous appelle à cultiver l'harmonie et l'équilibre, à reconnaître la beauté et la profondeur de chaque chemin spirituel. Dans cette quête, les Kamites aspirent à créer un espace sacré où chaque individu peut s'épanouir dans sa spiritualité, en harmonie avec les autres et avec le monde qui les entoure. Cette quête de spiritualité, loin d'être un simple retour en arrière, s'avère être une avancée vers une compréhension plus profonde et plus complète de soi et de l'univers. Elle nous invite à explorer les mystères de l'existence, à interroger les forces invisibles qui régissent la vie, à trouver des réponses aux questions fondamentales qui tourmentent l'âme humaine. Les Kamites, dans cette quête ardente, apportent une lumière nouvelle, une sagesse ancienne réinterprétée pour éclairer les défis contemporains. Ils démontrent que la spiritualité n'est pas un refuge dans l'obscurité, mais un tremplin vers la plénitude et l'accomplissement, une invitation à se lever et à marcher sur le chemin de la vie.

La spiritualité Kamite, dans toute sa complexité et sa diversité, est une source de vie et de renouvellement. Elle nous rappelle que l'identité, loin d'être figée, est une danse perpétuelle entre le passé et le futur, entre l'individuel et le collectif, entre le visible et l'invisible. Cette danse, riche en couleurs et en émotions, nous invite à embrasser la totalité de notre être, à trouver l'équilibre et l'harmonie, à célébrer la beauté et la profondeur de l'âme humaine. C'est un voyage sans fin, une quête éternelle de sens et de vérité, un appel à se dépasser, à grandir, à s'épanouir dans toute sa splendeur. Les Kamites, en foulant ce chemin, rappellent à chacun que, dans la complexité de l'existence, se trouve une beauté incommensurable, une harmonie qui transcende le temps et l'espace, une invitation à se rencontrer au-delà des mots et des frontières.

La lutte contre la déshumanisation : Un combat quotidien
Dans l'ombre des systèmes qui tentent d'effacer son essence, l'identité Kamite se dresse comme un phare de résilience. La déshumanisation, ce poison insidieux imprégnant les discours politiques, médiatiques et sociaux, n'est pas seulement une réalité imposée de l'extérieur, mais une bataille intérieure qui se joue au quotidien. Les Kamites, tels des guerriers de la dignité, s'engagent dans un combat acharné pour restaurer non seulement leur humanité, mais également celle de leurs ancêtres, leurs familles et leurs communautés. Au cœur de cette lutte se trouve une quête de reconnaissance, un désir ardent d'affirmer la dignité humaine face à un monde qui, trop souvent, choisit l'indifférence. Les Kamites contemporains, héritiers d'une histoire marquée par l'oppression, se tournent vers leurs racines, plongeant dans la richesse de leur culture pour redéfinir leur récit. Les initiatives culturelles, éducatives et artistiques se multiplient, non pas comme de simples réponses à l'injustice, mais comme des actes de résistance puissants. Le théâtre, la musique, la danse, et les arts visuels deviennent des armes de réclamation, des cris de ralliement qui résonnent avec force et clarté dans le tumulte des voix qui tentent de les réduire au silence.

Ces mouvements, qu'ils s'agissent d'**Afrocentrism** ou de **Black Consciousness**, initiés par des figures emblématiques telles que **Steve Biko**, font résonner une vérité essentielle : l'affirmation de l'identité Kamite n'est pas seulement un acte culturel, mais un acte de survie. En réaffirmant leur humanité à travers l'art et la culture, les Kamites créent un nouveau paradigme, une vision du monde où chaque note de musique, chaque pas de danse, chaque mot prononcé devient un défi lancé à l'oppression. Cependant, ce combat pour la dignité humaine ne se limite pas aux frontières de la créativité. Il s'étend à des dimensions plus larges, où la lutte s'articule autour de l'éducation, de la politique et de l'économie. Les Kamites s'efforcent de créer des espaces où leurs voix peuvent résonner, où leurs expériences sont reconnues, et où leurs contributions sont célébrées. Chaque initiative, chaque projet, chaque action devient une brique posée dans l'édifice fragile mais résolument ambitieux de la justice et de l'égalité. En refusant d'être réduits à des stéréotypes dégradants ou des représentations erronées, les Kamites s'engagent dans une démarche de réappropriation de leur histoire et de leur culture. Ils choisissent de définir leur existence par leurs propres termes, refusant de se laisser enfermer par des narrations externes qui les ont longtemps dévalorisés. En plongeant dans la richesse de leur héritage culturel et spirituel, ils engendrent une renaissance identitaire, un retour aux sources qui se nourrit des savoirs ancestraux, des traditions vénérées et des valeurs intemporelles.

Mais la lutte pour la dignité humaine, bien que cruciale, ne s'arrête pas là. Elle est intimement liée à une aspiration à la justice sociale, un cri contre les inégalités et les discriminations qui frappent les populations africaines et afrodescendantes. Les Kamites se mobilisent pour défendre les droits des opprimés, pour exiger des réparations et revendiquer des politiques publiques qui promeuvent l'égalité des chances. Chaque manifestation, chaque campagne, chaque prise de parole devient un écho résonnant dans la lutte pour une société plus juste, plus équitable, où chaque voix compte et chaque vie a de la valeur. Au sein de cette lutte, l'éducation s'affirme comme un puissant vecteur de changement. Les Kamites œuvrent à déconstruire les préjugés et les stéréotypes qui gangrènent les systèmes éducatifs. Ils militent pour une révision des programmes scolaires, réclamant l'intégration des récits et des savoirs africains, souvent relégués au second plan. Ils ouvrent des espaces d'apprentissage alternatifs, des havres où les enfants et les jeunes peuvent découvrir et s'approprier leur histoire, leur culture et leurs valeurs. Ainsi, l'éducation devient une arme d'émancipation, une lumière illuminant les chemins obscurcis par l'ignorance et le racisme.

Les arts, sous toutes leurs formes, se dressent également comme des bastions de résistance. La musique, le théâtre, la littérature et la danse se transforment en véhicules de libération. Chaque note résonne comme une affirmation de la dignité, chaque mot prononcé devient un cri de ralliement, chaque mouvement de danse, une célébration de la vie. Les artistes, véritables porte-voix de leur communauté, racontent des histoires de résilience, d'espoir et de victoire. Leurs œuvres transcendent les frontières, touchant les cœurs et éveillant les consciences, prouvant que la culture peut être un catalyseur de changement social, capable de renverser les barrières de la déshumanisation. Les Kamites, dans leur quête incessante de dignité, s'engagent également dans le domaine politique. Ils participent aux débats publics, s'impliquent dans les élections, occupent des positions de pouvoir. Leur présence dans la sphère politique est une affirmation de leur citoyenneté, une revendication de leur droit à participer pleinement à la vie de la cité. Ils se battent pour promouvoir des politiques inclusives, défendre les droits des minorités et combattre les injustices qui gangrènent la société.

Cette lutte pour la dignité humaine n'est pas uniquement un cri identitaire, mais une aspiration universelle. En revendiquant leur humanité, les Kamites soulignent que la quête de dignité est une lutte commune, reliant tous les êtres humains. Ils tissent des liens de solidarité avec d'autres mouvements de libération, partageant leurs expériences, unissant leurs forces pour bâtir un monde plus juste, où la déshumanisation n'a plus sa place. Ainsi, les Kamites, en réaffirmant leur humanité, jettent les bases d'un avenir où la dignité humaine est la norme, où chaque individu est respecté, valorisé, aimé. Leur combat, ancré dans l'amour et la solidarité, s'érige comme une source d'inspiration pour les générations futures. Chaque acte de résistance, chaque prise de parole, chaque initiative est une preuve indéniable de leur détermination et de leur résilience. Ils démontrent que la lutte contre la déshumanisation est un engagement quotidien, une bataille qui exige non seulement courage et persévérance, mais aussi un profond amour pour l'humanité. En somme, cette lutte contre la déshumanisation est bien plus qu'un combat pour la réhabilitation. C'est une quête constante pour restaurer la dignité des Kamites et de leurs ancêtres, un chemin semé d'embûches mais éclairé par la lumière de la vérité et de l'espoir. Les Kamites ne se contentent pas de revendiquer leur place dans le monde ; ils façonnent un avenir où la dignité humaine est célébrée, une réalité à laquelle chaque être humain peut aspirer. Leur combat est un testament vibrant de la force et de la beauté de l'esprit humain, un appel à l'unité, à l'empathie, à la compassion, une invitation à chaque individu à rejoindre cette danse de la vie, où chacun est libre de briller dans toute sa splendeur.

La responsabilité des leaders et des penseurs Kamites
Au cœur des tumultes de notre époque, alors que les échos de l'injustice résonnent avec une intensité alarmante, se dessine la silhouette courageuse des leaders et des penseurs Kamites. Ces architectes de l'identité et gardiens d'une mémoire vive portent sur leurs épaules le poids d'un héritage ancestral tout en se projetant vers un avenir à bâtir. Dans un monde où les récits sont souvent dominés par des voix qui cherchent à minimiser, à stigmatiser ou à invisibiliser, la responsabilité qui leur incombe est aussi cruciale que vertigineuse. Leur mission ne se limite pas à la simple réaffirmation d'une culture ; elle est l'incarnation d'une renaissance collective, un chant de résistance contre les forces qui cherchent à déshumaniser et à aliéner. Les leaders Kamites se trouvent à la croisée des chemins, entre le respect d'un passé riche et les exigences d'un présent en perpétuelle mutation. Ils doivent naviguer habilement entre la préservation des traditions et l'adaptation aux réalités contemporaines, devenant ainsi des visionnaires capables d'entrelacer les fils d'hier avec ceux de demain. Dans cette quête, la création d'espaces de dialogue et d'échange est primordiale. Ces lieux doivent être plus que de

simples salles de réunion ; ils doivent devenir des sanctuaires où toutes les voix peuvent s'exprimer sans crainte, où les diversités d'expériences et de perspectives se rencontrent et s'enrichissent mutuellement. C'est là, dans ces creusets d'idées, que naîtront les narrations renouvelées, celles qui mettront en lumière la beauté et la complexité de l'expérience Kamite. En s'efforçant de créer ces espaces, les leaders Kamites prennent aussi sur eux la responsabilité d'articuler une vision d'avenir qui soit réellement inclusive. Cela nécessite une compréhension fine des dynamiques de pouvoir en jeu, une sensibilité à l'égard des luttes de ceux qui se trouvent en marge, souvent privés de voix. Dans cette vision, l'éducation ne doit pas être considérée comme un simple outil de transmission de savoir, mais comme un puissant levier d'émancipation. Les jeunes Kamites doivent être encouragés à réinvestir leur histoire, à la comprendre et à la retranscrire à leur manière, à partir de leurs propres vécus. Ce processus d'appropriation personnelle est essentiel pour leur permettre de bâtir des projets de vie authentiques, enracinés dans une identité qui leur est propre.

L'éducation doit ainsi s'étendre au-delà des salles de classe traditionnelles, embrassant toutes les formes de savoir, qu'elles soient ancestrales ou modernes. Les leaders doivent encourager des pratiques éducatives qui favorisent l'esprit critique, la curiosité intellectuelle et l'expression créative. En s'attaquant à la vacuité des stéréotypes, ils ouvrent la voie à une nouvelle génération d'esprits éclairés, capables de penser par eux-mêmes et de contester les récits qui les réduisent à des caricatures. Ce processus d'émancipation intellectuelle est une pierre angulaire de la lutte contre la déshumanisation, car il permet aux jeunes Kamites de se voir non seulement comme des héritiers d'un riche passé, mais aussi comme des acteurs à part entière de leur propre destin.

Parallèlement, bâtir des institutions culturelles solides est un impératif pour les leaders Kamites. Ces institutions ne doivent pas se contenter de préserver l'héritage, mais doivent aussi le réinterpréter et le réinventer à la lumière des défis contemporains. Elles sont les gardiennes de la mémoire collective, les phares qui éclairent le chemin de la communauté. En investissant dans ces structures, les leaders créent des espaces où l'art, la musique, la danse, et toutes les formes d'expression créative peuvent prospérer, offrant ainsi une plateforme à la voix Kamite dans sa diversité. Ces institutions doivent également servir de tremplin pour la jeunesse, en soutenant des initiatives qui favorisent l'engagement, la création, et l'innovation. Les jeunes, en tant qu'artisans de l'avenir, sont les porteurs d'un potentiel immense. Ils doivent être valorisés et soutenus dans leurs efforts, car chaque idée, chaque projet émanant d'eux est une contribution précieuse à la richesse de la communauté.

Cependant, la responsabilité des leaders ne se limite pas à la sphère communautaire ; elle s'étend à la société tout entière, à l'échelle mondiale. En tant qu'ambassadeurs de l'identité Kamite, ils ont le devoir de porter haut les valeurs de Maât, symboles de justice, d'équilibre et d'harmonie. Leur action quotidienne doit incarner ces principes, prouvant que le Kamitisme est une force de transformation et un appel à l'humanité. Leur engagement doit être un exemple éclatant, une démonstration vivante que la dignité humaine ne se limite pas à une revendication, mais se traduit par des actes concrets.

Les leaders Kamites, en prenant leur responsabilité à bras-le-corps, cultivent également un appel à l'action collective. Chaque Kamite, à sa mesure, a un rôle à jouer dans cette quête de réconciliation et de justice. Chaque geste compte, chaque voix a un poids. En mobilisant leur communauté autour d'un idéal commun, ils engagent chacun à contribuer à l'édifice collectif. Cette dynamique d'interdépendance renforce le tissu social, créant des liens solides qui favorisent une solidarité authentique. Dans cette lutte, chaque acte de bonté, chaque geste de soutien, chaque acte de résistance contre l'injustice devient un maillon essentiel dans la chaîne de la transformation. Ainsi, la responsabilité des leaders et des penseurs Kamites, bien que gigantesque, porte en elle la promesse d'un renouveau vibrant. Ils incarnent cette flamme qui, bien que parfois vacillante, ne s'éteint jamais. Leur vision est celle d'un futur où l'identité Kamite, riche et complexe, s'épanouit sans entrave. Ils sont les bâtisseurs d'un monde où l'Afrique, forte de son histoire et de sa diversité, peut offrir au monde l'éclat de son génie créatif et humaniste.

C'est à travers ce voyage, cette quête infinie, que le Kamitisme révèle sa puissance bouleversante. Chaque étape est une renaissance, chaque rencontre une révélation, chaque défi une opportunité de transcender. Les Kamites, porteurs d'un flambeau ancien et moderne, avancent vers un horizon de liberté, guidés par la sagesse des ancêtres et la force de leur vision. Ils dessinent avec soin les contours d'un monde où l'Afrique, riche de son passé, prend son destin en main, offrant au monde le rayonnement de son génie créatif et humaniste. Voilà l'essence même du Kamitisme : un mouvement perpétuel, une force inarrêtable, une quête de vérité et de justice. Les leaders et les penseurs Kamites se dressent ainsi comme des gardiens d'une promesse, un appel à l'éveil de consciences, une invitation à se lever et à marcher avec détermination. Ils sont les architectes d'un monde où l'équité et l'harmonie règnent, où l'héritage africain brille de mille feux. Chaque Kamite, en prenant part à cette odyssée, contribue à forger un avenir où la dignité et le respect deviennent les piliers d'une société en quête de sens, un avenir qui célèbre chaque individu dans sa singularité, libre et honoré. Et dans cette danse collective vers la liberté, le Kamitisme émerge non seulement comme une réponse aux injustices passées, mais comme un puissant catalyseur de transformation, un appel à l'unité et à l'amour, une célébration de la richesse de l'existence humaine. Dans cet élan, chaque cœur bat au rythme d'un désir partagé : celui de voir un monde où la dignité de chacun est préservée, une vision lumineuse qui illumine le chemin à parcourir, un chemin pavé de promesses et de possibilités infinies.

Un chemin parsemé d'embûches, mais riche en promesses
Les défis qui se dressent devant les Kamites aujourd'hui ne sont pas simplement des obstacles ; ils représentent plutôt un paysage complexe de possibilités et d'épreuves. Dans un monde en constante évolution, chaque difficulté est l'occasion d'affirmer et de redéfinir l'identité Kamite. Ce chemin sinueux, qui serpente entre l'héritage ancestral et les aspirations contemporaines, se

révèle être une véritable odyssée, pleine de promesses et de richesses insoupçonnées. Les Kamites, en puisant dans leur résilience, leur ouverture d'esprit et leur créativité, se lancent dans une quête audacieuse de dignité et d'émancipation. Il est essentiel de comprendre que ce chemin est pavé d'embûches, certes, mais chaque défi est aussi une invitation à se lever, à se battre, à transformer la douleur en force. La réappropriation de l'identité Kamite n'est pas une tâche facile ; elle exige courage et détermination. Chaque pas fait sur ce chemin est une victoire contre l'oubli, une affirmation vibrante de la richesse et de la complexité de l'héritage africain. Dans cette lutte pour la reconnaissance, les Kamites ne se contentent pas de s'opposer à l'effacement de leur histoire, ils œuvrent pour bâtir un récit qui célèbre la grandeur et la beauté de l'Afrique, tout en intégrant la diversité de ses enfants dispersés à travers le monde.

La résilience, cette qualité profondément ancrée dans l'âme Kamite, se manifeste dans les luttes des générations passées. Les ancêtres ont traversé des siècles de souffrance et d'oppression, ont résisté à des forces qui tentaient de les réduire au silence. Chaque coup porté, chaque humiliation subie, a forgé un caractère indomptable. Aujourd'hui, cette résilience devient une source de fierté et d'énergie pour les Kamites contemporains. Ils avancent avec la force des ancêtres, transformant les épreuves en opportunités d'élévation. Dans cette quête, ils apprennent à tirer parti des difficultés pour construire un avenir lumineux, riche de possibilités infinies. Parallèlement, l'ouverture d'esprit se révèle être une nécessité impérieuse dans cette aventure. Dans un monde qui change rapidement, il est crucial de ne pas s'enfermer dans des dogmes ou des certitudes figées. Les Kamites doivent cultiver une attitude d'accueil envers les idées nouvelles, les influences variées, et les perspectives différentes. C'est cette capacité d'adaptation qui leur permettra de tisser des liens entre les cultures, d'enrichir leur propre identité tout en respectant les différences. En embrassant la pluralité des expériences et des voix au sein de la communauté, ils peuvent bâtir un récit qui ne soit pas seulement le reflet du passé, mais qui soit aussi une vision partagée de l'avenir.

La créativité, ce pouvoir inné des Kamites, est le moteur de cette renaissance. Ils sont des bâtisseurs d'histoires, des sculpteurs d'idées, des créateurs d'un nouveau monde. En s'appuyant sur leur riche héritage, ils réinventent les traditions et font émerger de nouvelles formes d'expression. La créativité devient alors un acte de résistance et un moyen d'affirmation. À travers l'art, la musique, la littérature et bien d'autres formes d'expression, les Kamites racontent leur histoire, leur vérité, et invitent le monde à partager leur vision. Chaque œuvre créée est un acte de rébellion contre l'effacement, un cri de joie et d'affirmation de leur identité. En célébrant la diversité de leurs expériences, les Kamites enrichissent leur identité collective, tout en créant des ponts entre les générations et les continents. Cette mosaïque humaine, faite de nuances et de couleurs variées, est une source inestimable de richesse. Loin de diviser, la diversité devient un vecteur de cohésion et de solidarité. Dans leur quête, les Kamites honorent cette diversité, la valorisent et la transforment en un puissant levier de transformation sociale.

Dans ce voyage vers la réappropriation de leur identité, les Kamites n'oublient pas de rester fidèles aux valeurs fondamentales qui les ont toujours guidés. La vérité, l'harmonie, la justice, et l'amour ne sont pas de simples concepts ; ils sont les fondations sur lesquelles se construit l'identité Kamite. Ces valeurs, héritées des ancêtres, agissent comme des phares dans les tempêtes de la modernité, orientant chaque action et chaque décision. En s'engageant à respecter ces principes, les Kamites bâtissent une société où la dignité humaine et le respect de chacun sont au cœur des préoccupations. Ce chemin de réappropriation identitaire offre également l'opportunité de créer un récit riche, ancré dans le passé mais ouvert à l'avenir. Les Kamites contemporains sont en mesure de donner vie à un récit qui célèbre leur héritage tout en intégrant les apports du présent. Cette identité en perpétuelle transformation, nourrie de l'histoire et des luttes des ancêtres, devient une source de dynamisme et d'inspiration. Dans cette quête, les Kamites dessinent les contours d'un avenir où liberté, justice et dignité seront les piliers de leur existence.

À chaque pas, chaque défi, chaque victoire, les Kamites découvrent que ce chemin, bien que parsemé d'embûches, est aussi riche en promesses. Chaque épreuve surmontée est une nouvelle étape sur le sentier de la renaissance, un moment d'éveil qui révèle la force collective de la communauté. Les Kamites avancent avec courage, détermination et espoir, incarnant l'idée que leur destin est entre leurs mains. Ils sont les architectes de leur propre avenir, créateurs d'un monde où l'Afrique, forte de son histoire, devient maîtresse de son destin, capable d'offrir au monde la splendeur de son génie créatif et humaniste. Ainsi, loin d'être de simples obstacles, les défis de l'identité Kamite se transforment en tremplins vers un avenir de plénitude et de liberté. Grâce à leur résilience, leur ouverture d'esprit et leur créativité, les Kamites construisent un monde où la diversité est célébrée, l'inclusion devient une réalité, et la justice ainsi que la dignité forment les fondements de la société. Ils démontrent que l'identité est un processus vivant, une quête incessante de sens et de vérité, une invitation à se réinventer et à se dépasser.

C'est cette vision, cette quête, cette odyssée humaine, qui confèrent au Kamitisme sa puissance et son bouleversement. Chaque pas sur ce chemin est une renaissance, chaque rencontre une révélation, chaque défi une chance de se surpasser. Les Kamites, porteurs d'une flamme ancienne et nouvelle, avancent résolument vers un horizon de liberté, guidés par la sagesse des ancêtres et la force de leur vision. Ils dessinent les contours d'un monde où l'Afrique, riche de son histoire et maîtresse de son destin, offre au monde la splendeur de son génie créatif et humaniste. Voilà l'essence même du Kamitisme : un mouvement perpétuel, une force inarrêtable, une quête de vérité et de justice. Une invitation à se lever, à marcher avec détermination, à bâtir un monde où l'équité et l'harmonie règnent, où l'héritage africain brille de mille feux, où chaque individu trouve sa place, libre et respecté.

L'impact des nouvelles technologies : Une double lame
À l'aube de cette ère numérique, les nouvelles technologies se présentent à nous comme des clés magiques, ouvrant des portes vers des possibilités infinies. Elles s'érigent en catalyseurs de

transformation, des outils de communication capables de briser les barrières géographiques, d'unir des âmes aux quatre coins du monde. Pour les Kamites, ces avancées technologiques offrent une chance sans précédent de réaffirmer leur identité, de partager leur culture et de se rassembler autour de valeurs communes. Les réseaux sociaux, ces gigantesques agora virtuels, deviennent des espaces de rencontre où les idées se propagent à la vitesse de l'éclair, où des mouvements tels que #BlackTwitter et des hashtags dédiés au Kamitisme émergent, permettant aux voix de s'élever, de s'unir, et de faire résonner l'écho d'une histoire partagée. Cependant, dans cette vaste toile numérique, chaque fil tissé recèle des enjeux profonds, et il est crucial de reconnaître que cette même plateforme qui permet l'épanouissement des idées peut également devenir un terrain miné. Les discours de haine, alimentés par des stéréotypes tenaces, trouvent un écho amplifié sur ces réseaux, transformant parfois l'expression libre en un véritable champ de bataille. La polarisation des opinions émerge alors, entraînant des divisions internes au sein de la communauté Kamite. Les voix dissonantes, au lieu de s'harmoniser pour former un chœur puissant, risquent de créer des fractures, des incompréhensions, des conflits qui sapent la solidarité. Dans ce contexte, la nécessité pour les leaders et les membres de la communauté d'accéder à une compréhension approfondie des enjeux liés à la désinformation et à la manipulation de l'image s'impose comme une évidence.

Pour naviguer dans ce monde complexe, il est impératif d'organiser des ateliers de sensibilisation aux médias numériques, un véritable bouclier contre les dangers que recèle cet océan numérique. Ces sessions, loin d'être de simples cours théoriques, doivent être conçues comme des espaces d'échange, où les jeunes Kamites apprendront à gérer leur identité en ligne avec sagesse. La création de contenus éducatifs et inspirants, qu'il s'agisse de vidéos captivantes, de podcasts engageants ou de blogs informatifs, devient alors une stratégie clé pour s'approprier ces plateformes. Chaque création doit porter en elle la force de l'héritage Kamite, les récits qui valorisent leur culture, les voix qui s'élèvent pour promouvoir des narrations positives et authentiques. Le pouvoir des nouvelles technologies, s'il est manié avec discernement, peut s'avérer être une arme redoutable pour la justice et la vérité. Dans les mains des Kamites, elles se métamorphosent en instruments de transformation, de connexion, d'émancipation. Les réseaux sociaux, loin d'être de simples outils de divertissement, se transforment en véritables tribunes pour les voix marginalisées. Ils offrent un espace où se partagent expériences, savoirs, et visions, où se cultivent des idées nouvelles, des mouvements de solidarité, des appels à l'action. Chaque hashtag devient un cri collectif, chaque partage un acte de résistance, une déclaration d'intention.

Cependant, ce pouvoir implique une responsabilité immense. La liberté d'expression, si précieuse, peut ouvrir la porte à des dérives. La désinformation, les discours haineux, et les manipulations peuvent se frayer un chemin à travers le bruit ambiant, cherchant à étouffer les voix authentiques. Les Kamites doivent donc naviguer avec une vigilance aiguë dans ce paysage complexe, apprendre à distinguer le vrai du faux, le constructif du destructeur. La literie numérique devient alors une compétence cruciale, car il ne suffit pas d'être présent en ligne ; il faut aussi savoir déjouer les pièges tendus par les algorithmes, reconnaître les fausses nouvelles, et savoir défendre sa position face à la tempête d'informations. La polarisation des opinions constitue un autre défi majeur dans ce contexte. Les réseaux sociaux, par leur nature même, ont tendance à créer des bulles de filtrage, où les idées similaires s'épanouissent en écho, tandis que les voix dissidentes sont reléguées au silence. Cette dynamique peut engendrer des tensions internes, des malentendus, des fractures au sein de la communauté Kamite. Il devient alors crucial de promouvoir le dialogue, l'écoute, l'ouverture. Les différences d'opinion, au lieu d'être perçues comme des menaces, doivent être accueillies comme des opportunités d'apprentissage, des occasions de grandir ensemble. Les leaders de la communauté doivent incarner cette philosophie, en créant des espaces où chaque voix a sa place, où le respect et la compréhension sont des valeurs cardinales.

Dans cette quête, les ateliers de sensibilisation aux médias numériques apparaissent comme des initiatives précieuses. Ils permettent de former les jeunes Kamites aux enjeux de l'identité en ligne, de les armer contre les dangers de la désinformation, et de leur fournir les outils nécessaires pour naviguer en toute sécurité dans le monde numérique. Ces formations doivent aborder des thématiques variées, allant de la vérification des sources à la compréhension des algorithmes, en passant par la gestion des informations personnelles et la lutte contre la cyberintimidation. Offrir un soutien aux victimes devient une priorité, car chaque individu mérite de se sentir en sécurité dans son espace d'expression. La création de contenu éducatif et inspirant représente également une voie prometteuse pour les Kamites. Les formats tels que les vidéos, les podcasts et les blogs ne sont pas seulement des moyens de communication ; ils sont des outils puissants pour toucher un large public, pour bâtir des ponts entre les générations, pour partager des récits qui célèbrent la culture et l'héritage Kamite. Les Kamites peuvent réaliser des séries documentaires captivantes sur l'histoire de leur peuple, des émissions de débat sur les enjeux contemporains, des tutoriels sur les pratiques ancestrales. Chaque création devient une brique dans l'édifice de la réappropriation identitaire, un pas vers un récit qui célèbre la dignité et la richesse de l'héritage Kamite.

Les nouvelles technologies, alors, se dressent devant nous comme une double lame, offrant à la fois des opportunités et des défis. Il incombe aux Kamites de les utiliser avec discernement, de transformer ces outils en leviers de justice, d'inclusion et de transformation. En embrassant les potentialités du numérique, en se formant aux enjeux de l'identité en ligne, et en créant des contenus inspirants, ils peuvent bâtir un avenir où leur voix résonne avec force et clarté. Un avenir où la richesse de leur héritage est reconnue et célébrée, où chaque individu peut s'épanouir dans la plénitude de son identité. Ainsi, l'impact des nouvelles technologies sur l'identité Kamite se révèle être une dynamique complexe, une danse délicate entre opportunité et responsabilité. Dans leur quête de réappropriation identitaire, les Kamites doivent naviguer avec sagesse et créativité dans cet espace numérique, utiliser les outils à leur disposition pour promouvoir des narrations positives, éduquer les jeunes, et renforcer la cohésion de la communauté. Ce défi, bien que de taille, est aussi porteur de promesses de renouveau. C'est une invitation à transformer le monde par la puissance de la culture, de la connaissance et de la solidarité. Chaque clic, chaque partage, chaque création devient alors une pierre précieuse dans le grand récit de la dignité, de la justice et de l'espoir, un voyage exaltant où les Kamites, main dans la main, se dirigent vers l'avenir avec détermination et foi. Dans cette quête collective, la promesse d'un renouveau résonne avec force. En embrassant cette dualité, les Kamites peuvent forger un avenir où la lumière de leur héritage éclaire les sentiers du monde moderne, où les nouvelles technologies deviennent des compagnes de route, des alliées dans une lutte pour l'identité et la reconnaissance. Ce voyage, où chaque étape est une célébration de l'héritage et une affirmation de l'identité, invite à se projeter vers un horizon infini, à rêver d'un monde où chaque voix, chaque histoire, chaque rêve, trouve sa place dans le grand concert de l'humanité.

La nécessité d'une éducation décolonisée : Réinventer l'apprentissage

Au cœur de la quête identitaire des Kamites, un défi fondamental se dessine, se déploie et s'impose : celui de l'éducation. Cette institution, traditionnellement imprégnée de biais coloniaux, se révèle être à la fois un miroir déformant et une barrière invisible, reléguant l'histoire africaine à une ombre lointaine, effacée des récits académiques dominants. Chaque jour, des milliers de jeunes Kamites naviguent dans un océan d'informations qui leur semble étranger, inconnu, aliénant. Ils cherchent désespérément des résonances dans des récits qui, souvent, ne les incluent pas. Ainsi, l'éducation, censée être un phare éclairant le chemin de la connaissance, devient un lieu d'invisibilité et de désespoir, un espace où ils peinent à se reconnaître. Pour s'extirper de cette ombre, il est crucial de revendiquer une éducation décolonisée, une approche qui non seulement valorise, mais aussi intègre pleinement l'histoire et la culture africaines dans les programmes scolaires. Imaginer une éducation qui embrasse la richesse des civilisations africaines, qui illumine la vastitude de leur héritage, c'est poser les premières pierres d'un futur où les jeunes Kamites peuvent se tenir fièrement, ancrés dans leur identité. Cela nécessite la mise en place de partenariats avec des institutions académiques africaines, créant des ponts entre les continents, offrant des ressources éducatives alternatives, des échanges culturels et la co-création de manuels scolaires qui reflètent véritablement les contributions des civilisations africaines.

Les Ateliers de la mémoire pourraient ainsi émerger comme des havres de savoir au sein des communautés, des espaces où les anciens, véritables gardiens de l'histoire, transmettent leurs récits, leurs leçons de vie. Dans ces lieux, le partage intergénérationnel devient une réalité, un échange vibrant d'expériences, de traditions et de valeurs. Imaginez un jeune Kamite écoutant avec attention les histoires d'un aîné, ces récits tissés de luttes, de réussites, de sagesse et de rêves. Ce lien, ce fil d'Ariane qui unit le passé au présent, est essentiel pour restaurer un sentiment d'appartenance et de fierté. Réinventer l'apprentissage, c'est établir les fondements d'une éducation qui rend justice à la diversité des expériences humaines. C'est un acte de résistance face aux narrations dominantes qui cherchent à réduire les contributions des civilisations africaines au silence. Une éducation décolonisée est une éducation qui libère, qui émancipe, qui encourage chaque étudiant à s'identifier à l'histoire qu'il apprend. C'est un retour à la racine, une célébration de l'héritage qui informe chaque geste, chaque pensée, chaque aspiration.

Les programmes scolaires doivent se réinventer en intégrant des figures historiques africaines emblématiques — inventeurs, philosophes, leaders et visionnaires — qui ont façonné non seulement leur continent, mais également le monde dans son ensemble. La grandeur de Kemet, la richesse du royaume du Mali, les mystères du Grand Zimbabwe et tant d'autres civilisations doivent être exposés, célébrés, et enseignés. Ce n'est qu'en plongeant les jeunes Kamites dans ces récits glorieux qu'ils pourront se construire une identité solide, une fierté collective qui les unira dans leur diversité. Il est impératif que l'intégration de l'histoire et de la culture africaines dans les programmes scolaires ne soit pas réduite à des modules isolés, mais devienne le fil conducteur qui traverse toutes les disciplines. L'histoire, la littérature, les arts, les sciences doivent être revisités sous le prisme des contributions africaines. Les jeunes Kamites doivent apprendre que leur héritage est vaste et complexe, qu'il a nourri et influencé de nombreuses sphères de la connaissance mondiale. Chaque leçon, chaque chapitre, chaque activité doit les inviter à célébrer cette diversité.

Les partenariats avec les institutions académiques africaines représentent une opportunité précieuse d'enrichir les ressources éducatives. Ces collaborations doivent être dynamiques, se traduisant par des échanges d'enseignants, des conférences, des séminaires, et des publications communes. C'est un appel à l'ouverture, à l'élargissement des perspectives, à la richesse des savoirs partagés. Ces échanges sont également une manière de valoriser la recherche africaine, de soutenir les universitaires, de promouvoir les études sur le continent, de créer un réseau de savoirs entre les continents. La co-création de manuels scolaires, en collaboration avec des historiens, des anthropologues, des éducateurs africains, est une étape cruciale. Ces manuels doivent s'inscrire dans une vision authentique et nuancée de l'histoire africaine, loin des clichés réducteurs et des stéréotypes. Ils doivent célébrer la diversité culturelle, la richesse des traditions, la complexité des sociétés africaines. Ces outils précieux donneront aux enseignants la possibilité de créer des cours riches, engageants et significatifs, permettant aux élèves de se connecter réellement à leur histoire. Les Ateliers de la mémoire, véritables trésors de savoir, deviendront des lieux de partage privilégiés. Dans ces espaces, les anciens se transformeront en narrateurs, en mentors, en passeurs de traditions. Les jeunes, en écoutant ces récits, en participant activement à ces échanges, réapprendront leur histoire, s'ancreront dans leur culture, tissant ainsi un lien indéfectible avec leurs racines. Ces ateliers, loin d'être de simples lieux de transmission, deviendront des espaces de célébration, de reconnexion, de renaissance.

Les Universités populaires se présenteront comme des bastions de la connaissance. Elles incarneront la démocratisation de l'accès au savoir, accueillant tous ceux qui souhaitent apprendre, sans distinction d'âge ni de statut. Ces universités offriront des cours sur l'histoire, la culture et la philosophie africaines, tout en proposant des ateliers pratiques, des conférences, des débats.

Elles seront des carrefours de rencontre, des lieux de dialogue et de réflexion collective. La réinvention de l'apprentissage doit également s'ancrer dans l'ère numérique. Les nouvelles technologies, loin d'être des simples outils de communication, peuvent devenir des alliées puissantes pour diffuser des ressources éducatives, proposer des cours en ligne, et créer des réseaux de partage et de collaboration. Les Kamites doivent s'approprier ces outils, les utiliser pour promouvoir une éducation décolonisée, pour concevoir des contenus éducatifs innovants, accessibles et engageants. Chaque clic, chaque partage, chaque interaction en ligne devient une occasion de renforcer leur héritage, de construire une communauté soudée autour d'une histoire commune.

Enfin, sensibiliser les enseignants à l'importance d'une éducation décolonisée est un impératif. Des formations spécifiques doivent être mises en place pour les aider à intégrer ces nouvelles perspectives dans leurs pratiques pédagogiques. Les enseignants, en tant qu'acteurs clés de cette transformation, doivent être soutenus, valorisés et outillés pour transmettre ces savoirs. Ils doivent être les pionniers de cette révolution éducative, guidant les jeunes Kamites sur le chemin de la connaissance et de la reconnaissance. La nécessité d'une éducation décolonisée est donc bien plus qu'une simple revendication. C'est un cri de justice, un appel à la reconnaissance, une invitation à la libération. C'est un défi immense, certes, mais également une promesse d'émancipation, de renouveau et de dignité. Les Kamites, dans leur quête de réappropriation identitaire, doivent investir ce champ, revendiquer leur place dans les programmes scolaires, promouvoir une éducation qui honore leur histoire, leur culture, et leur humanité. Ils ont le pouvoir, non seulement de redéfinir leur présent, mais aussi de façonner un avenir où chaque jeune Kamite pourra se tenir droit, fier de son héritage, et tourné vers un horizon radieux, illuminé par la connaissance et la vérité.

C'est dans cette quête d'un savoir décolonisé que se dessine l'espoir d'un avenir meilleur, où chaque individu pourra voir sa valeur, sa culture, son histoire célébrées dans l'espace éducatif. Un avenir où les jeunes Kamites seront les architectes de leur destin, bâtissant des ponts entre les générations, les cultures, les continents. Ce voyage vers une éducation véritablement inclusive, authentique et libératrice est celui qui leur permettra de s'épanouir pleinement, d'embrasser la richesse de leur héritage et de participer activement à la construction d'un monde où chacun a sa place. Dans cette réinvention de l'apprentissage, les Kamites s'élèvent, déterminés à écrire leur propre histoire, une histoire qui résonne avec la force de leurs ancêtres et la promesse d'un avenir resplendissant.

La création d'espaces de rencontre et de dialogue : Bâtir des ponts au sein de la communauté

Dans un monde où la fragmentation identitaire semble de plus en plus inéluctable, où les tensions internes et les disparités culturelles peuvent parfois dresser des barrières invisibles entre les individus, il est impératif de créer des espaces de rencontre. Ces lieux sont le souffle d'un nouvel air, l'essence même d'une renaissance identitaire pour les Kamites. Il est essentiel que ces espaces deviennent des refuges, des sanctuaires où chacun peut se rassembler, partager ses expériences et débattre des enjeux contemporains. Imaginons ces lieux foisonnants, à la croisée des chemins, où chaque voix, qu'elle soit douce ou forte, s'entrelace pour tisser la toile d'une identité collective.

Ces rencontres peuvent prendre la forme de forums communautaires, de conférences inspirantes, ou même de festivals culturels éclatants qui célèbrent la diversité des expressions Kamites. Visualisons une grande place de village, vibrante de couleurs et de sons, où les Kamites de tous horizons se rassemblent pour célébrer leur héritage commun tout en partageant leurs histoires uniques. Sous des tentes colorées, des artisans exposent leurs créations, des œuvres inspirées par des motifs ancestraux, témoignages vivants d'un savoir-faire transmis de génération en génération. Des musiciens, avec des tambours résonnants et des kora mélodieux, font vibrer l'air, créant une atmosphère empreinte de magie. Dans ce cadre, des conteurs captivants se tiennent devant un auditoire attentif, leurs récits faisant voyager les esprits vers les temps anciens, éveillant des émotions enfouies. Ces événements, loin de se réduire à de simples célébrations festives, se transforment en véritables creusets où se forge l'identité collective. Chaque voix trouve son écho, chaque récit enrichit l'histoire partagée, créant une harmonie inédite. Dans ces espaces de dialogue, des baobabs majestueux, symboles de sagesse et de force, servent de toile de fond à des débats profonds sur l'avenir du Kamitisme. Ils deviennent les témoins silencieux des réflexions partagées, où chacun peut exprimer ses idées, ses craintes, ses espoirs. Les discussions peuvent parfois être passionnées, mais elles demeurent toujours empreintes de respect, chaque intervention étant une pierre ajoutée à l'édifice de la compréhension mutuelle.

Dans cet environnement propice à l'échange, il devient possible d'aborder des thèmes essentiels : la place des traditions dans un monde en perpétuelle évolution, les stratégies à adopter pour surmonter les défis contemporains, ou encore l'exploration des richesses spirituelles et culturelles qui traversent l'histoire Kamite. Loin des bruits du monde extérieur, ces forums invitent à une introspection collective, à un partage de visions qui permettent de redéfinir ce que signifie être Kamite aujourd'hui. Les festivals culturels, éclats de joie et de créativité, se dressent comme des célébrations vivantes de l'âme Kamite. Ces événements deviennent des occasions uniques de découvrir et de redécouvrir les arts, les danses, les chants et les rites qui constituent la trame de la culture. Sur scène, les performances de danse racontent des histoires anciennes avec une énergie renouvelée, chaque mouvement évoquant la force et la grâce des ancêtres. Les artistes, en fusionnant tradition et innovation, bâtissent des ponts entre les générations, les cultures et même les continents. Ces festivals, en rassemblant les Kamites de tous horizons, transcendent les barrières géographiques et culturelles, offrant un espace d'unité, de célébration et d'appartenance.
Créer ces espaces de rencontre et de dialogue, c'est également ouvrir des voies pour la solidarité et l'entraide. Les Kamites, en partageant leurs défis, leurs espoirs et leurs réussites, découvrent des soutiens, des alliés, des amis. Les histoires de résilience, de lutte et de succès deviennent des sources d'inspiration. Ensemble, ils élaborent des projets communs, des initiatives qui œuvrent pour le bien de la communauté. Ces espaces se transforment en

foyers de créativité, en laboratoires d'idées où chacun peut s'exprimer librement et être entendu.

Dans cette dynamique, la voix de chacun trouve sa place, chaque témoignage devenant une lumière dans la nuit, une étoile qui éclaire le chemin collectif. Cependant, ces initiatives ne doivent pas se limiter à des événements ponctuels, mais s'inscrire dans une dynamique continue, des éléments permanents de la vie communautaire. Les Kamites peuvent alors envisager la création de centres culturels, de bibliothèques et de musées, des lieux où l'histoire et la culture africaine prennent vie au cœur des programmes éducatifs. Ces espaces, ouverts à tous, deviendront des références, des symboles de la vitalité et de la résilience de l'identité Kamite, des havres de savoir qui nourrissent les âmes en quête de racines. Dans cette quête de rencontre et d'échange, la technologie joue un rôle crucial. Les plateformes en ligne, les réseaux sociaux, et les forums de discussion deviennent des outils puissants pour relier les Kamites du monde entier, permettant le partage d'idées, d'expériences et de ressources. Des webinaires aux conférences virtuelles, chaque interaction en ligne enrichit le dialogue, ouvrant des horizons insoupçonnés. La communauté Kamite, bien que dispersée, se renforce grâce à ces liens virtuels. La technologie devient un allié puissant, permettant de surmonter les distances et les obstacles, tissant des connexions qui transcendent les frontières. Ainsi, en créant et en nourrissant ces espaces de rencontre et de dialogue, les Kamites bâtissent des ponts solides au sein de leur communauté. Ils ouvrent des voies pour la compréhension mutuelle, la solidarité, et la construction d'une identité collective forte et inclusive. Chaque rencontre, chaque échange, chaque célébration est une pierre ajoutée à l'édifice commun, une note dans la grande symphonie de l'identité Kamite. Ensemble, ils avancent vers un avenir empreint de justice, de dignité et de créativité, un avenir où chaque individu, chaque voix, chaque récit trouve sa place et sa résonance.

Imaginez un avenir où l'identité Kamite, riche de sa diversité et de son histoire, peut s'épanouir pleinement, offrant au monde la splendeur de son génie et de sa résilience. Dans ces espaces de rencontre et de dialogue, les Kamites se découvrent et se redécouvrent, se forment en une communauté vibrante, où chaque histoire est célébrée, chaque voix entendue. Ils deviennent non seulement les héritiers de leur passé, mais aussi les architectes de leur avenir, modelant un monde qui embrasse la pluralité et célèbre la richesse de l'expérience humaine. Dans cette dynamique de partage et de célébration, les Kamites écrivent une nouvelle page de leur histoire, une page où chaque mot, chaque geste, chaque sourire devient une affirmation de leur existence, une déclaration de leur fierté. Ces espaces de rencontre et de dialogue ne sont pas que des lieux physiques ou virtuels ; ils incarnent une vision d'unité, de compréhension et d'amour. Ils deviennent des sources d'inspiration, des moteurs de changement, des catalyseurs d'une révolution silencieuse, mais puissante, qui transforme les âmes et les cœurs.

En ce sens, la création d'espaces de rencontre et de dialogue est bien plus qu'un projet ; c'est une nécessité urgente, un cri de ralliement pour tous les Kamites en quête d'authenticité et de solidarité. Ensemble, ils dessinent un avenir où l'identité Kamite, loin d'être une simple étiquette, devient un vaste océan d'histoires entrelacées, un tissu vivant d'expériences partagées. À travers ces ponts que bâtissent les rencontres, ils réaffirment leur place dans le monde, célébrant la beauté de leur diversité, la force de leur unité. Ce voyage vers la renaissance identitaire, ce mouvement vers l'harmonie, s'érige alors comme un témoignage vibrant de l'humanité dans toute sa splendeur. Dans ce cheminement, chaque pas est une promesse de renouveau, chaque souffle un hymne à la vie, et chaque élan une danse vers l'avenir.

Vers une solidarité globale : Alliances avec d'autres mouvements de justice sociale

Dans les méandres d'un monde en proie à des injustices multiformes, les Kamites se trouvent à la croisée des chemins. Alors que les échos de leur quête pour la dignité et la justice résonnent à travers les âges, il devient impératif de bâtir des alliances solides avec d'autres mouvements de justice sociale à l'échelle mondiale. En effet, les luttes des Kamites, pour trouver leur place et affirmer leur voix, doivent s'inscrire dans un cadre plus large, embrassant la lutte contre le racisme, le sexisme, l'homophobie, et toutes les autres formes d'oppression qui gangrènent notre société.

Dans cette lutte partagée, des mouvements emblématiques tels que #MeToo et Black Lives Matter se dressent comme des phares d'espoir, illustrant l'importance de la solidarité intersectionnelle. Ils montrent qu'ensemble, nous sommes plus forts, que les murs de l'injustice peuvent être renversés lorsque les voix se conjuguent pour un même cri d'émancipation. Les Kamites peuvent puiser dans cette dynamique en s'associant à d'autres groupes opprimés pour lutter ensemble contre les systèmes d'injustice. L'organisation de campagnes conjointes, de manifestations vibrantes, ou même de projets artistiques collaboratifs peut offrir une visibilité accrue à leurs défis communs et créer des ponts entre les différentes communautés, solidifiant ainsi les fondations d'un combat uni.

Imaginons alors des rassemblements où les drapeaux de diverses causes flottent côte à côte, couleurs et symboles se mêlant dans un spectacle de solidarité. Les chants de liberté et de justice, portés par des milliers de voix, résonnent à l'unisson, remplissant l'air d'une énergie palpable, celle d'un mouvement qui refuse de se taire. Ces manifestations ne sont pas seulement des démonstrations de force ; elles sont des proclamations d'unité, des symboles d'espoir, des célébrations d'humanité. Chaque participant, avec son histoire unique et ses aspirations, ajoute une note à la grande symphonie de l'émancipation collective. Les rues s'animent alors de couleurs éclatantes, de rythmes entraînants, de slogans puissants, et chaque pas en avant est une marche vers un avenir où l'oppression n'a plus sa place, où l'égalité et la dignité sont enfin reconnues comme des droits fondamentaux. Les projets artistiques collaboratifs émergent également comme des instruments puissants pour tisser des liens et sensibiliser aux causes communes. Des expositions photographiques, révélant la résilience et la beauté des luttes individuelles et collectives, transforment l'espace public en un théâtre de mémoire. Les performances théâtrales, quant à elles, portent des récits de courage et de résistance, des histoires qui touchent au cœur des injustices subies et célèbrent les victoires remportées. Les concerts, réunissant des artistes de diverses origines, unissent les voix dans un même cri d'espoir, unissant les cœurs dans une mélodie de solidarité. L'art, dans toutes ses formes, transcende les barrières linguistiques et culturelles, parle directement aux âmes, inspire et mobilise. Il crée des espaces où les identités se croisent, où les expériences se partagent, où les solidarités se tissent, renforçant ainsi le tissu social des luttes pour la justice. La collaboration avec d'autres mouvements de justice sociale nécessite également une réflexion profonde sur les intersections des différentes formes d'oppression. Il est essentiel de comprendre comment le racisme, le sexisme, l'homophobie, le classisme et d'autres discriminations s'entrelacent et se renforcent mutuellement. Cette compréhension est cruciale pour élaborer des stratégies de lutte efficaces et inclusives, capable d'embrasser la complexité des réalités vécues. Ce processus demande une écoute attentive, une volonté de remettre en question ses propres privilèges, et un engagement à soutenir toutes les luttes pour la dignité et l'égalité. C'est un chemin parfois difficile, mais chaque pas vers cette conscience collective renforce la capacité des Kamites à unir leurs voix et leurs actions avec celles d'autres groupes marginalisés.

Les campagnes conjointes, lorsqu'elles sont bien orchestrées, peuvent créer des vagues de changement qui traversent les continents. Imaginez des campagnes numériques, utilisant la puissance des réseaux sociaux pour diffuser des messages de solidarité, des pétitions internationales qui recueillent des millions de signatures, des journées de mobilisation mondiale où chaque coin de la planète résonne des mêmes revendications de justice. Ces actions synchronisées, portées par la force collective, peuvent faire basculer les politiques, sensibiliser les opinions publiques et obtenir des victoires significatives. Dans cette danse de l'unité, chaque individu devient un acteur du changement, un bâtisseur de ponts entre les luttes. Les leaders Kamites ont un rôle crucial à jouer dans la construction de ces alliances. Ils doivent tisser des liens avec les représentants d'autres mouvements, participer aux plateformes de dialogue global, partager leurs expériences et apprendre des autres. Ils doivent être des ponts entre les luttes, des vecteurs de solidarité, des architectes de l'unité. Leur mission est de démontrer que les combats pour la justice sont interconnectés, que la victoire d'un groupe est la victoire de tous, que la solidarité est notre meilleure arme contre l'oppression. En incarnant ces valeurs, ils peuvent inspirer d'autres à rejoindre le mouvement, à unir leurs forces dans cette quête commune pour la dignité.

Les jeunes Kamites, avec leur énergie, leur créativité et leur vision, se révèlent être des acteurs clés de cette solidarité globale. Ils apportent des perspectives nouvelles, des idées innovantes et une dynamique de changement. Connectés et informés, ils sont prêts à prendre le relais des générations précédentes, à porter plus loin encore le flambeau de la justice. Leur engagement, leur mobilisation et leur passion sont des moteurs puissants, transformant les aspirations en réalités, les rêves en actions concrètes. Ils portent avec eux l'espoir d'un avenir meilleur, où les injustices ne sont plus qu'un souvenir douloureux, et où chaque individu est reconnu pour sa valeur intrinsèque. En s'inscrivant dans ce cadre de solidarité globale, les Kamites renforcent leur propre lutte tout en contribuant à l'avènement d'un monde plus juste et équitable. Leur quête ne se limite pas à leur propre communauté, mais embrasse l'humanité tout entière, tissant un réseau de solidarités qui transcende les frontières et les cultures. Dans cette démarche, ils trouvent un sens profond à leur existence, un lien indéfectible avec les luttes des autres, une conviction partagée que la justice ne peut être atteinte que par la mobilisation collective. Ainsi, le chemin vers une solidarité globale s'ouvre devant eux comme un horizon lumineux, promesse d'un avenir où l'égalité, la dignité et le respect sont les fondements de la société. Les Kamites, en unissant leurs forces avec celles d'autres mouvements de justice sociale, s'engagent dans une aventure humaine sans précédent. Ensemble, ils construisent un récit commun, où chaque chapitre est écrit avec courage et détermination, où chaque page résonne de leurs luttes, de leurs joies, de leurs peines. Un récit qui ne sera pas seulement le leur, mais celui de tous ceux qui aspirent à la liberté et à la justice, un récit qui se déploie au-delà des frontières, au-delà des générations, un récit d'espoir et de résistance, un cri de ralliement pour tous ceux qui croient en un monde meilleur.

Et dans cette mosaïque de luttes, les Kamites deviennent les artisans d'un nouvel ordre social, une symphonie de voix qui se mêlent pour revendiquer le droit à une vie digne, à un avenir radieux. Ils dessinent ensemble les contours d'une société où chacun est valorisé, où les différences sont célébrées comme des richesses, où l'empathie et la compassion sont les piliers de l'existence humaine. Ce voyage vers la solidarité globale n'est pas une fin en soi, mais un chemin sans cesse renouvelé, une quête qui continue d'inspirer, d'élever, et d'unir. Les Kamites, en s'inscrivant dans ce mouvement, deviennent les porteurs d'une flamme vive, celle de l'espoir, éclairant le chemin vers un monde où la justice est enfin à portée de main.

L'importance de l'art et de la culture : Un véhicule d'émancipation
L'art, dans ses innombrables expressions, n'est pas qu'un simple divertissement ; il est le reflet d'une humanité en quête de sens. Sous la plume des artistes Kamites, il devient un puissant vecteur d'émancipation, un cri de cœur vibrant de l'intérieur. Ces créateurs portent sur leurs épaules la responsabilité de façonner des œuvres qui interpellent, éduquent et mobilisent. Qu'il s'agisse de musique, de danse, de théâtre ou d'arts visuels, chaque expression artistique joue un rôle essentiel dans la redéfinition de l'identité Kamite et la valorisation de la culture africaine. Imaginez un tableau vibrant de couleurs, où chaque coup de pinceau raconte une histoire ancienne. Les teintes s'entrelacent pour former un récit vivant, chaque nuance résonnant comme un écho des ancêtres. Dans ce tableau, chaque note de musique résonne avec les battements du cœur de l'Afrique, une mélodie qui transcende le temps, reliant les générations passées aux aspirations futures. Chaque mouvement de danse évoque les rituels sacrés des ancêtres, exprimant à travers le corps une spiritualité qui unit l'individu à son héritage. L'art devient un langage universel, un moyen de communiquer les souffrances et les espoirs, les luttes et les victoires, une forme de résistance à l'oubli et à la déshumanisation.

Dans cette quête de redéfinition identitaire, les artistes Kamites s'imposent comme des gardiens de la mémoire collective. Ils sont les passeurs de traditions, mais aussi les innovateurs audacieux qui réinventent les formes et les motifs. Leurs créations, qu'elles soient visuelles, musicales ou performatives, portent en elles un acte de résistance contre l'indifférence. Elles sont des appels à la reconnaissance et à la dignité, des invitations à la réflexion et à l'action. L'art devient alors le reflet de la lutte, le miroir d'une société en mouvement, un témoignage de l'humanité qui aspire à la liberté. Les festivals culturels, tels que le Festival international de jazz de Saint-Louis ou le Festival Africolor, jouent un rôle crucial dans cette dynamique. Ces événements ne sont pas seulement des vitrines où les talents s'exposent, mais des creusets où se rencontrent des influences diverses, où les cultures s'entrelacent pour donner naissance à des créations nouvelles. Le Festival international de jazz de Saint-Louis n'est pas seulement un événement musical ; c'est un espace de fusion où les sons d'Afrique, d'Amérique et d'Europe s'unissent dans une harmonie saisissante. Les artistes Kamites y trouvent une plateforme pour exprimer leur vision, pour toucher un public diversifié, pour partager leur héritage et leurs innovations. Chaque performance devient alors un acte de communion, une célébration de la richesse des cultures qui se mêlent et s'enrichissent mutuellement.

Ainsi, Africolor émerge comme un espace de célébration et de découverte, mettant en lumière la diversité des expressions artistiques africaines. Il offre une scène aux artistes émergents comme aux figures consacrées, un lieu où la créativité explose, où l'imagination n'a pas de limites. Chaque performance, chaque exposition, chaque concert est une fenêtre ouverte sur un monde de beauté et de profondeur, une invitation à explorer et à célébrer l'héritage commun. Ces festivals ne se contentent pas de divertir ; ils instruisent, éveillent les consciences, et nourrissent une identité collective, une fierté d'appartenir à une histoire riche et complexe. Mais l'art ne se limite pas aux festivals et aux bourses. Il est présent partout, dans les rues et les places, dans les écoles et les maisons, dans les gestes quotidiens et les célébrations exceptionnelles. Il est une partie intégrante de la vie et de l'identité Kamite. Les murs peints de fresques colorées racontent des histoires de résistance et d'espoir, les danses improvisées au coin des rues libèrent des énergies créatives, et les chants qui s'élèvent lors des cérémonies tissent des liens indéfectibles entre le passé et le présent. L'art est une façon de vivre et de penser, une manière de se connecter à soi-même et aux autres, une forme de résistance et de résilience.

Dans ce contexte, les artistes Kamites se trouvent investis d'une immense responsabilité. Ils sont les porte-voix de leur communauté, les gardiens de la mémoire et les éclaireurs de l'avenir. Leur travail est un pont entre les générations, une passerelle entre les cultures, un phare dans la nuit de l'oubli. Ils nous rappellent la beauté et la dignité de l'héritage africain, nous invitent à célébrer notre humanité commune, et nous appellent à l'action pour un monde plus juste et plus humain. Chaque coup de pinceau, chaque note de musique, chaque pas de danse devient alors un acte de résistance, une affirmation de la valeur et de la beauté de l'être humain. En redéfinissant leur identité à travers l'art, les Kamites montrent que l'émancipation ne passe pas uniquement par la lutte politique ou sociale, mais aussi par la culture, par l'expression artistique qui touche le cœur et l'âme des gens. Ils soulignent que l'art est un instrument de transformation, un outil de justice qui permet d'élever les voix marginalisées, de donner une visibilité à ceux qui sont souvent réduits au silence.

En ce sens, la création de bourses pour les artistes émergents se révèle essentielle. Ces initiatives visent à encourager l'innovation et l'expérimentation, à fournir aux jeunes artistes les moyens de développer leur talent et de réaliser leurs projets. Les jeunes créateurs, avec leur énergie, leur créativité et leur vision unique, sont les moteurs du renouveau culturel. Les bourses leur offrent la possibilité de se faire connaître, de se connecter avec d'autres artistes, et d'explorer de nouvelles pistes créatives. Elles sont des investissements dans l'avenir de l'art Kamite, des paris sur la créativité et l'audace qui, à terme, enrichissent non seulement la culture, mais aussi la société dans son ensemble. Alors que les artistes Kamites s'engagent à embrasser leur héritage, ils mettent également en lumière les luttes contemporaines. Ils sont là pour dénoncer les injustices, pour célébrer les victoires, pour faire entendre les voix des opprimés. Ils créent un espace où le dialogue est possible, où les histoires se croisent et s'entrelacent, où l'écoute devient un acte de résistance. En utilisant leur art comme un moyen d'éveil des consciences, ils ouvrent la voie à une transformation sociale profonde, un mouvement qui résonne au-delà des frontières et des générations.

Ainsi, l'importance de l'art et de la culture dans la redéfinition de l'identité Kamite ne peut être sous-estimée. C'est un véhicule puissant d'émancipation, un outil de transformation, une source de force et de fierté. Les artistes Kamites, dans leur diversité et leur créativité, contribuent à forger un récit collectif qui célèbre la grandeur et la beauté de l'Afrique et de ses descendants. Leur travail est une lumière qui éclaire et guide, une source d'inspiration et de mobilisation, une invitation à rêver et à agir. En embrassant l'art et la culture comme des moyens d'émancipation, les Kamites construisent un avenir où leur voix est entendue, où leur héritage est reconnu, où leur identité est célébrée. Ils montrent que l'art, loin d'être un luxe ou un divertissement, est une nécessité vitale, un outil de justice et de dignité. Ils rappellent que chaque œuvre, chaque performance, chaque geste artistique est un acte de résistance, une affirmation de la valeur et de la beauté de l'être humain.

Leur engagement artistique devient un puissant levier de changement, capable de transformer les perceptions, de réinventer les narrations, et d'affirmer avec force que la culture est une composante essentielle de l'émancipation. Dans cette ère où les voix se multiplient, les Kamites, à travers leur art, participent à la construction d'un monde nouveau, un monde où chaque individu est célébré pour sa singularité, où la diversité est la norme, et où l'humanité se retrouve dans un élan commun vers un avenir radieux. Ainsi, leur cheminement artistique ne sera pas qu'un écho des luttes passées, mais un cri puissant pour un demain où l'art et la culture se dressent comme des bastions d'espoir et de résistance.

Vers une identité Kamite dynamique et inclusive
Le chemin vers une identité Kamite épanouie et reconnue est un parcours semé d'embûches, mais il est aussi jalonné de promesses

éclatantes. Ce voyage, riche en défis, nous confronte à l'héritage colonial, à la fragmentation identitaire, aux tensions internes, et nous appelle à bâtir un récit qui célèbre notre diversité tout en affirmant une unité essentielle. Pour que cette identité puisse s'épanouir, il est impératif de créer des espaces de dialogue authentiques, de promouvoir une éducation décolonisée, et d'établir des alliances avec d'autres mouvements sociaux. Chacune de ces stratégies est une pierre angulaire, une brique de plus dans l'édifice d'une identité Kamite dynamique et inclusive. Imaginez un grand tableau, une fresque vibrante où chaque couleur, chaque nuance, chaque trait évoque une facette de l'identité Kamite. C'est un tableau où chacun apporte sa pierre à l'édifice collectif, où les souvenirs d'hier se mêlent aux aspirations d'aujourd'hui pour forger un avenir brillant. Les Kamites marchent avec la tête haute, fiers de leur histoire, porteurs d'une vision nouvelle, une vision qui célèbre leur humanité. Chaque pas qu'ils font est une affirmation de leur existence, un acte de résistance contre l'effacement, un cri de dignité. Dans cette marche, ils s'avancent non seulement pour revendiquer leurs droits, mais pour créer un espace où leur identité peut véritablement s'épanouir.

Les espaces de dialogue deviennent alors des sanctuaires, des lieux de rencontre où les voix s'élèvent, s'harmonisent et résonnent. Dans ces lieux, les Kamites partagent leurs histoires, leurs peines, leurs triomphes. Ce sont des moments d'introspection et de découverte, où chacun trouve réconfort et inspiration dans le récit de l'autre. Au fil des échanges, une solidarité indéfectible se tisse, chaque voix ajoutant une note à la mélodie collective, chaque récit renforçant les liens qui unissent la communauté. Ces dialogues, riches et profonds, sont les fondations sur lesquelles repose une compréhension mutuelle, une reconnaissance de la diversité des parcours et des expériences. L'éducation décolonisée émerge comme une clé cruciale pour libérer les esprits et réécrire l'histoire avec vérité et respect. Imaginez des salles de classe où les jeunes Kamites découvrent non seulement les splendeurs des civilisations africaines, mais aussi les leçons des anciens, apprenant à valoriser un héritage souvent méconnu. Les enseignants deviennent des guides, des passeurs de savoir, des éclaireurs de chemins encore inexplorés. Ils ouvrent les portes de la connaissance, allument des étoiles dans les esprits des élèves, et les inspirent à marcher sur les traces des géants qui les ont précédés. Cette éducation, débarrassée des chaînes de l'oppression coloniale, devient un tremplin vers un avenir lumineux, un avenir qui rend hommage à la dignité de chaque individu.

Les alliances avec d'autres mouvements de justice sociale se révèlent être des ponts vers une solidarité globale. En s'associant avec d'autres groupes opprimés, les Kamites trouvent des alliés dans leur lutte pour la justice et l'égalité. Ensemble, ils organisent des campagnes, des manifestations, des projets collaboratifs, unissant leurs forces et amplifiant leurs voix. Ce processus collectif montre au monde que l'injustice sous toutes ses formes doit être combattue, et que la lutte pour la dignité humaine est universelle. Cette solidarité, bâtie sur le respect et la reconnaissance mutuelle, se transforme en une force puissante pour le changement. Et puis il y a l'art, cette flamme ardente qui éclaire le chemin de l'émancipation. Les artistes Kamites, dans leur quête de vérité et de beauté, créent des œuvres qui touchent les cœurs, éveillent les consciences et interrogent les certitudes. Leur créativité devient une source de renouveau, une invitation à voir le monde avec des yeux neufs. Dans leurs toiles, leurs sculptures, leurs danses, leurs chansons, ils capturent l'essence même de l'âme Kamite et la transmettent aux générations futures. Chaque œuvre est un acte de résistance, un cri de liberté, une affirmation de la dignité humaine. L'art, loin d'être une simple distraction, est un puissant vecteur de changement, une manière de revendiquer sa place dans un monde qui a souvent cherché à effacer ces voix.

Ce chemin vers une identité Kamite dynamique et inclusive est un voyage collectif, une odyssée où chaque individu joue un rôle essentiel. Les Kamites, dans leur diversité, créent ensemble une symphonie harmonieuse, une mosaïque de récits et de rêves. Ils montrent que l'identité, loin d'être une essence figée, est une danse perpétuelle, un processus vivant de redéfinition et de réinvention. En embrassant cette diversité, en valorisant chaque voix et en célébrant chaque parcours, ils construisent un avenir où l'identité Kamite peut s'épanouir pleinement. Les défis qui se dressent sur leur route sont nombreux, mais les promesses qu'ils recèlent sont immenses. Les Kamites, avec leur résilience, leur ouverture d'esprit et leur créativité, sont les artisans d'un futur où la justice, l'égalité et la dignité sont les pierres angulaires de la société. Ils montrent que l'identité Kamite, riche de son histoire et de sa diversité, est une source de force et de fierté. En avançant ensemble, en bâtissant des ponts entre les générations, en créant des espaces de dialogue, en éduquant les jeunes, en s'associant avec d'autres mouvements de justice sociale, en embrassant l'art et la culture, ils tracent les contours d'un monde où leur voix est entendue, leur héritage est reconnu, et leur dignité est célébrée.

C'est cette vision, cette quête, cette odyssée qui rendent le Kamitisme si puissant et bouleversant. Un chemin parsemé d'embûches, certes, mais aussi de promesses éclatantes. Une invitation à marcher avec courage, à créer avec passion, à rêver avec audace. Les Kamites, porteurs d'une flamme ancienne et nouvelle, avancent vers un horizon de liberté, guidés par la sagesse des ancêtres et la force de leur vision. Ils dessinent les contours d'un monde où l'Afrique, riche de son histoire et maîtresse de son destin, peut offrir au monde la splendeur de son génie créatif et humaniste. Voilà l'essence même du Kamitisme : un mouvement perpétuel, une force inarrêtable, une quête de vérité et de justice. Une invitation à se lever, à marcher avec détermination, à bâtir un monde où l'équité et l'harmonie règnent, où l'héritage africain brille de mille feux, où chaque individu peut trouver sa place, libre et respecté. Dans cette quête, le cœur des Kamites bat à l'unisson, une mélodie d'espoir et de résilience qui traverse le temps. C'est un appel vibrant, une promesse que l'identité Kamite, riche et plurielle, s'épanouira au gré des luttes et des victoires, illuminant le chemin de ceux qui viennent après. Les Kamites savent que chaque pas qu'ils franchissent, chaque élan créatif qu'ils osent, chaque lien qu'ils tissent, est une contribution à la grande tapisserie de l'humanité. Ils avancent ensemble, main dans la main, vers un avenir où leur voix résonne comme un chant d'espérance, un chant de dignité et de fierté, tissant ainsi les fils d'une identité Kamite dynamique et inclusive.

Chapitre 3 : Kamitisme, Spiritualité et Religion
Le rôle de la spiritualité Kamite

Dans l'ombre douce d'un crépuscule infini, là où le ciel embrasse la terre, la spiritualité Kamite s'éveille. Elle ne se contente pas de vivre dans les pages des vieux manuscrits ; elle bat dans le cœur même de ceux qui cherchent un sens à leur existence, un lien avec l'invisible, une communion avec l'univers. C'est un héritage sacré, une symphonie vibrante d'anciennes mélodies, qui résonne avec l'écho des ancêtres. Le souffle du vent murmure leurs noms, et chaque étoile dans le ciel se fait un témoin de cette connexion intemporelle. La spiritualité Kamite est bien plus qu'une simple croyance ; elle est la quintessence de l'identité, un fil d'or tissé à travers le temps, reliant le passé au présent et illuminant le futur. Les anciens Égyptiens, sages bâtisseurs de temples et de pyramides, avaient compris que le divin n'était pas distant, mais intriqué dans chaque fibre de la vie quotidienne. Leur conception du monde, un équilibre harmonieux entre forces opposées, était régie par Maât, ce principe fondamental d'ordre et de vérité. Maât n'était pas un concept abstrait ; elle était la vie elle-même, le fondement de chaque geste, de chaque pensée. Ainsi, l'existence de chaque être était liée à cette force vivante, et ne pas respecter les lois de Maât, c'était déséquilibrer l'univers. Être Kamite aujourd'hui, c'est redécouvrir cette voie, cet engagement à vivre en harmonie avec soi-même et avec les autres, à embrasser la vérité et à cultiver la justice dans chaque acte.

Dans la quête d'un sens à l'existence, la spiritualité Kamite invite à un voyage intérieur, un périple initiatique vers la connaissance de soi. Les rituels sacrés, les chants ancestraux, les prières murmurées avec ferveur, deviennent autant de balises sur ce chemin de découverte. Les temples et sanctuaires, véritables portails vers le divin, sont des espaces de rencontre où le sacré et le profane s'entrelacent. Chaque offrande, chaque geste ritualisé est une invitation à dialoguer avec l'univers, à honorer les ancêtres, à ressentir la présence des divinités. Dans ce cadre sacré, le corps devient un instrument de communion, une voix à travers laquelle s'exprime l'harmonie cosmique. Les divinités Kamites, avec leur multitude de visages et de rôles, ne sont pas de simples figures mythologiques. Elles incarnent les forces de la nature, les émotions humaines, et les archétypes universels. Râ, le dieu du soleil, illumine nos chemins de sa lumière bienfaisante, apportant chaleur et vitalité ; Osiris, le dieu de la résurrection, offre l'espoir et le renouveau, nous rappelant que chaque fin est le commencement d'un nouveau cycle. Isis, la grande mère, nous protège, nous nourrit de sa sagesse et nous enseigne l'importance de l'amour et de la compassion. Dans cette relation personnelle avec le divin, il n'y a pas de distance, pas de médiation ; chaque Kamite est appelé à établir une connexion intime, à se tourner vers ces forces protectrices et inspirantes. Chaque prière est une conversation, chaque méditation un moment de contemplation, chaque célébration un acte de gratitude.

La spiritualité Kamite ne se limite pas à la sphère individuelle ; elle rayonne et s'épanouit dans le collectif. Les cérémonies communautaires, les fêtes colorées, les rituels de passage, sont des moments de communion où les âmes s'unissent pour honorer les ancêtres et célébrer la vie dans toute sa richesse. Ces événements vibrent d'une énergie palpable, renforçant les liens qui unissent la communauté, ravivant le sentiment d'appartenance, d'identité partagée. Ensemble, ils dansent au rythme de la vie, unis dans un mouvement qui transcende le temps et l'espace, rappelant que chaque individu est une note dans la grande symphonie de l'existence. Aujourd'hui, alors que le monde semble se fragmenter sous les pressions du matérialisme et du consumérisme, la renaissance de la spiritualité Kamite se fait entendre comme un écho d'espoir. Elle se lève tel un phénix, défiant les stéréotypes et les malentendus, s'adaptant aux réalités contemporaines tout en restant ancrée dans son essence. Elle offre un refuge, un espace où l'on peut ralentir, écouter, ressentir. Dans cette quête de réenchantement, la spiritualité Kamite devient une lumière dans l'obscurité, un guide dans un monde où la superficialité règne souvent. Elle enseigne l'art de vivre avec intention, d'honorer chaque instant, chaque souffle, chaque battement de cœur.

Cependant, cette renaissance n'est pas sans défis. Les influences des religions abrahamiques, parfois perçues comme opposées, peuvent créer des tensions. Les préjugés et les incompréhensions font obstacle à la reconnaissance de la spiritualité Kamite dans sa richesse et sa profondeur. Pourtant, la résilience des Kamites, leur détermination à retrouver et à réinventer leurs traditions, illumine le chemin. En intégrant des éléments extérieurs sans jamais renier leur essence, la spiritualité Kamite se transforme, se nourrit des échanges tout en préservant son identité unique. Cette quête de vérité et d'authenticité, cette volonté de redonner vie à un héritage ancestral, dessine une trajectoire d'épanouissement. Les Kamites d'aujourd'hui, à travers des pratiques spirituelles vivantes et engageantes, font fleurir une culture vibrante. Ils montrent que la spiritualité, loin d'être un archaïsme, est une source de dynamisme et d'innovation. En s'ancrant dans leurs racines, ils bâtissent un avenir où l'harmonie, la justice et la vérité sont les fondements d'une société épanouie, respectueuse de ses traditions tout en étant ouverte sur le monde.

C'est ainsi que la spiritualité Kamite, dans toute sa splendeur, devient un pilier essentiel de l'identité Kamite contemporaine. Elle ne se limite pas à une simple série de croyances ; elle offre un cadre éthique, un sens à la vie, et une force intérieure. En honorant les ancêtres, en célébrant le cycle de la vie, en s'alignant avec les valeurs ancestrales, les Kamites trouvent une voie de libération et d'épanouissement. C'est un voyage de reconnexion, un appel à embrasser la beauté et la complexité de l'existence, à marcher avec dignité et harmonie sur le chemin de la vie. Ainsi, le voyage spirituel des Kamites d'aujourd'hui est une quête à la fois individuelle et collective, un appel à redécouvrir un héritage lumineux. Cette démarche, loin d'être une nostalgie pour un passé révolu, est une affirmation d'une identité vivante, dynamique, qui se nourrit des échos du passé tout en s'ouvrant à l'avenir. Les Kamites, en s'engageant dans cette redécouverte de leur patrimoine spirituel, deviennent les architectes d'un monde nouveau, un monde où la dignité, la sagesse et l'amour illuminent chaque pas, chaque décision, chaque aspiration. La spiritualité Kamite est une invitation à l'émerveillement, à la contemplation de la grandeur de l'univers et de la profondeur de la vie. Elle nous rappelle que nous ne sommes pas seuls, que chaque être vivant est relié par un fil invisible d'énergie et de lumière. C'est une quête qui s'épanouit dans la simplicité des gestes quotidiens et la richesse des expériences partagées, une célébration de la vie sous toutes ses formes. C'est l'affirmation d'une existence vibrante, pleine de couleurs et de nuances, où chaque voix compte et où chaque cœur bat en harmonie avec le cosmos. En embrassant ce voyage, les Kamites se dressent fièrement, porteurs d'une flamme d'espoir, d'amour et de vérité, témoignant de la force indéfectible de la spiritualité qui les unit et les élève.

La cosmologie Kamite : Un monde interconnecté
Dans le vaste océan de l'existence, la cosmologie Kamite se dessine comme une constellation scintillante, un monde interconnecté où chaque étoile, chaque fil d'argent, tisse un récit ancien et sacré. Elle est l'écrin d'une réalité où les dieux et les ancêtres, loin d'être de simples entités abstraites, deviennent des acteurs vivants et vibrants de la vie quotidienne. Dans ce cosmos, chaque élément de la nature, chaque souffle du vent, chaque battement de cœur humain, est une expression de l'infini, une note dans une mélodie divine. Ce monde n'est pas figé ; il palpite, il respire, il s'éveille à chaque instant dans un dialogue permanent entre le visible et l'invisible. Les anciens Égyptiens, en maîtres des mystères de la vie, ont conçu un panthéon riche et complexe, où chaque dieu incarne un aspect fondamental de l'existence humaine et naturelle. Rê, le dieu solaire, éclaire la terre de sa lumière dorée, symbole de création et de vitalité. Il est l'architecte du jour, celui qui permet à la vie de fleurir, et son cycle régulier enseigne aux humains la valeur du temps et du renouvellement. À ses côtés, Osiris, le souverain du royaume des morts, est le gardien de la régénération, représentant le cycle perpétuel de la vie qui émerge de la mort. Il inspire l'espoir et la continuité, enseignant que chaque fin est le prélude d'un nouveau commencement. Ensemble, ces divinités tracent la voie d'une vie vertueuse, offrant des modèles à imiter et des enseignements à embrasser.

Au cœur de cette spiritualité réside le concept de l'âme, ou Ka, un souffle vital qui transcende le monde matériel. Les Kamites croyaient fermement que chaque être humain possédait un Ka, une essence qui perdure après la mort, se lançant dans une nouvelle aventure dans l'au-delà. La mort n'était pas une fin, mais plutôt une transformation, un passage vers une autre dimension. Les rituels funéraires, des pratiques minutieuses de momification aux offrandes sacrées, étaient autant de gestes empreints de respect, permettant de préserver le corps et d'assurer la continuité de l'âme. Ces rites soulignaient l'importance des ancêtres, ces figures bienveillantes qui veillent sur leurs descendants, et qui, par leur sagesse, guident ceux qui ont encore des pieds sur la terre. Dans cette tapisserie cosmique, les dieux et les ancêtres ne sont pas de lointains observateurs, mais des participants actifs dans le drame de l'existence humaine. Leur présence se manifeste dans chaque élément de la nature, dans le bruissement des feuilles, dans le chant des oiseaux, dans le doux murmure des rivières. Les Kamites contemporains, en se reconnectant avec cette tradition, reconnaissent la vitalité des ancêtres et célèbrent leurs mémoires à travers des rituels et des cérémonies. Ils honorent leurs prédécesseurs, perpétuant un lien sacré qui dépasse le temps, insufflant ainsi une profondeur et une signification à leur existence quotidienne.

Cette vision du monde, d'une interconnexion profonde entre le ciel et la terre, est magnifiquement illustrée par le concept de Maât. Représentant la vérité, la justice et l'harmonie, Maât est le fil d'Ariane qui guide l'humanité vers un équilibre cosmique. Elle incarne les principes universels, la loi qui régit non seulement les actions humaines, mais aussi les cycles naturels. Respecter Maât, c'est s'engager dans une quête de vérité, c'est embrasser la justice dans chaque geste et chaque pensée, c'est s'efforcer d'harmoniser sa vie avec l'ordre naturel du monde. Dans ce sens, Maât n'est pas simplement une déesse ; elle est une philosophie, un idéal, un phare éclairant le chemin vers la plénitude. Les rituels et les cérémonies, véritables portes d'entrée vers l'ineffable, occupent une place centrale dans la cosmologie Kamite. Ce sont des instants où le sacré s'invite dans le quotidien, où l'humain, en se prosternant devant le divin, tisse un lien fort avec l'univers. Les offrandes, les prières, les chants, sont des gestes chargés de signification, des expressions de gratitude et de dévotion. Dans les temples, sanctuaires et lieux sacrés, le tangible rencontre l'intangible, l'éphémère fusionne avec l'éternel. C'est dans ces espaces chargés d'énergie que les Kamites, par la voix de leurs ancêtres, dialoguent avec le cosmos, ressenti et vivant.

La relation avec les ancêtres est une dimension essentielle de cette cosmologie. Ces êtres chers, les gardiens de la mémoire, transmettent sagesse et enseignements, illuminant le chemin des vivants. Honorer les ancêtres, c'est se placer dans une lignée d'amour et de respect, reconnaître le rôle fondamental qu'ils jouent dans le tissage de notre existence. Les rituels de commémoration, les offrandes de fruits et de fleurs, les prières murmurées dans le silence des temples sont autant de témoignages d'une gratitude infinie. Les Kamites, en prenant soin de cultiver cette mémoire, garantissent la pérennité de leur culture, de leurs traditions, et de leur identité. La cosmologie Kamite n'est pas qu'une simple vision du monde, elle est une invitation à embrasser la beauté de la vie sous toutes ses formes. Elle nous exhorte à percevoir les connexions entre les êtres, à reconnaître que chaque action, chaque pensée, est une pierre précieuse dans l'édifice de l'univers. Dans ce grand tableau, l'humanité, la nature, et le divin s'entrelacent dans une danse éternelle, créant une harmonie qui résonne à travers les âges. La compréhension de cette interconnexion est essentielle pour appréhender la responsabilité que chaque individu porte : celle de maintenir l'équilibre, de respecter la vérité, et de cultiver l'amour.

En célébrant la vie, en honorant les ancêtres, en s'efforçant de vivre en accord avec Maât, les Kamites d'aujourd'hui s'engagent dans une quête d'authenticité et de profondeur. Ils affirment leur place dans ce monde interconnecté, prenant à cœur la responsabilité d'être les bâtisseurs d'un avenir où l'harmonie, la justice et la vérité prévalent. La cosmologie Kamite, avec ses récits riches et ses symboles puissants, devient alors un phare, éclairant les esprits et les cœurs sur le chemin de la connaissance de soi et de l'univers.

Chaque jour, dans la lumière douce du matin ou la chaleur du crépuscule, les Kamites s'unissent pour célébrer cette interconnexion, pour chanter les louanges des dieux, pour écouter le murmure des ancêtres. Ce faisant, ils réaffirment leur place dans cette grande tapisserie qu'est la vie, honorant le passé tout en embrassant un futur empreint de sagesse et d'espoir. Dans ce monde de mystères et de merveilles, ils trouvent leur voie, marchant avec dignité, guidés par la lumière de Rê et l'amour d'Isis, dans une danse éternelle d'harmonie et de vérité.

Rituels et pratiques spirituelles : Un chemin vers la reconnexion

Au cœur de la spiritualité Kamite, les rituels et les pratiques spirituelles se révèlent comme des portails vers des dimensions insoupçonnées, des chemins sinueux qui guident l'âme vers la lumière. Chaque cérémonie, chaque chant, chaque geste est imprégné d'une profondeur symbolique qui résonne avec les échos du passé, permettant à chaque participant de s'engager dans un voyage intérieur puissant. C'est une danse sacrée où l'individu s'unit à l'univers, où le temps se suspend et où l'éternité se révèle. Les rites d'initiation, notamment, sont des moments de vérité où le voile entre les mondes est levé. Ces rites, soigneusement orchestrés, sont bien plus que de simples formalités ; ils sont des passages rituels qui conduisent le participant à travers un labyrinthe de sagesse ancestrale. Dans ces moments cruciaux, l'individu est enveloppé par l'énergie bienveillante des ancêtres, ressentant leur présence tangible. L'atmosphère est chargée d'émotion, chaque regard échangé, chaque murmure partagé, se transforme en un écho des voix d'autrefois. Le novice, les yeux fermés, écoute des récits anciens, des leçons sur la vie, la mort et la place de chacun dans ce vaste cosmos. Chaque histoire est une étoile dans le ciel de son existence, chaque enseignement une boussole pour orienter ses pas sur le chemin de la vérité.

Les cérémonies d'adoration, quant à elles, transcendent la simple pratique religieuse pour devenir des événements communautaires où le sacré est célébré dans toute sa splendeur. Imaginez-vous au crépuscule, le soleil déclinant laissant place à un ciel étoilé, les membres de la communauté s'étant rassemblés autour d'un feu sacré, crépitant doucement. Les visages sont baignés par la lumière dansante des flammes, illuminant les expressions de dévotion et de sérénité. Les chants s'élèvent, se mêlant à l'odeur de l'encens, créant une atmosphère propice à la communion avec les dieux et les ancêtres. Les voix résonnent comme une mélodie ancienne, chaque note vibrante témoignant d'un lien indéfectible avec le divin. Dans ces instants magiques, le temps semble se dilater, chaque participant ressentant une connexion profonde avec la terre, le ciel et les ancêtres. Les offrandes, déposées avec un soin particulier, deviennent des gestes chargés de respect et de gratitude. Les fruits, les fleurs, les objets symboliques sont autant de témoignages d'amour, d'espoir et de mémoire. Chaque offrande est une prière silencieuse, une promesse de continuité, un acte d'engagement envers la communauté et le cosmos. Dans ces cérémonies, les ancêtres sont invoqués, leurs esprits invités à guider et protéger les vivants. C'est une danse entre le passé et le présent, où chaque participant devient à la fois spectateur et acteur de cette grande fresque de l'existence.

La pratique de Maât, pierre angulaire de la spiritualité Kamite, se vit au quotidien, transformant chaque instant en une opportunité d'honorer la vérité et la justice. Pour les Kamites modernes, vivre selon les principes de Maât signifie choisir un mode de vie éthique, un engagement envers l'harmonie. Dans cette quête d'équilibre, des cercles de partage se forment, des havres de paix où les membres de la communauté se rassemblent pour discuter des valeurs de Maât, échanger des expériences et s'entraider. Ces moments de convivialité sont des instants de réflexion profonde, où les cœurs s'ouvrent et les âmes se nourrissent mutuellement. Dans ces cercles, la parole circule librement, portée par le souffle de l'histoire collective, et chaque voix devient une note dans la symphonie de la vie. Les rituels de musique, de danse et d'artisanat, intégrés dans ces pratiques, sont des expressions vibrantes de la spiritualité Kamite. La musique, avec ses rythmes envoûtants, transcende les frontières et les cultures, unissant les âmes dans une danse universelle. Les percussions résonnent comme un battement de cœur, les mélodies s'élèvent comme des prières vers le ciel. Chaque note, chaque vibration est une offrande, une célébration de la beauté de l'existence. La danse, quant à elle, est un langage vivant, une prière en mouvement qui relie le corps à l'âme, permettant à chacun de s'exprimer et de se libérer.

L'artisanat, avec ses créations uniques, devient une forme de méditation, une manière de préserver les savoirs ancestraux tout en célébrant la créativité humaine. Les mains qui façonnent la terre, qui tissent les fils de la vie, réalisent des œuvres chargées d'une symbolique profonde. Chaque pièce est un hommage à l'héritage Kamite, une manifestation de l'esprit créateur qui habite chaque être humain. Ces créations, qu'elles soient des sculptures, des textiles ou des bijoux, portent en elles des histoires, des messages, et des souvenirs, perpétuant la mémoire de ceux qui ont tracé le chemin avant nous. Les rituels et pratiques spirituelles Kamites ne sont pas seulement des traditions ; ils sont des rivières qui nourrissent l'âme, des sources d'énergie qui revitalisent l'esprit. Ils invitent chacun à plonger en soi-même, à explorer les profondeurs de son être, à redécouvrir la richesse de son héritage. Ces moments de communion sont des passerelles vers la sagesse, des espaces sacrés où l'individu peut se reconnecter avec son essence et retrouver son chemin.

En participant à ces rituels, les Kamites d'aujourd'hui découvrent qu'ils ne sont pas seuls dans leur quête spirituelle. Ils marchent sur les traces de leurs ancêtres, portant avec eux les espoirs, les luttes et les rêves de ceux qui les ont précédés. La spiritualité, loin d'être une escapade, se révèle être un voyage vers l'authenticité, une quête de sens dans un monde en constante évolution. Chaque cérémonie devient une opportunité de se redécouvrir, d'accueillir la transformation, de célébrer la vie dans toute sa plénitude. Ainsi, les rituels et pratiques spirituelles sont une invitation à éveiller les consciences, à créer des liens, à célébrer l'humanité dans toute sa diversité. Ils rappellent que la spiritualité est un chemin vivant, une danse collective qui transcende les époques et les frontières. En renouant avec leurs pratiques ancestrales, les Kamites se reconnectent à leur essence, découvrent des trésors de sagesse et de beauté, et trouvent des réponses aux questions qui hantent leur existence. En ce sens, les rituels Kamites sont des actes de résistance contre l'oubli, des témoignages d'un héritage vivant, des célébrations de la continuité de la vie. Dans chaque chant, chaque prière, chaque mouvement, se dessine un horizon de possibilités, une promesse d'un avenir enrichi par le passé. Les Kamites, en embrassant leur spiritualité, deviennent les architectes de leur propre destin, et, à travers eux, l'écho de leurs ancêtres résonne dans le monde, vibrant de sagesse, d'amour et de lumière.

La spiritualité Kamite face aux religions abrahamiques : Un chemin de coexistence

Le Kamitisme, enraciné dans la profondeur des âges, ne se contente pas de défier les religions abrahamiques. Il est bien plus qu'une réponse à une histoire marquée par la colonisation et l'effacement des cultures africaines. C'est une renaissance, un cri d'âme vers la reconnexion à une spiritualité ancienne, profonde, et universelle. En contemplant les cieux immuables et les étoiles brillantes qui ont toujours guidé les ancêtres, les Kamites d'aujourd'hui se tiennent entre deux mondes : celui de leurs racines ancestrales et celui des croyances imposées par l'histoire tumultueuse de l'humanité. Le Kamitisme n'est pas une religion qui oppose ou s'isole. C'est une voie spirituelle qui, tout en revendiquant sa singularité, appelle à la coexistence. Il ouvre les bras à un dialogue interreligieux fécond, une conversation entre les âmes, les cœurs, et les esprits. En naviguant à travers les méandres d'un monde marqué par l'influence du christianisme, de l'islam et du judaïsme, les Kamites d'aujourd'hui découvrent des résonances inattendues. Ils ressentent des échos entre les dogmes des grandes religions monothéistes et les principes fondateurs de leur propre foi ancestrale. Mais plus qu'un simple jeu de comparaisons, il s'agit d'une rencontre spirituelle où chaque croyance éclaire l'autre, dévoilant des trésors de sagesse jusque-là cachés dans les plis du temps.

Imaginez une scène. Autour d'un grand feu, des hommes et des femmes, Kamites et croyants des religions abrahamiques, sont assis, formant un cercle sous un ciel étoilé. Chacun s'exprime, les cœurs ouverts, dans une ambiance de respect mutuel. Une femme chrétienne raconte la parabole de l'enfant prodigue, parlant d'amour, de retour à soi et de réconciliation. À son tour, un Kamite se lève et évoque l'importance de l'équilibre dans la vie, la nécessité de Maât, cette déesse qui incarne la vérité, la justice, l'harmonie. Peu à peu, les paroles se tissent en une tapisserie invisible, où chacun apporte sa couleur, sa texture, et sa vision.

L'échange devient une danse entre le particulier et l'universel, une alchimie de l'esprit. La spiritualité Kamite, avec sa connexion intime à la nature, sa relation sacrée avec les ancêtres, et son engagement à vivre selon les principes de Maât, se fond harmonieusement dans cet échange. Les prières musulmanes s'élèvent vers le ciel, les psaumes chrétiens murmurent leur sagesse, et les invocations des divinités Kamites résonnent avec la terre. Ensemble, elles créent une symphonie spirituelle, une musique invisible qui unit au lieu de diviser. Chaque note, chaque souffle, chaque mot devient une offrande, une manifestation de la foi. Car au fond, qu'est-ce que la spiritualité, sinon un retour à l'essentiel, une quête de vérité, de justice et de beauté ?

Dans cette quête de coexistence, les Kamites n'abandonnent rien de leur essence. Ils ne renoncent ni à leurs rites, ni à leurs dieux, ni à leur relation intime avec les forces de la nature. Bien au contraire, c'est par cette fidélité à leur héritage qu'ils enrichissent le dialogue avec les autres traditions. Ils montrent que leur spiritualité n'est pas figée dans un passé révolu, mais qu'elle est vivante, vibrante, en constante évolution. Elle a survécu à l'histoire, aux tentatives d'effacement, aux épreuves du temps. Et aujourd'hui, elle trouve de nouvelles façons de s'exprimer, de s'intégrer dans le monde moderne sans perdre son âme. Les tensions existent, bien sûr. Comment pourrait-il en être autrement ? Les dogmes des religions abrahamiques, souvent perçus comme rigides et exclusifs, viennent parfois heurter les croyances souples et inclusives du Kamitisme. Pour ceux qui cherchent à allier les deux, le chemin peut être ardu. Comment concilier une vision du monde qui sacralise l'unité avec une autre qui célèbre la diversité des forces cosmiques ? Comment être à la fois fidèle aux ancêtres et aux enseignements abrahamiques ? Les réponses ne sont jamais simples. Pourtant, c'est précisément dans ces tensions que réside la beauté de cette quête spirituelle. Chaque défi devient une opportunité de grandir, de comprendre, d'approfondir sa propre foi.

Les groupes de discussion interreligieux sont des espaces précieux pour aborder ces questions. C'est là que les Kamites peuvent expliquer leur vision du monde, partager leur amour pour la nature et la vie, parler de leur relation intime avec les ancêtres. Ces échanges sont des ponts tendus entre les mondes, des moments où l'on se rend compte que, malgré les différences, il y a plus de points communs que de divisions. La vérité, la justice, la quête de paix et d'harmonie sont des valeurs universelles qui transcendent les frontières religieuses. Cette coexistence se manifeste aussi dans des gestes concrets. Les cérémonies interreligieuses, où les chants des uns répondent aux prières des autres, sont des moments d'une rare intensité. Imaginez une prière musulmane récitant la grandeur de Dieu tandis qu'un prêtre chrétien murmure des paroles de réconfort, et qu'au même moment, un Kamite invoque la force des ancêtres pour guider les vivants. Dans cet instant sacré, les différences s'effacent, et tout ce qui reste est une humanité partagée, une quête commune de sens, une aspiration universelle à la paix intérieure. Mais pour que cette coexistence soit réelle, elle doit reposer sur le respect et la reconnaissance mutuels. Les Kamites, pour affirmer leur identité spirituelle, n'ont pas besoin de renoncer à leur ouverture d'esprit. Ils montrent que leur spiritualité, bien qu'ancrée dans des traditions anciennes, a sa place dans le monde moderne. Ils apportent au dialogue interreligieux une perspective unique, une richesse culturelle inestimable, et une sagesse millénaire. Et c'est cette ouverture qui permet de construire des ponts, d'apaiser les tensions, et d'enrichir les échanges.

Le chemin vers une coexistence pacifique n'est pas sans obstacles. Les préjugés et les malentendus subsistent, les stéréotypes demeurent. Pourtant, chaque rencontre, chaque discussion, chaque moment de communion est une occasion de déconstruire ces barrières. À travers ces interactions, les Kamites montrent que la diversité des croyances n'est pas une menace, mais une source de richesse infinie. Ils rappellent que, loin d'être figée, la foi est un voyage, une exploration de soi et du monde, une quête qui, à chaque étape, ouvre de nouveaux horizons. En fin de compte, la spiritualité Kamite, dans son dialogue avec les religions abrahamiques, devient un exemple de ce que peut être la foi dans un monde pluraliste. Elle montre que la diversité des croyances, loin d'être une cause de division, peut être une source d'enrichissement mutuel. Elle invite chacun à transcender les différences, à découvrir l'autre, à construire ensemble un monde où la paix, la justice et l'harmonie règnent. Les Kamites, en embrassant cette vision, en affirmant leur identité tout en respectant celle des autres, montrent la voie vers un avenir où la spiritualité, loin d'être une source de conflits, devient un outil de réconciliation et de transformation. Ainsi, la spiritualité Kamite, dans toute sa profondeur et sa sagesse, illumine le chemin. Elle rappelle que la foi est un voyage sans fin, une quête d'épanouissement, une danse sacrée entre l'ancien et le nouveau. Pour que l'âme se réconcilie avec le corps, dans une harmonie originale.

L'importance de Maât : Un guide éthique pour l'engagement social

L'éthique de Maât est non seulement un principe spirituel mais également un appel à l'action. Elle incite les individus à s'engager activement dans leur communauté et à défendre la justice sociale. Dans un monde où les inégalités persistent, la spiritualité Kamite devient un puissant moteur pour l'activisme. Maât, cette figure éthérée et pourtant si palpable dans la spiritualité Kamite, est bien plus qu'une déesse ancienne. Elle est l'incarnation même de l'ordre universel, du souffle invisible qui maintient l'équilibre des mondes, et, dans la conscience des Kamites modernes, elle est un phare moral inébranlable, une boussole qui oriente chaque pas vers la justice et la vérité. Dans un monde en proie à l'injustice et aux inégalités, où les voix des opprimés résonnent dans le vide et où les structures du pouvoir semblent inflexibles, les principes de Maât s'élèvent comme un cri de ralliement pour ceux qui cherchent à rétablir l'équilibre. C'est un appel irrésistible à l'action, un souffle qui pousse les âmes éveillées à se lever et à se battre pour un avenir où l'équité n'est pas un rêve lointain, mais une réalité tangible.

Les Kamites d'aujourd'hui, gardiens de cette éthique ancienne, savent que la justice ne se mesure pas seulement par des lois ou des institutions, mais par la façon dont chaque individu traite son prochain, par la manière dont la société veille sur les plus vulnérables. La justice, dans la vision de Maât, n'est pas un simple concept légal, c'est un principe sacré qui imprègne chaque fibre de l'existence. L'éthique de Maât est un feu intérieur qui ne permet aucune complaisance face à l'injustice, aucune indifférence face à la souffrance des autres. Elle nous dit que l'harmonie du monde dépend de notre capacité à nous élever au-delà de nos intérêts individuels pour embrasser une vision collective du bien. Imaginez un monde où chaque décision, chaque regard, chaque geste, serait inspiré par les principes de Maât. Un monde où la justice ne serait pas seulement recherchée dans les tribunaux ou les textes de loi, mais dans chaque interaction humaine. Dans cette vision, les Kamites deviennent des porteurs de lumière, des bâtisseurs de ponts entre les mondes fracturés, des artisans d'un nouvel équilibre. Loin de se replier dans une contemplation spirituelle isolée, ils puisent dans leur foi la force nécessaire pour transformer leur environnement. Ce n'est pas une spiritualité passive, c'est une foi active, ancrée dans l'action sociale, dans le service à la communauté, dans la défense des opprimés.

Prenons un instant pour imaginer une scène. Au cœur d'un quartier oublié, souvent délaissé par les pouvoirs publics, une poignée de Kamites se réunit. Ils ne viennent pas seulement pour prier ou célébrer des rituels ancestraux, bien que cela ait son importance. Non, ils viennent pour organiser des actions concrètes. Ensemble, ils montent des ateliers d'alphabétisation, créent des espaces de parole pour les jeunes en quête de sens, et plantent des arbres dans des terrains vagues, transformant des espaces abandonnés en jardins communautaires. Chacun de leurs gestes, aussi humble soit-il, est guidé par Maât. Chacune de leurs actions est une réponse directe à l'appel de l'équilibre, de l'harmonie et de la justice. Dans ce monde fracturé, où les inégalités raciales et économiques divisent les nations et où la dignité humaine est trop souvent bafouée, l'éthique de Maât devient un cri de guerre silencieux. Une guerre qui ne se mène pas avec des armes, mais avec des actes de solidarité, de compassion et de justice. Les Kamites, inspirés par cette éthique, marchent dans les rues pour protester contre les injustices systémiques, ils plaident pour les sans-voix, ils se tiennent en première ligne lors des manifestations contre le racisme, et ils s'engagent dans des mouvements sociaux pour l'égalité des chances. Pour eux, la lutte pour la justice sociale n'est pas une option, c'est un devoir sacré.

Mais l'éthique de Maât ne se limite pas à la seule justice sociale. Elle est aussi une invitation à une introspection profonde, une remise en question constante de nos motivations, de nos actions, et de notre rôle dans ce vaste tissu qu'est l'humanité. L'intégrité, la vérité, et l'équilibre ne sont pas des idéaux extérieurs à atteindre, mais des réalités intérieures à cultiver. Ainsi, les Kamites sont invités à se regarder dans le miroir de Maât chaque jour, à examiner leurs pensées, leurs paroles, leurs décisions, et à s'assurer que chacune d'elles reflète les principes de justice et de vérité. Il ne s'agit pas simplement de faire le bien, mais de vivre dans un alignement complet avec les lois universelles.

Dans cette quête, l'engagement social des Kamites devient un prolongement naturel de leur spiritualité. Les initiatives qu'ils mettent en place dans leurs communautés ne sont pas de simples actes de charité, mais des manifestations de leur foi vivante. Les centres communautaires qu'ils créent, les projets éducatifs qu'ils lancent, les programmes d'entraide qu'ils organisent sont autant de manières d'incarner Maât dans le monde. Ils montrent, par leur engagement, que la spiritualité Kamite n'est pas une affaire de temples et d'autels, mais une affaire de rues, de quartiers, d'hôpitaux, et de salles de classe. Là où il y a besoin de justice, là où il y a besoin de guérison, là où il y a besoin d'équilibre, les Kamites sont présents, porteurs de l'étendard de Maât. Chaque action, chaque initiative devient une pierre apportée à l'édifice d'un monde plus juste et plus équilibré. Chaque pierre est posée avec soin, avec une intention pure, car ils savent que l'équilibre du monde repose sur l'équilibre de chaque individu. Ils travaillent pour des causes qui dépassent leur propre existence, pour des générations à venir, pour un monde qu'ils ne verront peut-être jamais, mais qu'ils espèrent meilleur. Ils luttent pour l'égalité des chances, pour la dignité humaine, pour l'éducation, pour l'accès aux soins. Ils participent à des projets de développement durable, des initiatives écologiques, convaincus que l'harmonie avec la nature fait partie intégrante de la justice sociale. En embrassant l'éthique de Maât, les Kamites réaffirment une vérité essentielle : la spiritualité n'est pas une évasion du monde, mais un engagement profond envers lui. Ils montrent que la quête spirituelle et l'engagement social sont indissociables. Maât exige d'eux une intégrité sans faille, une fidélité aux principes de vérité et de justice qui les poussent à agir. Et c'est cette intégrité qui leur donne la force de ne jamais se résigner face à l'injustice, de ne jamais fermer les yeux face à la souffrance, de ne jamais détourner leur regard des inégalités.

Ainsi, la spiritualité Kamite, guidée par Maât, devient une lumière dans l'obscurité, un souffle d'espoir pour ceux qui cherchent un chemin vers un monde plus juste. Les Kamites, en incarnant ces principes dans leur vie quotidienne, montrent que la justice et l'équilibre ne sont pas de simples aspirations, mais des réalités possibles. Ils démontrent, par leur engagement, que la spiritualité peut être une force de transformation, un moteur de progrès, et une source de résilience face aux défis les plus ardus. Leurs actions, grandes ou petites, portent en elles l'écho de Maât, et à travers elles, ils participent à la construction d'un monde nouveau, un monde où l'harmonie et la justice règnent enfin. Maât n'est pas un concept éloigné. Elle est le battement de cœur d'une humanité en quête d'équilibre.

Un héritage vivant et dynamique
La spiritualité Kamite, loin d'être une relique du passé, elle est semblable à un fleuve souterrain qui, après avoir longtemps coulé dans l'ombre, surgit à la surface, portant avec lui la force de la mémoire ancestrale et le souffle vivifiant de la renaissance. Elle n'est pas un écho lointain d'une époque révolue, mais une source vive, une onde qui traverse les âges pour irriguer les âmes d'aujourd'hui, en quête d'identité, de justice et d'harmonie. Cette spiritualité, en perpétuelle transformation, s'étend au-delà des rituels et des chants, des prières et des invocations. Elle est le cœur battant d'une renaissance culturelle et spirituelle, une flamme qui illumine et éclaire les pas de ceux qui la portent.
Imaginez cette scène : un groupe de jeunes, debout au bord d'une rivière, contemplant l'eau qui s'écoule avec la lenteur d'une sagesse ancienne. Ils se tournent vers un aîné, assis en tailleur sur la berge, son regard perdu dans l'horizon, mais son esprit ancré

dans le moment présent. Il leur parle des anciens, des guerriers et des prêtresses, des hommes et des femmes qui ont marché sur cette même terre il y a des siècles, et dont les âmes résonnent encore dans chaque souffle de vent, dans chaque murmure d'eau. « Leur héritage est en vous », leur dit-il. « Vous êtes les gardiens de cette sagesse, et vous avez le pouvoir de la faire vivre. »

Cet héritage, c'est Maât, cette force invisible mais puissante, ce principe d'équilibre qui régit l'univers et guide les âmes vers la vérité, la justice, et l'harmonie. Mais plus qu'un simple concept, Maât est une boussole éthique, une source d'inspiration pour chaque acte, chaque décision. Dans le monde moderne, où l'injustice et l'inégalité semblent dominer, les Kamites trouvent dans Maât une force de résistance et de résilience. Ils se lèvent contre les oppressions, les discriminations, non pas avec colère ou haine, mais avec une détermination sereine, nourrie par la conviction que l'harmonie est possible, que la justice triomphera. Mais comment cette spiritualité, nourrie par des millénaires de sagesse, trouve-t-elle sa place dans la modernité ? Par l'adaptation, par la réinvention. Les Kamites d'aujourd'hui utilisent les outils du monde contemporain pour diffuser leur message, pour partager leur vision. Internet, les réseaux sociaux, les forums en ligne deviennent les nouveaux temples où se célèbrent les valeurs ancestrales. Des discussions virtuelles s'élèvent, des voix s'unissent, des idées se propagent. À travers ce maillage numérique, la spiritualité Kamite s'étend, touche des cœurs, réveille des consciences. C'est un réveil silencieux, mais profond, qui traverse les frontières, les cultures, et redonne un sens à ceux qui se sentent déracinés dans un monde de plus en plus individualiste. La transmission de cet héritage ne se fait pas uniquement par les mots, mais aussi par l'action. Les Kamites ne sont pas de simples contemplatifs, détachés du monde et de ses réalités. Au contraire, ils sont engagés, investis dans leurs communautés, dans la lutte pour la justice sociale, pour l'égalité des droits. Chaque projet, chaque initiative, chaque action concrète est une manière de manifester les principes de Maât. Des centres éducatifs sont ouverts, des associations de soutien voient le jour, des programmes de développement durable sont lancés. Tout cela avec un seul but : créer un monde où chacun peut vivre en harmonie, où la justice est accessible à tous, où l'humanité retrouve sa dignité.

C'est aussi dans l'éducation que la renaissance Kamite se concrétise. Les jeunes, en redécouvrant les récits de leurs ancêtres, trouvent une force nouvelle pour affronter les défis du présent. Les mythes, les légendes, les sagesses des anciens deviennent des armes contre l'aliénation culturelle. Ils redonnent un sens à des identités trop souvent niées ou effacées par les vagues de la colonisation. En réapprenant à se connaître, les Kamites se réapproprient leur passé, et avec lui, leur pouvoir d'agir sur le présent et de construire un avenir. Cet avenir, ils le bâtissent en honorant le passé, mais sans y rester prisonniers. Ils refusent de s'enfermer dans une nostalgie du "temps d'avant", tout en intégrant dans leur cheminement les leçons et les outils du présent. La spiritualité Kamite, loin d'être figée, est fluide, adaptable. Elle ne craint pas de se confronter aux idées nouvelles, aux défis modernes. Elle dialogue avec le monde, elle écoute, elle apprend, mais elle ne se trahit jamais. Et dans ce mouvement perpétuel, les Kamites se redécouvrent eux-mêmes. Ils comprennent que leur héritage est bien plus qu'une série de rituels ou de croyances. C'est une manière de voir le monde, une manière de vivre, une manière d'être. Être Kamite, c'est marcher avec la tête haute, avec la certitude que chaque pas, chaque choix compte. C'est savoir que chaque geste, aussi petit soit-il, a un impact sur l'univers tout entier. C'est, en fin de compte, incarner Maât dans chaque aspect de sa vie, dans chaque interaction, dans chaque relation. Le chemin est long, semé d'embûches, mais il est aussi rempli de beauté, de découverte, de sens. La spiritualité Kamite offre une carte pour naviguer dans les eaux troubles du monde moderne, mais cette carte n'est pas un itinéraire fixe. Elle est un guide, une étoile qui brille dans la nuit, rappelant à chaque âme Kamite que le pouvoir de transformation, d'évolution, et d'accomplissement est en elle. Voilà l'héritage vivant des Kamites : une source intarissable de sagesse et de force, une voie vers un avenir où la justice et l'harmonie, comme autrefois, régneront à nouveau. Un héritage qui, à chaque génération, se renouvelle, se réinvente, et continue de faire vibrer le cœur de ceux qui choisissent d'en être les porteurs.

Le rôle de la spiritualité Kamite

La spiritualité Kamite s'enracine dans les croyances et pratiques des anciens Égyptiens, apportant une richesse inestimable à la compréhension de l'humanité et de son lien avec le divin. Pour les Kamites contemporains, cette spiritualité est un chemin vers la reconnexion avec leur histoire, une quête pour retrouver les valeurs, les rituels et la sagesse des ancêtres. La spiritualité Kamite est bien plus qu'un simple retour aux sources, bien plus qu'une quête identitaire ou culturelle. Elle est une force vivante, un souffle ancien qui, en traversant les âges, se réinvente à chaque époque, dans chaque cœur qui la reçoit. Ce n'est pas une simple redécouverte du passé, mais un réengagement profond avec une sagesse intemporelle, une communion avec des énergies primordiales qui transcendent le temps et l'espace. C'est la redécouverte d'une cosmologie où l'humanité, la nature et le divin ne font qu'un, un tout harmonieux et indissociable, fondé sur les principes de vérité, de justice et d'équilibre. Au cœur de cette spiritualité se trouve la Maât, principe suprême de l'ordre cosmique. Maât est bien plus qu'une déesse, bien plus qu'un simple symbole d'harmonie : elle est la loi même de l'univers, celle qui maintient l'équilibre entre le chaos et l'ordre. Lorsque les anciens Kamites vivaient en harmonie avec Maât, ils respectaient non seulement les lois naturelles, mais aussi celles de l'éthique, de la justice, de la compassion. Vivre en accord avec Maât, c'était participer activement à la création d'un monde où l'équilibre universel était respecté. Ce n'était pas une simple règle morale, mais un art de vivre, une manière de respirer, de penser et d'agir.

Aujourd'hui, les Kamites contemporains sont les gardiens de cette vision. Dans un monde où l'injustice, la corruption et le déséquilibre semblent dominer, la spiritualité Kamite devient une réponse puissante à l'oppression et à l'aliénation. Elle offre une voie de guérison, de transformation, une invitation à rétablir l'harmonie non seulement dans la vie individuelle, mais aussi dans la société. Chaque geste, chaque parole, chaque pensée alignée avec Maât devient une déclaration de foi, un engagement à bâtir un monde meilleur, plus juste, plus équilibré. Pourtant, cette spiritualité ne se limite pas à des rituels figés ou à des dogmes immuables. Elle est vivante, dynamique, fluide. Elle s'adapte, elle évolue, elle s'enrichit des réalités contemporaines. À l'ère du numérique, les Kamites utilisent les outils modernes pour renouer avec leurs racines et propager leurs valeurs. Les forums en ligne, les réseaux sociaux, les podcasts deviennent des plateformes où les idées circulent, où les savoirs se transmettent, où les communautés se forment. Ce n'est plus seulement dans les temples physiques que se célèbrent les rituels, mais aussi dans ces espaces virtuels, où des esprits connectés partagent une quête commune de vérité et de justice.

La relation avec les ancêtres est, elle aussi, centrale dans cette spiritualité. Dans la tradition Kamite, les ancêtres ne sont pas des figures du passé, mais des présences vivantes, des guides invisibles qui continuent d'accompagner les vivants. Honorer ses ancêtres, c'est reconnaître leur rôle actif dans le maintien de l'équilibre cosmique, c'est s'inscrire dans une lignée sacrée qui dépasse la mort elle-même. Les rituels d'offrandes, les prières et les invocations ne sont pas de simples cérémonies commémoratives ; ils sont des ponts entre les mondes, des portes ouvertes vers des dimensions où passé, présent et futur se rejoignent. Les ancêtres sont les gardiens de la sagesse, les protecteurs de la famille, les intermédiaires entre les hommes et les forces divines. Cette connexion avec les ancêtres se manifeste aussi dans les récits et les mythes qui traversent les générations. Les histoires d'Osiris, d'Isis, de Rê et d'Anubis ne sont pas seulement des légendes anciennes ; elles sont des enseignements vivants, des paraboles qui éclairent la nature de l'existence, le cycle de la vie, de la mort et de la renaissance. En plongeant dans ces récits, les Kamites redécouvrent des vérités universelles, des leçons sur la résilience, la transformation, et l'espoir. Osiris, le dieu ressuscité, devient un symbole de la capacité de l'humanité à renaître, à se régénérer, même après les périodes les plus sombres.

Mais la spiritualité Kamite ne se limite pas à une simple réflexion théorique ou philosophique. Elle est également une pratique active, une voie de guérison, de réparation des blessures, tant individuelles que collectives. Les anciens Égyptiens avaient compris que la santé du corps était intimement liée à celle de l'esprit, et les pratiques de guérison spirituelle étaient au cœur de leur mode de vie. Les rituels de purification, les bains sacrés, les incantations de guérison étaient des moyens de restaurer l'harmonie entre le corps et l'âme, de rétablir l'équilibre perturbé par la maladie, le stress, ou le traumatisme. Aujourd'hui, les Kamites reprennent ces pratiques, cherchant à soigner les blessures profondes laissées par l'esclavage, la colonisation, et la discrimination. La musique et la danse occupent également une place prépondérante dans cette spiritualité. Les percussions résonnent comme des battements de cœur, les chants sacrés élèvent les âmes vers les cieux, et les danses rituelles deviennent des prières en mouvement, des expressions de gratitude, de célébration et de connexion avec les forces invisibles. Ces pratiques artistiques ne sont pas de simples divertissements ; elles sont des moyens de communion avec le divin, des moyens de canaliser l'énergie cosmique, de participer activement à l'équilibre de l'univers. Dans chaque rythme, dans chaque pas de danse, il y a une force, une puissance qui transcende le matériel pour toucher au sacré. Ainsi, la spiritualité Kamite est une source inépuisable d'inspiration, de force et de transformation. Elle invite chaque être à se reconnecter à son essence, à retrouver le chemin vers une existence pleine de sens, alignée avec les lois de l'univers. Pour les Kamites d'aujourd'hui, elle est une réponse aux défis du monde moderne, une boussole qui guide leurs pas dans un monde en quête de repères. C'est un appel à vivre en harmonie avec soi-même, avec les autres, et avec l'univers tout entier.

Ce chemin n'est pas facile, mais il est riche de promesses. En renouant avec leur héritage spirituel, les Kamites redécouvrent une identité perdue, une dignité longtemps niée, et une force intérieure qui leur permet de transformer le monde autour d'eux. Ils deviennent les porteurs de la flamme ancestrale, les gardiens de la Maât, les bâtisseurs d'un futur où la justice et l'harmonie règnent à nouveau. Leur quête est celle de l'élévation, de la plénitude, de l'accomplissement. La spiritualité Kamite est un héritage précieux, un trésor inestimable. Elle n'est pas figée dans le passé, mais elle se renouvelle sans cesse, dans chaque âme qui l'adopte, dans chaque cœur qui la fait sienne. Elle est une invitation à la découverte, à la transformation, à la célébration de la vie dans toute sa complexité et sa beauté. C'est une ode à l'humanité, à la vérité, à l'harmonie universelle. Voilà ce qu'incarne la spiritualité Kamite : un voyage infini vers la lumière, une quête incessante de justice et d'équilibre, une danse sacrée entre le visible et l'invisible.

L'héritage de Maât : Un guide moral intemporel
L'histoire de Maât, incarnation divine de la vérité, de la justice et de l'harmonie, résonne à travers les siècles, vibrant dans les cœurs des Kamites d'hier et d'aujourd'hui. Son essence traverse les âges comme un fleuve profond, imperturbable, guidant les âmes en quête d'un chemin éthique dans un monde où la moralité semble souvent vaciller. Maât, loin d'être une figure figée dans les écrits antiques, est une énergie, une force vivante qui continue de modeler la conscience collective de ceux qui la reconnaissent, même dans le tumulte des réalités modernes.
Dans les temples d'Égypte, chaque jour commençait par une prière à Maât, car pour l'Ancien Égyptien, maintenir l'ordre cosmique était une responsabilité partagée entre les hommes et les dieux. Chaque action, aussi insignifiante fût-elle, était une pierre dans l'édifice sacré du monde. Ainsi, un simple geste de générosité ou un acte de justice prenait une dimension cosmique, contribuant à l'harmonie universelle. Les Kamites contemporains, bien qu'éloignés des pyramides et des autels de pierre, continuent de percevoir la vie à travers ce prisme : vivre selon Maât est une obligation sacrée qui dépasse les frontières de l'individu et engage le monde entier.

Maât, ce principe divin, n'est pas seulement un guide spirituel pour les moments de prière ou de recueillement, mais une force présente dans chaque souffle, chaque regard, chaque pas. Pour les Kamites modernes, la question n'est plus simplement de savoir comment adorer Maât, mais comment l'incarner. Comment faire vivre cette vérité dans un monde où la justice est trop souvent corrompue, où l'harmonie est brisée par l'égoïsme, la division et l'indifférence ? Les principes de Maât sont exigeants, mais ils sont aussi un remède à l'angoisse existentielle qui ronge l'humanité. Ils rappellent que l'équilibre est possible, que la justice n'est pas une utopie, mais un devoir sacré. Dans ce monde où l'injustice peut prendre racine dans les cœurs des hommes, Maât rappelle à chacun que chaque choix compte, que chaque action peut soit contribuer à l'harmonie cosmique, soit nourrir le chaos. Ce que Maât enseigne, c'est que la justice n'est pas seulement un concept législatif ou un simple mécanisme social. Elle est une attitude, une manière de vivre. Elle commence par la reconnaissance de l'autre, par la capacité à voir l'humanité dans chaque être, à comprendre que les intérêts personnels ne peuvent être poursuivis au détriment de la communauté. Pour les Kamites, cette vision éthique s'étend au-delà des relations humaines : elle englobe les relations avec la nature, avec le monde invisible, avec l'univers tout entier.

Aujourd'hui, cette sagesse ancestrale réapparaît dans des initiatives contemporaines comme celles de l'Ordre de Maât, un mouvement dédié à la réhabilitation des valeurs Kamites dans la société moderne. Cet ordre, qui se veut à la fois gardien et propagateur de l'éthique de Maât, propose une révolution silencieuse mais puissante : transformer le monde non pas par la force ou la révolte, mais par la justice, la vérité et l'harmonie. À travers des ateliers, des séminaires, et des projets communautaires, ils réintroduisent dans la conscience collective cette idée essentielle : Maât n'est pas une relique du passé, mais un phare pour guider notre humanité en quête de sens. Imaginez un groupe de femmes et d'hommes, jeunes et moins jeunes, qui se rassemblent, non pas pour débattre de théories abstraites, mais pour discuter des moyens concrets de restaurer l'équilibre dans leur communauté. Ils se penchent sur les questions de justice sociale, de protection de l'environnement, d'éducation, toujours avec en toile de fond cette question brûlante : comment incarner Maât aujourd'hui ? Chaque conversation devient une exploration de la vérité, chaque action une tentative de rétablir l'harmonie. Ils savent que la véritable révolution ne se fait pas uniquement dans la rue ou dans les parlements, mais d'abord dans le cœur de chaque individu, à travers le respect de la Maât. L'héritage de Maât ne se limite pas aux grands actes héroïques ou aux déclarations solennelles. Il se manifeste dans les petits gestes, les décisions de tous les jours, ces instants où l'on choisit d'agir avec intégrité, de dire la vérité même lorsqu'elle est inconfortable, d'apporter de l'harmonie là où il n'y a que désordre. Ces moments, bien qu'invisibles aux yeux de la société, sont autant de pierres posées sur l'autel de l'ordre cosmique. Ils sont des actes de résistance contre le chaos, des prières silencieuses offertes à l'univers.

Maât, dans sa splendeur, est avant tout un appel à la responsabilité. Elle exige de nous une vigilance constante, un engagement sans faille à rechercher la vérité, à rendre justice, à maintenir l'équilibre. Ce n'est pas un chemin facile. Il est semé d'embûches, de tentations de céder à la facilité, au mensonge, à l'égoïsme. Mais pour les Kamites, vivre selon Maât, c'est accepter cette lutte intérieure, c'est comprendre que la vraie liberté ne réside pas dans l'absence de contraintes, mais dans l'alignement avec les lois universelles qui régissent le monde. Cette quête de vérité, cette soif de justice, n'est pas seulement un idéal moral. Elle est une nécessité existentielle. Car sans Maât, sans cet équilibre, l'univers lui-même s'effondrerait. Dans chaque société, dans chaque civilisation, dans chaque être humain, la même bataille se joue : celle entre l'ordre et le chaos, entre la lumière et l'obscurité. Et Maât, comme un phare dans la tempête, offre une direction, une voie à suivre. Les Kamites d'aujourd'hui, en s'engageant sur cette voie, deviennent des gardiens de cet équilibre. Ils rappellent au monde que la justice n'est pas un luxe, mais une nécessité. Que l'harmonie ne soit pas une utopie, mais une réalité possible si chacun accepte de jouer son rôle. Ils incarnent l'héritage de Maât dans chaque geste, dans chaque parole, dans chaque décision. L'héritage de Maât, en tant que guide moral intemporel, ne mourra jamais tant qu'il y aura des âmes prêtes à écouter son appel. Elle est là, présente dans le vent, dans la terre, dans le feu des étoiles. Elle attend que nous la reconnaissions, que nous la fassions nôtre, que nous l'incarnions pleinement. Et dans cette incarnation, nous découvrirons non seulement la justice, mais aussi la paix, non seulement l'ordre, mais aussi l'amour, non seulement l'harmonie, mais aussi la plénitude. Maât n'est pas simplement une voie : elle est la voie, la vérité et la lumière.

Les dieux et la spiritualité Kamite : Un dialogue vivant

La spiritualité Kamite se manifeste également par une relation dynamique avec un panthéon riche et complexe de dieux et de déesses, tels que **Isis**, **Osiris**, et **Horus**. Chacun d'eux représente des forces naturelles et des principes universels qui influencent la vie humaine. Par exemple, **Isis**, déesse de la fertilité et de la maternité, est souvent invoquée pour des bénédictions liées à la famille et à la prospérité. Les rituels d'adoration peuvent impliquer des offrandes de fleurs, d'encens, et des prières, mais aussi des réflexions sur la façon dont ces principes peuvent être intégrés dans la vie moderne. Il existe un murmure ancien qui traverse les âges, un chant que le vent porte des dunes du Sahara aux plaines fertiles du Nil. C'est la voix des dieux Kamites, immortels témoins de l'histoire de l'humanité, gardiens des secrets de la création. La spiritualité Kamite, imprégnée de cette résonance divine, est une invitation à entrer dans un dialogue éternel avec un panthéon de dieux et de déesses dont la sagesse, loin de se cantonner aux mythes, continue de guider l'existence des hommes et des femmes d'aujourd'hui. Ce dialogue n'est pas figé dans les textes poussiéreux ou les gravures des temples en ruines ; il est vivant, vibrant, fluide. Il est une danse, une symphonie où chaque individu trouve sa place, son rôle, son appel.

À l'aube de la civilisation, les anciens Égyptiens comprenaient déjà que leur destin était intimement lié aux caprices des forces cosmiques, incarnées par des divinités aux pouvoirs immenses et aux attributs symboliques. Isis, la Mère des dieux, ne représente pas seulement la fertilité et la maternité ; elle est la protectrice, celle qui guérit, celle qui apaise. Ses bras étendus vers l'univers embrassent non seulement les enfants humains, mais aussi ceux qui, dans leur cœur, cherchent refuge dans la lumière de la sagesse. Osiris, son époux, n'est pas simplement le dieu de la mort et de la résurrection, mais aussi le symbole de l'espoir, le cycle de la vie éternelle qui défie les ténèbres du désespoir. Horus, leur fils, porte sur ses épaules les espoirs de tout un peuple, son œil vigilant scrutant l'horizon à la recherche des menaces, mais aussi des promesses de renouveau. La spiritualité Kamite ne demande pas une obéissance aveugle, elle invite plutôt à une exploration profonde de la condition humaine. À travers le dialogue avec ces divinités, les Kamites redécouvrent non seulement les mystères du cosmos, mais aussi ceux cachés en eux-mêmes. Car les dieux, bien qu'extérieurs, reflètent les forces internes que chaque individu doit apprendre à apprivoiser. En invoquant Isis, ce n'est pas seulement à la déesse que l'on s'adresse, mais à la partie de soi qui est capable de créer, de nourrir, de protéger. Lorsque l'on prie Osiris, c'est la force de résilience et de transformation qui est appelée à s'éveiller. Horus, le faucon aux ailes étendues, ne rappelle pas seulement la victoire sur le mal, il est aussi l'incarnation de la clairvoyance, du courage et de la justice.

Imaginez un soir au crépuscule, dans un temple en ruines, à l'ombre de statues colossales de dieux endormis depuis des siècles. Les chants de quelques dévots s'élèvent dans l'air, des prières mêlées à l'encens, des bougies vacillant doucement dans le vent. Sous cette voûte céleste étoilée, où le ciel semble plus proche, chaque être présent se trouve face à lui-même, face aux dieux. Mais le vrai rituel ne se passe pas ici, dans la pierre et la cire. Il a lieu dans le cœur de chacun, là où se trouve le véritable sanctuaire, où les prières sont entendues, où les transformations s'opèrent. Les dieux écoutent, non comme des figures lointaines et inaccessibles, mais comme des parents bienveillants qui chuchotent des conseils, guident et protègent. Ce dialogue avec les divinités Kamites se poursuit dans les moments les plus ordinaires de la vie. Les Kamites modernes, bien qu'éloignés des rituels anciens, puisent leur force dans cette interaction sacrée. Chaque décision, chaque choix devient une conversation silencieuse avec les dieux. Lorsque la justice est rendue, c'est Maât qui est honorée. Lorsque la vérité est dite, c'est Thot qui s'exprime à travers les mots. Lorsque la lumière est cherchée dans les ténèbres du doute, c'est Rê, le dieu solaire, qui éclaire le chemin.

Les arts, eux aussi, deviennent des offrandes aux dieux. Que ce soit à travers une peinture vibrante de couleurs éclatantes, un chant empli d'émotion ou une danse racontant les épopées des anciens, chaque geste artistique est une prière silencieuse, une tentative de capter l'essence du divin et de l'inscrire dans la matière. Pour les artistes Kamites, créer n'est pas seulement une question d'expression personnelle, c'est un acte sacré, une manière d'honorer les ancêtres, les dieux, et les forces cosmiques qui gouvernent l'univers. Ainsi, chaque fresque, chaque statue, chaque mélodie devient une passerelle entre le visible et l'invisible, entre l'humain et le divin. Le panthéon Kamite, bien qu'ancré dans l'Antiquité, est étonnamment moderne dans les leçons qu'il offre. Osiris, dans son rôle de dieu de la résurrection, rappelle que rien n'est jamais vraiment perdu. Même dans la défaite, il y a une renaissance possible, même dans la mort, il y a une promesse de renouveau. Ce cycle de destruction et de création est un thème qui résonne avec les défis contemporains auxquels les Kamites et le monde entier sont confrontés. L'espoir est une force indomptable, une flamme qui ne s'éteint jamais. Isis, quant à elle, montre que la force ne réside pas uniquement dans le pouvoir brut, mais dans la capacité à aimer, à guérir et à protéger. Horus, en tant que protecteur du peuple, incarne le courage nécessaire pour affronter l'adversité et veiller sur ceux qui ne peuvent se défendre eux-mêmes.

En ce sens, la spiritualité Kamite ne se limite pas à une simple vénération de divinités. Elle est un appel à l'action, une exhortation à vivre pleinement les principes que ces dieux incarnent. Les Kamites ne se contentent pas de prier pour la justice, ils travaillent activement à la créer dans leur communauté. Ils n'attendent pas passivement que les dieux résolvent leurs problèmes, ils comprennent que les divinités leur ont donné les outils pour le faire eux-mêmes. C'est là tout le pouvoir de cette spiritualité : elle responsabilise l'individu, tout en lui offrant le soutien d'une force supérieure. Les Kamites modernes, en se connectant à ce panthéon ancien, trouvent non seulement une source de sagesse, mais aussi une identité, une appartenance. Dans un monde souvent en quête de sens, cette spiritualité leur rappelle qu'ils ne sont jamais seuls. Les dieux marchent à leurs côtés, leurs ancêtres veillent sur eux, et chaque prière, chaque méditation, chaque œuvre d'art devient une réponse à ce dialogue ancien, mais toujours vivant. Ainsi, la spiritualité Kamite est bien plus qu'une simple croyance. Elle est une célébration de la vie, un engagement à l'harmonie, un voyage spirituel où chaque pas rapproche un peu plus l'âme humaine des mystères du cosmos.

En honorant les dieux, en vivant selon leurs principes, les Kamites se connectent à l'infini, transcendent le quotidien et ouvrent des portes vers des horizons spirituels encore inexplorés.

Rituels contemporains : Une renaissance spirituelle
Les rituels Kamites contemporains sont une fusion de traditions anciennes et de besoins modernes. Par exemple, des cercles de discussion sont souvent organisés pour explorer des thèmes liés à l'héritage Kamite. Dans ces espaces, les participants partagent des histoires, des chants et des danses qui rendent hommage à leurs ancêtres tout en posant des questions sur leur place dans le monde d'aujourd'hui. Ces rassemblements créent un sentiment de communauté, une solidarité qui transcende les générations et redonne vie à des pratiques qui auraient pu être oubliées. La nuit est tombée, enveloppant la terre d'une obscurité profonde. Mais dans cet espace sacré, une lumière douce brille, vacillant au rythme des chants anciens. Ces rituels contemporains Kamites, bien que nés d'un passé lointain, incarnent aujourd'hui un renouveau, une renaissance spirituelle qui relie les âmes dispersées d'une diaspora cherchant à retrouver son essence. Ils ne sont pas de simples échos d'une époque révolue ; ils sont une réponse vivante, une pulsation vibrante de l'esprit, une offrande à l'univers dans lequel le sacré et le profane dansent ensemble.

Les cercles de discussion, ces rassemblements humbles mais puissants, deviennent des lieux où l'héritage Kamite est ressuscité. Dans la lumière tamisée d'un feu de camp, ou au sein d'une salle éclairée par des bougies, les participants se réunissent non seulement pour échanger des mots, mais pour tisser des liens profonds avec leurs ancêtres, leurs frères et sœurs contemporains, et avec eux-mêmes. Ce n'est pas une simple conversation ; c'est une cérémonie où les récits personnels et collectifs se fondent dans une harmonie cosmique. Chaque parole prononcée est une invocation, chaque silence est un hommage, chaque regard est une prière muette adressée aux anciens qui veillent dans l'invisible. Dans ces espaces, on raconte des histoires qui n'ont jamais été écrites dans les livres d'histoire, des récits transmis de génération en génération, mais souvent oubliés par le tumulte de la modernité. Ici, on honore ces récits avec une ferveur retrouvée.

Des chants s'élèvent, des corps se meuvent dans des danses rituelles, et les esprits des ancêtres, qui ont traversé tant de tempêtes, semblent vibrer au cœur de ces gestes. À travers chaque note de musique, chaque battement de tambour, chaque mouvement de danse, c'est la mémoire collective qui prend vie. Ces rituels ne sont pas des reconstitutions, mais des créations : chaque chant est recréé dans l'instant, chaque danse est une réponse aux défis d'aujourd'hui.

Un de ces moments les plus puissants est le **Maât Day**, un jour où tout s'arrête pour que la justice, l'équilibre et la vérité soient honorés. La scène est posée : des foules vêtues de blanc, symboles de pureté et d'harmonie, se réunissent sous un ciel éclatant, les visages illuminés par une joie sereine et collective. Ce jour-là, les Kamites ne se contentent pas de commémorer leur histoire ; ils la vivent pleinement, incarnant les principes de Maât dans chaque action, chaque geste. Des forums sont organisés, où des esprits aiguisés discutent avec ferveur des enjeux du monde moderne : la justice sociale, les droits humains, la préservation de l'environnement. Dans chaque mot prononcé, on sent l'énergie vibrante des dieux, comme si Maât elle-même guidait les débats, soufflant dans le vent ses conseils de sagesse millénaire. L'air est rempli de la musique des ancêtres. Sur scène, des artistes s'expriment, leurs performances deviennent des prières visuelles et auditives. Les corps des danseurs se plient, se tendent et s'élancent dans des mouvements chorégraphiques qui racontent des histoires vieilles comme le monde, mais dont la signification est toujours d'actualité. Les tambours résonnent, rappelant les battements de cœur de la terre mère, tandis que des chants s'élèvent pour invoquer les esprits de justice et de guérison. Chaque spectacle est un hommage à l'âme collective Kamite, une célébration de la force, de la résilience et de l'espoir. Dans un coin, sous la tente d'un atelier éducatif, de jeunes esprits avides d'apprendre se pressent autour d'un ancien. Sa voix, douce mais ferme, raconte les récits des temps anciens, mais également ceux de la lutte contemporaine. Ici, on enseigne non seulement les sagesses du passé, mais aussi comment elles peuvent se traduire dans le monde d'aujourd'hui. Comment les principes de Maât peuvent-ils guider nos actions dans un monde marqué par l'injustice et l'aliénation ? Comment l'harmonie cosmique peut-elle s'intégrer dans la vie moderne, dans nos décisions quotidiennes, nos luttes sociales ? Ces questions sont débattues, réfléchies, transmises. Les jeunes écoutent, mais ils participent aussi activement. Chaque idée germe, se développe, prend forme. Des futurs leaders sont forgés, non dans la solitude d'un apprentissage abstrait, mais dans l'interaction, dans le dialogue, dans la connexion avec la communauté.

Ces rituels, bien qu'ancrés dans des traditions millénaires, sont profondément contemporains. Ils ne sont pas figés dans le passé, mais adaptent les enseignements anciens aux besoins urgents du présent. Les Kamites d'aujourd'hui ne se contentent pas de revivre les rites ancestraux ; ils les réinventent, les actualisent. Les prières à Maât pour la justice trouvent un écho dans les marches pour les droits civiques. Les offrandes à Rê pour la lumière et la guidance deviennent des actions concrètes pour l'éducation et l'émancipation des esprits. La danse rituelle, autrefois exécutée devant les temples de pierre, est aujourd'hui exécutée sur les places publiques, dans les salles de concert, et même sur les scènes de théâtre. Mais quelle que soit sa forme, l'intention reste la même : honorer l'ordre cosmique, rechercher l'harmonie, et rétablir l'équilibre. Et cette renaissance spirituelle ne se limite pas à des rituels publics ou à des célébrations collectives. Elle trouve aussi sa place dans l'intimité de la vie quotidienne. À travers la méditation, la prière silencieuse, les moments de réflexion, les Kamites modernes se reconnectent aux forces qui les dépassent. Ils méditent sur les enseignements des dieux, sur les principes de Maât, sur la sagesse des anciens. Chaque souffle est une prière, chaque instant de silence est une offrande. Cette spiritualité, bien que pratiquée dans des cercles privés, rayonne dans leur façon d'être, de vivre, d'aimer, et de se battre pour un monde meilleur.

Les rituels contemporains Kamites, dans toute leur diversité et leur complexité, sont ainsi une réponse à l'aliénation moderne. Dans un monde où le matérialisme, l'individualisme et la déconnexion spirituelle règnent souvent en maîtres, ces rituels offrent un refuge, un retour à l'essentiel. Ils rappellent que la spiritualité n'est pas une évasion, mais une immersion profonde dans le mystère et la beauté de l'existence. Ils créent des espaces de guérison, des espaces de transformation, des espaces où l'âme peut se régénérer et trouver sa place dans l'ordre cosmique. Ce renouveau spirituel est aussi un acte de résistance. C'est une manière de dire au monde que, malgré les siècles de colonisation, d'oppression et de dispersion, les Kamites n'ont pas oublié qui ils sont. Leurs rituels sont une réaffirmation de leur identité, une manière de proclamer haut et fort que leur culture, leur héritage et leur spiritualité sont toujours vivants, toujours pertinents, toujours porteurs d'espoir. Ils célèbrent non seulement le passé, mais aussi l'avenir, un avenir où la justice, la vérité et l'harmonie ne seront plus de simples idéaux, mais des réalités concrètes pour tous. Ainsi, chaque cercle de discussion, chaque Maât Day, chaque prière individuelle devient un pas de plus vers cette renaissance collective, cette réappropriation spirituelle, cette révolution silencieuse mais implacable qui, peu à peu, transforme non seulement la communauté Kamite, mais aussi le monde qui l'entoure.

Les défis de l'intégration spirituelle dans un monde moderne

Cependant, cette redécouverte de la spiritualité Kamite n'est pas sans défis. Dans un monde où les religions abrahamiques dominent souvent le paysage spirituel, les Kamites peuvent se heurter à des malentendus ou des préjugés. Les critiques de la spiritualité Kamite affirment parfois qu'elle est trop ancrée dans le passé, voire qu'elle rejette les valeurs contemporaines. Cette perception peut créer des obstacles pour ceux qui cherchent à intégrer ces enseignements dans leur vie moderne. Imaginons une forêt dense, ses arbres immenses étendant leurs branches au ciel, tandis que leurs racines s'enfoncent profondément dans la terre. C'est ainsi que l'on pourrait décrire la quête contemporaine des Kamites pour réconcilier leur spiritualité ancienne avec le monde moderne. Chaque branche représente une aspiration vers l'avenir, chaque racine symbolise un lien avec les traditions ancestrales. Entre les deux, le tronc, solide et résistant, incarne l'effort constant pour maintenir l'équilibre entre le passé et le présent, entre la mémoire et l'innovation.

Cette redécouverte de la spiritualité Kamite, bien que magnifique, est parsemée d'obstacles. Dans un monde saturé de voix religieuses dominantes, particulièrement celles des traditions abrahamiques, il n'est pas rare que la spiritualité Kamite soit mal comprise, voire rejetée. Souvent perçue comme une pratique mystique, archaïque, ou même exotique, elle se heurte aux préjugés qui la caricaturent en simple nostalgie d'un passé révolu. Ceux qui choisissent de suivre ce chemin doivent affronter non seulement l'ignorance, mais aussi l'indifférence ou la dérision. Imaginez une jeune femme Kamite, levant la tête vers les étoiles une nuit d'été. Elle se sent connectée à l'univers, à ses ancêtres, à ses dieux. Mais au moment où elle retourne à la réalité de sa vie quotidienne, elle fait face à un monde où cette connexion est rarement comprise, où la sagesse spirituelle de ses ancêtres semble, aux yeux de beaucoup, décalée face aux défis modernes. Pourtant, elle sait au plus profond d'elle-même que cette sagesse détient des réponses intemporelles. Elle sait que les principes de Maât, ces lois divines de justice, d'équilibre et de vérité, sont plus que jamais nécessaires dans un monde fracturé par l'injustice et les inégalités. Mais comment faire entendre cette voix dans un monde saturé d'informations superficielles et de valeurs de consommation ? Comment convaincre que les racines de cette spiritualité, bien qu'anciennes, sont capables de nourrir les âmes contemporaines en quête de sens ? Le défi est immense : il s'agit de faire renaître des pratiques qui, aux yeux des sceptiques, semblent appartenir à un autre temps, tout en les rendant pertinentes, vivantes, et accessibles.

Les Kamites d'aujourd'hui, tel un tisserand habile, doivent combiner les fils d'or de leur héritage avec les fibres éclatantes des réalités modernes pour tisser une tapisserie vibrante et complexe. Il ne s'agit pas seulement de préserver la tradition, mais de la réinventer, de lui donner une nouvelle forme, adaptée aux contextes actuels, tout en respectant son essence profonde. Les cérémonies, les prières, les offrandes ne sont pas de simples reliques, mais des actes de résistance, des moyens de réaffirmer leur existence, leur dignité et leur foi dans un monde qui trop souvent cherche à les effacer. Les défis sont d'autant plus grands que, dans le cadre des spiritualités dominantes, la spiritualité

Kamite peut sembler en décalage. Pourtant, loin d'être un simple retour en arrière, elle est une quête d'équilibre, une redécouverte de l'harmonie entre l'humain, la nature et le cosmos. C'est un regard tourné vers l'intérieur, une invitation à reconnecter l'individu avec sa propre essence, avec les forces invisibles qui gouvernent le monde, avec l'ordre naturel des choses. Les Kamites modernes doivent non seulement expliquer, mais aussi démontrer par l'exemple que cette quête spirituelle est une réponse aux crises contemporaines – des crises spirituelles, écologiques et sociales. Prenons l'exemple de cette question cruciale : comment intégrer la spiritualité Kamite dans une société qui valorise la productivité au détriment du bien-être intérieur ? Alors que beaucoup se débattent avec le stress, l'épuisement et l'aliénation, les enseignements Kamites sur l'équilibre entre la vie intérieure et extérieure, entre l'homme et la nature, offrent un antidote à ces maux modernes. Les rituels Kamites sont des moments de ralentissement, des temps d'introspection, où le chaos quotidien laisse place à une harmonie retrouvée. Mais ce message doit être entendu dans un monde où l'intensité du rythme de vie étouffe souvent la quête de sens.

Pour surmonter ces défis, il est impératif de créer des espaces où les Kamites peuvent se rassembler, échanger, et partager leur expérience. Les cercles de discussion, les forums, les ateliers ne sont pas de simples réunions d'intellectuels : ils sont des foyers de réinvention. Ils sont des lieux où, ensemble, les Kamites réinventent des pratiques anciennes, les enrichissent, les adaptent. Ces espaces, tels des laboratoires spirituels, permettent à chacun de puiser dans les racines profondes de la tradition, tout en forgeant de nouvelles voies pour le futur. Les artistes Kamites jouent un rôle central dans cette réinvention. En s'inspirant des symboles ancestraux, en réinterprétant les récits mythologiques, ils rendent visible l'invisible. Par la musique, la peinture, l'écriture ou la danse, ils transforment les expériences spirituelles en œuvres tangibles, capables de toucher et d'émouvoir. Ce processus artistique devient une forme de résistance culturelle, un pont entre les générations, entre les mondes spirituels et matériels. Les œuvres créées deviennent des espaces de dialogue, où ceux qui ne connaissent rien à la spiritualité Kamite peuvent entrer en contact avec cette richesse, sans barrière ni préjugé. La technologie elle-même, souvent perçue comme ennemie de la tradition, devient un allié inattendu. À travers les réseaux sociaux, les blogs, les podcasts, la spiritualité Kamite trouve une nouvelle voix, une plateforme mondiale. Les jeunes Kamites peuvent se connecter, partager leurs expériences, trouver du soutien et de l'inspiration. Ces outils numériques, loin de diluer la spiritualité, permettent de l'enrichir, de la faire évoluer et de la diffuser bien au-delà des frontières géographiques.

Les défis de l'intégration de la spiritualité Kamite dans le monde moderne ne sont pas simplement spirituels ou philosophiques ; ils sont aussi sociaux et politiques. Ils interrogent la manière dont la société perçoit l'Afrique et ses diasporas, ses héritages, ses contributions. Reconnaître la valeur de la spiritualité Kamite, c'est aussi reconnaître la valeur de l'histoire africaine, c'est redonner une voix à des peuples souvent marginalisés. C'est affirmer que leurs croyances, leurs savoirs, leurs visions du monde sont tout aussi légitimes et puissantes que ceux des grandes religions mondiales. Ainsi, chaque pas vers l'intégration de cette spiritualité dans le quotidien est un acte de rébellion douce, une manière de refuser l'oubli, de réaffirmer la beauté et la puissance d'un héritage millénaire. C'est aussi un voyage vers l'avenir, car la spiritualité Kamite, loin d'être figée dans le passé, est une force de transformation, une lumière guidant les âmes dans un monde en quête de sens. Les Kamites ne sont pas seuls dans ce voyage. Chaque individu qui reconnaît la valeur de l'équilibre, de la justice, de l'harmonie cosmique trouve dans la spiritualité Kamite une source d'inspiration. Ensemble, ils tracent un chemin vers un avenir où les racines profondes du passé nourrissent les branches florissantes du présent. C'est un chemin qui ne se limite pas à une culture ou à un peuple, mais qui offre à l'humanité entière une autre manière de voir, de vivre et d'honorer la vie.

Le dialogue interreligieux : Vers une harmonie spirituelle

Dans ce contexte, que j'ai abordé, mais que je veux encore argumenter, dans une volonté de dialogue interreligieux. Cela devient une avenue prometteuse. En partageant des valeurs communes telles que la justice, la compassion ct l'équilibre, les Kamites peuvent établir des ponts avec d'autres traditions spirituelles. Par exemple, des rencontres avec des groupes chrétiens ou musulmans autour de thèmes de justice sociale peuvent ouvrir des espaces d'échanges et de compréhension mutuelle. Ce dialogue peut également enrichir la spiritualité Kamite en intégrant des perspectives nouvelles tout en préservant son essence. Le bruissement des voix s'élève doucement dans l'air d'une vaste salle baignée de lumière, où les murs semblent résonner des récits du passé et du présent. Ici, des représentants de différentes traditions spirituelles se rencontrent, non pas pour débattre ou se convaincre, mais pour écouter, partager, et apprendre les uns des autres. La lumière qui filtre à travers de grandes fenêtres de verre inonde la pièce, créant une atmosphère de sérénité et d'ouverture. Autour de longues tables en bois, des conversations jaillissent avec une passion discrète, des regards se croisent avec curiosité et respect, des sourires se partagent comme des offrandes silencieuses.

L'atmosphère est empreinte de solennité, mais aussi d'un espoir palpable, comme si chaque mot prononcé tissait lentement une nouvelle toile invisible. Dans un coin de la salle, un groupe s'anime autour d'une question centrale : la justice sociale. Chrétiens, musulmans, Kamites partagent leurs perspectives, évoquent leurs histoires, leurs luttes, leurs aspirations communes. La question de l'équité transcende ici les différences doctrinales ; elle devient un point de convergence, une étoile polaire qui guide chacun dans une quête partagée. Ce moment, plus qu'une simple rencontre, est un acte de communion. Pour les Kamites, ce dialogue interreligieux est à la fois un défi et une opportunité. Leur spiritualité, profondément enracinée dans les principes de Maât, repose sur des valeurs intemporelles : la justice, l'équilibre, la vérité. Mais comment ces valeurs peuvent-elles résonner aux oreilles de ceux qui ne connaissent ni leur histoire, ni leurs dieux ? Comment parler de Maât dans un monde où les systèmes de croyances abrahamiques dominent la scène spirituelle et culturelle ? La crainte du malentendu plane toujours au-dessus de ces échanges, mais il existe aussi une lueur d'espoir, celle que le langage de l'âme, celui des valeurs humaines partagées, transcende toutes les barrières.

Dans cet espace de dialogue, chaque tradition apporte sa propre lumière. Les Kamites évoquent la sagesse de Maât, une sagesse ancestrale qui prône l'équilibre et l'harmonie dans toutes les sphères de la vie. Les chrétiens, en réponse, parlent de l'amour du prochain, un appel à la compassion inconditionnelle qui trouve écho dans la voix des Kamites. Du côté musulman, les principes de charité et de justice sociale sont mis en avant, comme des ponts vers cette quête commune de dignité humaine. Les participants découvrent que, malgré leurs différences, leurs âmes vibrent à l'unisson lorsqu'il s'agit de défendre la justice, l'harmonie et l'équité. Imaginez alors les moments de silence qui suivent ces conversations animées, lorsque chaque participant, dans son propre cœur, fait l'expérience d'une révélation douce : la différence n'est pas une barrière, mais une richesse, un terrain fertile où poussent des graines de sagesse et de compréhension mutuelle. Le dialogue interreligieux devient alors bien plus qu'un simple échange d'idées ; il devient un voyage intime, une plongée dans l'âme de l'autre, une danse subtile entre la découverte et l'acceptation.

Ces dialogues ne s'arrêtent pas aux mots. Ils deviennent des actes, des manifestations tangibles de la foi en action. Des collaborations naissent, comme des fleurs rares dans un désert spirituel. Les Kamites, aux côtés de leurs partenaires chrétiens et musulmans, s'engagent dans des projets de justice sociale, luttant ensemble contre l'injustice, l'inégalité et la pauvreté. Ensemble, ils organisent des campagnes de sensibilisation, des actions concrètes pour aider les communautés les plus vulnérables. Ces gestes, bien plus que de simples démonstrations de solidarité, sont des preuves vivantes que la foi peut être un levier de transformation, un moteur de changement. À travers ces collaborations, les Kamites découvrent que leur propre spiritualité, loin d'être figée ou statique, est capable de s'adapter, de s'enrichir des rencontres avec l'Autre. Le dialogue interreligieux n'affaiblit pas leur foi, il la renforce. Ils apprennent des autres traditions, non pas pour copier ou imiter, mais pour éclairer sous un nouvel angle les enseignements qu'ils portent en eux depuis des siècles. Les chants de leurs ancêtres résonnent encore, mais ils se mêlent à d'autres harmonies, créant une symphonie nouvelle, à la fois familière et inédite.

Dans ce processus de dialogue, la curiosité est réciproque. Les autres traditions regardent les rituels Kamites avec fascination : les chants, les danses sacrées, les invocations aux forces de la nature. Ces pratiques ancestrales, vibrantes d'énergie et de symbolisme, captivent ceux qui n'en avaient jamais entendu parler. En retour, les prières chrétiennes, les méditations islamiques éveillent l'intérêt des Kamites, qui découvrent des formes de dévotion différentes mais tout aussi profondes. Ces moments d'échange ne sont pas des affrontements de dogmes, mais des rencontres d'âmes. Ces dialogues, cependant, ne sont pas toujours aisés. Les préjugés, les stéréotypes, les incompréhensions sont des ombres qui planent constamment. Les Kamites doivent souvent faire face à des regards qui les perçoivent comme des praticiens de croyances « exotiques » ou « anciennes », un malentendu qui fait écho à des siècles d'histoire coloniale et d'effacement culturel. Mais chaque discussion, chaque échange, est une opportunité de dissiper ces malentendus, d'éclairer l'autre sur la richesse et la profondeur de la spiritualité Kamite. Ils montrent par leur exemple que l'ouverture à l'autre, loin de diluer l'identité spirituelle, permet de la magnifier. En embrassant ce chemin, les Kamites se font les architectes d'une nouvelle forme de spiritualité, une spiritualité qui ne cherche pas à dominer, mais à coexister, à célébrer l'autre tout en honorant ses propres racines. Ils deviennent les gardiens d'un pont, un pont qui relie des rives autrefois considérées comme opposées, mais qui révèlent, une fois traversées, un paysage commun d'humanité partagée.
Ainsi, ce dialogue interreligieux n'est pas seulement une avenue prometteuse pour les Kamites, il est un acte de foi en l'humanité elle-même. Il offre une vision d'un avenir où les croyances et les pratiques, loin de diviser, deviennent des sources de croissance, des opportunités d'enrichissement mutuel. C'est une invitation à voir dans l'autre non pas une menace, mais un miroir, un reflet d'une quête spirituelle commune. Cette quête, loin de s'achever avec la rencontre, ne fait que commencer. Car dans chaque échange, dans chaque geste de compréhension, une vérité plus

grande se dévoile : nous sommes tous des voyageurs sur le même chemin, chacun portant sa propre lumière, chacun cherchant à illuminer l'obscurité qui nous entoure. Les Kamites, avec leur sagesse ancestrale, leur ouverture d'esprit et leur courage face aux défis, se positionnent alors non seulement comme des gardiens de leur propre foi, mais comme des messagers d'une vérité universelle. Ils montrent que la spiritualité, loin d'être un vestige du passé ou un refuge face aux incertitudes modernes, est un guide vivant, capable de nous mener vers un avenir où la diversité est célébrée, où l'harmonie spirituelle devient non pas un idéal lointain, mais une réalité tangible.

Un parcours vers l'authenticité
La spiritualité Kamite est bien plus qu'un simple héritage culturel ; elle représente une voie de transformation personnelle et collective. En se reconnectant à leurs racines spirituelles, les Kamites contemporains découvrent un chemin vers l'authenticité et l'épanouissement. La réaffirmation des valeurs de Maât et l'engagement dans des pratiques rituelles et communautaires fournissent une boussole éthique dans un monde souvent déséquilibré. Il existe dans chaque être humain une quête invisible, un appel sourd et constant, celui de l'authenticité. Pour les Kamites, ce voyage vers soi-même est un retour aux sources profondes, un chemin à la fois personnel et collectif. Se reconnecter à leurs racines spirituelles, à l'héritage laissé par les ancêtres, c'est retrouver une boussole qui guide à travers les tumultes de la vie moderne. Mais ce parcours vers l'authenticité n'est pas linéaire, il est marqué par des détours, des hésitations, des révélations, et des transformations.

Ce voyage commence souvent par un questionnement. Dans un monde saturé de distractions, où les vérités sont remises en question à chaque instant, où la modernité efface les traces du passé, que signifie être Kamite aujourd'hui ? Comment trouver sa place, en tant qu'individu porteur d'un héritage spirituel ancien, dans un environnement où cet héritage est parfois méconnu, parfois rejeté ? C'est là que la spiritualité Kamite, ancrée dans les valeurs de Maât, devient une clé pour déverrouiller ces questionnements. Elle n'offre pas des réponses toutes faites, mais invite à explorer, à écouter les voix ancestrales et à tracer son propre chemin. Ce chemin vers l'authenticité, c'est d'abord une reconquête. Une reconquête de soi, de son identité, de son essence profonde. En plongeant dans l'héritage de Maât, les Kamites découvrent un trésor spirituel d'une richesse inégalée. Maât, déesse de la vérité, de la justice et de l'harmonie cosmique, ne représente pas une simple figure mythologique, mais un guide éthique pour naviguer dans un monde déséquilibré. La vérité qu'elle enseigne est une force qui transcende les illusions du monde moderne. En adoptant ses préceptes, les Kamites réapprennent à marcher dans la droiture, à honorer l'équilibre dans leurs relations, à trouver la paix dans leur cœur, même au milieu du chaos.

Ce n'est pas un simple retour en arrière, une nostalgie pour un âge d'or révolu, mais une réinterprétation active de cet héritage. Chaque geste rituel, chaque prière, chaque méditation devient une connexion avec cette force invisible qui soutient l'univers. Les pratiques ne sont pas figées dans le temps ; elles évoluent, elles s'adaptent, tout comme le monde qui les entoure. Les cérémonies rituelles sont autant d'actes de renaissance personnelle, où le sacré prend forme dans le quotidien. Offrir une libation aux ancêtres, invoquer les forces de la nature, danser en l'honneur des divinités, ce ne sont pas là de simples traditions, mais des moments de transformation profonde. À travers ces gestes, les Kamites entrent en contact avec le divin, et par là-même, avec la part la plus authentique d'eux-mêmes. Et dans ce parcours, il y a aussi la communauté. Être Kamite, c'est savoir que l'individu ne peut s'épanouir pleinement sans la force de la collectivité. Lorsqu'ils se rassemblent pour des cérémonies, des cercles de paroles, ou même pour partager un repas sacré, les Kamites créent des espaces de résonance collective. Ces espaces sont des refuges de paix, des oasis spirituelles où chacun peut déposer ses doutes, partager ses joies, et trouver un soutien indéfectible. La communauté devient alors un miroir bienveillant, un lieu où chacun est vu, entendu, et reconnu pour ce qu'il est vraiment. C'est dans ces moments d'unité que la spiritualité prend toute sa dimension humaine et collective, où l'individu trouve sa place dans le grand cercle de la vie. Mais ce chemin vers l'authenticité n'est pas dénué de défis. Il faut, à chaque étape, déconstruire les stéréotypes, faire face aux incompréhensions et aux jugements extérieurs. Les Kamites, souvent perçus à travers le prisme de l'exotisme ou de l'archaïsme, doivent constamment lutter pour affirmer la légitimité de leur spiritualité dans un monde qui valorise la rationalité et la technologie. Pourtant, c'est justement dans cette lutte que se révèle toute la puissance de leur foi. Chaque obstacle devient une épreuve initiatique, un passage qui les pousse à redéfinir, encore et toujours, ce que signifie être Kamite dans le présent.

Cette quête d'authenticité est aussi une forme de résistance. Résister à l'assimilation, à l'effacement culturel, à l'homogénéisation spirituelle. C'est affirmer, haut et fort, que la spiritualité Kamite n'est pas un vestige du passé, mais une force vivante, vibrante, capable de parler aux âmes modernes. En renouant avec leurs ancêtres, en honorant leur héritage, les Kamites montrent que leur identité n'est pas simplement un objet de mémoire, mais une énergie en mouvement, une force créatrice qui transforme le présent et façonne l'avenir. Et cet avenir, ils le construisent patiemment, jour après jour, rituel après rituel. Chaque Kamite, en s'ouvrant à sa propre spiritualité, devient un artisan de cette renaissance. Ils ne sont pas les gardiens d'un temple figé dans le temps, mais les bâtisseurs d'un édifice nouveau, où la spiritualité est en constante évolution, où l'ancien et le nouveau s'entremêlent dans une danse harmonieuse. Ils démontrent que la modernité et l'ancestralité peuvent coexister, se nourrir mutuellement, créer un espace où l'authenticité est une force dynamique.

Les mythes anciens prennent alors une dimension nouvelle. Ils ne sont plus seulement des récits racontés autour du feu, mais des métaphores profondes qui éclairent les dilemmes modernes. La vie, la mort, la résurrection, ces thèmes universels que l'on retrouve dans les contes Kamites, deviennent des clés pour comprendre le cycle de l'existence. Chaque épreuve devient une opportunité de renaissance, chaque chute, une chance de se relever plus fort. C'est ici que réside l'un des plus grands enseignements de la spiritualité Kamite : tout est transformation, tout est renouveau. Rien n'est jamais figé, et chaque jour est une chance de réinventer son destin. Dans ce parcours vers l'authenticité, il ne s'agit pas seulement de se retrouver soi-même, mais aussi de contribuer à un monde plus juste, plus harmonieux. Car la spiritualité Kamite, ancrée dans Maât, ne se limite pas à une quête intérieure. Elle exige que l'individu joue un rôle actif dans la société, qu'il œuvre pour la justice, qu'il défende l'équilibre et l'harmonie dans toutes les sphères de la vie. Les Kamites deviennent ainsi des agents de changement, des porteurs de lumière dans un monde souvent plongé dans l'ombre de l'injustice. Leur engagement spirituel se traduit par des actions concrètes, des initiatives communautaires, des projets de justice sociale qui visent à restaurer l'ordre cosmique dans le monde humain. En embrassant pleinement leur héritage, en cultivant leur spiritualité avec soin et détermination, les Kamites découvrent que le parcours vers l'authenticité est un chemin sans fin, une quête qui les transforme à chaque étape. Ils deviennent les gardiens d'un feu sacré, un feu qui éclaire non seulement leur propre chemin, mais aussi celui de ceux qui les entourent. Leur spiritualité devient un phare, une source d'inspiration pour tous ceux qui cherchent à vivre une vie plus épanouie, plus authentique, plus en harmonie avec les forces qui régissent l'univers. Voilà l'essence de la spiritualité Kamite : un guide intemporel, un voyage vers soi, une force de transformation capable de redonner sens, espoir et direction dans un monde en perpétuelle mutation. C'est une invitation à retrouver l'authenticité perdue, à embrasser pleinement son héritage et à le faire rayonner pour les générations à venir.

Contraste avec les religions abrahamiques

L'exploration de la spiritualité Kamite, avec ses racines enchevêtrées dans l'histoire millénaire de l'Afrique, révèle une richesse et une profondeur qui peuvent sembler en décalage avec les religions abrahamiques — le judaïsme, le christianisme et l'islam. Ces traditions monothéistes, bien que profondément ancrées dans l'histoire et la culture, présentent des concepts et des valeurs qui diffèrent considérablement de la pensée Kamite. Dans cette rencontre entre ces systèmes de croyance, un dialogue enrichissant se profile à l'horizon, un échange où se tissent des réflexions sur la nature du divin, de l'existence et de notre place dans l'univers. Imaginez un fleuve majestueux, chargé de l'histoire des siècles, dont les eaux tumultueuses serpentent à travers des paysages variés, rencontrant à ses confluences d'autres rivières. Chacune d'elles apporte sa propre histoire, sa propre essence, ses propres récits de sagesse et de quête spirituelle. Ainsi se rencontrent la spiritualité Kamite et les religions abrahamiques, chacune avec ses trésors de connaissance, ses défis et ses promesses.

Les religions abrahamiques se caractérisent par un monothéisme strict, une croyance en un Dieu unique et transcendant. Cette conception de la divinité est à la fois une force et une limite. Elle offre une vision claire et structurée de l'univers, une unité divine qui gouverne toutes choses. Mais cette unicité peut également créer des barrières, une perception du divin comme lointain et inaccessible. Les prières, bien que sincères, peuvent parfois sembler résonner dans le vide, comme des échos sans réponse. En revanche, la spiritualité Kamite propose une vision polythéiste et panthéiste, où le divin s'incarne dans chaque aspect de la nature, dans chaque souffle de vie. Les dieux Kamites, avec leurs multiples visages et leurs traits distinctifs, incarnent la diversité et l'interconnexion de l'univers. Cette approche offre une intimité avec le divin, une relation personnelle et immédiate avec les forces cosmiques qui nous entourent, un dialogue constant où l'âme humaine se sent entendue et vue. Les récits bibliques et coraniques, avec leurs enseignements sur la création, le jugement et la rédemption, contrastent fortement avec les mythes Kamites, riches en symbolisme et en métaphores. La Bible, avec son récit linéaire de la création et de la fin des temps, offre une chronologie claire et un but ultime, alors que les textes sacrés Kamites, nourris de sagesse ancienne, présentent une vision circulaire et dynamique de l'existence.

Dans cette cosmologie, Osiris, avec sa mort et sa résurrection, symbolise la perpétuité de la vie, la continuité au-delà de la mort. Ici, la mort n'est pas une fin, mais un passage, une transformation, une nouvelle naissance dans un cycle infini. Cette vision contraste avec la finalité du Jugement Dernier dans les traditions abrahamiques, où les âmes sont jugées et envoyées soit au paradis, soit en enfer. Dans le monde Kamite, le jugement est moins un acte de sanction qu'un processus d'apprentissages et de réincarnations, où chaque vie est une occasion d'évolution et d'éveil spirituel. Les principes éthiques de Maât, avec leur insistance sur la justice, la vérité et l'harmonie, trouvent des échos dans les enseignements des religions abrahamiques. La Torah, les Évangiles, le Coran prônent tous des valeurs de justice, de compassion, de charité, des valeurs qui transcendent les âges et les frontières. Pourtant, les approches diffèrent. Les religions abrahamiques, avec leurs lois divines et leurs commandements, offrent des codes de conduite clairs et impératifs, comme une carte rigide à suivre sur un chemin balisé. En revanche, Maât, avec sa vision de l'harmonie cosmique, invite à une éthique plus fluide, une recherche personnelle de l'équilibre et de la justice. Elle n'impose pas des règles, mais encourage à la réflexion et à l'introspection. Être juste, c'est écouter son cœur, c'est faire l'expérience de la vérité dans les interactions humaines, c'est agir en accord avec l'univers. Les rituels et les pratiques des religions abrahamiques, avec leurs prières, leurs jeûnes, leurs pèlerinages, offrent des structures de dévotion et de discipline. Ces rites, empreints de solennité, créent des espaces sacrés où le croyant peut se retrouver face à sa foi. En revanche, les rituels Kamites, avec leurs chants, leurs danses, leurs invocations, sont des expressions de joie, de gratitude et de connexion avec le divin. Chaque geste, chaque mouvement, chaque parole est une célébration de la vie, une offrande à l'harmonie cosmique. Les cérémonies ne sont pas seulement des occasions de prière, mais des moments de communion avec l'univers, où le sacré et le profane s'entrelacent dans une danse éternelle. Dans ces moments de partage, les Kamites célèbrent la vitalité de l'existence, affirmant que la spiritualité ne se limite pas à des espaces de culte, mais s'étend à chaque battement de cœur, à chaque souffle.

Les relations entre le sacré et le profane, entre le spirituel et le matériel, révèlent également des différences significatives. Les religions abrahamiques tendent à séparer le sacré du profane, à créer des espaces et des temps dédiés au divin, où le quotidien est souvent relégué au second plan. Dans la spiritualité Kamite, cependant, le sacré se révèle dans chaque aspect de la vie quotidienne. Chaque moment, chaque lieu, chaque action peut devenir une offrande, une prière, une connexion avec le divin. La cuisine, le jardinage, les rituels de passage, tout devient sacré lorsque l'on cultive l'attention et la gratitude. Les Kamites enseignent que le divin n'est pas seulement à rechercher dans des lieux de culte, mais qu'il se manifeste aussi dans la simplicité de chaque jour, dans les sourires échangés, dans les mains qui se tendent. Les défis de l'intégration de la spiritualité Kamite dans un monde dominé par les religions abrahamiques sont nombreux. Les Kamites doivent naviguer entre la fidélité à leurs traditions et l'adaptation aux réalités modernes. Ils doivent faire face aux stéréotypes et aux préjugés, déconstruire les idées erronées qui entourent leur héritage spirituel. Ce combat pour la reconnaissance et la légitimité peut sembler décourageant, mais il offre également de précieuses opportunités. Les valeurs de Maât, les enseignements des dieux, les rituels et les pratiques fournissent des réponses profondes aux questions contemporaines. Elles offrent des moyens de se connecter avec le divin, de trouver du sens dans le quotidien et de faire face aux défis du monde moderne. Le dialogue interreligieux devient une avenue prometteuse. En partageant des valeurs communes de justice, de compassion et d'harmonie, les différentes traditions peuvent se rencontrer, s'enrichir mutuellement et ouvrir des voies vers une compréhension plus profonde. Ce dialogue n'est pas seulement une rencontre de théories ou de doctrines, mais une communion d'âmes en quête de vérité. Dans cette lumière, la spiritualité Kamite peut offrir une perspective unique sur la manière de vivre l'humanité, sur les manières de célébrer la diversité tout en cherchant des points d'union.

Loin de se limiter à des confrontations stériles, ce contraste fertile entre les traditions permet d'explorer de nouvelles dimensions de la spiritualité, de la solidarité et de l'engagement. Chaque tradition, avec ses richesses et ses défis, apporte un éclairage particulier sur l'expérience humaine. Dans cet espace de rencontre, il devient possible d'envisager une spiritualité qui transcende les divisions, une spiritualité qui célèbre la pluralité et la diversité des voies menant à la connaissance du divin. Au final, ce chemin vers une compréhension mutuelle peut être une invitation à la transformation, à l'éveil d'une conscience collective, à la construction d'un monde où chaque voix, chaque tradition, chaque croyance trouve sa place dans le grand concert de l'existence. Ainsi, ce contraste avec les religions abrahamiques, loin d'être un obstacle, devient une source d'enrichissement mutuel. Les Kamites, en ouvrant leur cœur et leur esprit à ces autres traditions, découvrent des reflets de leur propre quête spirituelle. Et, dans ce jeu d'échos et de résonances, un nouveau récit se tisse, un récit qui célèbre l'humanité dans toute sa splendeur et sa diversité. C'est là que réside la beauté de cette exploration : dans la rencontre, la compréhension, et l'union des cœurs et des esprits. Un voyage sans fin, un parcours où la spiritualité se révèle comme un vaste océan, où chaque goutte d'eau, chaque voix, chaque histoire contribue à la grande mélodie de la vie.

La vision monothéiste vs. Le panthéisme Kamite
Au cœur des religions abrahamiques se trouve la notion de monothéisme, l'idée qu'il n'existe qu'un seul Dieu, créateur et omnipotent. Dans le judaïsme, le passage fondamental se trouve dans le **Shema**, qui proclame : « Écoute, Israël : l'Éternel notre Dieu est l'Éternel unique » (Deutéronome 6:4). De même, dans le christianisme, Jésus déclare l'importance de ce commandement en répondant à un pharisien : « Tu aimeras le Seigneur ton Dieu de tout ton cœur, de toute ton âme et de toute ta pensée » (Matthieu 22:37). Quant à l'islam, le **Coran** commence par affirmer que « Dis : il est le Dieu unique » (Sourate Al-Ikhlas 112:1).

En revanche, le Kamitisme embrasse une vision plus panthéiste de l'univers. La divinité n'est pas seulement un créateur à part, mais se manifeste dans toutes les forces de la nature. Cette conception est incarnée dans la figure de **Maât**, qui représente l'équilibre, la vérité et la justice. Dans ce contexte, Maât ne doit pas être considérée simplement comme une déesse, mais comme une force cosmique qui traverse toute la création. Ainsi, l'univers, vu comme un réseau interconnecté, est imprégné de sacré et chaque élément, chaque être, est une manifestation du divin. Dans les religions abrahamiques, l'humanité est souvent considérée comme le sommet de la création, ayant été faite à l'image de Dieu. Dans la Bible, il est écrit : « Et Dieu créa l'homme à son image, à l'image de Dieu il le créa ; homme et femme il les créa » (Genèse 1:27). Ce passage souligne la dignité inhérente de l'être humain, mais aussi la responsabilité qui en découle de vivre selon les préceptes divins.

En revanche, dans la vision Kamite, l'être humain fait partie d'un tout, un membre d'un vaste réseau de relations interconnectées. Les ancêtres, la nature, et les esprits sont tous considérés comme des parties intégrantes de l'existence humaine. Cela se traduit par des pratiques rituelles qui honorent non seulement les ancêtres, mais aussi les éléments naturels, comme l'eau, l'air, et la terre. Le respect de l'environnement est ainsi un reflet de l'harmonie avec Maât, chaque être vivant étant vu comme une expression de la divinité. Cette idée de singularité divine se retrouve également dans le christianisme, où Jésus, tout en embrassant les racines juives, déclare l'importance de cet amour dans un dialogue avec un pharisien, affirmant : « Tu aimeras le Seigneur ton Dieu de tout ton cœur, de toute ton âme et de toute ta pensée ». C'est une invitation à une relation personnelle et totale avec Dieu, une dévotion qui devient la pierre angulaire de la foi chrétienne. Quant à l'islam, le Coran se définit comme le monothéisme le plus pur, par le concept du Tawhid, qui est l'unicité de Dieu en toute chose. Ces traditions nous parlent d'un Dieu transcendant, souvent perçu comme lointain et séparé de la création, régissant l'univers depuis une distance divine. Cette conception peut être réconfortante pour certains, offrant une source de sécurité et d'ordre dans un monde souvent chaotique, mais elle crée aussi une barrière. L'idée d'un Dieu unique, d'un Dieu qui se manifeste uniquement à travers un canal particulier de révélation, peut limiter la perception du divin et des multiples façons dont il peut s'exprimer.

À l'opposé de cette vision monothéiste, le Kamitisme embrasse une perspective plus panthéiste de l'univers. La divinité n'est pas seulement un créateur à part, mais se manifeste dans toutes les forces de la nature, dans chaque souffle du vent, dans le murmure des rivières, dans la danse des étoiles. Cette conception est incarnée dans la figure de Maât, qui représente l'équilibre, la vérité et la justice. Maât n'est pas seulement une déesse, mais une force cosmique qui traverse toute la création, un principe d'harmonie qui unit tout ce qui existe. Ainsi, l'univers est vu comme un réseau interconnecté, chaque élément, chaque être, est une manifestation du divin. Dans cette approche, l'homme n'est pas un simple serviteur de Dieu, mais un cocréateur, un participant actif dans l'œuvre de la vie, ce qui encourage une relation intime et directe avec les forces qui nous entourent.

Les religions abrahamiques entretiennent également une vision dualiste du bien et du mal, souvent symbolisée par la lutte entre Dieu et le diable. Dans le christianisme, la Bible évoque la tentation de Jésus par le diable dans le désert, où ce dernier essaie de détourner Jésus de sa mission divine. Ce récit, à la fois dramatique et poignant, met en lumière la tension inhérente entre le bien et le mal, une lutte pour la lumière au sein de l'obscurité. Le Coran renforce cette dichotomie en désignant Iblis comme l'adversaire de Dieu, celui qui refuse de se prosterner devant Adam, soulignant ainsi l'importance de la soumission à la volonté divine. Dans ces récits, le mal est présenté comme une force extérieure, un adversaire à combattre. À l'opposé, dans la spiritualité Kamite, le mal n'est pas une force extérieure, mais plutôt un déséquilibre qui doit être corrigé. Le concept de Maât propose que chaque individu a la responsabilité de maintenir l'harmonie dans sa vie et dans l'univers. Plutôt que de craindre un mal extérieur, les Kamites se concentrent sur leurs actions et leurs choix, cherchant à aligner leur existence avec les principes de vérité et de justice. Le mal, dans cette perspective, est un signal d'alarme, une indication que l'harmonie a été rompue. C'est un appel à l'autoréflexion, à l'évaluation de soi et à l'engagement vers la correction. Cette vision encourage la croissance personnelle, car chaque individu est perçu comme un agent de changement, capable de rétablir l'équilibre. La spiritualité Kamite est bien plus qu'un simple héritage culturel ; elle représente une voie de transformation personnelle et collective. En se reconnectant à leurs racines spirituelles, les Kamites contemporains découvrent un chemin vers l'authenticité et l'épanouissement. La réaffirmation des valeurs de Maât et l'engagement dans des pratiques rituelles et communautaires fournissent une boussole éthique dans un monde souvent déséquilibré. Dans ce contexte, la quête spirituelle devient une aventure, une exploration des profondeurs de l'âme où chaque pas est une découverte, chaque réflexion, une illumination.

Il est essentiel de noter que cette exploration n'est pas une attaque contre les religions abrahamiques. Au contraire, il s'agit d'une volonté de dialogue et d'harmonie. Les croyances abrahamiques et le Kamitisme peuvent coexister, chacun offrant des perspectives uniques sur le divin et l'humanité. Dans un monde de plus en plus interconnecté, la richesse des traditions spirituelles peut nourrir une compréhension mutuelle, une célébration de la diversité des voies menant à la connaissance de soi et de l'autre. Les valeurs de compassion, de justice et de vérité, présentes dans toutes ces traditions, peuvent servir de ponts, favorisant une coexistence pacifique et un échange respectueux. En continuant à cultiver cet héritage vivant, les Kamites peuvent non seulement enrichir leur propre vie, mais également contribuer à un dialogue mondial sur la justice, l'harmonie et l'humanité. Dans cette quête, ils ne sont pas seulement des gardiens d'une tradition ancienne, mais des bâtisseurs d'un avenir spirituel partagé et inclusif. La richesse de leur héritage spirituel peut éclairer des chemins nouveaux, inspirant des générations à venir à chercher la sagesse au-delà des frontières. Il est impératif de se rappeler que cette quête d'harmonie ne se limite pas à la simple coexistence. Elle exige une volonté de comprendre les récits des autres, d'embrasser leurs douleurs et leurs espoirs. Les versets de la Bible, tels que ceux qui prônent l'amour du prochain, et les enseignements du Coran, qui encouragent la justice et la miséricorde, peuvent résonner au sein de la spiritualité Kamite. Ils ne sont pas des opposés, mais des échos d'une même recherche de sens, d'authenticité et de vérité. Dans ce grand concert de la vie, chaque voix compte, chaque histoire mérite d'être entendue. La spiritualité Kamite, avec sa vision englobante du divin, nous invite à célébrer la pluralité de l'expérience humaine. Elle nous rappelle que le sacré peut être trouvé dans les rituels du quotidien, dans les liens tissés avec les autres, et dans la connexion profonde que nous entretenons avec la terre qui nous nourrit.

En réfléchissant à cette vision panthéiste, nous pouvons envisager un monde où la spiritualité devient un terrain d'entente, où les différences ne sont pas source de division, mais de richesse. Les Kamites, en tant que porteurs d'un savoir ancien et d'une sagesse intemporelle, ont un rôle crucial à jouer dans la narration de l'humanité, apportant leur voix à la symphonie de la spiritualité mondiale. La danse entre le monothéisme et le panthéisme n'est pas un affrontement, mais une conversation continue, un échange de lumière. Chaque tradition, avec ses propres récits, ses propres luttes et ses propres triomphes, enrichit le tableau complexe de notre existence. La vision Kamite nous pousse à dépasser les dichotomies simplistes, à envisager un monde où la spiritualité est un terrain fertile pour l'amour, la compréhension et l'authenticité. En fin de compte, cette exploration des différences ne cherche pas à discréditer les croyances des autres, mais à offrir un espace de réflexion où chacun peut trouver sa propre vérité. À travers ce prisme, nous découvrons que la spiritualité Kamite, tout en étant ancrée dans une tradition ancienne, offre des enseignements intemporels qui peuvent illuminer le chemin des générations futures. C'est dans cette quête d'harmonie, d'équilibre et de justice que réside la véritable essence de la spiritualité, unissant toutes les voix dans une célébration vibrante de la vie et de l'existence.

Les récits et le mythe

Les récits et mythes des religions abrahamiques, souvent centrés autour d'une histoire linéaire de création, de chute et de rédemption, se dressent en contraste saisissant face à la cyclicité des mythes Kamites. Imaginez un monde où le temps ne se mesure pas en lignes droites, mais en cercles infinis. Une réalité où chaque instant est une résonance, chaque souffle une promesse de renouveau. La cosmogonie Kamite, riche de symboles et d'enseignements, est illustrée par des récits emblématiques tels que celui d'Osiris, où la mort n'est pas une fin, mais un passage, une transition vers un autre état d'existence. Ce récit, empreint de mystère et de beauté, nous invite à envisager la vie comme un cycle perpétuel, où l'âme, éternelle et résiliente, continue de voyager et d'évoluer, transcendant les limites de notre perception. Dans le mythe d'Osiris, le dieu assassiné par son frère Seth, puis ressuscité par sa sœur et épouse Isis, la notion de renaissance prend une ampleur poignante. Osiris ne se contente pas de revenir à la vie ; il devient le souverain du royaume des morts, un symbole d'éternité. Ce récit, porteur d'espoir, enseigne que la mort n'est qu'un passage vers une autre dimension, une invitation à comprendre que la vie est un cycle d'énergies renouvelées. En tant que Kamites contemporains, nous trouvons dans ce récit une source de réconfort, une sagesse ancestrale qui nous rappelle que chaque fin est en réalité un nouveau commencement, que chaque mort est une renaissance, et que l'âme, en voyage perpétuel, acquiert continuellement de nouvelles expériences.

En contraste avec ces récits Kamites, les narrations des religions abrahamiques, qu'elles soient juives, chrétiennes ou islamiques, s'articulent souvent autour d'une progression linéaire. Dans le christianisme, par exemple, la création du monde, la chute de l'homme, la venue de Jésus et la rédemption finale s'entrelacent pour former une narration unique, un cheminement sacré qui pousse chaque individu vers un jugement final. Le Coran et la Bible, par leurs versets et récits, tracent une ligne droite vers une conclusion ultime, où chaque action est soigneusement pesée pour déterminer le sort éternel de l'âme. « Celui qui croit au Fils a la vie éternelle ; celui qui ne croit pas au Fils ne verra pas la vie », comme l'affirme la Bible, évoque une tension, une pression que l'individu ressent face à un destin souvent hors de son contrôle. De même, le Coran, dans sa déclaration que « nul ne pourra payer pour un autre », souligne l'individualisme de la foi, laissant l'homme face à son propre jugement.

Cette vision, bien que pleine de sens et de structure, engendre souvent une peur de l'inconnu, une appréhension face à ce qui vient après. En revanche, les Kamites, avec leur perspective cyclique, offrent une alternative apaisante. Ils nous enseignent à envisager chaque existence comme une opportunité d'apprentissage et d'évolution. Chaque vie devient une page d'un livre sans fin, où chaque action, chaque décision, est une pierre précieuse ajoutée à la mosaïque de l'âme. Dans cette perspective, les erreurs ne sont pas des échecs, mais des leçons vitales, des moments d'apprentissage qui nous guident vers un état de conscience plus élevé. Les mythes Kamites, riches en symboles et en leçons, tissent un lien profond avec les réalités humaines. Ils parlent de luttes et de triomphes, de morts et de renaissances, d'amours et de trahisons. Ces histoires, bien que plongées dans le domaine du mythique, résonnent intensément avec les expériences contemporaines, offrant des métaphores puissantes pour naviguer à travers les défis et les joies de la vie moderne. Elles révèlent que la spiritualité n'est pas un but à atteindre, mais un voyage, une quête perpétuelle de sens et de vérité, un dialogue continu avec le divin, où chaque étape est une occasion de grandir. Dans cette vision cyclique, les mythes Kamites ne se contentent pas d'expliquer l'univers, mais nous incitent à embrasser notre humanité dans toute sa complexité. La vie, avec ses hauts et ses bas, ses réussites et ses échecs, est une danse éternelle entre les forces opposées, un grand cycle cosmique où chaque expérience, chaque rencontre, chaque défi constitue une étape nécessaire sur le chemin de l'évolution de l'âme. Les Kamites, intégrant cette vision, trouvent non seulement la force de surmonter les épreuves, mais aussi la sagesse de célébrer les joies, de s'émerveiller devant la beauté du quotidien, et la patience d'apprendre continuellement, dans le respect du rythme de la vie. Ainsi, les récits et les mythes Kamites, avec leur vision cyclique de la vie, offrent une perspective apaisante et inspirante. Ils montrent que chaque fin est un début, que chaque mort est une renaissance, que chaque épreuve est une occasion d'accroître notre compréhension du monde et de nous-mêmes. Les Kamites, en se réappropriant ces histoires, trouvent un chemin vers la paix intérieure, une compréhension sereine de leur place dans l'univers, et une motivation à poursuivre leur évolution spirituelle. En écoutant les récits des ancêtres, ils s'engagent à participer activement à la continuité du cycle de la vie, transformant leurs propres expériences en récits sacrés qui nourrissent leur communauté.

Dans un monde souvent en proie à l'anxiété et à l'incertitude, ces mythes offrent une bouée de sauvetage, un ancrage dans un océan de changement. En se reconnectant à ces histoires, les Kamites contemporains s'invitent à explorer non seulement leur héritage, mais aussi leur place dans le grand schéma de l'existence. Ils découvrent que chaque instant, qu'il soit d'allégresse ou de souffrance, peut devenir une page d'un récit plus vaste, une expression de la divine vérité en perpétuel mouvement. C'est ainsi que les mythes Kamites nous enseignent la valeur de l'authenticité et de la vulnérabilité. Ils nous rappellent que chaque être humain, dans sa quête de sens, est également porteur d'une part du sacré. La cyclicité de ces récits nous appelle à vivre pleinement, à ressentir profondément, à aimer sans réserve et à apprendre avec humilité. Dans chaque épreuve, nous trouvons une leçon ; dans chaque réussite, une invitation à partager notre lumière. Les mythes, en tant que miroir de notre humanité, nous rappellent que nous ne sommes pas seuls dans notre voyage. Ils nous unissent dans un grand récit collectif, nous offrant des récits de courage, de passion et d'espoir, des histoires qui transcendent le temps et l'espace. En embrassant cette richesse narrative, nous devenons les gardiens de ces sagesses anciennes, prêt à en transmettre l'écho aux générations futures, car chaque fin, comme l'affirment les Kamites, est une promesse de renouveau, et chaque cycle, une célébration de la vie elle-même.

Dialogue et réconciliation
Ce contraste entre la spiritualité Kamite et les religions abrahamiques ne doit pas nécessairement déboucher sur une opposition. Au contraire, il offre une occasion précieuse de dialogue enrichissant, un espace où les cœurs et les esprits peuvent s'ouvrir, où les croyances et les pratiques peuvent se croiser et s'enrichir mutuellement. Imaginez un vaste amphithéâtre, baigné de lumière dorée, où les représentants des différentes traditions spirituelles se rassemblent, non pas pour débattre ou convaincre, mais pour écouter, apprendre et partager. Un lieu où le murmure des ancêtres résonne dans l'air, créant une atmosphère de respect et d'harmonie. Dans cet espace sacré, les Kamites partagent leur vision de Maât, ce principe d'équilibre et de justice qui transcende toutes les sphères de la vie, de la nature à la société. Les valeurs fondamentales de Maât, qui prônent l'harmonie, la vérité et la justice, sont offertes comme un cadeau aux autres traditions. À leur tour, les représentants chrétiens, juifs

et musulmans évoquent des concepts similaires présents dans leurs propres écritures et pratiques, tissant ainsi un fil d'unité et de compréhension entre des visions du monde souvent perçues comme opposées. Ce moment de partage devient alors un terreau fertile où germent des idées, où se développent des sentiments d'empathie et de solidarité.

Chaque rencontre devient un moment où les barrières tombent, où les malentendus s'effacent. C'est dans ces échanges profonds que la magie opère : les récits des ancêtres s'entrelacent, et les voix des participants résonnent en une harmonie inédite. Les Kamites contemporains s'engagent dans des conversations interreligieuses, s'appuyant sur les valeurs éthiques partagées et sur les préoccupations sociétales communes. La lutte pour la justice sociale, la défense des droits humains, la protection de l'environnement, des sujets qui transcendent les frontières religieuses, deviennent des objectifs communs, incitant les croyants de différentes traditions à unir leurs forces pour créer un monde plus harmonieux. Imaginez des forums où l'on débat de la justice sociale, où l'on trouve des solutions communes aux défis de notre époque. Les voix des Kamites, des chrétiens, des juifs et des musulmans s'élèvent pour dénoncer les inégalités, pour appeler à la compassion et à l'empathie, pour bâtir des ponts entre les communautés. Chaque échange devient une pierre précieuse ajoutée à l'édifice de la compréhension mutuelle, chaque projet commun, une démonstration vivante que la spiritualité peut être une force de transformation sociale. Au milieu des discussions passionnées, des rires et des larmes, une réalité émerge : celle d'une humanité unie dans sa quête de justice.

Les arts, dans cette dynamique de dialogue, jouent un rôle crucial. Des expositions, des concerts, des pièces de théâtre inspirées par les valeurs spirituelles de chaque tradition deviennent des lieux de rencontre et de partage. Les œuvres des artistes Kamites, chargées de symbolisme et d'histoire, en dialogue avec celles des artistes des religions abrahamiques, créent des ponts entre les cultures, révélant les résonances profondes qui existent entre les différentes visions du monde. Chaque œuvre devient une célébration de la diversité, une invitation à découvrir l'autre, à reconnaître notre humanité commune dans un monde qui, parfois, semble se diviser. À travers ce dialogue interreligieux, la spiritualité Kamite se redécouvre sous un jour nouveau. En écoutant les récits des autres traditions, en partageant ses propres histoires, les participants découvrent des parallèles inattendus, des harmonies insoupçonnées. Les principes de Maât trouvent des échos dans les enseignements de la Torah, dans les paroles de l'Évangile, dans les versets du Coran. Chaque moment partagé, chaque histoire échangée, devient une occasion d'approfondir notre compréhension de la spiritualité, de la rendre plus inclusive, plus riche. Cette redécouverte n'enrichit pas seulement la spiritualité Kamite, mais l'illumine, la montre capable de s'adapter et de se renouveler à la lumière des expériences humaines diverses.

Les rencontres interreligieuses ne se limitent pas aux discours et aux débats. Elles se traduisent par des actions concrètes, des projets communs qui portent les fruits de cette harmonie. Les Kamites et leurs partenaires des religions abrahamiques peuvent organiser des actions de solidarité, des initiatives de justice sociale, des projets de développement durable. Chaque action, chaque projet, est une démonstration palpable que la spiritualité peut être une force de cohésion et de transformation. En unissant leurs forces, les croyants montrent que l'unité dans la diversité n'est pas un rêve, mais une réalité à portée de main, une promesse vivante d'un avenir meilleur. Les défis de cette démarche sont nombreux, car les préjugés, les stéréotypes et les malentendus peuvent créer des obstacles sur ce chemin. Pourtant, chaque rencontre, chaque dialogue, chaque échange est une occasion de surmonter ces barrières, de construire des ponts, de renforcer les liens entre les communautés. Les Kamites, en s'engageant dans ce dialogue, affichent une volonté sincère de comprendre l'autre, de respecter ses croyances, de trouver des terrains d'entente. Leur ouverture d'esprit et leur respect des différences deviennent des modèles de tolérance et d'harmonie, des exemples inspirants pour les générations futures.

Ainsi, le dialogue interreligieux émerge comme une avenue prometteuse vers une harmonie spirituelle. Il offre des opportunités d'apprentissage et de croissance, des moments de partage et de communion qui transcendent les limites de l'ego et des dogmes. Les Kamites, en s'engageant dans cette voie, montrent que la spiritualité, loin d'être une source de division, peut être un pont entre les cœurs. Dans cette quête commune, ils construisent un avenir où la diversité est célébrée, où les différences sont respectées, où l'unité se forge dans la diversité. Voilà l'essence du dialogue interreligieux : une quête de vérité, une exploration du divin, une célébration de la beauté et de la complexité de l'existence. Un voyage qui, tout en honorant chaque tradition, ouvre des horizons nouveaux et prometteurs pour l'avenir. Les Kamites, en embrassant cette voie, trouvent non seulement une source de force et de sagesse, mais aussi une mission : celle de bâtir un monde où la justice, l'équité et l'harmonie, inspirées par Maât, deviennent les fondements de la société. Un monde où chaque individu, chaque croyance, chaque voix trouve sa place et sa résonance. Cela représente l'essence même de la spiritualité Kamite : un guide éthique, un catalyseur de changement, une célébration de la beauté et de la complexité de l'existence. Dans cet élan collectif, nous découvrons que le véritable dialogue interreligieux va au-delà des mots, se tisse dans les gestes quotidiens de solidarité et d'amour, et se renforce par l'engagement partagé pour un avenir plus juste. Dans cet esprit de communion, chaque cœur, peu importe son origine ou sa croyance, résonne à l'unisson avec l'univers, affirmant ainsi la richesse de notre humanité commune.

Vers une spiritualité intégrative
Dans le vaste paysage spirituel du monde, le contraste entre la spiritualité Kamite et les religions abrahamiques éveille un besoin pressant de réflexion et de dialogue. Chaque tradition, riche de ses enseignements uniques et de ses valeurs, possède une essence qui peut se compléter et se renforcer mutuellement. Ce chemin vers une spiritualité intégrative est bien plus qu'une simple coexistence. Il représente une quête audacieuse de vérité et d'harmonie, une invitation à bâtir des ponts entre des mondes souvent perçus comme éloignés, mais qui, à y regarder de plus près, partagent des fondements communs. Imaginez un vaste amphithéâtre baigné de lumière, où les représentants des diverses traditions spirituelles se rassemblent pour un échange. L'atmosphère est chargée d'anticipation, de curiosité et de

respect. Les mots de Maât flottent dans l'air, comme une mélodie ancienne, rappelant à tous l'importance de la vérité, de la justice et de l'harmonie. C'est un espace où les Kamites, les chrétiens, les juifs et les musulmans se rejoignent, non pas pour débattre avec l'intention de vaincre, mais pour s'écouter, se comprendre et s'enrichir mutuellement. Chaque intervention devient un tissage de fils d'or, une tapisserie de sagesse collective qui se dessine, étoffant le tableau d'une spiritualité partagée.

Dans cet échange fécond, les Kamites apportent une richesse nouvelle à la discussion. Leur vision du panthéisme et leur insistance sur l'importance de l'équilibre cosmique redéfinissent la conception de la divinité. Pour eux, la divinité n'est pas isolée dans un ciel lointain, mais se manifeste dans chaque élément de la nature, dans chaque souffle de vie. Cette perspective élargit la compréhension de la spiritualité, incitant chacun à voir la présence du sacré dans le quotidien. Elle rappelle que chaque croyance, chaque tradition, a sa propre valeur et sa propre vérité, contribuant ainsi à l'unité de l'existence. À mesure que le dialogue interreligieux progresse, il se transforme en un espace d'exploration et de découverte. Les textes sacrés des religions abrahamiques — la Bible, le Coran, la Torah — sont lus et médités aux côtés des anciens récits Kamites. Ce partage met en lumière des parallèles insoupçonnés, des résonances profondes, des échos de sagesse qui traversent les âges. La compassion de Jésus, la justice de Moïse, la miséricorde d'Allah, chacune de ces vertus trouve des reflets dans les enseignements de Maât. Chaque tradition, en s'illuminant à la lumière des autres, crée un dialogue qui enrichit la compréhension collective, tissant ainsi une toile spirituelle où les fils de chaque héritage se croisent et s'entrelacent.

Cette quête vers une spiritualité intégrative ne se limite pas aux paroles. Elle se traduit en actes, en engagements tangibles. Les croyants de toutes les traditions unissent leurs forces pour des projets de justice sociale, de protection de l'environnement, de défense des droits humains. Chaque action commune devient un témoignage vivant de la puissance de la collaboration spirituelle, une manifestation que la foi peut être un levier puissant pour un monde plus juste et harmonieux. En s'associant dans des initiatives qui transcendent les dogmes et les frontières, ils révèlent que la spiritualité n'est pas simplement une affaire personnelle, mais une responsabilité collective envers l'humanité et la planète. Les arts et la culture, en tant que langages universels, jouent également un rôle crucial dans cette quête de spiritualité intégrative. Des expositions, des concerts, des festivals deviennent des lieux de rencontre, d'échange et de partage. Les œuvres des artistes Kamites, chargées de symbolisme et d'histoire, dialoguent avec celles des artistes chrétiens, juifs et musulmans, créant des ponts entre les cultures. Chaque création artistique devient une célébration de l'unité dans la diversité, une invitation à découvrir l'autre, à honorer notre humanité commune. Ces manifestations culturelles ne sont pas seulement des spectacles ; elles sont des rites de passage vers une conscience collective, une prise de conscience que, bien que nos chemins puissent diverger, nos aspirations profondes sont souvent alignées. Le voyage vers une spiritualité intégrative est une aventure riche en découvertes et en transformations. Les Kamites, en embrassant cette voie, trouvent une source inépuisable de sagesse et de force. Ils réalisent que la spiritualité, loin d'être un refuge, est un engagement, une responsabilité partagée. Ils rappellent que chaque individu a un rôle essentiel à jouer dans la création d'un monde juste et harmonieux, où chaque voix est entendue et chaque croyance respectée. En revenant à Maât, ils nous invitent tous à examiner notre propre rapport à la spiritualité, à la justice, et à notre place dans l'univers. Cette redécouverte s'inscrit dans une perspective où la vérité et l'harmonie transcendent les dogmes rigides. La quête de sens et de justice devient universelle, nous engageant tous dans un dialogue incessant sur le divin. Dans cette exploration, les Kamites ne sont pas seulement des gardiens d'une tradition ancienne ; ils se présentent comme des bâtisseurs d'un avenir spirituel partagé et inclusif, où chacun peut apporter sa pierre à l'édifice. L'exploration de la spiritualité Kamite à travers le prisme des religions abrahamiques ne doit pas être perçue comme une opposition directe, mais plutôt comme une occasion d'enrichissement mutuel. Ce chapitre s'efforce de démontrer comment le Kamitisme peut coexister avec ces traditions religieuses, offrant ainsi un cadre propice à l'échange et à l'enrichissement spirituel. Voilà l'essence d'une spiritualité intégrative : une quête de vérité, une exploration du divin, une célébration de la beauté et de la complexité de l'existence. Un voyage qui, tout en honorant chaque tradition, ouvre des horizons nouveaux et prometteurs pour l'avenir.

Dans ce paysage spirituel vibrant, où les voix s'élèvent en un chœur harmonieux, nous sommes invités à rêver d'un monde où la spiritualité ne divise pas, mais rassemble, où chaque pas vers l'autre est un pas vers soi, et où la beauté de notre diversité devient la clé d'une compréhension mutuelle plus profonde. Ainsi, alors que nous avançons sur ce chemin lumineux, nous découvrons que la véritable essence de la spiritualité réside dans notre capacité à écouter, à apprendre, à aimer et à agir ensemble. Dans cette lumière partagée, chaque tradition révèle ses trésors cachés, offrant à l'humanité une carte riche en couleurs, en textures et en histoires, qui nous guide vers un horizon commun, une harmonie collective nourrie par la sagesse des âges et l'espoir d'un futur éclairé.

L'universalité des valeurs spirituelles

Dans le vaste panorama de l'existence humaine, où les traditions et les croyances s'entremêlent, la spiritualité Kamite se distingue par des concepts profondément ancrés dans l'harmonie, la vérité et la justice. Ces valeurs résonnent avec une intensité particulière, écho d'un monde ancien qui se reflète dans les enseignements des grandes religions abrahamiques. Imaginez un instant ce résonnement, cette mélodie d'âmes qui, à travers le temps et l'espace, chantent une même chanson de justice et d'humanité. Le principe de Maât, pilier de la pensée Kamite, se retrouve ainsi métamorphosé dans le christianisme par le prisme de la charité et de la vérité. Les Proverbes nous disent que « le Dieu de vérité est un bouclier pour ceux qui marchent dans l'intégrité ». Voilà, en quelques mots, l'essence d'un voyage partagé, où les chemins se croisent et les cœurs s'unissent. Dans cette même veine, la recherche de l'harmonie est un appel puissant qui traverse le judaïsme, exhortant chacun à aimer son prochain comme soi-même, un principe fondamental qui résonne comme un chant sacré dans l'âme de l'humanité. L'islam, par son propre prisme, met en avant la justice avec l'injonction à être « fermes dans la justice, témoins pour Allah », une invitation à incarner l'équité dans toutes nos interactions. À travers ces exemples, nous réalisons que ces valeurs communes peuvent servir de fondement solide pour un dialogue interreligieux constructif. En mettant en lumière ces principes partagés, les communautés Kamites et abrahamiques ont la possibilité de s'unir dans des projets de justice sociale et de protection de l'environnement, tissant ainsi des fils de compréhension mutuelle et de coexistence pacifique.

Imaginez maintenant une grande salle de conférence, éclairée par une douce lumière, où se côtoient des représentants de traditions spirituelles diverses. Sur les murs, des citations inspirantes tirées de la Bible, du Coran et des textes sacrés Kamites flottent, créant une ambiance de respect et de réflexion. Les participants, assis en cercle, s'écoutent avec attention, la sincérité dans les yeux, partageant expériences et témoignages, tissant ainsi un espace sacré où les valeurs de justice, d'harmonie et de vérité transcendent les différences doctrinales et culturelles. Ce n'est pas seulement un échange de mots, mais une communion des esprits, une danse de pensées qui s'entrelacent et se nourrissent mutuellement. Les discussions s'animent autour de thèmes universels tels que la compassion, l'amour du prochain et la justice sociale. Les Kamites, avec la passion qui les anime, parlent de Maât et de son appel impérieux à la justice et à l'équité. Dans ces moments de partage, ils trouvent des échos puissants dans les enseignements de Jésus sur l'amour du prochain et dans les préceptes islamiques de charité et d'entraide. Ces échanges deviennent des moments d'enrichissement mutuel, où chaque tradition apporte sa lumière, où chaque perspective éclaire un aspect différent de la vérité.

Des projets concrets émergent de ces dialogues, illustrant la beauté de l'action collective. Imaginez une initiative commune visant à créer des jardins communautaires dans des quartiers défavorisés, un espace où les habitants peuvent cultiver légumes et fruits tout en apprenant les valeurs de solidarité et de respect de la nature. Ces jardins deviendraient des havres de paix et de partage, des lieux où les cultures se rencontrent et s'épanouissent. Une autre idée pourrait être l'organisation de campagnes de sensibilisation sur le changement climatique, où des croyants de toutes traditions unissent leurs voix pour appeler à la protection de notre planète, consciente que la Terre est un don sacré à préserver. Chaque projet, chaque action devient alors une démonstration vivante que la spiritualité peut être une force de transformation sociale. Ce n'est pas seulement une question d'idée, mais une réalité palpable qui prend forme sous nos yeux, témoignant de la puissance de l'engagement collectif. Les arts et la culture jouent également un rôle fondamental dans ce dialogue, illuminant les chemins de l'unité à travers la créativité. Des expositions, des concerts, des festivals deviennent des lieux de rencontre et de partage. Les œuvres des artistes Kamites s'entrelacent avec celles des artistes chrétiens, juifs et musulmans, créant des ponts entre les cultures, révélant la beauté de la diversité spirituelle. Chaque création artistique est une célébration de l'unité dans la diversité, une invitation à découvrir l'autre et à honorer notre humanité commune. Ces moments artistiques deviennent des rituels de partage, où la beauté transcende les différences, où les âmes se rencontrent et dansent au rythme des rêves et des espoirs. Cependant, les défis de cette démarche ne sont pas négligeables. Les préjugés, les stéréotypes, les malentendus surgissent souvent comme des ombres menaçantes, cherchant à obscurcir cette lumière naissante. Mais chaque rencontre, chaque dialogue, chaque échange est une occasion de surmonter ces obstacles. C'est un espace où l'on apprend à construire des ponts, à renforcer les liens. Les Kamites, en s'engageant dans ce dialogue, font preuve d'une volonté admirable de comprendre l'autre, de respecter ses croyances, de trouver des terrains d'entente. Leur ouverture d'esprit et leur respect des différences deviennent des modèles de tolérance et d'harmonie, offrant une lueur d'espoir dans un monde souvent divisé.

Ainsi, le dialogue interreligieux émerge comme une avenue prometteuse vers une harmonie spirituelle. Il offre des opportunités d'apprentissage et de croissance, des moments de partage et de communion. Les Kamites, en s'engageant dans cette voie, montrent que la spiritualité, loin d'être une source de division, peut être un pont entre les cœurs. Ils bâtissent un avenir où la diversité est célébrée, où les différences sont respectées et où l'unité se forge dans la richesse de la pluralité. Voilà l'essence du dialogue interreligieux : une quête de vérité, une exploration du divin, une célébration de la beauté et de la complexité de l'existence. En embrassant cette voie, les Kamites trouvent non seulement une source de force et de sagesse, mais aussi une mission sacrée : celle de construire un monde où la justice, l'équité et l'harmonie, inspirées par Maât, deviennent les fondements de la société. Un monde où chaque individu, chaque croyance, chaque voix trouve sa place et sa résonance. Voici l'essence de la spiritualité Kamite : un guide éthique, un catalyseur de changement, une célébration de la beauté et de la complexité de l'existence. Dans ce voyage ensemble, nous découvrons que la véritable essence de la spiritualité réside dans notre capacité à écouter, à apprendre, à aimer et à agir ensemble. Dans cette lumière partagée, chaque tradition révèle ses trésors cachés, offrant à l'humanité une carte riche en couleurs, en textures et en histoires, qui nous guide vers un horizon commun, une harmonie collective nourrie par la sagesse des âges et l'espoir d'un futur éclairé.

Ce chemin n'est pas sans embûches, mais il est parsemé d'opportunités de rapprochement. Chaque échange, chaque geste, chaque sourire partagé devient une promesse de paix, un acte de foi dans un avenir où l'amour et la compassion prévalent. En marchant ensemble sur cette voie, nous apprenons à transcender nos différences, à embrasser nos diversités, à célébrer notre humanité commune. Les Kamites, à travers leur engagement, nous rappellent que la spiritualité n'est pas un chemin isolé, mais une route partagée, où chaque pas compte et chaque voix résonne dans le grand chœur de la vie. Ainsi, à travers la compréhension des valeurs universelles qui nous unissent, nous forgeons des liens indéfectibles. Ces liens, nourris par le respect mutuel et la solidarité, deviennent les fondations d'une nouvelle ère spirituelle. Un monde où l'harmonie est non seulement souhaitée, mais vécue au quotidien, où la vérité est un phare qui éclaire nos choix, et où la justice n'est pas une simple aspiration, mais une réalité incarnée dans nos actions. Dans cette aventure collective, nous découvrons que chaque tradition, en s'ouvrant à l'autre, ne se dilue pas, mais s'enrichit, se renforce et s'épanouit, offrant ainsi à l'humanité une mosaïque de croyances et de pratiques qui célèbrent la splendeur de notre diversité.

Dans cette quête d'universalité des valeurs spirituelles, les Kamites et leurs interlocuteurs de traditions abrahamiques s'engagent à écrire ensemble un nouveau chapitre de l'histoire humaine, un chapitre où l'amour et la paix transcendent les conflits et où la spiritualité devient un puissant levier pour la transformation sociale. Ce voyage, à la fois personnel et collectif, est une invitation à explorer les profondeurs de notre humanité, à reconnaître la beauté de chaque culture et à célébrer la richesse de chaque croyance. En ce sens, la spiritualité Kamite ne se contente pas de préserver un héritage, mais elle s'aventure à construire un avenir éclairé par des valeurs qui, au-delà des frontières, unissent les cœurs et les esprits, dessinant ainsi une toile d'espoir pour les générations à venir.

Le besoin de réconciliation
La mémoire historique des conflits entre les traditions religieuses est une réalité aussi amère qu'indélébile, une cicatrice sur le visage de l'humanité que nous ne pouvons ignorer. Les guerres de religion, les persécutions et les divisions sectaires ont creusé des fossés qui, parfois, semblent aussi profonds que des océans. Les voix des ancêtres résonnent encore dans le silence des lieux de culte abandonnés, et les échos de la haine murmurent dans les ruelles de nos cités. Cependant, en se concentrant sur les éléments communs qui relient nos âmes, en embrassant un dialogue authentique, il est possible de construire des ponts solides. Dans ce cheminement vers la réconciliation, la figure emblématique de Malcolm X se dresse comme un phare, illuminant la voie de ceux qui osent rêver d'une unité transcendant les frontières. L'histoire de Malcolm X est bien plus qu'un récit de lutte pour les droits civiques. C'est l'épopée d'un homme qui, en redécouvrant ses racines africaines, a su puiser dans la profondeur de sa culture pour nourrir un discours sur la dignité humaine. Son parcours, empreint de colère et de détermination, le conduit à explorer les traditions spirituelles africaines, une quête qui ne fait pas que

répondre à ses aspirations personnelles, mais qui enrichit également le discours sur la justice sociale aux États-Unis. Cette traversée intérieure, où il navigue entre l'islam et le panafricanisme, témoigne d'une possibilité de réconciliation, d'un désir ardent de créer des connexions là où les murs de la division avaient été érigés.

Malcolm X, dans sa quête inébranlable de justice et de vérité, a démontré que la spiritualité peut être une force de réconciliation et de transformation. En embrassant une perspective panafricaine, il a pu établir des liens profonds entre différentes traditions spirituelles, tissant un discours unificateur qui résonne encore aujourd'hui. Son voyage à La Mecque, moment charnière de sa vie, a bouleversé sa vision du monde. Cette expérience l'a amené à reconnaître l'universalité de la foi, à comprendre que les différences culturelles ne sont pas des barrières, mais des occasions de grandir ensemble dans la lumière de l'amour et de la compréhension. La réconciliation entre les traditions spirituelles exige une ouverture d'esprit, une volonté authentique de comprendre l'autre. Cela implique de plonger dans les blessures du passé, d'explorer les cicatrices laissées par les conflits et les persécutions, et d'envisager un avenir de paix et d'harmonie. En s'engageant dans ce dialogue, les Kamites témoignent de leur désir de bâtir des ponts, de créer des espaces de rencontre et de partage, et de trouver des terrains d'entente où chacun peut s'épanouir. Imaginez un monde où les croyants de toutes les traditions se rassemblent pour célébrer leurs valeurs communes, où les temples, les mosquées, les églises et les autels deviennent des lieux de dialogue, d'apprentissage et de collaboration. Ce monde, loin d'être utopique, pourrait devenir notre réalité si nous acceptons d'écouter et d'apprendre les uns des autres.
Les projets communs émergent alors comme des symboles puissants de cette réconciliation. Les Kamites et les croyants des religions abrahamiques pourraient s'unir pour lancer des initiatives de justice sociale, de protection de l'environnement, et de défense des droits humains. Imaginez des équipes mixtes de jeunes, motivées par la passion d'un monde meilleur, travaillant côte à côte pour restaurer un parc abandonné, plantant des arbres et des fleurs, tout en partageant des histoires de leurs traditions

respectives. Chaque action commune devient une démonstration vivante que la spiritualité, lorsqu'elle est vécue pleinement, peut être une force de cohésion et de transformation.

Les arts et la culture, ces langues universelles, jouent également un rôle crucial dans cette quête de réconciliation. Des expositions, des concerts, des festivals s'érigent en tant que lieux de rencontre et de partage. Les œuvres des artistes Kamites, riches de symboles et d'histoires, dialoguent avec celles des artistes chrétiens, juifs et musulmans, créant des ponts entre les cultures, révélant la beauté de la diversité spirituelle. Chaque création artistique est une célébration de l'unité dans la diversité, une invitation à découvrir l'autre et à honorer notre humanité commune. Les voix s'élèvent dans une harmonie inédite, une symphonie de couleurs et de sons qui raconte non seulement notre passé, mais aussi notre avenir partagé. Le voyage vers la réconciliation est une aventure riche en découvertes et en transformations. Les Kamites, en embrassant cette voie, découvrent une source inépuisable de sagesse et de force, mais aussi une mission sacrée. Ils montrent que la spiritualité, loin d'être un refuge, est un engagement, une responsabilité envers les générations futures. Ils rappellent que chaque individu a un rôle à jouer dans la création d'un monde juste et harmonieux, où chaque voix est entendue, chaque croyance respectée. Cette quête de réconciliation devient une lumière guidant nos pas sur un chemin parfois obscur, mais toujours lumineux de possibilités.

Cependant, la réconciliation entre les traditions spirituelles ne se limite pas aux discours et aux débats. Elle se traduit par des actions concrètes, des projets communs qui prennent racine dans la réalité quotidienne. Les Kamites et leurs partenaires des religions abrahamiques peuvent organiser des actions de solidarité, des initiatives de justice sociale, des projets de développement durable. Imaginez des journées de nettoyage communautaire, où chaque participant, qu'il soit Kamite, chrétien, juif ou musulman, s'unissent pour faire briller leur environnement, non seulement pour la beauté de leur quartier, mais aussi comme un geste d'amour pour la planète. Chaque projet, chaque action, est une démonstration que la spiritualité peut être une force de cohésion et de transformation.

Ainsi, le besoin de réconciliation se dessine comme une quête universelle, une aventure collective qui transcende les murs de l'indifférence. Elle offre des opportunités d'apprentissage et de croissance, des moments de partage et de communion. Les Kamites, en s'engageant dans cette voie, montrent que la spiritualité, loin d'être une source de division, peut être un pont entre les cœurs, un fil d'or tissé à travers les âges et les croyances. Ils construisent un avenir où la diversité est célébrée, où les différences sont respectées, où l'unité se forge dans la richesse de la pluralité.

À l'aube de ce nouveau monde, chaque tradition spirituelle trouve sa voix, chaque croyant devient un acteur du changement. Les récits de nos ancêtres se mêlent aux rêves de nos enfants, et ensemble, nous écrivons une histoire où la réconciliation est le mot d'ordre, où chaque acte de bonté et chaque geste de solidarité se transforment en une mosaïque éclatante d'humanité. Au cœur de cette quête, les Kamites nous rappellent que la spiritualité est un voyage, non pas vers une destination, mais vers une exploration infinie de notre essence commune. Chaque rencontre, chaque dialogue, chaque instant partagé devient une occasion de transcender les barrières, de bâtir un monde où la compassion et la compréhension règnent, illuminant ainsi notre chemin vers un avenir plus radieux et solidaire. Et alors que nous avançons ensemble, main dans la main, au-delà des frontières, au-delà des différences, nous découvrons que la réconciliation n'est pas une fin en soi, mais un processus continu, une danse harmonieuse entre les cœurs. C'est un voyage où chaque pas compte, où chaque voix résonne dans l'harmonie d'une humanité retrouvée, une humanité qui, enfin, se réveille pour embrasser la promesse d'un monde réconcilié. Dans cette aventure collective, nous découvrons la profondeur de notre existence, la richesse de notre diversité, et l'éclat de notre unité. Ce chemin, bien que parsemé de défis, est le témoignage vivant que l'amour et la paix peuvent triompher, et que l'espoir, nourri par nos efforts communs, peut véritablement éclairer notre route.

Une spiritualité inclusive

Le Kamitisme n'est pas simplement une célébration de l'héritage africain, mais une invitation à une approche inclusive de la spiritualité, un appel vibrant à embrasser la diversité des croyances et des pratiques dans un monde en perpétuel changement. À une époque où les influences culturelles s'entrelacent et où les identités se redéfinissent, la philosophie Kamite offre un refuge, une voie de réconciliation, une promesse que les différences ne sont pas des barrières, mais des opportunités de croissance et de compréhension mutuelle. Imaginez, dans un espace baigné de lumière, une grande salle où se tiennent des ateliers spirituels. Des adeptes du Kamitisme, des chrétiens, des musulmans et d'autres croyants se rassemblent, chacun apportant avec lui un morceau de son histoire, de sa culture, de sa foi. Les tables, ornées de fleurs vibrantes et de bougies allumées, deviennent des espaces sacrés où les cœurs s'ouvrent, où les esprits s'éveillent. Les discussions s'animent, les récits s'entrelacent comme les fils d'une tapisserie complexe. Dans cet échange authentique, la diversité des croyances devient une source inépuisable d'enrichissement mutuel. Les Kamites évoquent Maât, les principes d'harmonie universelle qui régissent leurs vies, tandis que les chrétiens, avec l'éclat de leur foi, parlent de l'amour et de la charité enseignés par Jésus. Les musulmans, à leur tour, partagent des réflexions sur la justice et la miséricorde, soulignant ainsi l'importance de la compassion dans leurs vies. Dans cet espace de dialogue, les barrières tombent, les âmes se rencontrent et se reconnaissent dans la lumière d'une humanité partagée.

Cette vision inclusive, nourrie par la curiosité et l'ouverture d'esprit, tisse des liens profonds entre les traditions. Des parallèles apparaissent, éclairant les similitudes qui relient les récits de la création dans les traditions abrahamiques et les histoires de Kemet. L'idée que tout ce qui existe provient d'une source divine est une conviction commune, bien que les récits prennent des formes diverses. Ainsi, les récits de la Genèse dans la Bible et du Coran, par exemple, trouvent des échos puissants dans les mythes de la création égyptienne, où le monde émerge du chaos primordial sous l'impulsion d'une force divine. Cette compréhension partagée devient le fondement d'un dialogue plus profond, où la spiritualité et la moralité sont explorées dans toute leur richesse et leur complexité. Imaginez maintenant un rituel vivant, où les participants, issus de diverses traditions, se rassemblent pour créer ensemble une mosaïque de prières et de chants. Les Kamites, envoûtés par la majesté de leurs divinités, invoquent les forces de Kemet, tandis que les chrétiens chantent des hymnes vibrants, remplis de gratitude et de dévotion. Les musulmans récitent des sourates du Coran, leurs voix s'élevant dans une harmonie divine. Chaque tradition apporte sa couleur, sa lumière, sa sagesse. Ce rituel devient une symphonie spirituelle, une célébration de l'unité dans la diversité, où les participants, main dans la main, ressentent la puissance de cette communion. Ils découvrent ensemble que les différences qui les séparent sont aussi les richesses qui les unissent, et qu'en s'ouvrant à l'autre, ils s'élèvent tous vers une compréhension plus profonde du divin.

La philosophie Kamite, en embrassant cette diversité, ouvre la voie à une spiritualité intégrative, une spiritualité qui ne cherche pas à exclure, mais à accueillir. Les Kamites contemporains ne se voient pas en opposition avec le christianisme ou l'islam, mais comme une communauté qui célèbre la richesse des traditions spirituelles. Ils intègrent des éléments des religions abrahamiques dans leur propre pratique, trouvant des harmonies, des résonances, des ponts qui relient leurs cœurs. Cette intégration ne dilue pas leur essence, elle la magnifie, tissant une étoffe riche et complexe, où chaque fil apporte sa couleur, sa texture, sa lumière. Cependant, les défis de cette démarche ne sont pas négligeables. Les préjugés, les stéréotypes et les malentendus peuvent surgir comme des ombres menaçantes. Mais chaque rencontre, chaque dialogue, chaque échange devient une occasion de surmonter ces obstacles, de construire des ponts, de renforcer les liens. Les Kamites, en s'engageant dans ce dialogue ouvert et respectueux, montrent leur volonté de comprendre l'autre, de respecter ses croyances, de trouver des terrains d'entente. Leur ouverture d'esprit et leur respect des différences deviennent des modèles de tolérance et d'harmonie, des phares qui éclairent le chemin vers une coexistence pacifique.

Ainsi, le Kamitisme se révèle comme une voie où la spiritualité peut devenir un pont entre les croyances, une force de réconciliation et de transformation. En revenant à Maât, les Kamites nous invitent tous à examiner notre propre rapport à la spiritualité, à la justice, et à notre place dans le grand ordre de l'univers. Ils nous rappellent que la vérité et l'harmonie transcendent les dogmes, que la quête de sens et de justice est une aspiration universelle, inscrite dans le cœur de chaque être humain. Cette exploration de la spiritualité Kamite à travers le prisme des religions abrahamiques ne doit pas être vue comme une opposition, mais plutôt comme une occasion d'enrichissement mutuel, un voyage collectif vers une compréhension plus large du divin. Ce chapitre s'efforce de démontrer comment le Kamitisme peut coexister avec ces traditions religieuses, offrant ainsi un cadre propice à l'échange et à l'enrichissement spirituel. Voilà l'essence d'une spiritualité inclusive : une quête de vérité, une exploration du divin, une célébration de la beauté et de la complexité de l'existence. Un voyage qui, tout en honorant chaque tradition, ouvre des horizons nouveaux et prometteurs pour l'avenir. Imaginez un avenir où les enfants grandissent dans un monde où la diversité est célébrée et non redoutée, où chaque tradition est respectée, et où les croyants de tous horizons se rassemblent pour partager leurs histoires et leurs pratiques. Un avenir où les temples, les mosquées, les églises et les autels ne sont pas des lieux de division, mais des espaces de rencontre et de dialogue. Dans cette vision, les croyants se tiennent côte à côte, unis dans leur désir d'un monde meilleur, chacun contribuant avec ses talents, sa sagesse et son amour.

Les arts, la musique, et la littérature deviennent des outils puissants de cette transformation. Des festivals où l'expression artistique célèbre la richesse des traditions spirituelles, des concerts où les chants d'hier et d'aujourd'hui se mêlent pour créer une harmonie nouvelle, des œuvres littéraires qui explorent les thèmes de la paix, de l'amour et de la compréhension. Chaque note, chaque couleur, chaque mot devient une invitation à dépasser les différences, à reconnaître la beauté de la diversité. Le chemin vers une spiritualité inclusive est semé d'embûches, mais il est également pavé de promesses. Les Kamites, par leur engagement envers l'harmonie et la compréhension, ouvrent la voie à des dialogues qui transcendent les clivages. Ils nous rappellent que, malgré nos différences, nous sommes tous liés par un fil d'humanité, par une quête commune de vérité et de justice. Ce chemin est un appel à l'action, à la réflexion, à la transformation personnelle et collective. La spiritualité inclusive devient ainsi un puissant moteur de changement, un phare dans l'obscurité.

À travers ce voyage, nous découvrons que la véritable spiritualité ne se contente pas d'exister dans des doctrines ou des rituels figés, mais qu'elle s'épanouit dans le partage, l'écoute, et le respect. Elle vit dans chaque geste de bonté, chaque acte de solidarité, chaque moment de rencontre authentique. C'est un chemin où l'amour, la compassion et la compréhension deviennent les fondations d'un monde réconcilié. Ainsi, le Kamitisme, dans sa richesse et sa diversité, se présente comme une école de sagesse, un modèle de ce que pourrait être une spiritualité inclusive. C'est un appel à l'humanité à s'élever au-dessus des conflits, à célébrer la richesse de nos héritages tout en construisant un avenir ensemble. Un avenir où la paix et l'harmonie ne sont pas de vains mots, mais une réalité tangible, vécue au quotidien par des individus unis dans leur diversité. Dans cette quête d'une spiritualité inclusive, chaque voix compte, chaque histoire a sa place, et ensemble, nous écrivons une nouvelle page de notre histoire collective. C'est un voyage qui commence maintenant, dans le cœur de chacun de nous, une promesse d'espoir et de lumière dans un monde qui en a tant besoin.

Pratiques rituelles et interconnexion
Dans l'écrin de l'existence humaine, les rituels s'imposent comme des éclats de lumière, des points de repère au sein du vaste océan de la spiritualité. Ils sont le souffle des ancêtres, le chuchotement des étoiles, et dans la tradition Kamite, ils revêtent une signification tout à fait particulière. Tout comme dans les religions abrahamiques, où chaque rite est imprégné de symbolisme et de sacralité, les rituels Kamites plongent leurs racines dans l'héritage ancestral, tissant des liens profonds avec la

terre, les ancêtres, et l'univers. Imaginons un instant une grande cérémonie, un rite de passage réunissant des familles Kamites, juives, chrétiennes et musulmanes, sous le ciel étoilé de la nuit. Autour d'un feu sacré crépitant joyeusement, les âmes s'élèvent, et les prières de chaque tradition se mêlent et s'entrelacent comme un chant ancien. Les voix résonnent, vibrant de passion et d'émotion, et les larmes de joie se mêlent aux sourires d'espoir. L'invocation à Maât, déesse de la vérité et de la justice, se mêle aux bénédictions du Bar Mitzvah, aux chants d'hymnes du baptême, et aux prières pleines de foi de l'Aqiqah. Chaque geste rituel devient une ode à la diversité et à l'unité, une symphonie spirituelle où chaque note raconte une histoire ancienne, une quête d'identité et de sens.

Ces moments sacrés transcendent les simples célébrations ; ils deviennent des espaces de reconnexion et de guérison. En invoquant Maât, les Kamites trouvent des échos dans les prières juives pour la justice, les hymnes chrétiens pour la paix, et les invocations musulmanes pour la miséricorde. À travers le prisme de la spiritualité, ces rites révèlent non seulement la profondeur de chaque tradition, mais aussi la manière dont elles peuvent s'enrichir mutuellement. Chaque rituel devient une opportunité de tisser des liens invisibles, de comprendre l'autre, de renforcer le tissu social. Dans ce monde où les clivages religieux sont parfois source de tensions, le Kamitisme se présente comme une invitation à la communion. Il propose une spiritualité intégrative, fondée sur la reconnaissance des valeurs communes : la vérité, la justice, l'harmonie. Les traditions, bien que différentes, peuvent coexister en beauté, enrichissant l'expérience humaine. La reconnaissance des rituels et des pratiques spirituelles des autres permet d'élargir notre compréhension du sacré, tout en renforçant nos engagements envers la justice sociale et l'égalité.

Imaginez un avenir où les rituels Kamites et les traditions abrahamiques dansent ensemble dans une harmonie nouvelle. Des jeunes Kamites apprennent les prières juives et chrétiennes, découvrent les récits islamiques. Les symboles islamiques, riches de sens, deviennent des motifs d'inspiration dans les fresques Kamites, et les chants des différentes traditions se rejoignent dans une célébration de la vie et de la spiritualité. Les mariages, les funérailles, et les célébrations de vie deviennent des mosaïques vivantes où chaque tradition apporte sa voix, sa couleur, sa lumière. Ensemble, ces communautés bâtissent des ponts de compréhension, redéfinissant le sens même de l'appartenance et de l'humanité. Cependant, ce chemin vers l'harmonie n'est pas exempt de défis. Les préjugés, les stéréotypes, et les malentendus peuvent surgir comme des ombres menaçantes, mais chaque rencontre, chaque dialogue, chaque échange est une occasion précieuse de surmonter ces obstacles. Les Kamites, en s'engageant dans cette démarche, révèlent une volonté profonde de comprendre l'autre, de respecter ses croyances, et de découvrir des terrains d'entente. Leur ouverture d'esprit devient un modèle de tolérance et d'harmonie, un phare lumineux dans l'obscurité des incompréhensions. Ainsi, le Kamitisme démontre que la spiritualité peut agir comme un pont, une force de réconciliation et de transformation. En revenant à Maât, les Kamites nous invitent tous à explorer notre propre rapport à la spiritualité, à la justice, et à notre place dans l'immensité de l'univers. Ils nous rappellent que la vérité et l'harmonie transcendent les dogmes, que la quête de sens et de justice est universelle, et que les liens entre les êtres humains, à travers leurs traditions respectives, peuvent devenir un réseau de soutien, de compréhension et d'amour.

Cette exploration de la spiritualité Kamite, à travers le prisme des religions abrahamiques, ne doit pas être perçue comme une opposition, mais comme une occasion d'enrichissement mutuel. Ce chapitre aspire à démontrer comment le Kamitisme peut coexister avec ces traditions religieuses, offrant ainsi un cadre propice à l'échange et à l'enrichissement spirituel. L'essence d'une spiritualité intégrative se résume à une quête de vérité, à une exploration du divin, à une célébration de la beauté et de la complexité de l'existence. Dans ce voyage qui honore chaque tradition, de nouveaux horizons se dessinent, des promesses d'un avenir plus lumineux se profilent. Les Kamites, en embrassant cette voie, découvrent non seulement une source de force et de sagesse, mais aussi une mission : celle de bâtir un monde où la justice, l'équité, et l'harmonie, inspirées par Maât, deviennent les fondements de notre société. Un monde où chaque individu, chaque croyance, chaque voix trouve sa place et sa résonance. Voilà l'essence de la spiritualité Kamite : un guide éthique, un catalyseur de changement, une célébration de la beauté et de la complexité de l'existence. Ainsi, la promesse d'un avenir commun, partagé et lumineux, s'inscrit au cœur de chaque rite, de chaque invocation, un appel à transcender les divisions et à célébrer l'humanité dans toute sa diversité. C'est dans cette interconnexion sacrée que réside la clé d'un monde réconcilié, où chaque âme, chaque tradition, et chaque culture s'entrelacent dans une danse éternelle de lumière et de vérité.

L'importance de Maât

Dans l'immensité de l'univers, où chaque étoile scintille comme un éclat de sagesse et chaque souffle de vent murmure des vérités anciennes, se dessine une présence intemporelle, Maât. Ce concept fondamental de la spiritualité Kamite dépasse de loin la simple définition d'un ensemble de principes moraux. Il s'érige en philosophie de vie, une cosmologie qui, depuis des millénaires, a sculpté la société égyptienne ancienne et continue d'inspirer les réflexions contemporaines sur la justice, l'équilibre et l'harmonie. Plongeons ensemble dans cet océan de sagesse, où les lois de Maât ne sont pas seulement des codes, mais des chemins lumineux vers une existence authentique. Imaginez un monde où chaque action, chaque pensée, chaque geste, est guidé par une loi immuable d'harmonie et de justice. Dans cet univers, Maât se présente non seulement comme une déesse, mais comme le principe fondamental qui maintient l'ordre au cœur du chaos. Les lois de Maât, soigneusement gravées sur les murs des temples, se retrouvent aussi profondément ancrées dans les cœurs des Égyptiens. Elles étaient des balises éthiques, des guides lumineux qui régissaient chaque aspect de la vie, allant de la politique à la spiritualité. La Maât, avec sa plume légère, pesait les âmes pour déterminer leur passage vers l'au-delà, symbolisant ainsi le poids de nos actions dans le grand équilibre cosmique.

Les origines de Maât plongent dans les brumes des temps anciens, quand la civilisation égyptienne commençait à s'épanouir. Ses racines se dessinent dans les textes des pyramides, dans les enseignements des sages et les rituels quotidiens, imprégnant la vie quotidienne de l'Égypte. Maât est à la fois une déesse, gardienne de la vérité, et un idéal d'équilibre universel, incitant chaque individu à œuvrer pour l'harmonie. Dans cette ancienne Égypte, le pharaon, ce représentant divin sur terre, était vu comme le garant de Maât. Chaque décision politique, chaque jugement devait s'aligner sur ces principes sacrés de vérité, de justice et d'harmonie. Il était le porteur de la voix des ancêtres, celui qui veillait à ce que la société soit ancrée dans les lois célestes, et que l'équilibre soit préservé. Les lois de Maât, bien que simples dans leur formulation, résonnent d'une profondeur poignante : ne pas voler, ne pas mentir, ne pas tuer. Pourtant, elles vont bien au-delà de ces interdictions. Elles prônent la générosité, l'honnêteté, le respect de la nature et des autres. Suivre Maât, c'était pour les Égyptiens une quête permanente d'harmonie avec eux-mêmes, avec les autres et avec l'univers. Chaque action, chaque choix, devenait une offrande sacrée, une manière de contribuer à l'équilibre cosmique. Ces principes ont façonné une société où la spiritualité et la vie quotidienne étaient inextricablement liées, où chaque geste était un pas vers une existence plus lumineuse.

À l'aube du XXIe siècle, alors que nous faisons face à des défis sans précédent en matière de justice sociale et environnementale, les enseignements de Maât trouvent un écho puissant dans notre quête contemporaine. Dans un monde où les inégalités se creusent et où le déséquilibre menace notre planète, les valeurs de Maât — justice, vérité, équilibre — résonnent avec une pertinence croissante. Les Kamites modernes, en embrassant ces principes, ne cherchent pas seulement à honorer un héritage ancien, mais à tracer un chemin vers un avenir plus harmonieux. Ils deviennent des architectes de la justice, bâtissant des ponts entre les générations, entre les cultures et entre les croyances. Maât se présente ainsi comme un guide éthique intemporel, invitant chacun à intégrer ces valeurs dans sa vie quotidienne. Imaginez un monde où chaque décision politique, chaque action sociale, est guidée par le souffle de Maât. Un monde où la justice n'est pas une aspiration lointaine, mais une réalité vécue au quotidien. Les Kamites, en intégrant ces valeurs dans leur existence, montrent que la spiritualité peut être une force puissante de transformation sociale. Ils incarnent une vision d'unité et de respect mutuel, promouvant un dialogue entre les cœurs et les esprits.

Les rituels contemporains dédiés à Maât sont des moments de reconnexion, des havres de paix où se mêlent tradition et modernité. Les Kamites, en invoquant Maât et en célébrant son héritage, trouvent une source inépuisable de force et d'inspiration. Ces rites ne sont pas de simples commémorations ; ce sont des occasions de renouveau, des ponts entre les générations, des creusets où se forment et se renforcent les liens communautaires. Chaque célébration, chaque offrande, est une démonstration vivante de l'importance de Maât, un rappel vibrant que la justice et l'harmonie sont les fondements de notre existence. Dans le cadre du dialogue interreligieux, Maât se révèle être un terrain fertile de rencontre. Les valeurs de justice, de vérité et d'harmonie trouvent des échos dans les enseignements des religions abrahamiques. Les Kamites, en partageant leur vision de Maât, révèlent une vérité universelle : la quête de justice et de vérité transcende les frontières des traditions. Les dialogues interreligieux deviennent alors des espaces de découverte et de compréhension mutuelle, où chaque tradition apporte sa lumière, où chaque croyance s'enrichit des perspectives des autres. Ces échanges sont comme des ruisseaux se rejoignant pour former une rivière puissante, celle de l'humanité unie dans sa diversité.

En intégrant les enseignements de Maât dans notre quête de justice et d'équité, nous bâtissons les fondations d'un monde plus harmonieux et équilibré. Les Kamites, en embrassant ces principes, nous rappellent que la spiritualité n'est pas une évasion, mais un engagement profond pour un monde meilleur. Maât devient un phare, une source de lumière et de guidance dans les ténèbres de l'incompréhension et de la division. Elle éclaire notre chemin, nous rappelant que l'harmonie est à notre portée, si nous sommes prêts à écouter le murmure des ancêtres et à nous engager dans l'action. Ainsi, la Maât, loin d'être un concept ancien figé dans le temps, est une force vivante et dynamique. Elle nous appelle à la justice, à l'harmonie, à la vérité. Elle nous invite à vivre en accord avec les lois de l'univers, à chercher l'équilibre dans chaque aspect de notre vie. En revenant à Maât, nous découvrons non seulement un guide éthique, mais aussi une source de transformation et de renouveau. Voilà l'essence de Maât : une quête de justice, une célébration de la vérité, une danse harmonieuse avec l'univers. Ce voyage, bien que profondément enraciné dans le passé, ouvre des horizons nouveaux et prometteurs pour l'avenir. Il nous enseigne que chaque acte, chaque pensée, chaque décision peut contribuer à la symphonie du monde, où l'humanité, dans toute sa diversité, peut danser ensemble en célébrant la beauté de l'existence. Alors que nous embrassons la sagesse de Maât, nous devenons les bâtisseurs d'un nouvel horizon, un espace où la justice, la vérité, et l'harmonie ne sont pas de simples idéaux, mais des réalités vécues, unies dans le souffle éternel de la vie.

Les lois de Maât : un cadre éthique
Maât, cette déesse aux plumes légères et au cœur empli de sagesse, se dresse comme un symbole puissant au sein de la spiritualité Kamite. Elle incarne une force universelle, régissant non seulement l'ordre naturel mais aussi le tissu social qui unit les êtres humains. Dans l'Égypte ancienne, les lois de Maât étaient bien plus que de simples préceptes ; elles formaient une architecture éthique, une toile vibrante tissée de vérités fondamentales : la vérité, la justice, la moralité, l'harmonie et l'équilibre. Ces lois, en tant que fondations de la société, étaient l'antidote à l'Isfet, cette force chaotique qui menaçait de détruire l'ordre, de plonger l'univers dans le désordre et l'anarchie. Imaginez un monde où chaque geste humain, chaque parole prononcée, émet une vibration à travers le cosmos, créant des résonances de justice ou des vagues de chaos. L'ancienne Égypte voyait en Maât une réponse essentielle à cette dissonance. Elle représentait un équilibre délicat qu'il fallait sans cesse préserver, une danse harmonieuse entre l'esprit humain et les forces de la nature. Ce n'était pas simplement une question de respecter des règles, mais une invitation à embrasser une philosophie de vie qui transcende le temps et l'espace.

Les "48 lois de Maât", compilées par certains érudits modernes, se présentent comme des éclats de cette sagesse antique, offrant des préceptes qui, bien que simples, résonnent d'une profondeur incommensurable. La vérité (Ma'at) est bien plus qu'un impératif ; c'est un engagement à être honnête dans ses paroles et ses actions. La justice exige de traiter autrui avec équité et respect, tandis que l'harmonie nous incite à établir des relations pacifiques, à cultiver des liens empreints de compréhension et de bienveillance. L'équilibre, enfin, nous exhorte à trouver une juste mesure entre les désirs personnels et les besoins collectifs, à reconnaître que chaque individu fait partie d'un tout, d'un grand réseau interconnecté où chacun a son rôle à jouer. Plonger dans l'essence de Maât, c'est découvrir une philosophie qui ne se limite pas à des actions individuelles, mais qui englobe une vision holistique de l'univers. Maât est le souffle même de la vie, la mélodie qui harmonise toutes les notes dissonantes du cosmos. En honorant Maât, les individus ne se contentent pas d'agir de manière juste ; ils participent à une symphonie universelle, où chaque note contribue à l'harmonie générale.

Dans le panthéon égyptien, Maât se dresse comme le pilier central, la colonne vertébrale de l'existence humaine, qui défie les forces chaotiques d'Isfet. Elle est l'incarnation de l'ordre, du bon sens et de la clarté d'esprit. Le contraste entre Maât et Isfet est frappant : l'un est la lumière qui éclaire le chemin vers la vérité, l'autre est l'obscurité qui tente de nous entraîner dans le désespoir. Chaque jour, chaque instant, l'humanité est confrontée à ce choix entre l'ordre et le chaos, entre la vérité et le mensonge. Les lois de Maât servent de balises dans cette lutte perpétuelle, orientant ceux qui cherchent à construire une existence empreinte de sens. Les préceptes de Maât sont des guides éthiques intemporels, des phares illuminant le chemin vers une vie juste et équilibrée. Chaque injonction à ne pas mentir, ne pas voler, ne pas tuer, résonne comme une promesse de dignité et de respect mutuel. Mais Maât dépasse ces interdictions. Elle appelle à une existence riche de générosité, d'honnêteté, de respect pour la nature et pour les autres. Elle exige une conscience aiguë, une sensibilité profonde envers le monde qui nous entoure. Chaque action, chaque choix, devient une offrande à Maât, une tentative de maintenir l'équilibre cosmique dans un monde souvent troublé. Aujourd'hui, alors que nous naviguons à travers un océan d'inégalités, d'injustices et de désordres, les enseignements de Maât résonnent avec une force incroyable. Ils nous offrent un cadre éthique, un modèle à suivre dans les moments d'incertitude. Les Kamites modernes, en embrassant ces valeurs, deviennent les gardiens de la justice et de l'équilibre, des phares de lumière illuminant les ténèbres. En intégrant Maât dans leur vie quotidienne, ils ne se contentent pas de prêcher l'harmonie ; ils agissent comme des architectes d'un avenir meilleur, bâtissant des fondations solides sur lesquelles reposera une société plus juste.

Imaginez un instant une société où chaque décision, chaque politique, est guidée par les préceptes de Maât. Un monde où la justice n'est pas une aspiration lointaine, mais une réalité vécue, où l'équité imprègne chaque interaction humaine. Les Kamites modernes aspirent à cette vision, intégrant ces principes dans leurs vies quotidiennes. Cette quête, loin d'être une simple aspiration, est un engagement profond, une responsabilité sacrée qui appelle chacun à se lever et à agir, à faire entendre sa voix dans le concert du monde. Les rituels contemporains de Maât sont des moments de reconnexion, des instants de renaissance spirituelle où le passé et le présent s'entrelacent. Les Kamites, en invoquant Maât, trouvent une source de force et d'inspiration inépuisable. Ces rituels ne sont pas de simples commémorations, mais des célébrations vibrantes de la vie, des occasions de tisser des liens communautaires, de renforcer la toile sociale qui unit les êtres. Imaginez des cérémonies baignées de lumière, où des chants résonnent dans l'air, où les offrandes de fleurs et de fruits s'élèvent comme des prières vers le ciel. Chaque acte de dévotion devient un acte de création, une contribution au grand équilibre du monde.

À travers ces rituels, les Kamites célèbrent non seulement Maât, mais également leur humanité partagée, leur héritage commun. Ils nous rappellent que chacun de nous est un maillon essentiel dans cette chaîne de vie, que chaque geste de bonté, chaque acte de justice, est un pas vers la réalisation d'un monde idéal. Ces célébrations sont des ponts entre les générations, où les ancêtres et les descendants se rencontrent, échangent et s'enrichissent mutuellement. Les histoires racontées, les chants entonnés, les danses exécutées, tout cela résonne comme une promesse que l'harmonie peut toujours être retrouvée, même dans les temps les plus tumultueux. Ainsi, les lois de Maât ne sont pas de simples énoncés figés dans le temps ; elles sont vivantes, vibrantes, un appel à l'action. Elles nous rappellent que la quête de la justice et de l'harmonie est une responsabilité partagée, une aventure collective. Alors que nous nous engageons sur ce chemin, nous découvrons la beauté de l'existence, le potentiel d'une humanité unie dans la diversité. Maât devient ainsi non seulement un idéal à atteindre, mais un compagnon de route, un guide lumineux dans notre quête incessante d'équilibre et de vérité. En embrassant les lois de Maât, nous devenons non seulement les gardiens de notre propre âme, mais aussi des protecteurs de l'équilibre universel. Chaque geste de compassion, chaque parole de vérité, est une note dans la symphonie de la vie. Et lorsque nous nous unissons pour créer un monde plus juste, plus harmonieux, nous honorons non seulement notre héritage Kamite, mais nous posons également les fondations d'un avenir lumineux, où la beauté de la vie peut s'épanouir dans toute sa splendeur. L'histoire de Maât et de ses lois est celle d'un voyage sans fin, une aventure spirituelle qui nous invite à explorer les profondeurs de notre humanité, à vivre avec intégrité et à célébrer la vie dans toute sa diversité.

Origine et application dans l'Égypte ancienne

Les racines de Maât plongent profondément dans la mythologie égyptienne, telles des racines d'un grand arbre sacré, nourrissant chaque aspect de la vie au sein de cette ancienne civilisation. Selon les croyances qui ont traversé les âges, à la création du monde, Maât émergea avec une splendeur éclatante pour établir l'ordre et la structure, apportant avec elle la lumière dans l'obscurité du chaos primordial. Dans cette vision cosmique, Maât n'est pas seulement une déesse parmi tant d'autres, mais le principe même de la réalité, l'âme de l'univers, régissant l'équilibre entre le ciel et la terre, entre l'homme et le divin. Les pharaons, ces figures majestueuses aux responsabilités colossales, étaient perçus comme les représentants de Maât sur terre. Leur devoir était d'incarner et de garantir que ses principes soient respectés dans la gouvernance du peuple. Ils étaient les architectes de l'harmonie, et leur autorité émanait de leur capacité à faire respecter l'ordre divin. Les grandes pyramides, ces monuments titanesques, n'étaient pas seulement des tombeaux ; elles étaient des déclarations éternelles de la quête humaine pour la vérité et la justice, reflet de la volonté de leurs constructeurs d'aligner leurs vies sur les préceptes de Maât.

Chaque année, lors du "Jugement de l'âme", une cérémonie au caractère sacré, le cœur du défunt était pesé contre une plume, symbole de Maât, dans une quête ultime de vérité. Imaginez, alors, une grande salle au cœur de l'au-delà, où Anubis, le dieu à tête de chacal, préside ce rite ancestral. La balance de la justice, à la fois simple et majestueuse, est prête, une plume délicate posée sur un plateau. Les âmes défuntes, flottant entre l'attente et l'angoisse, se tiennent dans un silence pesant. Leurs cœurs, tantôt légers, tantôt alourdis par le poids de leurs actions, battent à l'unisson d'une mélodie éternelle de justice. Ce rituel, empreint de solennité, est bien plus qu'une simple cérémonie : c'est une déclaration vibrante de l'importance de vivre en accord avec les lois de Maât tout au long de sa vie. Si le cœur est aussi léger que la plume, l'âme est déclarée juste, ouvrant les portes d'une vie éternelle dans l'éclat des champs d'Ib, où les bienheureux s'épanouissent en harmonie. En revanche, si le cœur est alourdi par les péchés, par le désordre et la désobéissance, l'âme est condamnée à errer dans l'oubli, à se perdre dans les méandres de l'Isfet, ce chaos qui guette tous ceux qui s'éloignent des préceptes sacrés. Les récits gravés dans la pierre, tels ceux de la "Pyramide de Unas" et du "Livre des Morts", révèlent l'importance vitale de Maât dans la culture égyptienne. Ces textes sacrés, véritables portails vers l'éternité, chantent les louanges de Maât et rappellent aux âmes en quête d'immortalité l'importance indéfectible de la vérité, de la justice et de l'harmonie. Le "Livre des Morts", guide spirituel par excellence, est truffé d'incantations et de prières dédiées à Maât, offrant des instructions précieuses sur la manière de naviguer dans l'au-delà et d'atteindre les rivages d'une éternité paisible. Chaque page, un écho des luttes et des triomphes de l'âme, témoigne de cette quête infinie de sens, de lumière et de rédemption.

Mais Maât ne se limitait pas aux sphères spirituelles ; elle imprégnait chaque aspect de la vie quotidienne en Égypte.

Les pharaons, véritables gardiens de Maât sur terre, avaient la responsabilité sacrée de maintenir l'ordre et l'harmonie dans leur royaume. Chaque décision, chaque loi, chaque acte de gouvernance devait refléter les principes de Maât. L'idée d'un droit juste n'était pas simplement une construction sociale, mais un impératif divin, ancré dans la volonté de l'univers. Le droit, la justice, l'économie, la diplomatie — toutes les facettes de la société étaient régies par ces lois divines, tissant un canevas d'interconnexions sacrées entre les êtres. Les procès, cérémonies de vérité, étaient tenus dans les temples, ces sanctuaires dédiés à Maât où l'on priait pour le discernement. Les juges, formés aux préceptes de Maât, rendaient des verdicts empreints de sagesse, basés sur la vérité et l'équité. Imaginez les scènes solennelles : des hommes et des femmes se tenant devant le tribunal, l'angoisse visible sur leurs visages, mais aussi l'espoir d'un jugement juste. Leurs destins entre les mains des juges, porteurs de l'héritage de Maât, incarnant l'équilibre et la rectitude.

Les cérémonies de Maât, régulièrement organisées, étaient des moments de grande importance, des célébrations de la vie et de la communion avec le cosmos. Les prêtres, vêtus de robes blanches symbolisant la pureté, célébraient ces rites avec une gravité empreinte de ferveur. Les chants sacrés résonnaient dans les temples, vibrant avec une énergie qui transcendait le temps. Les offrandes, déposées avec soin, se mêlaient aux prières élevées vers les cieux, créant un tableau vivant de dévotion et de gratitude. Ces cérémonies, tout en honorant Maât, rappelaient à chacun son devoir de vivre en accord avec les lois divines. Les participants, dans un élan de ferveur, ressentaient une profonde connexion avec le cosmos, une harmonie entre le ciel et la terre, entre le divin et l'humain. Aujourd'hui, les enseignements de Maât continuent de résonner puissamment dans notre quête de justice sociale et environnementale. Les valeurs de Maât — justice, vérité, équilibre — sont plus pertinentes que jamais dans un monde en proie aux inégalités et aux déséquilibres. Les Kamites modernes, en embrassant ces principes, ouvrent une voie vers un avenir plus harmonieux. En vivant selon les lois de Maât, ils deviennent les architectes d'un monde où la justice et la vérité ne sont pas de simples idéaux, mais des réalités vivantes. La Maât devient alors un phare, une lumière qui guide ceux qui cherchent à vivre en accord avec des valeurs de justice, de vérité et d'harmonie. Elle nous rappelle que chaque action, chaque choix, chaque parole a un impact sur l'équilibre du monde. En intégrant Maât dans leur vie quotidienne, les Kamites s'engagent dans une danse harmonieuse avec l'univers, où chaque pas compte. Cette essence de Maât n'est pas simplement un rappel de notre héritage ; c'est un appel à l'action, une invitation à participer à la création d'un monde plus juste, plus harmonieux, plus équilibré. Voilà l'essence de Maât : une quête de justice, une célébration de la vérité, une danse harmonieuse avec l'univers. Un voyage qui, tout en honorant le passé, ouvre des horizons nouveaux et prometteurs pour l'avenir. En embrassant ces lois anciennes, nous pouvons nourrir une vision d'un monde où la lumière de la vérité illumine les ténèbres du désespoir, et où l'harmonie entre les peuples et la nature devient une réalité palpable. En nous engageant dans cette quête, nous écrivons non seulement notre histoire, mais nous forgeons également un avenir empreint de dignité, d'espoir et de rédemption.

La pertinence de Maât aujourd'hui
Dans un monde souvent troublé par les conflits, les inégalités et l'individualisme rampant, la réintroduction des principes de Maât pourrait bien offrir une voie de transformation sociale à la fois audacieuse et nécessaire. Loin d'être de simples concepts abstraits, ces valeurs représentent une invitation à repenser en profondeur nos systèmes de justice, d'éducation et de gouvernance. Elles nous appellent à renouer avec notre humanité commune, à nous reconnecter avec les principes d'harmonie et d'équilibre qui ont gouverné les civilisations anciennes. Imaginez un instant un monde où chaque individu prend conscience de son rôle dans la grande toile de la vie. Ce monde, nourri par les préceptes de Maât, serait un lieu où l'éthique personnelle et sociale occuperait une place centrale. Appliquer ces principes au quotidien encouragerait une profonde réflexion sur nos choix. Dans ce tableau, être honnête dans nos relations, respecter la

vérité et traiter les autres avec équité deviendrait le fondement même de notre existence collective. Chaque interaction serait empreinte de sincérité et de respect, un échange vibrant d'humanité. Imaginez alors les ramifications d'un tel environnement : la méfiance et les tensions s'évaporeraient, laissant place à la confiance et à l'harmonie, comme la brume au lever du soleil.

Les mouvements contemporains pour l'égalité et la justice, comme le mouvement Black Lives Matter, portent en eux l'essence même de Maât. Ces luttes pour la justice sociale résonnent avec une force inouïe, rappelant notre quête d'une société fondée sur des valeurs d'équité et de respect mutuel. Visualisez des manifestations pacifiques, où des foules enthousiastes se rassemblent, les pancartes ornées de symboles de Maât, tandis que les chants s'élèvent pour appeler à la vérité et à la justice. Chaque pas, chaque cri est une invocation à Maât, un appel puissant à un monde où la justice n'est pas une aspiration lointaine, mais une réalité tangible, palpable. Chaque voix qui se lève dans l'appel à la vérité devient un écho de l'histoire millénaire, un souvenir du combat contre l'injustice qui traverse le temps. Dans le contexte actuel de crise écologique, Maât nous appelle à retrouver un équilibre avec la nature. La dégradation de l'environnement, la pollution de nos rivières et la surexploitation des ressources témoignent d'un déséquilibre alarmant entre l'humanité et notre planète. En adoptant une approche éthique inspirée de Maât, individus et communautés peuvent développer des pratiques durables, respectueuses de l'harmonie naturelle. Imaginez des communautés unies dans la préservation de l'environnement, des initiatives locales où chaque geste, chaque action vise à restaurer cet équilibre sacré. Les rivières chantent à nouveau, les forêts renaissent, l'air pur retrouve sa place. Maât, telle une lumière divine, éclaire chaque effort écologique, nous rappelant l'importance de vivre en symbiose avec notre Terre, comme un chant ancestral murmuré par le vent.

Dans cette quête de transformation, Maât apparaît aussi comme un guide précieux pour repenser nos systèmes de gouvernance. Imaginez un monde où les leaders politiques embrassent les valeurs de Maât, où chaque décision est teintée d'intégrité, et où l'équilibre et la justice sont les boussoles de leur action. Les choix politiques ne seraient plus dictés par des intérêts personnels ou économiques, mais par le souci sincère du bien commun. Les lois et les politiques, fruit d'un processus réfléchi, refléteraient les valeurs de vérité, de justice et d'harmonie, créant une société où chaque individu a sa place et peut s'épanouir pleinement. Ce paysage politique, redessiné par les principes de Maât, pourrait devenir une mosaïque d'humanité, riche de diversité, mais unie dans sa quête d'un avenir meilleur. Dans le domaine de l'éducation, Maât peut inspirer des approches pédagogiques centrées sur la vérité, la justice et l'harmonie. Imaginez des écoles où chaque élève est encouragé à réfléchir sur ses actions, à cultiver des relations respectueuses et à rechercher l'équité. Les enseignements ne se limitent pas aux connaissances académiques, mais intègrent également des valeurs éthiques, des compétences sociales et des pratiques de bien-être. Les enseignants, tels des guides éclairés, deviennent des modèles incarnant les principes de Maât, inspirant les jeunes générations à devenir des agents de changement, à porter en eux la flamme d'un monde meilleur.

Dans les relations internationales, les valeurs de Maât peuvent également insuffler une nouvelle vie. Imaginez un monde où les nations interagissent avec sincérité, respect et équité, où les conflits sont résolus par le dialogue et la coopération. Les traités et les accords, fondés sur la justice et l'harmonie, seraient les pierres angulaires d'un nouvel ordre mondial. Maât deviendrait le principe directeur pour les diplomates et les leaders mondiaux, orientant leurs actions vers la paix et la collaboration. Chaque rencontre entre nations serait une danse délicate, un ballet de respect mutuel, où chaque pas est guidé par la sagesse des âges. Les artistes, quant à eux, pourraient trouver dans Maât une source inépuisable d'inspiration. Les œuvres d'art, les pièces de théâtre, les compositions musicales pourraient s'élever en une symphonie célébrant les valeurs de Maât, invitant le public à une introspection profonde. Imaginez une exposition où chaque toile résonne de couleurs vibrantes, chaque note de musique pulse avec l'énergie de la vérité, où l'art devient un miroir de notre quête collective pour la justice. Les récits artistiques, nourris par l'essence de Maât, pourraient éveiller les consciences, suscitant des réflexions et des actions qui transcendent les limites du quotidien.

Ainsi, la pertinence de Maât aujourd'hui se déploie comme une étoile brillante dans la nuit, un phare éclairant notre chemin à travers les tumultes de notre époque. Elle nous invite à redécouvrir des valeurs fondamentales, à embrasser l'harmonie au sein de nos relations, à lutter pour la justice sociale, à protéger notre planète, à réinventer notre gouvernance, à éduquer les générations futures, et à créer des œuvres d'art qui célèbrent la beauté et la vérité. C'est une invitation à créer un monde où la lumière de la vérité illumine les ténèbres du désespoir, où l'harmonie entre les peuples et la nature devient une réalité vivante, vibrante, pulsant au rythme de nos actions. En faisant nôtre cet héritage, nous tissons les fils d'un avenir où la dignité, l'espoir et la rédemption s'entrelacent dans un grand dessein collectif. C'est là, dans ce creuset d'humanité, que réside la véritable essence de Maât, nous rappelant que chacun de nous a un rôle à jouer dans cette danse harmonieuse. Nous avons le pouvoir d'écrire notre histoire et, en agissant avec intention, de façonner un avenir où la justice et la vérité deviennent les pierres angulaires de notre existence commune. Voilà le défi, le rêve, la promesse de Maât : un voyage qui commence ici et maintenant, dans le cœur de chacun de nous, et qui s'étend à l'infini, vers des horizons encore à découvrir.

Exemples contemporains
Dans l'effervescence de notre monde moderne, où les crises écologiques, sociales et politiques s'entremêlent, les principes de Maât se présentent comme des phares, éclairant le chemin vers une existence plus juste et équilibrée. Nombreux sont les leaders et penseurs contemporains qui, inspirés par cette sagesse ancestrale, s'efforcent de faire résonner les valeurs de Maât dans leur travail. Parmi eux, **Wangari Maathai**, la lauréate du prix Nobel de la paix, s'illustre par son engagement indéfectible pour la justice sociale et la protection de l'environnement. Son mouvement "Green Belt" au Kenya a vu le jour comme une réponse à l'urgence environnementale, une quête ardente pour

lutter contre la déforestation, tout en incarnant l'idée que l'harmonie avec la nature est à la fois un droit et un devoir.
Imaginez Wangari Maathai, vibrante de passion, prenant la parole devant des foules en liesse, ses mots résonnant sous le ciel ensoleillé d'Afrique. Ses discours, comme des hymnes à la nature, évoquent l'esprit de Maât, cette quête incessante de justice et d'équilibre. Elle rappelle à chaque auditeur l'importance cruciale de vivre en harmonie avec notre environnement, de respecter la terre qui nous nourrit et de préserver ses ressources pour les générations futures. Les visages du public s'illuminent, nourris par ses paroles puissantes, et l'inspiration fait naître des actions concrètes : des mouvements de reforestation, des initiatives de développement durable, des collectifs unis par un même rêve. La "Green Belt", avec ses millions d'arbres plantés, se dresse alors comme une métaphore vivante des principes de Maât, illustrant que la justice et l'équilibre ne sont pas de simples concepts théoriques, mais des réalités tangibles, ancrées dans le sol nourricier de notre terre.

Au-delà des luttes écologiques, la recherche de l'équilibre intérieur, chère à Maât, trouve aussi sa place dans les pratiques contemporaines de méditation et de mindfulness, qui émergent comme des antidotes aux tumultes de notre époque. Imaginez une salle baignée de lumière douce, où des individus de tous horizons se rassemblent pour méditer, pour se plonger dans le silence, pour retrouver la paix intérieure. Dans cette atmosphère sereine, chaque respiration devient un hommage à Maât, chaque moment de tranquillité une quête de vérité et d'harmonie. Ces pratiques, en favorisant la connexion entre les êtres, encouragent une approche plus holistique de la vie, permettant à chacun de se reconnecter à lui-même, aux autres, et à l'univers. Dans cette communion silencieuse, les principes de Maât se dévoilent dans toute leur splendeur, ouvrant la voie à une transformation personnelle et collective. Ainsi, la Maât se présente comme un cadre éthique puissant, capable de guider nos actions et nos choix dans un monde en perpétuelle mutation. Imaginez un univers où chaque décision, chaque geste est guidé par les préceptes de Maât. Un monde où la vérité, la justice et l'harmonie ne sont pas des idéaux lointains, mais des réalités vécues au quotidien. Dans cette vision, les Kamites modernes, en adoptant ces valeurs intemporelles, deviennent des porteurs de lumière, montrant que la spiritualité peut se révéler être une force de transformation sociale. La quête de vérité et d'équilibre, résonnant à travers les âges, se trouve alors ancrée dans la réalité contemporaine. Chaque pas vers l'avant est une réaffirmation de notre lien avec les générations passées, présentes et futures. Imaginez une société où les principes de Maât s'intègrent au cœur de l'éducation, de la justice et de la politique. Une société où chaque individu, en vivant selon ces préceptes, contribue à créer un environnement harmonieux et équilibré, tissant ensemble les fils d'un destin commun. À mesure que le monde contemporain évolue, les défis auxquels nous faisons face appellent à un retour vers les fondements spirituels qui ont longtemps guidé les sociétés à travers les âges. Dans cette quête, la Maât, avec ses principes intemporels, se révèle être une boussole éthique pertinente, permettant d'aborder les questions sociales, environnementales et spirituelles qui nous préoccupent aujourd'hui. Imaginez un futur où la Maât éclaire chaque action, chaque choix, chaque interaction. Un futur où la vérité, la justice et l'harmonie sont les piliers d'une société épanouie, résiliente, vibrante d'énergie et d'espoir. La Maât, avec sa sagesse ancienne, nous appelle à vivre en harmonie, d'abord avec nous-mêmes, ensuite avec les autres et enfin avec l'univers. Elle nous rappelle que chaque action, chaque choix a des répercussions, non seulement sur notre propre existence, mais aussi sur l'équilibre du monde. En revenant à Maât, nous découvrons non seulement un guide éthique, mais aussi une source inépuisable de transformation et de renouveau. Voilà l'essence de Maât : une quête de justice, une célébration de la vérité, une danse harmonieuse avec l'univers.

Dans cette quête inébranlable, nous devons nous engager dans un voyage qui, tout en honorant le passé, ouvre des horizons nouveaux et prometteurs pour l'avenir. Chaque pas que nous faisons sur ce chemin, chaque acte de bonté, chaque geste d'amour et de solidarité, nous rapproche un peu plus de cette vision d'un monde où les valeurs de Maât illuminent les ténèbres du désespoir. Et alors, un chant collectif s'élèvera, puissant et pur, unissant nos voix dans une mélodie d'harmonie, de vérité et de justice. Ce voyage, bien que parsemé d'embûches, devient une aventure exaltante, un appel vibrant à construire ensemble un monde où chacun a sa place, où l'espoir fleurit et où la lumière de Maât guide nos cœurs et nos âmes. Ainsi, en intégrant les valeurs de Maât dans notre vie quotidienne, nous ne faisons pas seulement honneur à un héritage culturel, nous posons également les bases d'un futur éthique et épanouissant. Ce faisant, nous nourrissons une vision d'un monde où chaque individu a le pouvoir de faire une différence, d'inspirer le changement, de rétablir l'équilibre. En cette ère de transformation, la Maât demeure notre phare, illuminant le chemin vers un avenir où justice et harmonie sont non seulement souhaitables, mais réalisables. C'est là, dans cette danse infinie avec la vie, que nous trouverons notre véritable essence et que nous forgerons un héritage digne des générations à venir.

La Maât dans le dialogue interreligieux
La Maât, concept riche et multiforme, ne se limite pas à une doctrine isolée, figée dans le temps. Elle s'inscrit, avec une grâce infinie, dans un dialogue interreligieux vibrant, un échange d'idées qui transcende les frontières spirituelles et culturelles. Dans un monde où les croyances et les traditions s'entrelacent, les principes de Maât trouvent écho dans d'autres traditions spirituelles, créant ainsi des passerelles vers une compréhension mutuelle, une communion des âmes, un appel à l'unité dans la diversité. Imagine un grand hall de rencontre, baigné de lumière dorée, où les croyants de toutes les traditions spirituelles se rassemblent autour de tables circulaires, ornées de motifs symboliques représentant l'harmonie. L'atmosphère est vibrante d'énergie et d'enthousiasme. Les discussions passionnées s'élèvent comme une symphonie d'idées, des éclats de rire résonnent, et les regards s'illuminent à mesure que les participants partagent leurs expériences et leurs visions. Au milieu de cette effervescence, les principes de Maât, avec leur insistance sur la justice, la vérité et l'harmonie, émergent comme des résonances familières, des échos de sagesse qui tissent des liens d'unité.

Le concept de justice, si central à la Maât, trouve des résonances profondes dans le christianisme. La Bible, véritable réservoir de sagesse spirituelle, évoque à plusieurs reprises la notion de justice. Par exemple, dans les paroles d'Ésaïe, un appel puissant retentit : « Apprenez à bien faire ; recherchez la justice, corrigez l'opprimé ». Ce cri de cœur, en résonance avec les valeurs de la Maât, s'invite dans les réunions où chrétiens et adeptes de Maât partagent leurs luttes et leurs aspirations. Des récits émouvants s'entrelacent, tissant une toile de solidarité, d'empathie et d'inspiration mutuelle. Imagine des visages illuminés par la passion de la justice, des mains qui se serrent avec force, des voix qui s'élèvent ensemble, toutes unies dans une quête commune. Dans un autre coin de ce grand hall, des méditants se réunissent en cercles, guidés par le souffle de la paix. Le concept de paix et d'harmonie, cher au bouddhisme, se dévoile à travers le Noble Chemin Octuple. Ces enseignements, qui prônent une vie équilibrée et respectueuse, résonnent avec l'essence même de la Maât. Les bouddhistes et les Kamites méditent ensemble, cherchant à s'harmoniser avec l'univers, à cultiver la paix intérieure. Chaque respiration devient alors une offrande à Maât, un acte sacré, une quête de vérité et de justice. Dans ce lieu de tranquillité, les âmes se connectent, se nourrissent des expériences des autres, créant une toile d'unité qui transcende les différences.

Et puis, il y a l'islam, qui enseigne la compassion et la justice avec une profondeur inégalée. Le Coran, dans son verset puissant, exhorte à être « des témoins justes, même si cela va à l'encontre de vous-mêmes ou de vos proches ». Ce principe d'équité et d'intégrité morale trouve un écho dans les lois de Maât, des résonances qui créent des ponts d'unité. Imagine des forums de discussion animés où musulmans et Kamites échangent leurs perspectives, leurs croyances et leurs traditions, découvrant des vérités communes au cœur de leurs luttes pour la justice et la compassion. Les mots échangés deviennent des fleurs qui éclosent dans le jardin de l'humanité, embellissant le paysage spirituel de tous. Ce dialogue interreligieux ne vise pas à établir une hiérarchie entre les croyances, mais plutôt à célébrer les valeurs communes qui transcendent les frontières religieuses. La Maât, en tant que philosophie, invite à l'unité, à une compréhension plus profonde de l'humanité qui nous relie tous. Imagine un futur où les enseignements de Maât et ceux des traditions abrahamiques s'entrelacent pour créer un monde plus juste et harmonieux. Un monde où la vérité, la justice et l'harmonie ne sont pas des idéaux lointains, mais des réalités vécues au quotidien. Les Kamites, en partageant leur vision de Maât, montrent que la quête de justice et de vérité est universelle.

Ainsi, le dialogue interreligieux devient un espace sacré de découverte et de compréhension mutuelle, où chaque tradition apporte sa lumière unique, où chaque croyance s'enrichit des perspectives des autres. Les voix s'élèvent dans une harmonie parfaite, tissant une mélodie qui célèbre la diversité et la beauté de l'humanité. Dans cet espace, les frontières s'effacent, laissant place à une communion profonde, une danse sacrée où chaque pas est une affirmation de l'amour, de la solidarité et de la quête collective d'un monde meilleur. La Maât, avec ses principes intemporels, nous appelle à vivre en harmonie avec nous-mêmes, avec les autres, avec l'univers. Elle nous rappelle que chaque action, chaque choix a un impact sur l'équilibre du monde. En revenant à Maât, nous trouvons non seulement un guide éthique, mais aussi une source de transformation et de renouveau. Voilà l'essence de Maât : une quête de justice, une célébration de la vérité, une danse harmonieuse avec l'univers. Ce voyage, en honorant le passé, ouvre des horizons nouveaux et prometteurs pour l'avenir. À chaque pas, nous redécouvrons notre humanité commune, une force qui nous pousse à nous unir pour bâtir un monde où la paix, la compassion et la justice prévalent. Imaginez un futur où la lumière de Maât éclaire chaque coin de notre existence, où les divisions s'estompent et où l'amour et la compréhension régissent nos interactions. C'est un avenir que nous pouvons construire ensemble, un avenir qui ne demande qu'à être rêvé et réalisé. Alors que nous poursuivons ce dialogue interreligieux, que chaque voix compte, que chaque histoire soit entendue. La Maât, dans sa splendeur, nous invite à nous rassembler, à célébrer notre diversité et à œuvrer ensemble pour un monde où chacun a sa place, où la vérité brille comme un phare, illuminant notre chemin vers l'unité et l'harmonie. C'est là, dans ce grand rêve collectif, que se trouve la véritable essence de notre humanité. Un voyage de découvertes, un voyage de transformation, un voyage qui nous conduit, main dans la main, vers un avenir radieux, un avenir où la Maât ne sera pas seulement un concept, mais une réalité vécue par tous.

L'application de Maât dans la vie moderne

Dans le tumulte du monde moderne, où le rythme effréné des avancées technologiques et des défis sociopolitiques semble parfois écraser les voix individuelles, les principes de Maât se révèlent comme des étoiles dans une nuit sombre. Ces valeurs, héritées des sages ancêtres, s'inscrivent dans un courant de vie qui dépasse le temps, insufflant un souffle nouveau à notre réalité contemporaine. Les défis sociaux et environnementaux, tels que le changement climatique et les inégalités raciales, nous pressent de répondre collectivement, et c'est ici que la sagesse ancestrale de Maât, avec sa quête de justice et d'harmonie, se présente comme une boussole, un guide pour tracer un chemin vers un avenir meilleur. Imagine une ville où les principes de Maât imprègnent chaque aspect de la vie quotidienne. Les rues vibrent au rythme d'une justice palpable, les écoles deviennent des temples de savoir où la vérité est chérie, et les parcs, des havres de paix où l'harmonie entre l'homme et la nature est cultivée. Ce tableau vibrant n'est pas une utopie lointaine, mais une vision que nous pouvons réaliser en appliquant les enseignements ancestraux de Maât dans notre monde moderne.

Les mouvements pour la justice sociale, tel Black Lives Matter, incarnent cette lutte pour l'égalité et la dignité, des éléments essentiels de la Maât. Ces luttes résonnent profondément avec la quête d'un monde où chaque individu est traité avec respect et équité. Souviens-toi des manifestations de 2020, où des milliers de voix se levaient dans une seule et même clameur, brandissant des pancartes ornées de citations inspirantes de leaders afro-américains, écho des luttes historiques pour les droits civiques. Les rues, saturées d'humanité, devenaient le théâtre d'une résistance vibrante, où chaque cri était une affirmation que la vérité et l'équité devaient prévaloir. Dans cette effervescence, les valeurs de Maât prenaient forme, affirmant que la lutte pour la justice est non seulement une nécessité, mais un droit inaliénable. Parallèlement, les initiatives écologiques, telles que Fridays for Future, se dressent également comme des champions de l'esprit de Maât, prônant une relation respectueuse avec la nature. Dans un monde où la conscience des impacts environnementaux de nos actions croît chaque jour, le besoin de maintenir un équilibre sacré entre l'humanité et le monde naturel s'impose avec force. Imagine **Greta Thunberg**, petite en taille mais immense en présence, s'adressant aux leaders mondiaux avec une passion fervente, exigeant des actions concrètes pour protéger notre planète. Ses paroles, résonnant comme un écho des enseignements de Maât, appellent à une harmonie avec la nature, à une responsabilité partagée pour préserver l'équilibre écologique. En elle, on trouve la voix des ancêtres, un appel à respecter et à chérir notre terre, à devenir les gardiens d'un héritage qui nous appartient à tous.

Dans les salles de classe du XXIe siècle, des initiatives éducatives contemporaines, comme celles mises en avant par des écoles alternatives, cherchent à redonner aux enfants une conscience de leurs racines, en intégrant les principes de la culture africaine dans leur curriculum. Imagine des classes vibrantes de couleurs et de vie, où les enfants s'épanouissent en apprenant non seulement les mathématiques et les sciences, mais aussi l'histoire et les valeurs de leurs ancêtres.

Les murs sont ornés de fresques qui racontent les récits de dignité, de courage et d'espoir. Ces approches visent à cultiver un sens d'identité et de responsabilité envers les autres et la planète, en écho à l'importance de la Maât. Des programmes éducatifs tels que "African Heritage" en Amérique du Nord enseignent aux jeunes générations l'histoire et la culture africaines, renforçant ainsi leur fierté identitaire et leur engagement envers la justice et l'équilibre. Chaque élève, en explorant ses racines, devient un porteur de lumière, un ambassadeur des valeurs de Maât dans un monde souvent assombri par l'indifférence. Ces exemples témoignent du fait que les valeurs de Maât ne sont pas confinées à une époque ancienne, mais sont vivantes et pertinentes dans notre monde moderne. En appliquant ces principes dans nos luttes pour la justice sociale, la durabilité environnementale et l'éducation holistique, nous avons l'opportunité de créer un monde plus harmonieux et équilibré. Une société où chaque geste, chaque initiative, est une célébration de notre humanité partagée. La Maât, avec ses lois de vérité, de justice, d'harmonie et d'équilibre, offre un cadre éthique puissant pour notre époque. Imagine un monde où chaque action, chaque décision, chaque parole prononcée est guidée par les principes de Maât. Un monde où la vérité, la justice et l'harmonie ne sont pas de simples idéaux lointains, mais des réalités vécues au quotidien. Les Kamites modernes, en adoptant ces valeurs, démontrent que la spiritualité peut être une force de transformation sociale, un moteur d'évolution. Au fur et à mesure que nous redécouvrons la Maât et l'appliquons dans nos vies quotidiennes, nous trouvons une boussole pour naviguer à travers les défis de notre époque, tout en honorant un héritage culturel riche et profond. Cette quête de la vérité et de l'équilibre est universelle et intemporelle, reliant ainsi les générations passées, présentes et futures. Imagine une société où les principes de Maât sont au cœur de l'éducation, de la justice, de la politique, et où chaque individu, en vivant selon ces principes, contribue à créer un environnement harmonieux et équilibré.

À mesure que le monde contemporain évolue, les défis auxquels nous sommes confrontés appellent à un retour aux fondements spirituels qui ont guidé les sociétés à travers les âges. Une société où la sagesse des ancêtres, la Maât, guide nos pas, éclairant nos choix et nos aspirations. Nous sommes appelés à marcher sur cette voie, à insuffler une nouvelle vie aux valeurs ancestrales, à faire résonner leurs échos dans chaque geste de notre quotidien. Alors que nous avançons, un vent de changement souffle sur notre époque. Ce vent, chargé de promesses et d'espoir, nous pousse à envisager un avenir où la justice est non seulement un rêve, mais une réalité tangible, où l'harmonie entre l'homme et la nature devient le fondement de notre existence. Les principes de Maât, porteurs de sagesse intemporelle, se révèlent être la clé pour déverrouiller les portes d'un avenir que nous avons tous le pouvoir de façonner. Dans chaque acte de justice, dans chaque geste de compassion, dans chaque quête de vérité, nous redécouvrons notre humanité commune, et nous forgeons ensemble les liens qui nous unissent. L'avenir est entre nos mains, et avec la Maât comme guide, nous pouvons bâtir une société où les valeurs d'harmonie, de justice et de vérité rayonnent à travers le monde. C'est un voyage que nous entreprenons ensemble, un voyage qui, bien que parsemé d'embûches, est éclairé par la lumière des ancêtres. Ainsi, l'application de Maât dans la vie moderne ne se limite pas à une simple adaptation d'anciennes valeurs, mais devient un puissant moteur de changement, une célébration de notre capacité à rêver et à réaliser. Le chemin est long, mais chaque pas compte, et avec chaque pas, nous nous rapprochons de la vision d'un monde où la Maât ne sera pas seulement une tradition du passé, mais une réalité vivante dans le présent, une promesse d'avenir.

Des exemples historiques inspirants
L'histoire humaine, marquée par des luttes titanesques contre l'oppression, est illuminée par des figures qui, à travers leurs actions, leurs mots, et leur détermination, ont fait vivre les principes de Maât dans le monde moderne. Leurs combats ont résonné comme un écho des valeurs ancestrales, se déployant dans des contextes où la justice, l'équité et l'harmonie étaient constamment menacées. Ces hommes et ces femmes, souvent seuls face à l'injustice, ont incarné la force tranquille de Maât, réclamant, contre vents et marées, l'émergence d'un monde plus juste. Imagine Nelson Mandela, émergeant de sa captivité de vingt-sept longues années dans la prison de Robben Island. L'air lourd d'espoir, la foule rassemblée au-dehors, suspendue à ses mots. Il ne parle pas de vengeance, mais de réconciliation, de paix, de pardon. Cet homme, qui aurait eu toutes les raisons de succomber à l'amertume et à la haine, invoque une vision d'une nation arc-en-ciel où le noir et le blanc cohabitent en harmonie. Chaque mot qu'il prononce, après des décennies d'injustice, résonne comme un chant de Maât, appelant à l'équilibre social, à la dignité humaine et à la vérité. Sa sagesse, empreinte d'une humilité rare, appelle à une transformation profonde, une justice qui transcende les simples punitions, une justice qui guérit, qui rassemble, qui pacifie.

Mais Mandela n'était pas seul à incarner ce combat. À des milliers de kilomètres, un autre homme, Martin Luther King Jr., se dressait sur les marches du Lincoln Memorial, prononçant des paroles qui allaient devenir immortelles. « I Have a Dream », dit-il, dans une Amérique fracturée par les ségrégations raciales. Son rêve, tout comme celui de Maât, était celui d'un monde en équilibre, où la vérité n'est pas dissimulée sous les voiles de la haine, où la justice n'est pas réservée à une minorité. Le souffle de King portait avec lui les promesses d'un futur où chaque enfant, noir ou blanc, pourrait grandir dans l'amour et le respect. C'est là l'essence de Maât : la reconnaissance que la paix véritable ne peut être construite que sur des fondations de vérité, d'amour et de justice équitable. Imagine ce jour de décembre 1955, dans un bus à Montgomery, Alabama. Rosa Parks, une femme fatiguée après une longue journée de travail, refuse calmement de céder sa place à un passager blanc. Son refus, silencieux mais assourdissant, devient un acte de défiance contre une injustice vieille de plusieurs siècles. À ce moment précis, Rosa Parks incarne les principes de Maât, rejetant la soumission aux forces du déséquilibre, appelant implicitement à un rétablissement de l'équité. Son geste simple, mais d'une puissance incommensurable, rappelle que la justice n'est pas toujours bruyante ; parfois, elle s'exprime par des actes de résistance silencieux, mais déterminés. Parks, par son courage, initie un mouvement qui allait secouer les fondements mêmes de l'Amérique, tout comme Maât, dans l'Égypte ancienne, remettait en question l'ordre cosmique lorsqu'il était déséquilibré.

Angela Davis, une autre figure emblématique de la lutte contre l'oppression raciale, apporte une vision tout aussi puissante de la justice. Imagine-la, s'exprimant avec une ferveur indomptable lors d'un rassemblement pour les droits des prisonniers. Ses yeux brillent d'une clarté qui semble voir au-delà des apparences, sondant les racines profondes de l'injustice. Elle parle des laissés-pour-compte, des invisibles, des oubliés. Elle appelle à une refonte radicale des systèmes oppressifs qui maintiennent des millions de personnes dans les chaînes, qu'elles soient physiques ou psychologiques. Comme Maât, Davis prône un rééquilibrage, une justice qui ne se contente pas de punir, mais qui répare, qui guérit les blessures d'une société fracturée. Malcolm X, quant à lui, est une autre incarnation puissante de Maât dans la quête de justice pour les Afro-Américains. Imagine Malcolm, au sommet de sa verve, s'adressant à une foule qui pend à ses lèvres, buvant ses paroles avec l'espoir d'un avenir meilleur. Sa voix est comme un tonnerre qui secoue les fondations mêmes des systèmes d'oppression. Ses mots sont incisifs, tranchants, mais porteurs de vérité. Il exige, non pas seulement des droits civiques, mais une dignité absolue pour chaque être humain, et appelle son peuple à une autodétermination sans compromis. Malcolm X, par son courage de dire la vérité, fût-elle impopulaire, reflète l'un des aspects les plus cruciaux de Maât : la recherche incessante de la vérité, quel qu'en soit le prix.

Ces figures historiques, bien que différentes dans leurs approches, partagent une même essence. Elles incarnent toutes un aspect des valeurs de Maât : l'équilibre entre l'amour et la justice, la quête incessante de la vérité, et la conviction que l'humanité ne peut s'épanouir que dans l'harmonie. Mandela, par sa réconciliation. King, par son rêve d'une nation unie. Parks, par son acte de résistance tranquille. Davis, par son engagement pour les opprimés. Malcolm X, par sa quête de dignité et d'émancipation. Ils nous rappellent que la quête de justice ne doit pas seulement être une réaction aux injustices, mais un engagement quotidien à équilibrer le monde autour de nous. C'est en ce sens que les principes de Maât, loin d'être un simple vestige d'une sagesse ancienne, prennent une résonance profondément contemporaine. Loin d'appartenir uniquement à l'histoire de l'Afrique antique, ils s'étendent à toutes les époques, à toutes les nations, et à tous les combats. Ainsi, en appliquant ces principes dans nos vies, nous faisons plus que rendre hommage aux ancêtres ; nous devenons les artisans d'un monde où l'équilibre, la vérité et la justice ne sont plus des idéaux lointains, mais des réalités concrètes, vécues dans chaque geste, chaque parole, chaque décision. Les grandes figures de l'histoire nous montrent que la justice véritable, celle qui transforme les nations, commence par un rêve, un acte, une parole. En ce sens, chacun d'entre nous, à son échelle, peut devenir un porte-flambeau de Maât, une force de transformation dans un monde qui a plus que jamais besoin d'équilibre et d'harmonie.

Chapitre 4 : Kamitisme, Culture et Politique
Le mouvement panafricaniste et le Kamitisme

Au cœur de la lutte pour la dignité et l'émancipation des peuples africains et afrodescendants, deux mouvements distincts mais complémentaires se dessinent : le panafricanisme et le Kamitisme. Chacun de ces mouvements, en prenant racine dans l'histoire et la culture, propose une vision unique de l'identité et de la solidarité entre les peuples, tout en cherchant à rectifier les injustices héritées du colonialisme et de l'esclavage. Pour mieux comprendre leur synergie et leur complémentarité, il convient d'explorer la nature du panafricanisme et de le mettre en regard avec les valeurs et les principes du Kamitisme.

Qu'est-ce que le panafricanisme ?
Le panafricanisme, tel un arbre aux racines profondes et étendues, est un mouvement politique, social et culturel qui se dresse en faveur de l'unité et de la solidarité entre les peuples d'Afrique et ceux de la diaspora africaine. Ses feuilles, vibrant au gré des vents de l'histoire, racontent une épopée d'aspirations et de luttes, de rêves d'émancipation et d'une renaissance collective. Ce mouvement voit le jour à la fin du XIXe siècle, un moment où l'ombre du colonialisme étend son manteau oppressif sur le continent, et prend véritablement son essor au XXe siècle grâce à des figures emblématiques comme W.E.B. Du Bois, Marcus Garvey et Kwame Nkrumah. Ensemble, ces voix puissantes chantent une ode à un héritage commun, une mélodie qui résonne avec la promesse d'un destin collectif. Imaginez un continent vibrant de diversité, où les cultures, les histoires et les identités se croisent pour former une mosaïque d'une richesse inestimable. C'est dans ce contexte, d'une Afrique aux mille visages, que le panafricanisme émerge comme une réponse aux défis de l'oppression coloniale, à la fragmentation culturelle et aux souffrances infligées par des siècles de domination étrangère. Les penseurs et leaders de ce mouvement nourrissent la vision d'une Afrique, libérée de ses chaînes, qui se tient unie et forte, forgeant son propre destin, inspirée par la fierté de ses ancêtres.

La première Conférence panafricaine, tenue à Londres en 1900, marque un tournant décisif dans l'histoire de ce mouvement. Imaginez une salle de conférence où des intellectuels, des activistes et des leaders africains se réunissent, leurs voix résonnant avec passion et détermination. Chaque intervenant incarne la lutte et l'espoir, discutant des conditions de vie des Noirs à travers le monde et proposant des solutions pour combattre le racisme et la discrimination. Cet événement pose les jalons d'un mouvement qui va grandir et s'affirmer au fil des décennies, comme une étoile montante dans le ciel politique mondial. **Marcus Garvey**, l'un des pionniers du panafricanisme, incarne cette quête d'identité et d'émancipation. En 1914, il fonde l'Universal Negro Improvement Association (UNIA). Imaginez Garvey, vêtu de ses habits flamboyants, haranguant des foules immenses avec son message de fierté noire et d'autodétermination. "Africa for the Africans", proclame-t-il avec ferveur, son slogan devenant un cri de ralliement pour des millions de personnes. Garvey ne se contente pas de rêver : il met en place des entreprises noires, lance des journaux et rêve d'une flotte de navires, la Black Star Line, qui transporterait les descendants de la diaspora vers leur terre ancestrale. Son rêve, aussi grand que l'océan qui sépare les continents, incarne la volonté de rétablir un lien entre les Africains et leurs ancêtres.

Dans le même souffle, **W.E.B. Du Bois**, intellectuel et activiste, devient une voix influente du panafricanisme, plaidant pour l'égalité raciale et les droits civiques. Imaginez Du Bois, penché sur ses écrits, ses yeux perçants scrutant l'avenir avec détermination. Il participe à de nombreuses conférences panafricaines, forgeant des alliances et incitant à une solidarité internationale entre les peuples africains et leurs descendants. Son ouvrage "The Souls of Black Folk" devient une pierre angulaire de la littérature et de la pensée afro-américaines, influençant des générations de militants. À travers ses mots puissants, Du Bois exprime la douleur des Noirs américains, mais aussi leur aspiration à un avenir meilleur, où la couleur de la peau ne serait plus un obstacle à la dignité humaine. Les années 1950 et 1960 voient le panafricanisme prendre une dimension politique concrète avec des leaders comme Kwame Nkrumah. Imaginez Nkrumah, le visage déterminé, debout devant des milliers de partisans, proclamant l'indépendance du Ghana en 1957. Son rêve d'une Afrique unie, libre de toute domination coloniale, s'exprime avec puissance dans son slogan "L'Afrique doit s'unir". Nkrumah travaille sans relâche pour promouvoir l'unité africaine, organisant des conférences, forgeant des alliances et poussant pour la création de l'Organisation de l'unité africaine (OUA) en 1963. Ses efforts sont couronnés de succès lorsqu'il parvient à inspirer d'autres nations africaines à revendiquer leur indépendance, faisant de lui un symbole de la lutte contre le colonialisme.

Son discours enflammé lors de l'indépendance du Ghana résonne encore aujourd'hui : "Nous avons gagné notre indépendance, mais cela ne suffit pas. Nous devons maintenant nous unir pour créer un avenir meilleur." Sa vision de l'unité africaine transcende les frontières, appelant à un éveil des consciences et à une solidarité indéfectible entre les peuples. Nkrumah, par ses actions et ses mots, devient le porte-voix d'une génération qui rêve d'une Afrique libre, fière et autonome.

Aujourd'hui, le panafricanisme continue d'inspirer des mouvements et des initiatives à travers le monde. Les jeunes générations, animées par un désir de justice sociale et d'égalité, s'approprient cette philosophie, la réinventant pour les défis contemporains. De nombreux artistes, écrivains et intellectuels empruntent aux fondements du panafricanisme pour nourrir leurs œuvres, créant des ponts entre les cultures et suscitant des dialogues nécessaires. Les projets culturels émergent, célébrant la richesse de l'héritage africain. Des festivals comme le Festival mondial des arts nègres, qui se tient tous les quatre ans, permettent de rassembler des artistes d'ascendance africaine du monde entier, favorisant un échange culturel fertile et enrichissant. Ces événements sont plus qu'une simple célébration de l'art ; ils incarnent une réaffirmation de l'identité noire, une quête de reconnaissance et d'amour pour ses racines. Au cœur de cette dynamique, Black Lives Matter aux États-Unis fait écho aux idéaux du panafricanisme, réclamant justice et égalité pour les Afro-Américains et tissant des liens avec les luttes en Afrique et ailleurs. Leurs voix, comme celles de leurs ancêtres, s'élèvent pour dénoncer les injustices systémiques et revendiquer une reconnaissance des droits des Noirs dans le monde entier. Des personnalités contemporaines, telles que la militante et écrivaine

Chimamanda Ngozi Adichie, parlent de l'importance de l'identité africaine et de la nécessité de réécrire l'histoire. À travers ses œuvres, elle rappelle au monde que l'Afrique n'est pas seulement un continent d'adversité, mais aussi de résilience, de créativité et de beauté. Le panafricanisme ne se limite pas à un mouvement historique ; c'est un élan vital, une affirmation de l'identité, un cri d'espoir et de solidarité. Alors que nous marchons sur le chemin de l'avenir, l'héritage des pionniers du panafricanisme continue de briller comme une étoile dans la nuit, guidant les cœurs vers une unité durable et une émancipation collective. C'est un héritage que nous portons tous, une flamme que nous devons entretenir pour que la lutte pour la dignité, la justice et l'égalité ne s'éteigne jamais.

Panafricanisme et Kamitisme : Un dialogue constructif
À première vue, le panafricanisme et le Kamitisme semblent être des îlots isolés dans un océan de diversité culturelle, deux mouvements distincts, parfois opposés, chacun portant en lui les échos de luttes, d'aspirations et de visions du monde. Pourtant, en plongeant dans la profondeur de leur essence, il devient évident que ces deux courants peuvent coexister harmonieusement et même s'enrichir mutuellement. Le panafricanisme fournit un cadre politique et social, une boussole pour naviguer à travers les défis contemporains, tandis que le Kamitisme offre une fondation culturelle et spirituelle, ancrée dans l'héritage de l'Égypte ancienne. Ensemble, ils constituent un puissant appel à la solidarité entre les peuples africains et ceux de la diaspora, une union entre l'héritage ancestral et les luttes modernes pour la justice et l'égalité. Imagine un vaste paysage où les drapeaux de nombreuses nations africaines flottent côte à côte, et où les descendants de la diaspora africaine se rassemblent sous un ciel étoilé, leurs cœurs résonnant en harmonie avec le battement de leurs ancêtres. Dans cette scène vibrante, le panafricanisme et le Kamitisme trouvent leur intersection, une rencontre où l'héritage ancestral et la quête contemporaine de justice se rejoignent, révélant une magnifique tapisserie tissée de récits de lutte, de résilience et d'espoir.

Le panafricanisme s'efforce d'unir tous les Noirs, quelle que soit leur origine, transcendant les frontières, les langues et les cultures. En revanche, le Kamitisme met l'accent sur la connexion avec l'Afrique ancienne, en particulier avec l'Égypte. Cette connexion historique est essentielle pour renforcer la fierté noire et la conscience des racines africaines. En revisitant l'histoire glorieuse de Kemet, les Kamites découvrent des sources d'inspiration et de force, des récits qui rappellent à chacun l'importance de ses racines et la richesse de son patrimoine. Cela va au-delà d'une simple réminiscence : c'est un véritable voyage dans le temps, où les prouesses des ancêtres s'entrelacent avec les défis d'aujourd'hui. Imagine des salles de classe où l'histoire de Kemet est enseignée avec passion, où les enfants apprennent non seulement les récits de leurs ancêtres, mais aussi les valeurs de Maât, symbole de vérité, de justice et d'équité. Ces valeurs, loin d'être de simples concepts abstraits, deviennent des principes directeurs qui nourrissent l'âme des générations futures. Les jeunes, nourris de cette sagesse ancienne, portent en eux le flambeau de la fierté et de la dignité, sachant que leur identité est enracinée dans un passé glorieux.

Les deux mouvements partagent un objectif commun : la lutte contre l'oppression, qu'elle soit coloniale, raciste ou économique. Le panafricanisme peut s'appuyer sur les principes de Maât pour enrichir sa lutte pour la libération. Imagine les leaders panafricanistes puisant dans la sagesse de Maât pour guider leurs actions, chaque discours imprégné de l'appel à la vérité et à la justice. Des rassemblements où des bannières arborant les mots de Maât flottent fièrement, rappelant à tous que la justice et l'équité sont les fondements de toute société véritablement libre. La lutte contre l'oppression ne se limite pas à un contexte historique ; elle s'étend dans le présent, où les blessures laissées par des siècles de domination continuent de se faire sentir. Les descendants de ces luttes, inspirés par leurs ancêtres, s'engagent à renverser les injustices de notre temps, à défendre les droits des opprimés et à créer un monde où chacun peut s'épanouir.

Le Kamitisme encourage une éducation holistique sur l'histoire et la culture africaines, fondamentalement nécessaire aux idéaux panafricanistes. La prise de conscience des injustices passées et présentes contribue à forger une identité collective et à renforcer la lutte pour l'égalité. Imagine un réseau d'écoles où les histoires de Kemet sont enseignées avec passion, où les enfants apprennent à honorer leurs ancêtres tout en développant un sens aigu des injustices qui les entourent. Des programmes éducatifs qui mettent en lumière les contributions africaines à l'humanité renforcent la fierté et l'unité, cultivant ainsi une génération prête à revendiquer ses droits et à mener la charge pour un avenir meilleur. À travers des initiatives telles que des ateliers d'écriture, des exposés, des pièces de théâtre et des films, l'histoire et la culture africaines prennent vie. Les jeunes sont non seulement encouragés à s'informer, mais aussi à s'exprimer et à s'engager. Imaginez une scène où des jeunes, inspirés par les récits de bravoure de leurs ancêtres, créent des œuvres artistiques qui racontent leur propre histoire et celle de leur communauté, renforçant ainsi le lien indéfectible entre le passé et le présent.

Le panafricanisme, en tant que mouvement global, reconnaît la diversité des cultures africaines, tout en soulignant l'importance des contributions de Kemet à l'histoire de l'humanité. En reconnaissant cette diversité, les deux mouvements peuvent travailler ensemble à la construction d'une communauté panafricaine solide. Imagine des festivals où la musique, la danse, l'art et les récits de toutes les cultures africaines sont célébrés. Des événements où les drapeaux de toutes les nations africaines flottent fièrement, symbolisant l'unité dans la diversité. Les chants et les danses ancestrales de Kemet se mêlant aux rythmes modernes, créant une symphonie de cultures, une mosaïque d'identités. Ces festivals, véritables célébrations de la richesse culturelle, offrent une plateforme pour le partage et l'apprentissage. Imagine les jeunes des quatre coins du continent et de la diaspora se réunissant, échangeant des récits et des traditions, créant des liens au-delà des frontières. À travers les arts, ils découvrent des facettes de leur identité qui leur étaient inconnues, nourrissant ainsi un sentiment d'appartenance à une grande famille panafricaine. Le panafricanisme et le Kamitisme, en fusionnant leurs forces, peuvent construire un avenir où la solidarité, la justice et l'harmonie sont les pierres angulaires de la société. Un avenir où les peuples africains et ceux de la diaspora trouvent non seulement des sources d'inspiration dans leur passé, mais aussi une direction pour leur futur. En embrassant les valeurs de Maât, en célébrant leur héritage commun et en luttant ensemble contre les injustices, ils montrent que l'unité dans la diversité est non seulement possible, mais essentielle pour un monde plus juste et équitable. Ainsi, la rencontre entre le panafricanisme et le Kamitisme se révèle être un appel à l'action, une invitation à construire des ponts et à célébrer la richesse de l'héritage africain. C'est une quête de vérité, de justice et d'harmonie, une danse entre le passé et le futur, un voyage vers un avenir commun de dignité et de liberté. Voilà l'essence de cette union : une célébration de la beauté et de la complexité de l'existence africaine, une promesse d'unité et de solidarité pour les générations à venir.

En définitive, cette alchimie entre le panafricanisme et le Kamitisme n'est pas simplement une théorie ou un idéal à atteindre ; elle est la lumière qui guide les cœurs vers un avenir de possibilités illimitées. Imaginez des leaders émergeant de cette alliance, armés non seulement de la sagesse de leurs ancêtres, mais aussi d'une vision claire de la justice sociale et de l'égalité. Ensemble, ils incarnent l'espoir d'une Afrique qui, loin d'être un simple continent en développement, se tient fièrement comme un phare de résilience, de créativité et de sagesse. Dans les siècles à venir, les voix de ces mouvements résonneront encore, comme des échos d'une lutte commune, rappelant à tous que chaque pas en avant est une célébration de la richesse de leur héritage. Cette union des forces ancestrales et contemporaines est un hymne à la dignité humaine, une ode à la beauté des diversités culturelles et spirituelles, et un testament de la force indéfectible des peuples qui refusent de se laisser diviser. Le panafricanisme et le Kamitisme, unis, ne sont pas seulement des mouvements ; ils sont le souffle même de la renaissance africaine. Ils nous rappellent que, quelles que soient les tempêtes que nous rencontrons, ensemble, nous pouvons naviguer vers des rivages de liberté, de solidarité et de prospérité. En célébrant nos racines, en nourrissant nos aspirations communes et en nous engageant dans une lutte continue pour l'équité et la justice, nous écrivons un nouveau chapitre de l'histoire africaine, un chapitre qui résonnera à travers les âges.

La redéfinition de l'identité noire

Dans un monde où les Afrodescendants se trouvent souvent piégés dans les rets de stéréotypes négatifs et confrontés à des inégalités structurelles, la redéfinition de l'identité noire émerge non seulement comme un besoin, mais comme un acte de résistance vibrant et audacieux. Le Kamitisme, avec sa célébration des valeurs ancestrales et de l'héritage culturel de Kemet, propose une plateforme puissante pour honorer la richesse et la diversité de l'expérience noire. Imaginez un horizon où chaque Afrodescendant, peu importe son lieu de naissance, peut puiser dans un trésor d'histoires et de traditions, se voyant reflété non pas dans les fragments brisés des stéréotypes, mais dans la magnificence d'un héritage ancestral qui illumine le chemin à parcourir. Au sein de cette vaste fresque, le panafricanisme incarne une invitation à envisager l'identité collective sous un jour nouveau. Il pousse les Afrodescendants à percevoir leurs luttes comme des éléments d'un récit global, où chaque voix, chaque vécu, résonne avec force et beauté. Ce faisant, ces mouvements s'unissent pour créer un espace propice à une réévaluation des récits historiques, permettant aux individus de s'identifier non seulement à leur nation d'origine, mais aussi à une communauté mondiale vibrante, unie par des expériences partagées et des aspirations communes.

Au cœur de cette réévaluation se trouve la redécouverte de l'héritage de Kemet. Les temples majestueux, les hiéroglyphes énigmatiques, les récits des pharaons et des reines rappellent une époque où la civilisation africaine rayonnait de lumière et de savoir. Ces vestiges, bien plus que des souvenirs figés dans le temps, deviennent des phares éclairant la voie des générations futures. Les Kamites, en célébrant cet héritage, tissent un lien indéfectible entre les temps anciens et le présent, rappelant à chaque génération la grandeur de leurs racines. Cette redécouverte nourrit la fierté et l'estime de soi, offrant une alternative puissante aux récits souvent réducteurs des expériences noires dans le monde moderne. Imaginez un monde où les jeunes Afrodescendants, armés de la connaissance de leur histoire, se dressent avec fierté, refusant de se laisser définir par les narrations stériles qui les entourent. Chaque monument de Kemet devient un symbole de résilience, chaque conte une source de force, chaque valeur une boussole dans un océan de doutes. En redécouvrant leurs racines, ils s'engagent dans une danse avec le passé, chaque pas réaffirmant leur droit à l'existence, à la dignité, et à la célébration de leur identité.

Imaginez une grande assemblée où des voix provenant de toutes les contrées d'Afrique et de la diaspora se lèvent pour partager leurs histoires, leurs luttes et leurs triomphes. Le panafricanisme embrasse cette diversité, célébrant chaque culture, chaque langue, chaque tradition comme une note dans la symphonie de l'humanité noire. Les chants de libération des Sud-Africains se mêlent aux rythmes vibrants du reggae jamaïcain, les danses des Ashantis se fondent avec les rituels vaudou haïtiens, créant une mosaïque vivante de cultures. Chaque culture, chaque tradition, devient une étoile scintillante dans un ciel infini, chacune contribuant à la constellation de l'identité noire. Dans ce lieu d'échange et de respect mutuel, les récits se croisent et s'entrelacent, offrant un panorama riche et varié des expériences humaines. Des artistes, des écrivains, des intellectuels, et des artisans se rassemblent, partageant leurs talents et leurs visions, insufflant une vie nouvelle aux traditions tout en en célébrant l'héritage. Ces rencontres créent un espace fertile pour la créativité, où l'innovation s'épanouit à partir de racines profondes.

La quête de justice et d'égalité est un fil conducteur qui unit les Kamites et les panafricanistes. Les deux mouvements se lèvent avec force contre les systèmes d'oppression, qu'ils soient coloniaux, raciaux ou économiques. Imaginez des manifestations pour la liberté, les discours enflammés de leaders charismatiques, et les campagnes pour les droits civiques, tous ces actes de résistance tirant leur essence d'une tradition ancestrale de lutte pour la justice. Pensez à Nelson Mandela, libéré après des décennies de captivité, portant dans son cœur la sagesse de Maât, chaque parole prononcée imprégnée du désir d'équité et de réconciliation.

La lutte pour la dignité humaine résonne à travers les générations, chaque cri d'indignation se transformant en un appel à l'action. Les souvenirs de ceux qui ont sacrifié leur vie pour la liberté inspirent une nouvelle vague de militance, où les jeunes, armés de la puissance des technologies modernes, s'engagent à poursuivre le combat. Ces jeunes sont les héritiers d'un héritage vivant, et leurs voix, unies dans la clameur pour la justice, portent l'écho des luttes passées tout en éclairant la voie vers l'avenir. L'éducation joue un rôle central dans cette redéfinition. Les écoles et les programmes éducatifs inspirés par le Kamitisme et le panafricanisme offrent aux jeunes générations une compréhension profonde de leur histoire et de leur culture. Imaginez des salles de classe où les livres d'histoire racontent les exploits des pharaons aux côtés des luttes des leaders des droits civiques, où chaque leçon devient une fenêtre sur la richesse de l'héritage africain. Les enfants apprennent non seulement les récits de leurs ancêtres, mais aussi les valeurs de justice, de vérité et d'harmonie. Des pédagogues passionnés créent des environnements d'apprentissage qui nourrissent la curiosité, encouragent les élèves à explorer leurs racines tout en développant un esprit critique face aux injustices du monde contemporain. Ils apprennent à valoriser leur histoire, à respecter leurs traditions tout en se projetant dans un avenir rempli de promesses. La créativité s'épanouit, les idées fleurissent, et les jeunes deviennent non seulement des consommateurs de savoir, mais aussi des créateurs de changement, transformant leurs classes en laboratoires d'innovation sociale.

Le Kamitisme et le panafricanisme, en unissant leurs forces, ouvrent la voie à un futur où la solidarité, l'égalité et la justice deviennent les pierres angulaires de la société. Imaginez un avenir où chaque Afrodescendant trouve non seulement une place, mais une voix. Un futur où la richesse de l'héritage africain est célébrée et où chaque individu peut s'épanouir dans la plénitude de son être, se sentant enraciné dans un passé glorieux tout en se projetant vers un futur radieux. Ainsi, la redéfinition de l'identité noire, inspirée par le Kamitisme et le panafricanisme, se transforme en un acte de renaissance. C'est une invitation à se réapproprier son histoire, à célébrer sa culture, à lutter pour la justice et à bâtir un avenir de dignité et de liberté. Cette quête, loin d'être un simple projet, est un chemin de vie, une exploration audacieuse de l'âme humaine, un hommage à la beauté et à la complexité de l'existence noire. Voilà l'essence de cette quête : une célébration de la richesse des récits individuels et collectifs, une promesse d'unité et de solidarité pour les générations à venir. Le temps est venu de dépasser les limites imposées, d'embrasser la diversité des expériences et d'affirmer que l'identité noire est une palette vibrante de couleurs, de sons et d'histoires qui s'entrelacent dans un grand récit de résilience, de lutte et d'espoir. En nous unissant dans cette célébration, nous bâtissons non seulement des ponts entre les cultures, mais aussi une voie lumineuse vers un avenir que nous chérissons tous.

La lutte contre le néocolonialisme

Le néocolonialisme se présente comme un spectre insidieux, tissant des fils invisibles qui continuent de contraindre les nations africaines dans des politiques économiques désavantageuses, des interventions militaires déguisées et des manipulations culturelles. Face à cette réalité, la nécessité d'une réponse forte et coordonnée se fait pressante. Le panafricanisme, vibrant appel à la solidarité entre les nations africaines, s'érige en bastion de résistance, tandis que le Kamitisme, riche en savoirs traditionnels et en systèmes de gouvernance précoloniaux, incite à une revalorisation profonde de l'identité et des valeurs africaines. Imaginez un continent où les nations africaines, debout et résilientes, refusent d'être réduites à des spectateurs de leur propre destin. Un continent où chaque décision politique, chaque alliance économique, chaque initiative culturelle est nourrie par le désir ardent de liberté, de justice et de souveraineté. Ce rêve devient tangible à mesure que le panafricanisme et le Kamitisme unissent leurs forces pour contrecarrer les influences néocoloniales. Ensemble, ils ouvrent la voie à une renaissance qui transcende les blessures du passé, redéfinissant le futur avec audace.

Le panafricanisme appelle à une solidarité indéfectible entre les nations africaines, unissant les peuples et les gouvernements dans une quête commune de justice et de dignité. Des initiatives telles que l'Agenda 2063 de l'Union Africaine, aspirant à une Afrique unie et prospère, s'alignent sur les valeurs fondamentales du panafricanisme. Imaginez des leaders africains se réunissant régulièrement, partageant leurs visions, tissant des liens de confiance, élaborant des stratégies pour développer leurs économies, protéger leurs ressources naturelles et renforcer leurs institutions démocratiques. Dans ces sommets, les voix des peuples africains résonnent avec force, allant des jeunes visionnaires aux sages des anciens, leurs idées s'entrelacent dans un dialogue riche et fécond. Ce ne sont pas de simples discours, mais des engagements profonds à construire un avenir commun. Dans cet espace de communion, chaque intervention, chaque débat, chaque décision est imprégnée de la conscience que la force réside dans l'unité. Unité des peuples, des cultures, des luttes. Un appel à se lever ensemble, à s'élever ensemble, à réaliser qu'un destin commun se dessine au-delà des frontières.

Le Kamitisme, avec ses enseignements ancestraux et ses systèmes de gouvernance précoloniaux, agit comme une boussole précieuse pour naviguer à travers les défis contemporains. Imaginez des écoles et des universités où les savoirs de Kemet sont enseignés avec passion et respect, où les jeunes générations sont immergées dans les secrets de la médecine, de l'agriculture, de l'astronomie et de la philosophie de leurs ancêtres. Ces savoirs, loin d'être de simples vestiges du passé, deviennent des outils puissants pour affronter les enjeux modernes. Les sages de Kemet, avec leurs enseignements sur l'harmonie, la justice et le respect de la nature, guident une nouvelle façon de penser et d'agir. Imaginez un monde où les anciens sont écoutés, leurs voix intégrées dans la formulation des politiques modernes. Ce mariage entre sagesse ancestrale et technologies contemporaines engendre des solutions innovantes et durables pour les défis actuels. Les pratiques agricoles traditionnelles, par exemple, réconciliées avec les avancées modernes, peuvent offrir une voie vers une sécurité alimentaire durable, tout en respectant la terre et ses cycles.

Les politiques économiques désavantageuses, souvent imposées par des forces extérieures, maintiennent les nations africaines dans un état de dépendance. Le panafricanisme et le Kamitisme, en prônant une autonomie économique et une gestion souveraine des ressources, offrent une voie de libération. Imaginez des économies africaines florissantes, où les industries locales prospèrent, où les richesses naturelles sont exploitées de manière durable et équitable, où chaque ressource devient une pierre angulaire du développement. Des accords commerciaux justes et équitables, des infrastructures modernes et adaptées aux besoins des populations, des systèmes éducatifs robustes, tous ces éléments deviennent possibles lorsque les nations africaines prennent leur destin en main, guidées par les principes de Maât et la solidarité panafricaine. Ces nations se déploient avec force, s'affranchissant des chaînes du passé, s'érigeant en modèles de développement durable, de justice économique et de respect des droits humains.

Les interventions militaires déguisées et les manipulations culturelles cherchent à diviser et à affaiblir les nations africaines. Le panafricanisme et le Kamitisme, en promouvant l'unité et la conscience culturelle, offrent une résistance puissante et renouvelée. Imaginez des armées africaines unies, défendant leur souveraineté avec courage et détermination, non pas en tant que forces d'occupation, mais comme gardiennes de la paix et de l'intégrité continentale. Dans ce contexte, des médias africains puissants et indépendants émergent, diffusant des récits authentiques et valorisant les cultures locales. Imaginez des festivals célébrant la richesse de l'héritage africain, des films et des livres qui racontent des histoires de résilience et de fierté, renforçant l'identité et l'estime de soi des peuples africains. Ces initiatives culturelles deviennent des armes puissantes contre l'hégémonie culturelle, un rappel constant que la diversité est une force, que chaque culture mérite d'être honorée et célébrée.

Le panafricanisme et le Kamitisme, en s'alliant dans cette lutte, ouvrent les portes d'un avenir où la justice, la dignité et l'harmonie deviennent les pierres angulaires de la société. Imaginez un avenir où les peuples africains, libérés des chaînes du néocolonialisme, s'épanouissent dans la plénitude de leur être. Un avenir où la solidarité et la souveraineté sont les maîtres mots, où chaque nation, chaque communauté, chaque individu trouve sa place et sa voix, libre d'explorer et de réaliser son potentiel. Ainsi, la lutte contre le néocolonialisme, inspirée par le panafricanisme et le Kamitisme, se présente comme un acte de renaissance et de résistance. C'est une invitation vibrante à se réapproprier son histoire, à célébrer sa culture, à lutter pour la justice et à bâtir un avenir de dignité et de liberté. Cette quête transcende les frontières, devient une odyssée collective vers la plénitude de l'existence humaine, un chant d'unité et d'espoir. Voilà l'essence de cette lutte : une célébration de la beauté et de la complexité de l'existence africaine, une promesse d'unité et de solidarité pour les générations à venir. Chaque pas vers l'avant est une affirmation de notre droit à exister en toute autonomie, à prospérer sans entrave, à écrire notre propre histoire. Un voyage audacieux vers un avenir commun, où dignité et souveraineté ne sont pas seulement des idéaux, mais des réalités vécues. C'est dans ce cadre que se dessine une Afrique nouvelle, où le passé éclaire le présent, et où l'avenir se construit sur des fondations solides de respect, d'amour et de solidarité.

L'éducation comme fondement d'un avenir meilleur
L'éducation, ce puissant vecteur de transformation, se dresse comme un pilier central dans la synergie entre le panafricanisme et le Kamitisme. C'est un instrument par lequel les nations africaines peuvent se réapproprier leur histoire, revendiquer leur identité et construire un avenir éclairé. En enseignant l'histoire authentique de l'Afrique, en célébrant ses contributions à la civilisation mondiale, nous amorçons une lutte contre les narrations biaisées qui continuent de prévaloir dans de nombreux manuels scolaires. Imagine un réseau d'écoles où les murs sont ornés de fresques colorées, chacune racontant une histoire vibrante : les pharaons majestueux de Kemet, les héros intrépides de la lutte pour l'indépendance, les savants émérites et les artistes inspirants qui ont façonné l'histoire du continent. Chaque salle de classe devient une fenêtre ouverte sur la richesse incommensurable de l'héritage africain, chaque leçon, une

invitation à redécouvrir ses racines et à célébrer une culture foisonnante.

Au cœur de cette transformation, l'intégration des philosophies Kamites dans les programmes éducatifs constitue une étape cruciale. Imagine des classes où les principes de Maât, emblèmes de la vérité, de la justice et de l'harmonie, sont enseignés aux côtés des idéaux panafricains. Les étudiants ne se contentent pas d'apprendre des faits historiques ; ils plongent dans un océan de valeurs éthiques qui éclairent leur chemin vers un avenir meilleur. Les leçons ne sont pas de simples récits du passé, mais des balises qui les guident dans la construction d'un monde plus juste. Chaque concept appris devient une boussole, orientant leur compréhension des défis contemporains et les incitant à devenir des acteurs du changement. Imagine maintenant des manuels scolaires qui débordent de récits authentiques et inspirants, des histoires de résistance et de résilience qui illuminent les conquêtes africaines. Chaque chapitre dévoile une nouvelle facette de la contribution africaine à la civilisation mondiale : des avancées en mathématiques à la médecine, de l'astronomie à la philosophie. Ces narrations, débarrassées des biais et des stéréotypes, redonnent aux jeunes Africains une image positive d'eux-mêmes, tout en rompant avec les chaînes de la victimisation historique. Loin d'être de simples témoins d'un passé tragique, ces élèves découvrent leur potentiel illimité, leurs talents innés, et se voient projetés vers un avenir rempli de possibilités. Ils apprennent à célébrer leurs ancêtres, à s'en inspirer pour forger leur propre chemin. Ces initiatives éducatives encouragent les étudiants à dépasser la victimisation historique pour envisager un avenir où ils peuvent activement contribuer à la construction de sociétés équitables et justes. Imagine des jeunes inspirés par l'histoire de Kemet, des luttes panafricaines, se levant avec audace pour défendre leurs droits, créer des entreprises durables, et initier des projets communautaires. Leurs actions ne sont pas de simples échos du passé, mais des promesses vibrantes pour l'avenir. Ils portent en eux la flamme de Maât, cherchant l'équilibre et la justice dans chaque aspect de leur existence. En se lançant dans cette quête, ils deviennent des pionniers de leur propre histoire, des architectes de leurs réalités, construisant des ponts entre le passé et le futur.

Des figures contemporaines, telles que Wangari Maathai, avec son mouvement "Green Belt", incarnent parfaitement le lien entre éducation et action communautaire. Ses discours, imprégnés de sagesse ancestrale, rappellent l'importance de vivre en harmonie avec la nature et de lutter pour la justice sociale. Imagine des programmes éducatifs inspirés par son exemple, où les enfants apprennent non seulement à lire et à écrire, mais aussi à planter des arbres, à protéger leur environnement, et à construire des communautés solidaires. Ces initiatives deviennent des terreaux fertiles où germent des idéaux de justice, de responsabilité et de compassion, cultivant ainsi une génération consciente et engagée. À travers le continent et au-delà, des initiatives éducatives contemporaines émergent, comme celles mises en avant par des écoles alternatives qui intègrent les principes de la culture africaine dans leur curriculum. Imagine des salles de classe où les enseignements traditionnels s'entremêlent aux technologies modernes, où les enfants découvrent les histoires de leurs ancêtres aux côtés des sciences et des arts. Ces approches visent à cultiver un sens profond de l'identité et de la responsabilité envers les autres et la planète, en écho à l'importance de la Maât. Des programmes éducatifs tels que "African Heritage" en Amérique du Nord cherchent à enseigner aux jeunes générations l'histoire et la culture africaines, renforçant ainsi leur fierté identitaire et leur lien avec un passé riche et diversifié. Dans ces espaces d'apprentissage, l'enseignement va au-delà des murs de la salle de classe, intégrant la communauté dans un processus d'éducation holistique.

En enseignant l'histoire authentique de l'Afrique, en intégrant les philosophies Kamites aux curriculums panafricains et en encourageant la participation active des jeunes à la construction de sociétés justes, nous pouvons poser les fondations d'un avenir meilleur. Un avenir où chaque individu, armé de la sagesse ancestrale et des valeurs de Maât, peut s'épanouir et contribuer à un monde plus équitable et harmonieux. Imagine un monde où les enfants d'aujourd'hui, enrichis par cette éducation éclairée, deviennent les leaders de demain, des gardiens de la justice et des champions de l'équité. Voilà l'essence de cette quête : une célébration de la beauté et de la complexité de l'héritage africain, un appel à l'action collective, à la renaissance d'un continent. L'éducation devient alors le fil conducteur qui relie les générations, une force motrice propulsant l'Afrique vers un horizon radieux. Dans cette vision, chaque étudiant, chaque élève, chaque jeune adulte se lève avec l'assurance que leur voix compte, que leurs actions résonnent et que leur avenir, bien que façonné par l'histoire, est libre de se tracer de nouvelles lignes. Ainsi, l'éducation, loin d'être un simple outil, se transforme en un acte sacré, un rite de passage qui nourrit l'âme et fortifie l'esprit. En redonnant à chaque individu la dignité d'apprendre et de grandir, nous faisons le choix conscient d'un avenir empreint de justice, d'harmonie et de lumière. Les fondations de ce nouvel avenir sont construites sur la fierté et l'espoir, des valeurs qui, lorsqu'elles sont cultivées, ont le pouvoir d'élever toute une nation. C'est dans cette dynamique de transformation, nourrie par la sagesse des ancêtres et le potentiel des jeunes, que réside la promesse d'un avenir lumineux pour l'Afrique, un avenir guidé par Maât.

La spiritualité comme outil de résilience

Dans le tumulte incessant de notre époque, la spiritualité, tant dans le panafricanisme que dans le Kamitisme, émerge comme une lumière vivifiante, une lueur d'espoir dans les ténèbres d'un monde en perpétuel changement. Elle se dresse tel un phare, offrant un refuge et un ancrage aux âmes égarées, aux cœurs blessés par les vicissitudes de la modernité. Imaginez un monde où la spiritualité devient un outil de résilience, permettant à chaque individu de se reconnecter à son essence profonde, à la sagesse de ses ancêtres, et à la chaleur de sa communauté. Dans cette quête spirituelle, la connaissance des anciens et des traditions culturelles se mêle à la réalité contemporaine, tissant un lien indissoluble entre le passé et le présent. La sagesse ancienne de Kemet, qui enseigne l'importance de l'équilibre, de la vérité et de la justice, nous offre un cadre pour naviguer les eaux tumultueuses de l'existence moderne. Dans cette perspective, la spiritualité ne se limite pas à des rituels ou à des pratiques isolées ; elle devient une manière de vivre, une philosophie imprégnée d'amour et de respect pour soi-même, pour les autres et pour la nature. En cultivant cette spiritualité, les individus découvrent la force de leur héritage, se nourrissant de l'énergie vitale que leurs ancêtres ont léguée. C'est un voyage de retour aux sources, un appel à la célébration de la beauté et de la complexité de l'existence africaine.

Le mouvement du retour aux racines, qui prend de l'ampleur dans certaines communautés afrodescendantes, illustre parfaitement cette quête de spiritualité et de connexion. Ce phénomène, qui transcende les frontières géographiques et culturelles, devient un cri du cœur, un désir ardent de renouer avec une identité souvent mise à mal par les siècles de colonialisme et d'oppression. Au sein de ces communautés, des pratiques telles que la méditation, la danse et les rites de passage, inspirées par les traditions ancestrales, émergent comme des moyens puissants par lesquels les individus peuvent se réapproprier leur héritage, tout en intégrant des valeurs contemporaines. Imaginez une scène où, au crépuscule, des individus se rassemblent sous un ciel étoilé, leurs visages baignés par la lumière douce de la lune. Ils ferment les yeux, écoutant les battements de leur cœur et les échos lointains des tambours ancestraux. La méditation, inspirée par les pratiques Kamites, devient un pont entre le passé et le présent, une manière de se reconnecter à la sagesse des anciens. Dans le silence, chaque respiration devient une prière silencieuse, une offrande à Maât, une quête profonde de vérité et de justice. Les pensées s'élèvent comme des plumes portées par le vent, portant avec elles les espoirs et les luttes des ancêtres, créant un dialogue intemporel entre les générations.

Dans cette communion avec soi-même et avec l'univers, la méditation révèle ses bienfaits insoupçonnés. Imaginez des individus, aux âmes apaisées, trouvant la paix intérieure en écoutant le murmure des ancêtres. Ils explorent les profondeurs de leur être, redécouvrant des aspects d'eux-mêmes qu'ils avaient perdus dans le tourbillon de la vie quotidienne. Ces moments de méditation, loin d'être des instants de fuite, deviennent des moments de profonde connexion. Les individus s'ouvrent aux enseignements des sages, accueillant la sagesse ancestrale qui leur permet de mieux comprendre leur place dans le grand cycle de la vie. La méditation ne se limite pas à un isolement dans le silence ; elle s'étend à des pratiques collectives, où la communauté se retrouve pour partager des moments de réflexion, de prière et de gratitude. Imaginez des cercles de méditation, où des voix s'unissent pour chanter des hymnes de paix, où les histoires des ancêtres sont racontées, inspirant chacun à puiser dans la richesse de son héritage. Dans cette ambiance sacrée, le pouvoir de la spiritualité se manifeste, unissant les âmes dans un même souffle.

La danse, elle aussi, devient un outil puissant de résilience et d'expression de cette spiritualité retrouvée. Imaginez des cercles de danse où les participants, vêtus de tissus colorés, se déplacent en rythme, leurs mouvements s'inspirant des anciens rituels de Kemet. Dans ces moments de communion, chaque pas, chaque geste devient une célébration de la vie, une reconnaissance de l'héritage ancestral. La danse, dans sa forme la plus pure, se transforme en prière en mouvement, une manière de libérer les tensions, de trouver l'équilibre et de célébrer l'harmonie.
Les corps s'élancent dans des mouvements fluides, exprimant la joie, la douleur, l'espoir et la révolte. Chaque danse est une proclamation d'existence, une affirmation de la vie qui pulse à travers les veines des participants. Les rythmes des tambours résonnent comme le battement de cœur d'un continent, rappelant à tous qu'ils sont liés, qu'ils partagent une histoire commune, un héritage qui transcende les générations. Les rituels de danse, véritables sources de force, nourrissent l'âme et rappellent à chacun qu'il fait partie d'un tout, d'une grande tapisserie de vie.

Les rites de passage, essentiels dans la tradition Kamite, sont des moments de transition et de transformation qui marquent des étapes importantes de la vie. Imaginez une cérémonie où un jeune adulte, entouré de sa famille et de sa communauté, est initié aux mystères de la vie et de la mort. Les chants sacrés résonnent, les prières s'élèvent, les sages partagent leur savoir. Ces rites, loin d'être de simples traditions, deviennent des sources de force et de résilience, offrant aux individus un sentiment d'appartenance et de continuité. Chaque rite de passage est une étape sur le chemin de la vie, une manière de se reconnecter à ses racines et de trouver sa place dans le grand ordre de l'univers. Dans ces moments solennels, la sagesse des ancêtres se transmet de génération en génération, un lien invisible mais puissant qui unit tous les participants. Les rituels de passage vers l'âge adulte, par exemple, ne sont pas seulement des cérémonies festives ; ils deviennent des moments de profonde introspection, où le jeune initié est encouragé à réfléchir sur son identité, ses responsabilités et son rôle dans la société. Les encouragements des aînés, les récits des ancêtres, tout cela devient une fondation sur laquelle se bâtira l'avenir de chacun.

La spiritualité, en tant qu'outil de résilience, ne se limite pas à un retour au passé. Elle est profondément ancrée dans la réalité contemporaine, intégrant des valeurs modernes tout en respectant la richesse des traditions anciennes. Imaginez des communautés où la sagesse ancestrale de Kemet coexiste harmonieusement avec les défis et les opportunités de la modernité. Des lieux de culte où les prières ancestrales s'entremêlent aux méditations contemporaines, où les anciens enseignent aux jeunes la valeur de la justice et de l'équilibre. Ces espaces deviennent des foyers d'inspiration, où la spiritualité ne se conçoit pas comme une régression, mais comme un pas en avant vers un avenir plus éclairé. Les dialogues entre les générations s'y multiplient, générant une synergie créatrice, une innovation nourrie par les fondements solides de l'héritage culturel. Les jeunes, en apprenant à apprécier la profondeur de leur histoire, se sentent inspirés à agir pour un avenir meilleur. Ils deviennent des acteurs du changement, intégrant la sagesse ancestrale dans leurs actions quotidiennes, bâtissant ainsi des ponts entre hier et demain.

En fin de compte, la spiritualité, inspirée par le Kamitisme et le panafricanisme, offre un chemin vers un avenir harmonieux et équitable. Elle rappelle à chacun l'importance de la justice, de la vérité et de l'équilibre. Elle nous invite à vivre en accord avec les principes de Maât, à célébrer notre héritage et à construire ensemble un monde de dignité et de liberté. Les valeurs de respect, d'amour et de compassion, inculquées par ces traditions, deviennent des piliers sur lesquels reposent les sociétés de demain. Ainsi, la quête de spiritualité et de connexion, inspirée par le Kamitisme, est un acte de renaissance et de résilience. C'est une invitation à se réapproprier son histoire, à célébrer sa culture, à lutter pour la justice et à bâtir un avenir de dignité et de liberté. L'essence de cette quête se manifeste dans les regards échangés, dans les rires partagés, dans les chants qui s'élèvent comme une ode à la vie. Chaque voix qui s'exprime est une célébration de la beauté et de la complexité de l'existence africaine, une promesse d'unité et de solidarité pour les générations à venir. Dans ce voyage vers un avenir commun de dignité et de souveraineté, la spiritualité devient l'étincelle qui allume la flamme de l'espoir. Elle nous invite à marcher ensemble, à danser au rythme de notre histoire, à méditer sur les leçons du passé et à construire, avec audace et détermination, un avenir qui reflète la grandeur de notre héritage. C'est dans cette dynamique de résilience et de célébration que réside le véritable pouvoir de la spiritualité, un pouvoir capable de transformer les vies et d'illuminer le chemin vers un monde meilleur.

La culture Kamite à travers les arts et la littérature

La culture Kamite, enracinée dans la riche histoire de Kemet, se déploie à travers une multitude d'expressions artistiques et littéraires. Ces créations, qu'elles soient visuelles, musicales, théâtrales ou littéraires, ne sont pas seulement des manifestations de beauté, mais également des vecteurs puissants de transmission d'identité, d'héritage et de spiritualité. Dans un monde contemporain souvent dominé par des narrations culturelles standardisées, il est impératif de célébrer et de valoriser ces expressions qui rendent hommage à l'authenticité de l'expérience noire et afrodescendante.

Les arts visuels : Une réaffirmation de l'identité
Les arts visuels, qu'ils prennent la forme de peinture, de sculpture ou de photographie, ont toujours occupé une place prépondérante dans le vaste panorama culturel Kamite. Ils sont le reflet d'une identité plurielle, tissée de couleurs, de textures et

de récits qui transcendent le temps et l'espace. Dans ce monde où l'image devient omniprésente, les artistes contemporains, tels que **Kehinde Wiley**, se dressent comme des architectes de la mémoire collective, réinterprétant des thèmes traditionnels et historiques pour les ancrer dans la modernité vibrante. Dans ses portraits, Wiley élève les visages souvent oubliés de l'histoire afro-américaine, les revêtant de la dignité et de la grandeur qui leur ont été longtemps déniées. Sa pièce emblématique, "Napoléon Leading the Army Over the Alps", réinvente un moment historique tout en y insufflant une nouvelle vie, une nouvelle voix. Imaginez un vaste tableau, un cri visuel dans un monde qui a souvent préféré le silence. Une jeune femme noire, parée d'une robe royale, se tient fièrement sur un cheval, son regard perçant défiant l'histoire elle-même. Chaque détail de son apparence est une affirmation de son identité, chaque couleur, un hommage aux luttes et aux triomphes de ses ancêtres. Derrière elle, des motifs floraux luxuriants se déploient, évoquant l'abondance et la beauté de la nature africaine. C'est ainsi que Wiley redonne une place centrale aux figures trop souvent négligées par l'art occidental, redéfinissant les contours de l'identité et de la mémoire. En Afrique, d'autres artistes comme **El Anatsui** se joignent à cette réaffirmation de l'identité en transformant des matériaux recyclés en œuvres d'art spectaculaires. En utilisant des capsules de bouteilles en aluminium, il crée des installations qui transcendent les simples objets, évoquant des thèmes profonds liés à la consommation, à l'histoire coloniale et à la résistance. Son œuvre monumentale, "Interlacing", se déploie comme une toile d'araignée, scintillant sous la lumière du soleil, chaque capsule capturant l'œil et racontant une histoire de réinvention et de résilience. Imaginez un mur vibrant, une mosaïque de couleurs qui, en s'assemblant, rappelle les fils invisibles de l'interconnexion entre les cultures, une célébration de l'héritage africain dans toute sa splendeur. Ces œuvres ne sont pas de simples objets statiques ; elles agissent comme des réflexions sur notre condition humaine, interrogeant la société et les structures qui l'entourent. Prenez par exemple l'artiste **Yinka Shonibare**, d'origine nigériane, qui utilise des mannequins habillés de tissus africains pour explorer les thèmes de l'identité post-coloniale et de la construction culturelle. Ses installations, telles que "The Swing (after Fragonard)", s'érigent en véritables critiques des notions de classe et de race, tout en célébrant l'esthétique africaine. Imaginez une pièce où des mannequins sans tête, drapés dans des wax colorés, semblent suspendus dans un moment figé, défiant les conventions, provoquant des réflexions profondes sur l'identité et l'histoire. Dans cette danse visuelle, chaque élément devient un symbole, une invitation à une introspection sur notre propre héritage.

Les artistes Kamites contemporains portent un message puissant à travers leurs œuvres : ils utilisent l'art comme un acte de réaffirmation identitaire et de résistance face aux narrations dominantes. En puisant dans l'histoire et la culture de Kemet, ils créent des œuvres qui célèbrent la beauté et la résilience de l'Afrique, défiant les stéréotypes enracinés et ouvrant de nouvelles voies d'expression. Imaginez une galerie où chaque œuvre est un cri de lutte, un chant de triomphe, une ode à la renaissance, où chaque coup de pinceau devient un acte de résistance, un acte de révolte contre l'oubli. Dans cette quête d'expression, les artistes interrogent les normes établies et remettent en question les récits qui ont longtemps façonné la perception du monde. Ils redéfinissent le champ artistique, offrant une plateforme où les voix marginalisées peuvent s'élever, raconter leurs histoires et revendiquer leur place dans le récit collectif. Par ce biais, l'art devient un vecteur de changement, un moyen d'émancipation qui rappelle à chacun qu'il est le gardien d'une histoire, d'un patrimoine à la fois personnel et universel.

Les arts visuels, qu'ils soient contemporains ou traditionnels, se dressent comme des ponts entre les générations et les cultures. Ils rappellent aux spectateurs la richesse de leur héritage, l'héritage de leurs ancêtres, tout en ancrant leurs récits dans une réalité en perpétuelle évolution. Imaginez des expositions où les œuvres de jeunes artistes côtoient celles des maîtres anciens, créant un dialogue visuel entre le passé et le présent. Des sculptures monumentales, des photographies poignantes, des peintures vibrantes – chaque pièce invite à la réflexion et à la célébration. Ces expositions ne sont pas simplement des vitrines d'art ; elles deviennent des espaces de rencontre, d'échange et de partage. Les visiteurs, plongés dans cet univers coloré, découvrent des récits qui résonnent avec leurs propres expériences, des histoires de lutte, de joie, de douleur et de résilience. À travers l'art, les frontières s'estompent, et les cultures se rencontrent, s'enrichissant mutuellement dans un flot d'émotions et d'idées. Les œuvres d'art deviennent alors des témoins de notre humanité partagée, rappelant à chacun que nous sommes tous interconnectés dans le vaste réseau de la vie.

Les arts visuels sont également une célébration vibrante de la diversité et de la créativité de l'Afrique. Ils offrent une plateforme pour partager des récits uniques et enrichir ainsi le paysage culturel mondial. Imaginez un festival d'art où des artistes de tout le continent et de la diaspora se rassemblent pour exposer leurs œuvres, partager leurs histoires et inspirer les autres. Ce festival devient une fête de l'esprit créatif africain, un lieu où les couleurs s'entrelacent et où les voix s'élèvent en harmonie. Des performances en direct, des ateliers interactifs, des discussions passionnées – chaque moment est une célébration de la richesse de la culture africaine. Les artistes, en unissant leurs talents, créent une symphonie visuelle et auditive qui touche le cœur et l'esprit des spectateurs. Les récits se mêlent aux sons des tambours, aux rires des enfants et aux chants des ancêtres, tissant un tableau vivant de l'expérience humaine. Chaque œuvre exposée devient une porte d'entrée vers un monde de possibilités, une invitation à rêver, à créer, à explorer.

En fin de compte, les arts visuels transcendent le simple cadre esthétique ; ils sont un puissant moyen de réaffirmer l'identité, de résister à l'oppression et de célébrer la beauté et la diversité de l'Afrique. Les artistes Kamites contemporains, en s'inspirant de leur riche héritage culturel et en l'intégrant dans un cadre moderne, montrent que l'art peut être un outil de transformation et de renouveau. Leur œuvre est bien plus qu'une simple expression artistique ; elle devient un acte de révolte, une déclaration de fierté et un appel à la conscience. Voilà l'essence de cette quête artistique : une célébration de la complexité et de la profondeur de l'expérience africaine. C'est une promesse d'unité et de solidarité pour les générations à venir, une invitation à se reconnecter à ses racines tout en s'ouvrant au monde. L'art, dans sa plus pure expression, est un voyage, une exploration sans fin qui nous pousse à questionner, à rêver et à célébrer notre humanité commune. À travers chaque œuvre, chaque coup de pinceau, chaque sculpture, se dessine un avenir où l'identité est affirmée, où les voix s'élèvent et où la beauté de l'Afrique rayonne dans toute sa splendeur. C'est ici que réside la force de l'art : dans sa capacité à captiver, à émouvoir, à éveiller les consciences et à inspirer un avenir de dignité, de fierté et d'espoir.

La musique : Une voix pour la résistance
La musique, en tant qu'expression vivante de la culture Kamite, transcende le simple divertissement pour devenir un puissant vecteur de transmission des valeurs, des histoires et des luttes africaines. Elle est un souffle vital qui traverse les âges, résonnant dans les cœurs et les esprits, réaffirmant une identité souvent mise à mal par l'histoire. Dans cet univers riche et vibrant, des genres tels que l'Afrobeat émergent comme des cris de ralliement, des hymnes de résistance politique et sociale. **Fela Kuti**, le légendaire "père de l'Afrobeat", est sans doute l'une des figures les plus emblématiques de ce mouvement. Sa musique devient un cri insurrectionnel, un miroir de la société, où les rythmes entraînants rencontrent des paroles incisives. Chansons comme "Zombie", par exemple, sont bien plus que de simples compositions ; elles sont des manifestes, des dénonciations acerbes de la corruption, de l'oppression et des injustices qui gangrènent son Nigeria natal. Imaginez Fela Kuti sur scène, sa silhouette éclatante sous les projecteurs, tandis que son saxophone émet des sonorités vibrantes qui emportent le public dans un tourbillon euphorique. Les rythmes pulsants de l'Afrobeat résonnent dans l'air chaud de la nuit, chaque note un appel à l'action, chaque parole une révolte contre les injustices. Les membres du public, en transe, unissent leurs voix pour chanter les paroles qui évoquent leurs propres souffrances, leurs propres luttes. Dans ce moment magique, la musique de Fela devient une arme, un cri de ralliement pour la liberté et la justice, transcendant les frontières et connectant les âmes en quête de changement.

Dans un monde en constante évolution, des artistes comme **Burna Boy** et **Angelique Kidjo** poursuivent cette tradition en fusionnant les sons ancestraux avec des influences modernes. Burna Boy, par exemple, n'est pas simplement un musicien ; il est un porte-voix de la fierté noire et de l'identité. Avec des titres emblématiques tels que "Ye", il s'adresse à une génération, rappelant aux auditeurs l'importance de leur héritage culturel. Imaginez-le sur une scène mondiale, entouré de lumières éblouissantes, sa voix puissante et mélodieuse s'élevant pour porter des messages de résistance et de résilience, chaque performance étant un hommage vibrant à ses racines africaines.Angelique Kidjo, véritable icône de la musique africaine, utilise son art non seulement pour célébrer les racines africaines, mais également pour aborder des problématiques sociales et politiques brûlantes telles que le féminisme et les droits humains. Comme pour Fela, imaginez aussi Kidjo, vêtue d'une robe éclatante, remplissant des salles de concert du monde entier de sa voix enchanteresse, ses mélodies captivantes et ses paroles profondes devenant des hymnes pour la justice et l'égalité. Chaque performance est une célébration de la force des femmes, une ode à la lutte pour un monde meilleur.

La musique, par ailleurs, est un puissant moyen de revendiquer une histoire souvent oubliée ou déformée. **The Last Poets**, pionniers du spoken word, ont émergé dans les années 1960, tissant ensemble poésie, jazz et rythme pour exprimer des réalités sociales et politiques qui résonnent encore aujourd'hui. Leur œuvre emblématique, "When the Revolution Comes", est un exemple poignant de la puissance de la voix artistique dans la lutte pour l'égalité et la justice. Poursuivons cet effort, voyez sur une scène intime, les membres de The Last Poets, entourés d'une audience captivée, déclamant leurs vers avec passion et conviction, chaque mot résonnant comme un tambour de guerre contre l'injustice. Dans cet espace, la musique et la poésie se mêlent pour créer un élan, une vague de détermination qui incite les cœurs à battre en unisson contre l'oppression. Les artistes Kamites contemporains s'emparent de la musique pour réaffirmer leur identité et résister aux narrations dominantes qui ont souvent tenté d'effacer leurs histoires. Ils plongent dans les racines de leur culture, s'inspirant de l'histoire et de la tradition de Kemet pour créer des œuvres qui célèbrent la beauté et la résilience de l'Afrique. Imaginez des festivals de musique où les rythmes ancestraux se mêlent aux sons modernes, chaque performance se transformant en une symphonie de résistance et de célébration. Chaque note, chaque accord devient une réaffirmation de l'identité, un acte de fierté et de résilience, un cri de ralliement pour les générations futures.

Dans ces moments de création, la musique devient un moyen puissant de se reconnecter à ses racines, de trouver la force dans l'héritage culturel, et de se battre pour un avenir meilleur. Imaginez des jeunes, les yeux brillants d'espoir, inspirés par les paroles de leurs artistes préférés, se levant avec détermination pour lutter contre les injustices, portant haut les valeurs de vérité, de justice et d'harmonie enseignées par Maât. Ces mélodies deviennent des mantras de résistance, des sources d'énergie qui alimentent leurs rêves et leurs aspirations. À chaque coin de rue, chaque chant dans les marchés, chaque battement de tambour dans les célébrations, la musique raconte des histoires – celles des ancêtres, des luttes, des triomphes et des espoirs. Elle s'infiltre dans le tissu même de la vie quotidienne, un fil conducteur qui relie les générations, un écho des voix passées dans le présent. Dans les villages, les communautés se rassemblent pour chanter, danser et célébrer, créant ainsi des espaces d'unité et de joie. Imaginez un groupe de personnes, main dans la main, dansant au rythme des tambours, leur corps s'élevant en une chorégraphie collective qui transcende le temps et l'espace. Cette communion musicale est un symbole de résilience, une affirmation que, malgré les épreuves, la culture et l'identité perdurent.

En fin de compte, la musique, en tant qu'expression de la culture Kamite, est bien plus qu'une simple mélodie ; elle est une voix puissante pour la résistance et la réaffirmation de l'identité. Les artistes Kamites contemporains, en puisant dans leur riche héritage culturel et en l'intégrant dans un cadre moderne, illustrent comment la musique peut être un outil de transformation et de renouveau. Voilà l'essence de cette quête musicale : une célébration de la complexité et de la profondeur de l'expérience africaine, une promesse d'unité et de solidarité pour les générations à venir. Ainsi, à travers chaque battement, chaque harmonie, chaque note de musique, se dessine un futur où l'identité est célébrée, où les voix s'élèvent en chœur et où la beauté de l'Afrique éclaire le monde de sa lumière éclatante. Cette musique, pulsante et vivante, est un héritage qui transcende les barrières, un fil conducteur reliant les âmes dans une danse éternelle d'amour et de résistance. Dans ce voyage sonore, les artistes invitent chacun à prendre part à cette révolution musicale, à embrasser l'histoire, à célébrer le présent et à rêver d'un avenir où l'humanité retrouve ses racines, en harmonie avec le monde. C'est ici, dans cette vibration profonde, que réside la véritable force de la musique : un appel à la conscience, un souffle d'espoir, une voix pour la résistance.

La littérature : Un récit de résilience et de fierté
La littérature Kamite, qu'elle prenne la forme de récits épiques, de contes poétiques ou de pièces de théâtre poignantes, a toujours été un témoin de la résistance, de la fierté et de la résilience d'un peuple dont l'identité a été forgée à travers l'histoire de l'Afrique et de la diaspora. Elle transcende les frontières du temps et de l'espace, rappelant à ceux qui l'entendent ou la lisent qu'au-delà de la douleur et de la souffrance, il existe une force vive : celle de la narration. Chaque mot, chaque phrase, chaque image tissée dans ces récits évoque la profondeur d'un héritage culturel que ni la colonisation, ni l'esclavage, ni l'oppression ne pourront jamais effacer. Imaginez un village perdu au cœur de la savane, où les anciens, assis sous un baobab millénaire, racontent les légendes d'un passé glorieux à la lumière vacillante du feu. Le crépitement des flammes s'harmonise avec les chants des insectes nocturnes, tandis que les histoires des héros du passé prennent vie dans l'esprit des auditeurs. Ces récits ne sont pas seulement des divertissements ; ils sont les fils d'une tapisserie complexe qui lie les générations entre elles, créant un pont indestructible entre les ancêtres et les descendants.

Prenez **Chinua Achebe**, un auteur dont les mots ont capté l'essence même de cette connexion entre les vivants et les disparus. Avec "Things Fall Apart", il nous invite à pénétrer dans le monde d'Umuofia, où chaque geste, chaque rituel, chaque décision est une danse délicate entre tradition et modernité, entre ordre et chaos. Achebe nous fait ressentir la déchirure intérieure d'**Okonkwo**, cet homme d'honneur pris dans un tourbillon de changements imposés par une force étrangère. Il ne s'agit pas seulement d'un homme qui se bat contre la colonisation, mais d'un symbole de la lutte de toute une civilisation pour préserver son âme face à un monde en mutation. Okonkwo, avec sa rigidité et sa volonté de maintenir les traditions, devient une figure tragique dont la chute symbolise la désintégration d'une société autrefois prospère et indépendante. La tragédie d'Okonkwo devient alors celle de l'Afrique entière, son cri de détresse résonnant à travers le temps. Et que dire de **Wole Soyinka** ? Ce lauréat du prix Nobel, dont l'écriture, empreinte de poésie et d'engagement politique, nous montre la fragilité de l'existence humaine face à la tyrannie et à l'injustice. Dans son œuvre "The Man Died", il dresse un tableau brut de la répression politique, tout en nous rappelant que même dans les ténèbres les plus profondes, l'esprit humain peut briller d'un éclat insoupçonné. Soyinka, enfermé dans sa cellule, dénué de tout sauf de sa plume, nous montre que la littérature n'est pas simplement un moyen d'expression ; elle est un acte de résistance, un outil de survie. Chaque mot devient une bouée, un rappel que, même face à la destruction, l'âme de l'artiste demeure intacte.

Mais la littérature Kamite ne se limite pas à la souffrance ou à la résistance ; elle est aussi une célébration de la vie, de la beauté et de la diversité de l'expérience africaine. Imaginez Nadine Gordimer, dont les œuvres plongent profondément dans la complexité des relations humaines au sein de l'apartheid sud-africain. À travers ses récits, elle explore les tensions, les espoirs et les désespoirs d'un peuple qui refuse de céder face à l'injustice. Ses mots peignent des portraits nuancés de l'Afrique du Sud, offrant un miroir de ses contradictions et de ses luttes, tout en laissant entrevoir la possibilité d'une réconciliation. Et puis, il y a **Chimamanda Ngozi Adichie**, cette voix moderne qui continue d'élever le drapeau de la littérature Kamite à travers le monde. Avec "Half of a Yellow Sun", elle nous fait traverser les tourments de la guerre civile nigériane, nous plongeant dans un récit qui mêle habilement les histoires personnelles et les bouleversements politiques. Ses personnages, animés d'une profondeur émotionnelle, deviennent les porte-étendards d'une génération qui cherche à se réapproprier son histoire, à réaffirmer son identité face à un monde qui tente encore de les réduire au silence. **Adichie,** avec sa plume sensible et incisive, nous rappelle que la littérature est non seulement une manière de revendiquer son passé, mais aussi de façonner son avenir. Cependant, il serait impossible de parler de la littérature Kamite sans évoquer l'immense importance de la tradition orale. Car avant que les mots ne soient couchés sur le papier, ils étaient chantés, contés, murmurés dans le vent, transmis de génération en génération. Les griots, ces poètes-historiens de l'Afrique de l'Ouest, ont maintenu vivante la flamme de la mémoire collective, racontant les exploits des rois et des reines, des guerriers et des sages. Imaginez un griot, debout sur une colline, sa voix puissante portant loin à travers la vallée, ses mots tissant des récits d'amour et de guerre, de triomphe et de défaite. Chaque note de son chant est un rappel que l'histoire de l'Afrique ne commence ni ne se termine avec la colonisation ; elle est infinie, vibrante, toujours en mouvement. La littérature Kamite, qu'elle soit écrite ou chantée, est bien plus qu'une simple forme d'expression artistique ; elle est le reflet d'une âme collective, d'une résilience profonde et d'une fierté indéfectible. À travers les mots d'Achebe, de Soyinka, de Gordimer, d'Adichie et tant d'autres, nous voyons non seulement les cicatrices laissées par l'histoire, mais aussi la beauté d'un peuple qui, malgré tout, continue de se tenir debout. C'est dans cette littérature que réside l'essence même de l'identité Kamite : une force indomptable, un souffle de vie qui traverse les âges, et une promesse d'un avenir où les voix de l'Afrique, enfin entendues, résonneront avec toute la puissance de leur vérité.

Les artistes peintres : Échos de la mémoire
Basilica de Leon, un peintre d'origine ghanéenne, évoque à travers ses œuvres la richesse et la complexité de l'identité africaine. En combinant des motifs traditionnels avec des techniques modernes, il crée des toiles qui interrogent le spectateur sur la place de la culture africaine dans un monde globalisé. Son tableau **"Heritage"**, où se mêlent des visages

d'ancêtres, des symboles ancestraux et des paysages urbains, incarne cette quête d'une identité à la fois ancienne et actuelle.

Chéri Samba, originaire de la République Démocratique du Congo, utilise la peinture pour explorer des thèmes sociopolitiques et culturels. Ses œuvres, souvent vibrantes et pleines de couleurs, racontent des histoires de la vie quotidienne en Afrique tout en se moquant des stéréotypes occidentaux. Dans son œuvre **"La Vie est Belle"**, il juxtapose des éléments de la culture populaire et des réalités sociales pour mettre en lumière les défis auxquels sont confrontés les Africains contemporains.

Yasumasa Morimura, bien que Japonais, a exploré l'héritage culturel noir à travers son art en utilisant des références à Kemet. Son projet **"Daughter of the Nile"**, qui réinvente des portraits classiques tout en intégrant des figures africaines, soulève des questions sur l'appropriation culturelle et la représentation. Par ses créations, Morimura invite à une réflexion sur la manière dont l'art transcende les frontières et engage des dialogues interculturels.

Conscience politique et action

La conscience politique au sein de la communauté Kamite est un levier fondamental pour la redéfinition et la revitalisation de l'identité noire dans le monde moderne. À une époque où les luttes pour l'égalité, la justice sociale et la reconnaissance des droits des peuples autochtones se trouvent au premier plan des préoccupations globales, l'engagement politique des Kamites s'inscrit comme une nécessité inéluctable. Ce chapitre s'efforcera d'explorer la dynamique de cette conscience politique, les actions à entreprendre et les stratégies à adopter pour affirmer et défendre l'héritage Kamite dans un monde en perpétuelle mutation.

Une conscience politique enracinée

Plonger dans l'univers du mouvement Kamite, c'est s'aventurer au cœur d'une conscience politique d'une richesse insoupçonnée, tissée d'histoires ancestrales et de luttes contemporaines. Cette conscience n'est pas un simple héritage ; elle est une force vive, un souffle qui traverse les âges et résonne avec la profondeur des principes de Maât. Pour appréhender son importance, il faut remonter aux fondations historiques sur lesquelles elle repose, ces fondements forgés par des figures emblématiques qui ont osé défier les chaînes de l'oppression. Imaginez un vaste champ de coton, sous un ciel d'azur, où les ombres de l'esclavage pèsent lourdement sur la terre labourée par des mains écorchées. Chaque souffle, chaque mouvement est une lutte contre un destin tragique. Parmi ces âmes enchaînées se dresse **Frederick Douglass**, une flamme de détermination dans le regard, traçant avec audace sa route vers la liberté. Ses mots, à la fois puissants et poignants, deviennent les cris de ralliement d'une résistance inébranlable, résonnant comme des tambours de guerre dans le silence oppressif. À ses côtés, **Harriet Tubman,** surnommée Moïse, brave l'obscurité, guidant des centaines d'âmes vers la lumière de la liberté, ses pas marquant le rythme d'une symphonie d'espoir. Ces figures emblématiques, véritables architectes de la conscience politique, plantent les graines d'une vision claire et déterminée, des graines nourries par les valeurs de Maât, érigées en principes indéfectibles de vérité et d'équité.

Les luttes pour les droits civiques qui ont émergé dans les années 1960 ne sont pas seulement l'écho de ces combats d'antan, mais la continuité d'un cri profond et ancien. Martin Luther King Jr., par ses discours empreints de l'esprit de Maât, appelle à une justice transcendant les couleurs, à une vérité qui embrasse la totalité de l'humanité. Ses paroles sont comme une prophétie, évoquant une transformation des cœurs et des esprits. Le mouvement des droits civiques devient alors une véritable chorale, une symphonie de voix exigeant reconnaissance et dignité, un appel vibrant à l'établissement d'une société équilibrée et juste, où chaque être humain peut s'épanouir. Dans la modernité, la conscience des injustices systémiques qui frappent les communautés noires a trouvé une résonance amplifiée à travers des mouvements contemporains, tel Black Lives Matter. Ce mouvement transcende les frontières, unissant des voix du monde entier dans une quête commune pour la justice. Imaginez des foules en marche, leurs pas résonnant comme un tambour de guerre, brandissant des pancartes colorées et scandant des slogans puissants. Leurs voix s'élèvent comme un chant d'espoir, témoignant d'une mobilisation collective qui renouvelle les luttes historiques tout en intégrant des enjeux contemporains tels que la justice environnementale, l'accès à l'éducation, et les droits à la santé. Cette dynamique nouvelle et résolue, nourrie par les enseignements de Kemet, montre que la conscience politique Kamite n'est pas figée, mais évolutive, s'adaptant aux réalités d'un monde en mutation.

Au cœur de cette évolution se trouve une génération de jeunes Kamites, vibrant d'un engagement politique palpable. Imaginez-les rassemblés dans des salles communautaires, où la passion et la détermination éclairent leurs visages. Ils discutent, échangent des idées, et élaborent des stratégies pour transformer leur société. Chacun d'eux devient un porteur de flambeau, un acteur de changement, incarnant la quête de justice et la réaffirmation de leur dignité. Leur engagement s'inscrit dans une vision d'un avenir où les enseignements de Kemet et les valeurs de Maât deviennent des fondations solides sur lesquelles bâtir une société plus équitable. L'éducation émerge comme une arme puissante dans cette prise de conscience. Imaginez des salles de classe vibrantes, où les enfants, les yeux brillants de curiosité, explorent les récits des pharaons aux côtés des luttes des leaders des droits civiques. Chaque leçon devient une fenêtre ouverte sur la richesse d'un héritage africain foisonnant, permettant aux élèves de voir au-delà de la victimisation historique et d'envisager un avenir où ils participent activement à la construction de sociétés justes et équilibrées. Les programmes éducatifs inspirés par le Kamitisme offrent une compréhension profonde de leur histoire et de leur culture, transformant les jeunes en acteurs éclairés, conscients de leur potentiel.

Ainsi, la conscience politique Kamite se déploie comme une danse harmonieuse, mêlant héritage ancestral et lutte contemporaine. Elle est nourrie par les récits de résistance, par une quête incessante de justice, et par les enseignements intemporels de Maât. Cette conscience invite chacun à devenir un acteur du changement, à transformer le monde en s'inspirant des valeurs de vérité, d'équilibre et de justice. Elle nous rappelle que le chemin vers la transformation sociale est pavé d'histoires, de luttes, et de rêves, et que chaque voix, chaque geste, chaque pensée compte. En fin de compte, cette conscience politique, enracinée dans le Kamitisme, se révèle être une force puissante pour la transformation sociale. Elle nous exhorte à vivre en accord avec les principes de Maât, à célébrer notre héritage, et à construire ensemble un monde de dignité et de liberté. Elle est une quête incessante de justice, une célébration de la vérité, et une danse harmonieuse avec l'univers, un voyage qui, tout en honorant le passé, ouvre des horizons nouveaux et prometteurs pour l'avenir. Voilà l'essence même de cette conscience politique : un chant de résistance et d'espoir, un élan collectif vers un demain où chaque individu peut s'épanouir, libre et fier de ses racines.

Une stratégie politique ancrée dans la culture Kamite
Dans les méandres de l'histoire, la culture Kamite se dresse comme un phare, illuminant le chemin d'une stratégie politique ancrée dans les valeurs ancestrales de Kemet. Cette stratégie, qui se déploie en plusieurs axes, est bien plus qu'une simple méthode ; elle est la pierre angulaire d'une quête pour une société plus juste, équitable et harmonieuse. À travers les âges, les enseignements de la Maât continuent de guider les actions des Kamites, les incitant à cultiver la conscience politique, à mobiliser leurs communautés, et à œuvrer inlassablement pour la justice sociale. Le premier pilier de cette stratégie est l'éducation, une clé essentielle pour ouvrir les portes de la conscience politique. Imaginez des écoles où les murs, vibrant de fresques colorées, racontent les épopées des pharaons et des reines de Kemet. Dans ces espaces, les enfants ne se contentent pas d'apprendre les mathématiques et les sciences ; ils plongent dans l'histoire, la culture et les contributions des civilisations africaines. Les communautés doivent s'engager à investir dans des programmes éducatifs qui célèbrent cet héritage, des programmes qui forment des citoyens éclairés, fiers de leurs racines.

Ces écoles, ces universités, et ces centres communautaires doivent devenir des foyers de savoir, où se tiennent des ateliers, des séminaires, et des conférences sur l'héritage Kamite. Imaginez des bibliothèques foisonnantes, où les rayons regorgent de livres sur Kemet, des expositions d'art Kamite qui émerveillent les yeux et élèvent l'esprit, et des festivals culturels qui vibrent au rythme des tambours ancestraux. Dans cette atmosphère nourrissante, la littérature et les arts s'épanouissent, permettant aux jeunes de plonger dans l'exploration de leurs racines et d'enrichir leur identité. Mais l'éducation seule ne suffit pas. La mobilisation communautaire est essentielle pour renforcer la solidarité et l'engagement. Imaginez des salles communautaires où des cercles de discussion se forment, où chaque voix, qu'elle soit forte ou timide, est écoutée et respectée. Les organisations Kamites, en tissant des liens avec des groupes locaux, des ONG et des mouvements sociaux, deviennent des catalyseurs d'action collective. Des forums communautaires surgissent, abordant des questions vitales telles que l'accès à la justice, l'inclusion sociale, et les droits des femmes, tout en intégrant une approche intersectionnelle qui célèbre la diversité des expériences. Imaginez des marches pour la justice, des campagnes de sensibilisation colorées et vibrantes, et des projets de développement communautaire qui foisonnent, tous guidés par les principes de Maât. Ces initiatives ne sont pas de simples actions ; elles sont des manifestations d'un désir ardent de changement, des expressions de la force collective d'un peuple déterminé à revendiquer ses droits.

Dans cette dynamique, la création de partenariats stratégiques devient un levier puissant. En unissant leurs forces avec d'autres mouvements luttant pour les droits humains, qu'ils soient locaux ou internationaux, les Kamites peuvent amplifier leurs voix et élargir leur portée. Imaginez des alliances entre les Kamites et les mouvements pour les droits des autochtones, pour les droits des femmes, et pour la justice climatique. En s'associant avec d'autres qui partagent des préoccupations similaires, les Kamites peuvent créer des synergies bénéfiques, se nourrissant des expériences et des stratégies des autres. Des conférences internationales prennent forme, réunissant des leaders de différents mouvements, partageant leurs récits, leurs luttes, et leurs espoirs. Ces rencontres deviennent des carrefours d'idées, où des stratégies communes se dessinent pour un monde plus juste, un monde où chaque voix compte et où chaque action résonne avec puissance.

À l'ère numérique, il est impératif de tirer parti des plateformes en ligne pour sensibiliser et mobiliser. Imaginez des campagnes de sensibilisation virales, des vidéos inspirantes qui traversent les frontières, des podcasts éducatifs diffusant les messages de justice et d'équité du Kamitisme à un public mondial. Les réseaux sociaux se transforment en instruments de dialogue et de mobilisation, permettant aux idées de circuler rapidement et efficacement.

Des initiatives telles que des webinaires captivants, des séries de vidéos pédagogiques, et des discussions en ligne deviennent des espaces de rencontre pour des esprits ouverts et des cœurs engagés. Imaginez des hashtags viraux, des mouvements en ligne rassemblant des milliers de voix, formant des communautés virtuelles autour des valeurs de Maât, engageant la génération numérique dans une quête de justice et d'équité. Pour que leurs voix résonnent, les Kamites doivent s'engager activement dans le processus politique. Imaginez des Kamites se présentant aux élections, porteurs de politiques publiques fondées sur la justice sociale et l'équité. Cela inclut non seulement la participation aux élections, mais aussi le soutien à des candidats qui partagent leurs valeurs. En élaborant des plateformes politiques où les voix Kamites sont représentées, ils renforcent leur impact sur les décisions qui les concernent.

Imaginez des parlements où les principes de Maât guident les débats, où les décisions politiques sont façonnées par un désir sincère de justice et d'équité. Chaque intervention devient une occasion de célébrer la dignité humaine, chaque vote une promesse de changement.

Ainsi, la stratégie politique des Kamites, profondément ancrée dans la culture et les valeurs de Kemet, se dessine comme un chemin vers un avenir radieux de justice et d'équité. En investissant dans l'éducation, en mobilisant les communautés, en forgeant des partenariats stratégiques, en utilisant les médias numériques, et en s'engageant politiquement, les Kamites peuvent transformer leur société. Ils peuvent bâtir un monde où chaque individu, chaque communauté, chaque voix trouve sa place et sa résonance. C'est une danse harmonieuse entre le passé, le présent et l'avenir, un ballet où les valeurs de Kemet s'entrelacent avec les aspirations contemporaines. Dans ce voyage, les Kamites portent l'héritage de leurs ancêtres, tout en façonnant un demain prometteur. Ils avancent, main dans la main, unis par un rêve commun : celui d'un monde où la justice et l'équité ne sont pas de vains mots, mais des réalités vécues. Cette vision audacieuse, tissée de solidarité et d'amour pour la liberté, nous invite tous à participer à la création d'un avenir où chacun a sa place, et où l'harmonie guide nos pas. Voilà la promesse d'une stratégie politique Kamite, un élan vibrant vers un destin collectif, riche de possibilités infinies.

Défis et perspectives
Dans le vaste océan de l'histoire humaine, les Kamites se trouvent à la croisée des chemins, confrontés à des défis multiples et complexes. Ces défis, tels des tempêtes imprévisibles, menacent de fragmenter leurs voix, leurs luttes et leurs identités. La fragmentation des identités et des mouvements, dans ce contexte, peut devenir une entrave redoutable à l'efficacité des actions entreprises. Imaginez un océan infini où chaque vague, chaque mouvement, représente une identité unique, une voix singulière, une lutte particulière. Si ces vagues ne parviennent pas à s'unir, elles s'éparpillent dans l'immensité, se perdant dans le tumulte des vagues qui les entourent. L'aliénation et la désinformation surgissent tel un brouillard épais, obscurcissant la vérité et semant la confusion parmi les navigateurs en quête de repères. Pour surmonter ces défis, une approche cohérente et inclusive est non seulement nécessaire, mais urgente : une boussole qui guide chaque vague vers un rivage commun, un phare qui éclaire le chemin de la résilience et de l'espoir.

La fragmentation des identités représente un défi de taille, une épreuve que les Kamites doivent traverser pour forger une unité véritable. Imaginez un puzzle dont les pièces sont éparpillées, chaque pièce portant une part de l'image, mais incapable de révéler la totalité. Les Kamites, dispersés à travers le monde, doivent se donner les moyens de rassembler ces pièces éparses, de créer une mosaïque cohérente et puissante. Cela nécessite une reconnaissance et une célébration de la diversité au sein du mouvement, tout en forgeant une identité collective forte et inclusive. Des forums, des conférences, et des rassemblements communautaires doivent servir de plateformes pour cette unification, où chaque voix est entendue et chaque histoire est partagée. Ces rencontres ne se limitent pas à un simple échange d'idées, mais deviennent des sanctuaires où les récits personnels se mélangent et s'enrichissent mutuellement. Les histoires de lutte, de survie, de résilience, et de triomphe se croisent, créant une toile vibrante qui tisse des liens indéfectibles entre les individus. Ces moments de communion doivent être célébrés comme des étapes essentielles dans la construction d'une conscience collective, un processus qui va au-delà des mots pour s'ancrer dans les cœurs et les esprits. Ce travail de rassemblement est un acte de foi dans l'avenir, une promesse que les voix Kamites ne seront pas étouffées dans le vacarme du monde, mais qu'elles trouveront ensemble le chemin de la clarté et de l'unité.

L'aliénation et la désinformation sont des obstacles insidieux, tel un brouillard épais qui enveloppe les esprits, obscurcissant la vérité et semant la confusion parmi ceux qui cherchent à comprendre leur héritage. Les Kamites doivent alors s'engager dans une quête de clarté, dissiper ce brouillard par l'éducation et la sensibilisation. Les programmes éducatifs, les ateliers, et les séminaires jouent un rôle crucial dans cette démarche, offrant des espaces de réflexion et de découverte où la vérité peut émerger. Dans cette quête de vérité, la littérature, les arts, et les médias numériques deviennent des phares, éclairant le chemin vers la justice et la reconnaissance. Imaginez des livres qui racontent les récits méconnus de l'histoire Kamite, des films qui illustrent la richesse de la culture, des œuvres d'art qui capturent la beauté et la profondeur de cet héritage. Ces outils d'expression ne sont pas de simples distractions, mais des moyens puissants d'éveiller les consciences, de remonter à la surface les histoires étouffées et de célébrer la diversité des expériences. En s'appuyant sur ces ressources, les Kamites peuvent briser les chaînes de l'aliénation, se réapproprier leur récit, et insuffler un nouveau souffle à leur mouvement.

Face à ces défis, une perspective prometteuse émerge : la création de réseaux globaux d'acteurs engagés dans la promotion des valeurs Kamites. Imaginez un réseau de lumières interconnectées, où chaque point brillant représente une communauté, une organisation, un individu engagé dans la lutte pour la justice et l'équité. Ces réseaux, tissés de solidarité et d'engagement, facilitent l'échange d'idées et de ressources, permettant ainsi une réponse collective face aux injustices. Les jeunes générations, avec leur ouverture d'esprit et leur capacité à mobiliser, jouent un rôle essentiel dans cette dynamique. Ils deviennent les gardiens de la flamme, les porteurs de la torche de la justice et de l'équité, insufflant une nouvelle énergie au mouvement. Dans un monde hyperconnecté, ces jeunes Kamites peuvent s'organiser autour de campagnes de sensibilisation virales, d'initiatives d'entraide, et de projets collaboratifs qui transcendent les frontières géographiques et culturelles. Imaginez des plateformes numériques où les idées circulent librement, où les voix résonnent avec force, créant un écho puissant de solidarité et de résistance.

Cependant, il est également crucial de prendre en compte les spécificités culturelles et sociales de chaque communauté. Imaginez un jardin luxuriant, où chaque plante, chaque fleur, chaque arbre a ses propres besoins et caractéristiques. Une approche contextualisée permet d'adapter les stratégies aux réalités locales tout en s'inscrivant dans une vision globale de la lutte pour les droits Kamites. Chaque communauté possède ses propres luttes et défis, ses traditions et ses valeurs. En respectant cette diversité, les Kamites peuvent élaborer des initiatives qui résonnent profondément dans le cœur de chaque communauté, qui prennent racine dans le sol fertile de l'identité locale. Les initiatives locales, les projets communautaires et les actions de terrain deviennent les racines profondes de cet arbre de justice, nourrissant et soutenant la croissance collective. Ces projets, qu'ils soient axés sur l'éducation, la santé, ou la justice sociale, doivent être conçus en consultation avec les membres de la communauté, intégrant leurs voix et leurs préoccupations dans chaque étape du processus. C'est dans cette co-création que se trouve la véritable force, car chaque membre devient un acteur du changement, un bâtisseur de ponts entre les différentes identités et expériences.

La mobilisation communautaire est un pilier essentiel de cette stratégie. Imaginez des cercles de discussion, des groupes d'action, des rassemblements où les idées fusent, où les stratégies se dessinent, où les liens se tissent. Les organisations Kamites doivent s'associer à des groupes locaux, des ONG et des mouvements sociaux pour élaborer des stratégies d'action collective. Ces collaborations doivent être vécues comme des rencontres enrichissantes, où chaque participant apporte sa perspective unique, contribuant à une mosaïque d'idées et d'initiatives. Des forums communautaires peuvent être organisés pour aborder des questions telles que l'accès à la justice, l'inclusion sociale, et les droits des femmes. Chaque rencontre, chaque échange devient une pierre apportée à l'édifice de la solidarité, un fil tissé dans la toile complexe de l'engagement collectif. Dans ces espaces, les histoires se croisent, les visions s'unissent, et des stratégies d'action émergent, façonnées par l'expérience collective et le désir de changement.

Les partenariats stratégiques s'inscrivent également comme des éléments cruciaux dans cette quête de justice. Imaginez des alliances tissées comme une toile d'araignée, où chaque fil renforce la structure, chaque nœud représente une collaboration fructueuse. La collaboration avec d'autres mouvements de lutte pour les droits humains, qu'ils soient locaux ou internationaux, peut amplifier les voix Kamites et donner naissance à des initiatives qui transcendent les frontières. Ces alliances doivent être bâties sur une compréhension mutuelle et un respect des valeurs de chacun, permettant ainsi d'unir les forces et de créer des actions coordonnées qui portent un message fort de solidarité. En s'alliant à des groupes qui travaillent sur des enjeux similaires, les Kamites peuvent élargir leur impact et créer des synergies bénéfiques. Ensemble, ils peuvent aborder des défis communs tels que les droits des autochtones, la justice climatique, et l'égalité des sexes, formant ainsi un front uni contre les injustices systémiques.

Ainsi, les défis auxquels sont confrontés les Kamites, bien qu'ardus, ne sont pas insurmontables. En reconnaissant la complexité de leurs identités, en disséquant le brouillard de l'aliénation et de la désinformation, et en tissant des réseaux de solidarité, les Kamites peuvent non seulement faire face à ces défis, mais également les transformer en opportunités. Chaque défi, chaque obstacle, devient alors une étape vers la renaissance d'une culture vibrante, ancrée dans le respect de la diversité et la célébration des identités multiples. C'est cette perspective, à la fois réaliste et inspirante, qui peut propulser les Kamites vers un avenir radieux, un avenir où la justice et l'équité ne sont pas de simples idéaux, mais des réalités tangibles, vécues et partagées.

Un appel à l'action
Le moment est enfin venu pour les Kamites de faire résonner leur voix dans l'espace public. En revendiquant leur héritage, en s'engageant dans le discours politique et en luttant pour la justice sociale, ils peuvent non seulement redéfinir leur identité, mais également transformer les perceptions qui persistent à leur égard. Il est temps d'allumer la flamme de la résurgence, de marcher avec détermination sur le sentier tracé par nos ancêtres, et de forger un avenir lumineux guidé par les principes de Maât.
Imaginez des avenues bondées de vies vibrantes, des foules marchant au rythme des tambours ancestraux, scandant des slogans de justice, leurs voix résonnant dans le firmament. Chaque pas est une déclaration d'indépendance, chaque slogan une note dans la symphonie de la résistance. Ces marches ne sont pas de simples démonstrations ; elles sont des rituels de libération, des cérémonies de réaffirmation. Chaque visage dans la foule raconte une histoire, chaque geste symbolise une lutte, chaque cri résonne avec l'écho des luttes passées, des luttes pour la dignité et la reconnaissance.
Les actions concrètes à mettre en œuvre doivent être soutenues par un engagement continu. En participant à des marches, en soutenant des projets locaux, et en promouvant la culture Kamite à travers les arts et les médias, les individus peuvent contribuer à un mouvement collectif plus large. Pensez aux fresques murales qui captivant les passants, leurs couleurs vives racontant des récits de royauté et de résilience. Les peintures murales deviennent des

livres ouverts, les rues des galeries d'art, les quartiers des musées vivants de l'histoire Kamite, une invitation à explorer et à découvrir les racines profondes d'une culture riche et diversifiée.

La mobilisation ne se limite pas aux manifestations physiques. En investissant dans des programmes éducatifs qui valorisent l'histoire, la culture et les contributions des civilisations africaines, les communautés peuvent nourrir les esprits et élever les âmes. Imaginez des classes où les élèves, leurs yeux grands ouverts d'émerveillement, découvrent les récits des pharaons et des reines, apprennent les mathématiques et les sciences développées par leurs ancêtres. Ces programmes éducatifs deviennent des ponts entre les générations, des flambeaux de sagesse passés de main en main, éclairant le chemin vers une identité réaffirmée et une conscience collective éveillée. En outre, la création de groupes de discussion et d'actions communautaires renforcera la solidarité et l'engagement. Imaginez des cercles où des individus de tous horizons se réunissent, partageant des idées, élaborant des stratégies, unis par une vision commune d'équité et de justice. Ces forums deviennent des ateliers d'alchimie sociale, où les idées se transforment en actions, les rêves en réalités. Chaque voix, chaque idée, devient une brique dans l'édifice d'une communauté résiliente, un témoignage du pouvoir de l'union et de la diversité.

La collaboration avec d'autres mouvements de lutte pour les droits humains est également cruciale. Imaginez des alliances puissantes formées avec des groupes qui luttent pour les droits des autochtones, la justice climatique, et l'égalité des genres. Chaque alliance est une étoile dans une constellation de solidarité, chaque partenariat un fil tissé dans la tapisserie de la résistance mondiale. Ensemble, ces voix diverses peuvent s'élever en un chœur harmonieux, créant une symphonie de changement qui transcende les frontières et unit les cœurs dans la quête d'une justice universelle. À l'ère numérique, l'utilisation des plateformes en ligne pour sensibiliser et mobiliser est essentielle. Imaginez des campagnes virales, des hashtags qui transcendent les frontières, des webinaires et des podcasts diffusant des messages d'espoir et d'unité. Les réseaux sociaux deviennent des places publiques virtuelles, les écrans des portes d'entrée vers des communautés globales. Chaque post, chaque tweet, chaque vidéo est une goutte dans un océan de changement, une contribution à un récit collectif qui appelle à la justice et à l'équité.

Mais l'engagement politique direct est tout aussi crucial. Imaginez des Kamites se présentant aux élections, leurs programmes politiques imprégnés des valeurs de Maât, leurs discours enflammés appelant à la justice sociale. Le processus politique devient une arène de transformation, les urnes des bastions de la liberté. En votant, en soutenant des candidats qui partagent leurs valeurs, en élaborant des politiques publiques qui promeuvent la justice sociale, les Kamites peuvent façonner un futur où chaque voix est entendue, chaque vie valorisée. La politique devient un outil de changement, un moyen de faire entendre leurs vérités, de redonner le pouvoir à ceux qui ont été historiquement marginalisés. Ce voyage vers la justice et l'équité n'est pas un chemin de roses. Il nécessite patience, détermination et solidarité. Ensemble, en puisant dans l'héritage de Kemet, les Kamites peuvent construire un avenir prometteur, éclairé par les valeurs de Maât et ancré dans une histoire riche et diverse. L'unité, la résilience, et l'amour pour la justice seront les fondements sur lesquels ils bâtiront leur chemin. Ainsi, je vous invite, chers lecteurs, à embrasser cette mission sacrée, à prendre part à ce mouvement de renaissance. Que chaque action, chaque mot, chaque pensée soit une pierre apportée à l'édifice de la justice. Marchons ensemble sur ce sentier lumineux, guidés par les étoiles de nos ancêtres, vers un horizon de liberté et de dignité. Voilà l'appel à l'action : une symphonie de résistance, une danse d'émancipation, un voyage vers un avenir éclatant de justice et de vérité. Ce chemin, bien que parsemé d'embûches, est un chemin de lumière, où chaque pas rapproche un peu plus la promesse d'un monde meilleur.

La nécessité d'une action intergénérationnelle
La richesse de la culture Kamite ne doit pas seulement être préservée, mais aussi transmise de manière dynamique et engageante aux générations futures. Les jeunes, en tant que piliers de l'avenir, doivent jouer un rôle actif dans la redéfinition et la réinvention de cette identité. Pour cela, il est crucial de créer des

programmes intergénérationnels qui favorisent l'échange de savoirs entre les aînés et les jeunes.

Imaginez une vaste clairière, un espace sacré où le temps semble suspendu, où l'ombre bienveillante des arbres ancestraux abrite des âmes assoiffées de connaissance. Là, sous la lumière tamisée du crépuscule, des jeunes et des aînés se rassemblent autour de feux de camp crépitants, créant une atmosphère à la fois chaleureuse et chargée d'histoire. Les aînés, véritables gardiens de la mémoire collective, partagent des récits anciens, des chants traditionnels et des sagesses intemporelles. Leurs voix résonnent comme des échos lointains d'une époque où l'harmonie avec la nature et la justice étaient des piliers de la société. Les jeunes, les yeux écarquillés d'émerveillement, écoutent attentivement, absorbant chaque mot, chaque note, comme une pluie bienfaisante sur une terre fertile. Dans leurs cœurs, une graine de curiosité germe, un désir ardent de comprendre et de redécouvrir les racines de leur culture.

Les échanges intergénérationnels se font alors dans une alchimie délicate. Les jeunes posent des questions, débattent des idées, et insufflent à ces traditions anciennes des perspectives nouvelles et contemporaines. Cette dynamique crée un espace où le passé et le présent s'entrelacent, forgeant un avenir prometteur. Des ateliers, des événements culturels, ou des projets de mémoire collective peuvent ainsi être mis en place, permettant aux jeunes d'apprendre de l'expérience et des luttes de leurs prédécesseurs tout en insufflant des idées nouvelles. Imaginez des festivals où les arts visuels, la musique, la danse et la littérature se mêlent dans une célébration vibrante de la culture Kamite. Les peintures murales, ornées de symboles anciens et de couleurs éclatantes, racontent des histoires de résistance et de renaissance, tandis que les danses rituelles invoquent les esprits des ancêtres. Sous le ciel étoilé, des poèmes récités captivent les cœurs et les esprits, ancrant profondément la richesse de l'héritage Kamite dans les âmes des jeunes. Les mouvements de jeunesse, à l'image des Black Panther Party dans les années 1960, montrent comment l'engagement politique peut prendre racine dans une conscience communautaire forte. Aujourd'hui, ces mouvements pourraient adopter des méthodes contemporaines, telles que le street art, les performances artistiques ou les médias numériques, pour mobiliser et sensibiliser autour des valeurs Kamites. Imaginez des rues transformées en galeries d'art à ciel ouvert, où les murs des bâtiments sont recouverts de fresques puissantes, vibrant de couleurs et de symboles ancestraux. Chaque œuvre d'art est un cri de ralliement, une proclamation de fierté et de résilience, invitant chaque passant à réfléchir à son identité et à son histoire.

Des initiatives comme des camps de formation ou des retraites spirituelles peuvent également renforcer l'identité collective, tout en intégrant des éléments de spiritualité Kamite. Imaginez des camps nichés au cœur de la nature, où les jeunes passent leurs journées à apprendre les techniques ancestrales de survie, à méditer au lever du soleil, à chanter des hymnes sacrés autour du feu. Ces retraites deviennent des sanctuaires de transformation, des lieux où les individus se reconnectent à leur essence, à leurs ancêtres, et à la communauté. Chaque matin, au lever du soleil, les jeunes se rassemblent pour partager des histoires de leurs ancêtres, des récits de bravoure et de détermination, forgeant ainsi des liens indéfectibles entre les générations. La transmission intergénérationnelle ne doit pas se limiter aux récits et aux traditions, mais aussi aux luttes et aux aspirations. Les jeunes doivent connaître les batailles que leurs prédécesseurs ont menées, les sacrifices qu'ils ont consentis, les triomphes qu'ils ont remportés. Imaginez des forums où les vétérans des mouvements de libération partagent leurs expériences, inspirant une nouvelle génération d'activistes. Chaque histoire de bravoure, chaque récit de résistance devient une flamme dans le cœur des jeunes, les poussant à poursuivre le combat pour la justice et la dignité. Ces récits, empreints de sagesse et de courage, agissent comme des catalyseurs, incitant les jeunes à s'engager dans leur propre communauté et à défendre les valeurs qui leur sont chères.

En fin de compte, l'action intergénérationnelle est la clé de la survie et de la prospérité de la culture Kamite. Elle permet de tisser des liens solides entre les générations, de transmettre les savoirs et les valeurs, de renforcer l'identité collective. Ensemble, les jeunes et les aînés peuvent construire un avenir où la richesse de l'héritage Kamite est préservée, célébrée et intégrée dans le tissu vivant de la société. Ce mouvement devient alors une danse éternelle, un cycle de partage et de renouveau, où chaque génération apporte son propre souffle de vie à la grande histoire de la culture Kamite. Ainsi, l'appel à une action intergénérationnelle est une invitation à embrasser la richesse de notre héritage, à apprendre des sagesses anciennes, à s'inspirer des luttes passées, et à construire ensemble un avenir de dignité et de liberté. Marchons main dans la main, guidés par les étoiles de nos ancêtres, vers un horizon lumineux où la justice, l'harmonie et l'équité règnent en maîtres. Voilà l'essence de cette quête : une symphonie de générations, une danse de transmission, un voyage vers un avenir commun de dignité et de liberté, un chemin où chaque pas résonne avec la force d'une histoire partagée et d'une identité redécouverte.

La dimension économique

Un aspect souvent négligé de la conscience politique est la question économique. Pourtant, dans le cadre du mouvement Kamite, cette dimension revêt une importance capitale. L'autonomisation économique ne se limite pas à la simple survie ; elle est un acte de résistance, un cri de dignité face aux injustices historiques qui ont souvent marginalisé les communautés Kamites. Dans cette quête, il devient impératif d'envisager des stratégies pour créer des entreprises qui reflètent les valeurs et les besoins de la communauté, tout en s'engageant dans un processus de redéfinition de l'identité. Imaginez un matin lumineux, lorsque le soleil émerge de l'horizon, inondant de lumière une place animée. Les marchés vibrent de couleurs et de sons, où les étals débordent de produits issus de l'artisanat local. L'odeur des épices exotiques se mêle à celle des fruits juteux, tandis que les gens se pressent pour acheter des objets faits main qui racontent des histoires de traditions et de résilience. Ces marchés deviennent des lieux de vie, des poumons économiques qui insufflent de l'énergie et de la fierté dans la communauté. Chaque transaction devient une affirmation d'identité, un pas vers une autonomie durable. En favorisant les entreprises locales, en soutenant les artisans et en investissant dans l'économie solidaire, la communauté Kamite peut réduire sa dépendance vis-à-vis de systèmes économiques souvent inéquitables. Des coopératives voient le jour, où les membres partagent les profits et les responsabilités, créant ainsi un écosystème économique durable et équitable. Imaginez des ateliers animés, où des artisans transmettent leur savoir-faire ancestral aux jeunes générations, tissant des liens indissolubles entre le passé et le présent, tout en construisant un futur prospère et indépendant. Ce partage de connaissances ne se limite pas à des compétences pratiques ; il s'agit d'un héritage vivant, d'une culture qui s'épanouit et se transforme.

Les exemples contemporains tels que **Nubian Heritage** ou **Kemet Cuisine** témoignent de cette rencontre entre tradition et innovation. Imaginez des boutiques élégantes où les rayons débordent de produits inspirés par l'héritage de Kemet : des savons parfumés aux huiles essentielles, des tissus ornés de motifs ancestraux, des épices qui éveillent les sens. Ces initiatives ne se contentent pas de promouvoir des produits ; elles réaffirment également une identité culturelle, tout en créant des emplois et en soutenant des causes sociales. Chaque article vendu devient un ambassadeur de la culture Kamite, un lien tangible entre l'artisan et l'acheteur, un acte de réclamation de dignité. Financer des projets communautaires, promouvoir les productions artistiques et soutenir l'éducation se révèlent être des leviers puissants pour transformer la société. Imaginez des galeries d'art où des œuvres contemporaines côtoient des créations traditionnelles, des écoles où les enfants apprennent les sciences et les arts inspirés par l'héritage de Kemet. Chaque investissement, chaque achat devient un acte de soutien à la communauté, un pas vers une économie plus juste et plus solidaire. Cela permet de bâtir des ponts entre les générations, d'encourager une sensibilisation mutuelle et de renforcer un sentiment d'appartenance. Favoriser l'entrepreneuriat local constitue l'un des axes centraux de cette autonomisation économique. Imaginez des incubateurs d'entreprises où de jeunes entrepreneurs, débordants d'idées et de détermination, trouvent le soutien et les ressources nécessaires pour concrétiser leurs projets. Des mentors expérimentés les guident, partageant leurs conseils et leur expertise. Chaque nouvelle entreprise devient une étoile dans le ciel économique de la communauté, un phare d'espoir et de prospérité. Ces entrepreneurs, par leurs innovations, deviennent les architectes d'une économie revitalisée, unissant tradition et modernité dans une danse harmonieuse.

La création de synergies économiques entre les entreprises locales et les marchés internationaux ouvre également de nouvelles perspectives. Imaginez des partenariats avec des entreprises et des organisations internationales, où les produits Kamites sont exportés et célébrés dans le monde entier. Les artisans et les producteurs locaux voient leurs créations appréciées à l'échelle mondiale, renforçant ainsi leur confiance et leur fierté. Chaque exportation devient une célébration de la culture, une affirmation de l'existence Kamite sur la scène internationale. Dans cette vision, l'investissement dans l'économie solidaire et durable est essentiel. Imaginez des initiatives qui promeuvent des pratiques respectueuses de l'environnement, qui valorisent le travail équitable et soutiennent les communautés locales. Des fermes biologiques, des ateliers de recyclage, des entreprises sociales – chaque initiative devient un modèle de durabilité et de solidarité. Les membres de la communauté se sentent responsables et impliqués dans la protection de leur environnement et dans le soutien des plus vulnérables. Ils apprennent à cultiver non seulement la terre, mais aussi leur esprit et leur communauté, dans un cadre où chaque geste compte. Le soutien aux artisans et aux artistes est également crucial. Imaginez des marchés et des foires où les artisans exposent et vendent leurs créations, où les artistes présentent leurs œuvres et performances. Chaque pièce, chaque spectacle devient une célébration de la créativité et de l'ingéniosité Kamite. Les artisans et les artistes trouvent non seulement des moyens de subsistance, mais aussi une reconnaissance et une valorisation de leur travail. Ces espaces de création et d'expression permettent de réaffirmer les identités, d'établir des dialogues culturels et de renforcer les liens communautaires.

En fin de compte, la dimension économique du mouvement Kamite est une pièce maîtresse de la stratégie de résurgence et d'émancipation. En favorisant l'autonomisation économique, en soutenant les entreprises locales, en investissant dans l'économie solidaire et durable, la communauté Kamite peut construire un avenir prometteur et prospère. Ce chemin n'est pas sans défis, mais chaque pas en avant est un acte de foi en la résilience et en la créativité de la communauté. Imaginez un monde où chaque achat, chaque investissement, chaque initiative économique est un acte de soutien à la communauté Kamite. Un monde où l'autonomisation économique devient un levier puissant pour la justice sociale, l'équité et la dignité. Voilà l'essence de cette dimension économique : une célébration de la créativité et de la résilience, un voyage vers un avenir de prospérité et de solidarité pour les générations à venir. Un avenir où chaque acte de consommation est imprégné d'une conscience collective, où l'économie devient non seulement un moyen de subsistance, mais également un instrument de transformation sociale. Dans ce monde, chaque produit vendu, chaque service rendu résonne comme un écho de l'histoire et des luttes passées, tout en éclairant le chemin vers un demain radieux.

La nécessité d'une représentation politique
Le manque de représentation dans les sphères politiques est un défi majeur pour les communautés Kamites. L'engagement doit aussi passer par la participation active au processus électoral. Le silence des opprimés n'est pas seulement une tragédie, c'est un fardeau que porte toute une communauté. Depuis des générations, les Kamites ont souffert dans l'ombre des décisions politiques prises sans eux, mais surtout, contre eux. Ce silence, cette absence dans les lieux de pouvoir, a sculpté une réalité douloureuse, où la justice et l'équité semblent des mirages inaccessibles. Il est temps que cela change. Le moment est venu pour les Kamites de réinvestir la sphère politique, non pas comme simples observateurs, mais comme acteurs déterminés à façonner un avenir de dignité et de justice. Imaginez un peuple éveillé, réuni dans des salles de réunion bondées, non pour écouter des promesses creuses, mais pour bâtir ensemble des stratégies de changement. Des visages illuminés par l'espoir, des esprits affûtés par des années de marginalisation, prêts à prendre d'assaut les arènes politiques. Chaque parole prononcée est une semence de révolution, chaque idée énoncée est un pas de plus vers la liberté collective. Les candidats avec une étiquette Kamites, émergeant de la foule, ne se contentent pas de promettre un futur meilleur,

ils incarnent ce futur, bravant les obstacles avec une résilience forgée dans l'adversité.

Il y a une puissance silencieuse dans les voix qui ont trop longtemps été ignorées. Ces voix, lorsqu'elles résonnent dans les couloirs des parlements et des assemblées, apportent une force nouvelle, une énergie que rien ne peut arrêter. Imaginez un leader Kamite, se levant pour la première fois dans une salle comble, prononçant des mots chargés d'histoire, d'oppression et de rêves non réalisés. Ce discours n'est pas une simple série de phrases, c'est un appel à l'action, une invocation à la justice, un cri de ralliement pour tous ceux qui, depuis des siècles, n'ont pas eu la chance de se faire entendre. Le chemin vers cette représentation politique est pavé d'obstacles. Mais chaque défi est une occasion de forger des leaders, de sculpter des figures qui porteront fièrement les aspirations de tout un peuple. Les figures du passé, comme les combattantes du **Black Liberation Movement**, ou les défenseurs des droits civiques, nous rappellent que la route est longue, mais que le triomphe est à portée de main pour ceux qui persistent. Imaginez des figures comme **Ayanna Pressley** ou **Stacey Abrams** non pas comme des exceptions, mais comme des précurseurs. Imaginez un avenir où des Kamites occupent des sièges dans les parlements, dans les mairies, dans les institutions internationales. Chaque siège gagné est une victoire non seulement pour une personne, mais pour toute une communauté. Mais la représentation politique ne se construit pas seulement dans les urnes. Elle doit prendre racine dans le cœur des jeunes, ces âmes brûlantes qui aspirent à transformer le monde. Imaginez des ateliers de formation, des universités populaires où des mentors Kamites partagent leur savoir avec des générations de jeunes en quête de justice. Imaginez des jeunes, débordants d'énergie, s'impliquant dans leurs quartiers, organisant des campagnes électorales, rédigeant des manifestes. Ils ne sont plus seulement des citoyens, ils sont des architectes du futur, des forgerons d'un monde où chaque voix Kamite est respectée.

Le réveil politique ne peut être complet sans une mobilisation massive des jeunes générations. Ce sont eux qui détiennent les clés de l'avenir, ce sont leurs mains qui écriront les chapitres à venir. Imaginez des marches pour la justice, des manifestations pacifiques où chaque pas résonne comme un coup de tambour annonçant l'avènement d'une nouvelle ère. Les jeunes Kamites, avec leurs idées novatrices et leur passion dévorante, transforment chaque protestation en un mouvement inarrêtable, rappelant à tous que l'avenir ne peut être construit sans eux. Ensemble, ces initiatives forment un ensemble harmonieux, une véritable symphonie d'actions qui transcendent les barrières de la race, de l'âge et du genre. L'ascension des Kamites dans les sphères politiques ne doit pas être vue comme un simple acte de résistance. C'est un acte de création, un acte où la communauté se réinvente, où elle s'assure un avenir fondé sur les principes de Maât : la justice, l'équilibre, la vérité. Imaginez un monde où chaque décision politique est teintée de ces valeurs ancestrales, où chaque projet de loi, chaque décret, est pris avec la conscience profonde de l'impact sur la communauté, sur l'humanité. La route est encore longue, mais elle est pavée d'espoir et de promesses. La participation électorale, la formation des leaders, la création de plateformes politiques spécifiques, tout cela n'est pas une utopie. C'est une réalité à portée de main, une réalité que nous pouvons construire ensemble. La nécessité d'une représentation politique n'est pas un simple besoin, c'est une urgence, un impératif moral et historique. Imaginez, un instant, un monde où les Kamites siègent dans les conseils municipaux, dans les assemblées législatives, dans les parlements internationaux. Un monde où chaque voix est entendue, où chaque vote compte, où chaque décision est prise avec la communauté en tête. Ce monde n'est pas un rêve lointain, c'est une promesse que nous nous faisons, à nous-mêmes et aux générations à venir. Voilà l'essence de cette nécessité : non seulement une représentation politique, mais une transformation politique, une révolution pacifique et déterminée qui place enfin les Kamites là où ils doivent être – au centre des décisions, au cœur du pouvoir. C'est un voyage, un pèlerinage vers la justice et l'équité, une marche collective où personne n'est laissé de côté, où chaque pas est une déclaration d'amour pour un avenir meilleur. Et ainsi, l'histoire des Kamites ne sera plus jamais racontée sans eux. Car si vous ne le faites pas, il y aura toujours ce quelqu'un qui le fera à votre place.

Chapitre 5 : Défis et controverses dans le Kamitisme
Critiques du mouvement Kamite

Le mouvement Kamite, tout en étant une source d'inspiration pour de nombreuses personnes, n'est pas exempt de critiques et de controverses. En effet, comme tout mouvement social, il fait face à des défis qui peuvent miner son intégrité et son impact. Il est donc essentiel d'explorer ces critiques pour mieux comprendre les enjeux qui se posent et les dérives possibles. Cette réflexion, loin d'être pessimiste, se veut constructive, car elle permet de renforcer le mouvement en identifiant ses faiblesses et en proposant des voies d'amélioration.

Les critiques internes : l'exploitation commerciale du Kamitisme

L'une des critiques les plus acerbes et les plus récurrentes adressées au mouvement Kamite repose sur l'accusation d'exploitation commerciale. Cette critique, aussi violente qu'inévitable, est une blessure vive dans le cœur de ceux qui défendent l'authenticité de ce vaste héritage. Des voix s'élèvent, des regards se tournent avec consternation vers les rayons des boutiques, les publicités sur les réseaux, et même les discussions passionnées sur des plateformes autrefois dédiées à l'éveil de la conscience. Un air lourd de trahison flotte dans l'atmosphère, un sentiment que la grandeur du Kamitisme, cette philosophie qui puise dans les racines profondes de l'Afrique antique, est désormais à vendre, comme une simple marchandise, un produit de plus dans l'engrenage impitoyable du consumérisme. Au fil des années, plusieurs individus et entreprises ont vu dans ce terme un filon lucratif, multipliant les produits sous l'étiquette "Kamite". Vêtements aux motifs exotiques, bijoux supposément "ancestraux", livres aux titres séduisants, et cosmétiques vantant des secrets millénaires. Tout y passe. Certains de ces articles, sans aucun doute, reflètent avec sincérité des valeurs culturelles et spirituelles profondes. Mais pour combien d'autres sont-ils le masque finement décoré de l'opportunisme, ces vitrines opportunistes où la richesse culturelle se mue en un simple prétexte pour amasser des profits ?

Les réseaux sociaux, ces agora modernes où la foule se presse et où chacun cherche sa place, deviennent le théâtre de cette exploitation. Là, sous couvert de conseils bienveillants et de messages engageants, des influenceurs autoproclamés experts en Kamitisme érigent leur visibilité en forteresse commerciale. Ils tirent profit de l'engouement pour vendre des produits dont l'authenticité est aussi fragile qu'une promesse non tenue. Ces spécialistes autoproclamés, à la manière de marchands habiles, transforment la culture Kamite en un outil commercial, une simple vitrine dorée derrière laquelle l'essence même de ce que signifie être Kamite est détournée, trahie. Chaque post, chaque vidéo devient un étal où le sacré est mis à prix, où l'on achète non plus pour comprendre ou s'approprier un héritage, mais pour le consommer, rapidement, avant de passer à autre chose. Et cette dynamique interpelle. Comment, face à un tel débordement de produits et de messages, peut-on encore discerner ceux qui honorent véritablement la culture Kamite de ceux qui ne voient en elle qu'un outil de plus dans leur arsenal marketing ? Comment distinguer, dans ce vacarme mercantile, les voix authentiques des simples échos intéressés ? L'exploitation commerciale du Kamitisme n'est pas simplement une insulte à une culture millénaire. C'est un miroir cruel tendu à notre société de consommation. Une société où la valeur monétaire prime sur l'intégrité, où l'essence culturelle est dissoute dans la quête effrénée du profit. Ce phénomène n'est pas unique au Kamitisme, bien sûr. Toute culture, dès qu'elle devient objet de fascination pour les masses, est à risque. Mais le Kamitisme, porteur d'un héritage si riche, si ancien et si profondément spirituel, semble particulièrement vulnérable à ce processus. Quand une tradition devient une marchandise, quand l'histoire se vend en morceaux, quel avenir reste-t-il pour cette culture ?

Derrière cette marchandisation se cache une réalité encore plus insidieuse. Car lorsque l'économie s'approprie la culture, elle la transforme, la recrée à son image, parfois jusqu'à la rendre méconnaissable. Les rites anciens deviennent des slogans, les symboles ancestraux des motifs à la mode. Les traditions, jadis porteuses de sens, se retrouvent en vitrine, aseptisées, édulcorées, pour mieux séduire un public avide de nouveautés, mais souvent ignorant de la profondeur qui se cache derrière. Cette transformation, ce détournement, fragilise les fondements mêmes de ce que signifie être Kamite. Les valeurs spirituelles, les enseignements ancestraux, tout cela se dilue sous les feux aveuglants du marketing, jetant le doute sur l'authenticité de ce qui est proposé.

Pourtant, face à cette tempête de produits, de publicités et d'influenceurs, une résistance s'organise. Une résistance silencieuse, mais puissante, portée par ceux qui refusent de voir leur culture réduite à une simple étiquette commerciale. Des voix s'élèvent, rappelant avec force et conviction la véritable essence du Kamitisme. Ce ne sont pas des voix fortes, mais elles sont constantes, résonnant dans les coins oubliés des réseaux sociaux, lors de réunions discrètes, dans des livres que l'on se passe de main en main. Ces gardiens de la culture œuvrent dans l'ombre, veillant à ce que l'héritage Kamite reste vivant, intact, loin des paillettes et du bruit. Ces défenseurs rappellent à tous ceux qui veulent écouter que le Kamitisme n'est pas une mode passagère, ni un simple argument de vente. C'est une philosophie, un mode de vie, une voie vers la compréhension de soi et du monde. Ce n'est pas un objet à acheter, mais une expérience à vivre, un héritage à préserver. Car si le Kamitisme est grand, c'est précisément parce qu'il ne se réduit pas à un produit. Il est une lumière, une force, une vérité que l'on porte en soi, bien au-delà des bijoux, des vêtements ou des cosmétiques. Dans ce tourbillon consumériste, il est essentiel de se souvenir de l'importance de l'authenticité. Car au-delà des produits, des profits, des tendances passagères, ce sont des histoires, des identités, et des vérités qui sont en jeu. Le Kamitisme, riche de son passé, porteur d'un avenir plein d'espoir, mérite mieux que d'être une simple ligne de produits. Il mérite d'être vécu, compris, respecté. Et pour cela, il doit être protégé, non seulement des prédateurs commerciaux, mais aussi de nous-mêmes, de notre tentation constante de tout monnayer, de tout transformer en marchandise. Ainsi, il est plus que jamais crucial de se poser cette question : comment préserver l'âme du Kamitisme dans un monde où tout, même les valeurs les plus sacrées, semble avoir un prix ?

Les dérives idéologiques : le sectarisme et l'exclusivisme

Le Kamitisme, mouvement d'émancipation et de réappropriation d'une identité longtemps bafouée, s'est dressé tel un phare dans l'obscurité, une lumière vibrante dans l'âme de ceux qui cherchent à renouer avec leurs racines ancestrales. Mais cette quête de vérité, aussi noble soit-elle, n'est pas à l'abri des dérives. Parmi les dangers qui guettent, celui du sectarisme et de l'exclusivisme plane tel un spectre insidieux. Ce piège, silencieux mais corrosif, menace de dénaturer l'essence même du mouvement, le faisant basculer dans une rigidité qui étoufferait ses potentialités.

Il est troublant de voir comment, dans leur désir de renforcer une identité Kamite forte et résolue, certains se retrouvent à emprisonner cette identité dans des cages qu'ils fabriquent eux-mêmes. La cause, si elle est déviée de son véritable objectif, peut devenir une arme, un bouclier contre "l'autre", celui qui ne partage pas exactement les mêmes traditions, la même histoire, la même compréhension du passé. Ces individus, dans un élan de ferveur, érigent des murs infranchissables entre eux et le reste du monde, croyant protéger un trésor culturel mais, en vérité, isolant le Kamitisme des sources de renouveau qui pourraient l'enrichir.

Le sectarisme ne se manifeste pas immédiatement sous une forme agressive. Non, il est plus subtil. Il se glisse dans les discours qui valorisent un héritage particulier tout en dénigrant ceux qui n'y adhèrent pas totalement. Il se lit entre les lignes des écrits qui imposent une vision monolithique et réductrice de l'identité Kamite, où il n'y aurait qu'une seule voie correcte pour honorer cet héritage. Cette vision rigide non seulement réduit la complexité de l'expérience humaine, mais elle fragilise également la communauté elle-même, la privant de la vitalité que pourrait lui apporter une véritable ouverture d'esprit. Dans ce contexte, on observe la montée de discours excluants qui dressent des barrières invisibles mais réelles, écartant ceux qui ne rempliraient pas tous les critères d'une "pureté" culturelle définie par des dogmes artificiels. Ceux qui viennent avec des expériences différentes, qui apportent des nuances nouvelles, sont parfois rejetés, comme si le Kamitisme devait être préservé d'une quelconque "contamination extérieure". Pourtant, ces barrières idéologiques ne font que trahir l'essence profonde du Kamitisme, une essence qui, par nature, est expansive, inclusive et universelle.

La sagesse des anciens Kamites nous enseigne que la diversité est une force, une mosaïque chatoyante et colorée qui fait briller les cultures au-delà de leurs frontières immédiates. Cette pluralité, loin d'être une menace, est la source même de l'évolution et de la résilience des sociétés humaines. Alors pourquoi, aujourd'hui, certains semblent-ils vouloir enfermer cette identité dans une coquille rigide, fermée à double tour, ne laissant place qu'à une seule et unique manière d'être Kamite ? Cette attitude menace de déchirer le tissu même de la communauté Kamite, car elle érige des remparts là où il faudrait des ponts. Il est fascinant, et profondément inquiétant, de constater que certains ont tenté de s'approprier le Kamitisme non pas pour en exalter les valeurs de tolérance, de sagesse et d'unité, mais pour en faire un instrument de division. Des individus, mus par des agendas personnels ou idéologiques, tentent de transformer cette philosophie inclusive en un dogme restrictif, érigeant des frontières artificielles autour de ce qui devrait être un espace de partage. En dressant ces barrières, ils ferment la porte à ceux qui pourraient apporter des perspectives nouvelles, des idées fraîches, et contribuer à l'enrichissement collectif du mouvement. Mais plus encore, cette dynamique de fermeture ne menace pas seulement d'exclure ceux qui, par leurs origines ou leurs expériences, n'entreraient pas dans ce cadre idéologique étroit. Elle prive aussi le Kamitisme de sa capacité à croître, à évoluer, à s'adapter aux réalités changeantes du monde contemporain. Car c'est précisément dans la diversité des voix, des expériences, et des parcours que réside la force du Kamitisme. La diaspora africaine et afrodescendante est un fleuve aux mille affluents, chaque culture, chaque histoire ajoutant une nuance, une profondeur, une richesse inestimable à l'ensemble.

Le danger du sectarisme est donc bien réel. En érigeant des frontières idéologiques infranchissables, le Kamitisme risque de se retrouver isolé, étouffé dans une bulle de rigidité, privé de ce souffle vivifiant que seule la diversité peut lui offrir. La pluralité des expériences humaines au sein de la diaspora constitue une mosaïque inestimable que le Kamitisme devrait chérir, non rejeter. Chaque voix, chaque histoire, chaque parcours est un fil précieux dans la tapisserie culturelle que le Kamitisme tisse depuis des millénaires. Pourtant, l'histoire est remplie d'exemples où des mouvements culturels ou spirituels, trop attachés à une pureté idéologique, se sont enfermés sur eux-mêmes, finissant par disparaître dans l'oubli, incapables de s'adapter aux vents du changement. Le Kamitisme, avec son immense potentiel de résonance et de renaissance, ne peut se permettre de tomber dans ce piège. Il doit, au contraire, se montrer plus ouvert, plus accueillant, plus enclin à intégrer les nuances et les différences. La véritable sagesse réside dans l'acceptation des différences, dans l'ouverture à l'autre, car c'est dans cette pluralité que réside la source même de la vitalité culturelle. Refuser la diversité, c'est refuser la vie elle-même, c'est refuser de voir que c'est précisément dans l'échange et la rencontre que le Kamitisme, comme toute philosophie, peut croître et s'épanouir. Et pourtant, dans ce monde où les divisions semblent se multiplier, où les murs, physiques et idéologiques, se dressent à chaque coin, il est facile de tomber dans le piège du repli sur soi. Mais c'est précisément contre cette tentation que le Kamitisme doit se dresser. Le monde moderne, fragmenté et en quête de sens, a besoin d'unité, et le Kamitisme, avec ses principes ancestraux de tolérance, de respect et de sagesse, a le potentiel de devenir un phare de lumière, un point de ralliement pour ceux qui cherchent à transcender les divisions.

Mais pour cela, il doit impérativement éviter les écueils du dogmatisme et de l'exclusivisme. Il doit, au contraire, se nourrir de la richesse infinie de la diversité humaine. Ce n'est qu'à travers cette ouverture d'esprit que le Kamitisme pourra grandir, évoluer, et s'épanouir pleinement, fidèle à ses principes premiers de sagesse ancestrale et de respect universel. Dans cette grande odyssée culturelle, chaque individu a un rôle à jouer. Chacun, par ses choix, par ses actions, contribue à façonner l'avenir du Kamitisme. La mission est claire : préserver et enrichir le mouvement en luttant contre les dérives idéologiques, en célébrant la diversité, et en rejetant toute forme de sectarisme. Car c'est seulement ainsi que le Kamitisme pourra continuer à illuminer les esprits et à inspirer les cœurs, offrant une vision d'espoir et de solidarité à ceux qui, à travers le monde, cherchent à se reconnecter à leurs racines profondes, à leur humanité partagée.

Le risque de romantisation historique
Un autre point de critique concerne la tendance à romantiser l'histoire de Kemet et des civilisations africaines.
Ce risque plane tel un voile trompeur sur le chemin de ceux qui cherchent à renouer avec l'héritage de Kemet et des civilisations africaines. À première vue, la tentation de peindre ces cultures d'un pinceau glorieux semble naturelle, voire nécessaire. Après des siècles d'effacement, de marginalisation et de déformation des récits, la réappropriation de cet héritage se présente comme un acte de résistance, un geste de guérison. Mais cette entreprise, aussi noble soit-elle, porte en elle le danger d'un dérapage : celui de la glorification aveugle, de la reconstruction d'un passé idéalisé, déconnecté de ses réalités historiques. Dans cette quête de renaissance, nombreux sont ceux qui se laissent séduire par des images dorées du passé, ignorant les ombres qui l'accompagnent. Ils veulent voir dans Kemet une utopie perdue, un âge d'or de perfection où aucun conflit, aucune faille, aucune erreur n'aurait eu lieu. Ce mythe, bien que rassurant, n'offre qu'un reflet déformé, une illusion qui, loin de renforcer la mémoire, la fragilise. Car comment construire un pont solide vers l'avenir si les fondations de ce pont sont bâties sur des fantasmes? Le véritable héritage de Kemet et des civilisations africaines ne réside pas dans une perfection immuable. Il est fait de triomphes éclatants, mais aussi de défis, de contradictions, de luttes qui les rendent humaines, profondes, et riches en enseignements. Vouloir effacer les aspérités, c'est priver cet héritage de sa véritable force : celle de la résilience, de l'évolution, de la capacité à surmonter l'adversité. Dans cette lumière, la complexité devient une richesse infinie, une mosaïque de récits tissée de bravoure, de souffrance, et de sagesse. La romantisation historique, en revanche, éradique cette complexité. Elle simplifie à outrance. Elle crée un écran entre le présent et le passé, un écran si brillant qu'il aveugle ceux qui s'y plongent. Cette idéalisation déforme non seulement la vérité historique, mais elle prive les générations actuelles de la possibilité d'une connexion authentique avec leur passé. On leur propose des héros infaillibles, des empires sans

faille, des récits édulcorés où tout est beau, grand et parfait. Mais dans cette quête de perfection, on oublie que c'est précisément dans les imperfections que la sagesse se cache. Plus pernicieux encore, cette tendance à la romantisation ouvre la porte à une instrumentalisation cynique du Kamitisme. Certains y voient une opportunité de se positionner, de capitaliser sur cet héritage pour obtenir reconnaissance, pouvoir ou influence. Derrière des discours flamboyants se cachent des intentions souvent bien moins nobles. Le Kamitisme devient un slogan, une étiquette qu'on porte pour se donner du prestige, sans véritable compréhension ni respect pour ses fondements. Une idéologie mal comprise, souvent dévoyée, devient alors un outil de manipulation, un tremplin pour des ambitions personnelles.

Les figures publiques, les leaders d'opinion, ceux qui se présentent comme les gardiens du Kamitisme, ont donc un rôle crucial à jouer. Ils sont les dépositaires d'une responsabilité immense : celle de préserver l'intégrité de cet héritage. Cela ne peut se faire en offrant aux masses une version aseptisée et simplifiée de l'histoire. Cela se fait en embrassant la complexité, en célébrant autant les moments glorieux que les défis. Leur mission est d'éduquer, de transmettre une histoire ancrée dans la réalité, et non dans des illusions. C'est à travers cette approche critique, cette capacité à regarder le passé dans toute sa richesse et ses contradictions, que le Kamitisme peut véritablement devenir une force transformatrice. La vérité historique, bien qu'elle soit parfois inconfortable, est le socle sur lequel un avenir solide et résilient peut-être construit. Les leaders Kamites doivent être les éclaireurs dans cette quête de vérité, refusant les raccourcis simplistes, et guidant leur communauté avec intégrité et sagesse. Car en fin de compte, le plus grand cadeau que nous pouvons offrir aux générations futures n'est pas une image idéalisée de Kemet. C'est une vérité, pleine, entière, nuancée. Une histoire faite d'hommes et de femmes qui, malgré les épreuves, ont laissé derrière eux un héritage monumental. Un héritage qui, justement parce qu'il n'était pas parfait, parce qu'il a su traverser des tempêtes et se relever, nous inspire encore aujourd'hui.

C'est dans cette profondeur, dans cette authenticité, que réside la véritable essence du Kamitisme. Ce n'est pas dans la recherche d'un passé parfait, mais dans la compréhension de la manière dont le passé, avec toutes ses aspérités, peut nous enseigner, nous élever, et nous guider vers un avenir plus juste, plus lumineux. Le défi est immense, mais la récompense est à la hauteur : une identité Kamite vivante, enracinée dans la vérité, capable de résister aux vents du temps et aux dérives idéologiques. Cette romantisation peut également se traduire par une appropriation de l'héritage culturel à des fins personnelles ou politiques. Des figures publiques, par exemple, peuvent s'identifier au Kamitisme sans en comprendre les racines ou les implications profondes, exploitant ainsi cette identité pour accroître leur propre popularité ou leur influence. Dans ce contexte, la responsabilité des leaders du mouvement Kamite est grande, car ils doivent encourager une compréhension authentique de l'héritage et des valeurs Kamites.

L'impact de la désinformation et des stéréotypes

L'impact de la désinformation et des stéréotypes est une ombre pesante qui s'étend insidieusement sur le mouvement Kamite. Le fléau de la désinformation n'est pas une simple question de méconnaissance, mais une lame aiguisée, affûtée par les préjugés, qui s'enfonce dans le cœur de ce mouvement. Il ne s'agit pas seulement de rumeurs ou de malentendus. Non, ce que le Kamitisme subit est bien plus profond, bien plus pernicieux. Les médias, ces moulins à vent contemporains, soufflent trop souvent des tempêtes de stéréotypes, façonnant des perceptions erronées et réduisant le Kamitisme à une simple caricature, une image creuse et déformée. Dans cette mascarade tragique, le Kamitisme est perçu comme une philosophie marginale, réduite à des idées erronées d'ésotérisme ou de mysticisme délirant. Loin de la vérité, ces projections simplistes ne font que raviver des stéréotypes archaïques, dépeignant ceux qui cherchent à renouer avec leurs racines comme des adeptes d'un folklore dépassé, des esprits égarés dans une quête inutile. Cette représentation faussement exotique du Kamitisme entretient une forme de mépris silencieux, sourd, mais violent. Chaque fois que ces mensonges sont relayés, chaque fois que des mots vides d'intelligence circulent, c'est un coup porté à l'identité Kamite.

Et pourtant, le Kamitisme n'est pas un courant figé dans le passé, ni une mystique étrange à laquelle seuls quelques initiés auraient accès. Il est un souffle puissant, une réclamation de dignité, une résurgence d'une sagesse millénaire qui appelle à une reconnexion profonde avec l'histoire, la spiritualité et la culture africaine. Il est une renaissance collective, une réponse à des siècles d'effacement. Mais comment cette voix peut-elle résonner, comment cette force peut-elle s'épanouir si elle est continuellement asphyxiée par des récits biaisés ? La désinformation, insidieuse, se glisse partout. Dans les conversations de café, sur les réseaux sociaux, elle se faufile entre les lignes de discours faussement bienveillants, instillant le doute, la méfiance, la raillerie. Des pages, des comptes, des "experts" surgissent, prétendant tout savoir du Kamitisme alors qu'ils n'en effleurent que la surface, projetant une version aseptisée, vidée de sa substance, ou pire encore, une version erronée, pervertie pour attirer l'attention. Chaque like, chaque partage sur ces plateformes devient un écho de cette désinformation, un pas de plus vers l'oubli des vérités profondes. La désinformation n'a pas pour seule conséquence de déformer la perception externe du Kamitisme ; elle agit comme un poison qui corrompt également les esprits au sein même de la communauté afrodescendante. Combien de jeunes âmes, curieuses mais hésitantes, n'osent pas s'aventurer sur le chemin de la redécouverte de Kemet, rebutées par les clichés qui inondent l'espace public ? Combien d'individus, fatigués par les faux récits, se détournent de ce patrimoine vivant par crainte d'être associés à des idées fausses, à des superstitions que la société dominante leur impose ? Le mal est fait. Mais tout n'est pas perdu.

Face à cette marée de faussetés, il existe un antidote : l'éducation, l'éveil conscient, la diffusion de récits authentiques et puissants. Ce n'est plus le temps de se taire. Chaque membre du mouvement Kamite porte en lui la responsabilité de faire éclater la vérité, de marteler la réalité avec des faits, avec des histoires sincères, avec des parcours de vie imprégnés de la richesse et de la sagesse de Kemet. C'est une lutte contre l'ignorance, une bataille contre les déformations historiques, et une guerre culturelle contre les stéréotypes qui enferment, qui dévalorisent, qui invisibilisent. La voix des Kamites doit s'élever plus haut encore. Elle doit s'infiltrer dans les écoles, dans les livres, dans les arts. Elle doit envahir les espaces de savoir, se dresser comme un rempart contre les discours dévoyés. Par la force des mots, par l'image et le son, elle doit conquérir ces espaces où la désinformation prospère. Il ne s'agit pas seulement de rétablir une vérité. Il s'agit de restituer une dignité, de redonner à ceux qui cherchent la voie une carte claire, débarrassée des mensonges et des distorsions. Car au-delà des écrans et des mensonges se cache une réalité éclatante, une histoire que l'on ne pourra jamais étouffer complètement. Le Kamitisme est une marche inexorable vers la lumière, un retour vers des origines que même les siècles de colonisation n'ont pas pu effacer. Dans cette quête, la vérité est l'arme la plus puissante.

Et cette vérité, c'est que le Kamitisme n'est pas un mouvement de rejet, ni une fuite dans un passé idéalisé. Il est une porte ouverte sur l'avenir. C'est un appel à la redécouverte, une invitation à l'exploration spirituelle et intellectuelle. Il est une force créatrice, nourrie par la résilience et la fierté de ceux qui refusent d'être définis par des récits imposés. Il est la voix de ceux qui, malgré les siècles de déni, de déformation et de destruction, trouvent encore en eux la force de se relever, de s'affirmer, de proclamer haut et fort que leur histoire est digne d'être contée, dans toute sa complexité et sa grandeur. Et c'est cette histoire, authentique, nuancée, vivante, qui doit aujourd'hui éclore. L'impact de la désinformation peut sembler écrasant, mais il ne peut pas vaincre la puissance de la vérité. Le Kamitisme est en marche, et aucun mensonge, aussi persistant soit-il, ne pourra freiner cette renaissance. Ensemble, avec patience, avec sagesse, les Kamites doivent faire jaillir la lumière, pour que chacun puisse voir la splendeur de cette culture, non pas à travers le prisme déformant de stéréotypes éculés, mais dans toute sa vérité éclatante.

La question de l'inclusivité : mouvement pour tous ?

L'un des défis les plus profonds et les plus persistants auxquels le mouvement Kamite fait face est celui de l'inclusivité. Cette question n'est pas nouvelle, mais elle prend une acuité toute particulière dans un monde où les frontières identitaires se complexifient. Bien que le Kamitisme s'efforce de reconnecter les Afrodescendants à leur héritage, il semble parfois se refermer sur lui-même, apparaissant comme une forteresse réservée à une élite initiée, laissant à l'extérieur ceux qui, par leur histoire, leur apparence ou leurs croyances, n'entrent pas dans le moule préconçu. Pourtant, il serait tragique de voir le Kamitisme se réduire à un espace clos, inaccessible, car en vérité, il est bien plus qu'un simple mouvement identitaire. Il est un souffle, une renaissance, un appel universel à la reconnexion avec des racines profondes, à la recherche de sens et à l'affirmation de soi dans un monde qui, depuis trop longtemps, a effacé les traces d'un héritage glorieux. Ce qui est en jeu ici, c'est la capacité du Kamitisme à s'ouvrir, à accueillir sans jugement, à tendre la main à ceux qui, malgré les stigmates de l'histoire, veulent eux aussi renouer avec cette part de l'Afrique, ce continent-mère qui a tant donné à l'humanité. Car l'inclusivité ne peut pas être un simple mot creux, agité comme un étendard sans substance. Elle doit être vécue, ressentie, incarnée dans chaque action, dans chaque geste, dans chaque parole. Il ne s'agit pas simplement d'inviter des personnes à rejoindre le mouvement, mais de véritablement leur offrir une place, une voix, une reconnaissance. De leur faire sentir qu'elles appartiennent à cette grande famille humaine qui, au-delà des différences, partage un même héritage, une même quête de justice, de liberté et de vérité.

L'inclusivité, dans le contexte Kamite, doit être vue comme une urgence. Trop souvent, des individus, désireux de s'instruire, de comprendre et de s'engager dans cette voie de réappropriation culturelle, se retrouvent exclus, non par une volonté délibérée, mais par une sorte d'inertie institutionnelle. Ces personnes, souvent marginalisées dans d'autres espaces, se heurtent ici encore à des murs invisibles, à des discours qui, malgré leur beauté et leur puissance, semblent les maintenir à distance. Et c'est là que réside le plus grand danger : dans cette impression sourde, mais persistante, que le Kamitisme n'est accessible qu'à une minorité, qu'il faut avoir été "choisi", "initié" ou posséder certaines caractéristiques pour être pleinement accepté. Ce sentiment d'exclusion, même non intentionnel, engendre une forme d'aliénation, une souffrance silencieuse qui pousse les individus, pourtant curieux et passionnés, à tourner le dos à cette voie spirituelle et culturelle. Comment, alors, réconcilier cette aspiration à la reconquête d'une identité collective avec le besoin d'inclusivité ? Comment faire du Kamitisme non pas un club fermé, mais un foyer ouvert à toutes les âmes en quête de vérité ? L'inclusivité doit devenir une priorité inébranlable pour le mouvement. Elle ne peut rester une promesse vague, un idéal abstrait. Il faut des actions concrètes, un engagement sincère, visible, qui démontre que le Kamitisme n'est pas réservé à quelques élus, mais qu'il s'adresse à tous ceux qui, quel que soit leur chemin de vie, souhaitent comprendre, apprendre et partager cette relecture de l'histoire africaine. Cette quête ne se limite pas à une couleur de peau, à une géographie, ou à une croyance. Elle est universelle, car l'héritage de l'Afrique, ses leçons de résilience, de grandeur et de sagesse appartiennent à tous. Mais comment concrétiser cette inclusivité ? Comment traduire cette idée dans la réalité du mouvement ? Cela commence par l'humilité. L'humilité de reconnaître que, parfois, le Kamitisme a pu lui-même participer, malgré ses nobles intentions, à la reproduction de certaines formes d'exclusion. Il faut que les leaders du mouvement, et ceux qui le portent au quotidien, se mettent à l'écoute des voix marginalisées. Ces voix, trop souvent ignorées ou étouffées, portent en elles des vérités essentielles. Il s'agit aussi d'accepter que la diversité au sein même du mouvement est une force, et non une faiblesse. Cela passe également par l'ouverture de dialogues sincères avec d'autres mouvements afrocentrés. Trop souvent, les différents courants de pensée afrodescendants restent fragmentés, divisés par des querelles idéologiques ou des différences d'approches. Mais ces divisions ne font que renforcer l'oppression extérieure. Il est temps de tendre la main, de partager les expériences, les idées et les stratégies pour créer des ponts solides entre les mouvements. Ces alliances ne sont pas seulement stratégiques ; elles sont symboliques d'un désir profond d'unité. Car c'est bien là le message fondamental du Kamitisme : l'unité dans la diversité.

La promotion d'une diversité de voix au sein du mouvement est une autre étape cruciale. Il ne suffit pas de tolérer la diversité, il faut l'encourager activement, la célébrer. Cette diversité est la richesse du Kamitisme. Elle reflète la multitude de parcours, de croyances, de cultures qui composent l'Afrique et sa diaspora. En offrant une place de choix à ceux qui, d'ordinaire, sont relégués au second plan, en donnant la parole aux jeunes, aux femmes, à ceux dont la voix a été systématiquement étouffée, le Kamitisme peut devenir ce qu'il a toujours aspiré à être : une force unificatrice, une source de fierté partagée, un espace de liberté et d'expression où chaque individu, quelles que soient ses origines ou son expérience, peut se reconnaître. Pour cela, il faut créer des espaces de dialogue et d'échanges où la parole est véritablement libre, où personne ne se sent jugé, exclu, ou minoré. Ces espaces doivent être des lieux de vérité, où les expériences de chacun sont valorisées, où les différences ne sont pas vues comme des menaces, mais comme des trésors à explorer. Dans un monde marqué par la division et l'exclusion, ces espaces de partage peuvent être des havres de paix, des sources de renouveau, des lieux où la véritable essence du Kamitisme, celle de la liberté et de la reconnexion, peut s'exprimer pleinement. Le chemin vers une inclusivité véritable ne sera pas simple. Il exigera des sacrifices, des remises en question, des efforts constants. Mais c'est le seul chemin possible pour un Kamitisme vivant, vibrant, et porteur d'avenir. Un Kamitisme qui refuse de s'enfermer dans les prisons identitaires du passé, mais qui, au contraire, s'épanouit dans la reconnaissance de toutes les nuances de la diaspora africaine. Parce que c'est en embrassant pleinement cette diversité que le Kamitisme pourra non seulement survivre, mais surtout s'épanouir et devenir une véritable force de changement pour le monde entier. Ainsi, dans cette quête d'inclusivité, chaque geste compte. Chaque voix, chaque histoire, chaque parcours doit être pris en compte. Car c'est en unissant nos forces, en construisant des ponts entre nos expériences et nos identités, que nous pourrons réellement réaliser le rêve Kamite : celui d'un monde où l'Afrique, et tous ceux qui s'y rattachent, marchent ensemble vers un avenir de liberté, de paix, et de dignité.

Kamites et autres identités

Le concept d'identité, à l'image d'un kaléidoscope aux mille reflets, est une notion en perpétuelle mutation. Il ne se réduit pas à une seule facette, une seule appartenance, mais englobe la totalité des héritages culturels, spirituels, ethniques et historiques qui forment le socle de chaque individu, de chaque communauté. L'identité, telle une rivière, coule à travers les âges, façonnée par les confluents de l'histoire, des migrations, des résistances et des renaissances. Dans cette quête intime et collective, le Kamitisme surgit comme une voie singulière, un retour aux sources, une réappropriation de l'héritage de Kemet, cette terre mythique des anciens Égyptiens. Mais cette quête ne se fait pas dans l'isolement ; elle se nourrit, se fortifie et s'épanouit dans le dialogue avec d'autres identités, d'autres traditions, d'autres récits. Et de cette interaction naît un mouvement complexe, mais profondément enraciné dans une aspiration commune : celle de la reconnaissance, de l'émancipation et de la dignité. Plongeons-nous dans l'univers du Kamitisme, ce mouvement qui, bien au-delà d'un simple retour à l'antiquité, est une véritable célébration de l'héritage ancestral de Kemet. Imaginez une société moderne où les enseignements de Maât, déesse de l'ordre cosmique, de la vérité et de la justice, imprègnent le quotidien. Chaque geste, chaque parole, chaque décision est empreinte de ces valeurs millénaires. C'est une civilisation où la spiritualité se mêle à la réalité matérielle, où les anciens pharaons ne sont pas seulement des figures du passé, mais des guides intemporels, des symboles d'une grandeur toujours présente. Visualisez ces communautés qui, dans les villes modernes et globalisées, dressent fièrement les piliers invisibles de Maât, construisant des ponts entre les temps anciens et contemporains. Dans ces espaces sacrés, les rituels oubliés renaissent, les temples prennent forme dans l'imaginaire collectif, et les descendants des bâtisseurs de pyramides retrouvent leur place légitime dans le récit mondial.

Mais ce retour aux sources n'est pas une fuite vers un passé idéalisé. Il est une redécouverte, une réaffirmation de la force et de la profondeur de l'identité Kamite dans un monde où les identités sont souvent diluées, parfois méprisées, mais toujours en mutation. Le Kamitisme, avec sa capacité à allier le spirituel et le politique, propose une voie de transformation intérieure, une boussole éthique qui permet à chacun de renouer avec ses racines profondes, mais aussi de s'élever dans la complexité du monde moderne. Il devient un remède à l'amnésie collective, une réponse au déracinement forcé qui a marqué l'histoire des Afrodescendants. Cette quête identitaire n'est pas, et ne sera jamais, un repli sur soi. Bien au contraire, elle invite au dialogue, à la rencontre, à la confrontation des récits. Imaginez un rassemblement panafricain où se croisent les chants des griots mandingues, les danses guerrières des Zoulous, les invocations spirituelles des Yorubas, et les enseignements de sagesse des Kamites. Chaque tradition, unique dans son expression, résonne dans une harmonie collective, tissant un patchwork de mémoires vivantes. Ces rencontres sont des célébrations de la diversité africaine, un rappel puissant que l'Afrique, dans son immensité, est une mosaïque de peuples, de cultures, de langues et de croyances. Et pourtant, au milieu de cette diversité, il existe des liens invisibles, des fils tissés à travers le temps, qui unissent ces peuples dans une expérience commune. Les Kamites, dans leur reconnaissance des racines égyptiennes, honorent également ces autres traditions africaines, témoignant d'une solidarité entre les cultures du continent, une solidarité forgée dans les luttes partagées et les rêves communs.

Ce dialogue entre les identités africaines s'étend au-delà du continent, vers les autres spiritualités et systèmes de croyance qui ont marqué l'histoire de l'humanité. Pensez à ces rencontres improbables entre les leaders spirituels Kamites et les chefs religieux chrétiens, musulmans ou bouddhistes, où les discussions ne sont pas des débats théologiques, mais des échanges sur des valeurs fondamentales : la justice, la vérité, la paix intérieure. Ces rencontres créent des ponts inattendus. La Maât, avec ses principes d'harmonie cosmique, trouve des échos dans les enseignements du Christ ou dans les principes soufis de l'islam. Ce dialogue, loin d'être une compétition, montre que chaque spiritualité, dans sa profondeur, appelle à l'unité, à la reconnaissance de l'autre. Le Kamitisme, loin d'être une religion exclusive, s'ouvre aux autres, s'enrichit des échanges, et en ressort plus fort, plus universel. C'est dans ce cadre de réinvention identitaire que le Kamitisme offre une réponse aux défis contemporains auxquels les Afrodescendants sont confrontés. Dans un monde globalisé, où les identités sont souvent commercialisées ou stéréotypées, le Kamitisme devient un refuge, mais aussi une plateforme de transformation. Imaginez une diaspora africaine où chaque individu, qu'il soit à Paris, New York, Lagos ou Rio, puise dans l'héritage de Kemet pour redéfinir sa place dans le monde. Chaque Afrodescendant, armé des enseignements de Maât et des récits glorieux de ses ancêtres, trouve la force de briser les chaînes invisibles des préjugés et des discriminations. Le Kamitisme devient une armure, un symbole de résilience face aux défis d'un monde souvent hostile à l'expression libre de l'identité noire. C'est un rappel constant que l'identité, loin d'être une charge, est une source infinie de pouvoir et de fierté. Mais le Kamitisme ne se limite pas à une transformation personnelle. Il s'inscrit dans une lutte collective pour la justice sociale. Imaginez des manifestations où les bannières de Maât flottent haut dans le ciel, accompagnant les appels à l'égalité, à la dignité, à la reconnaissance des droits civiques. Les Kamites, inspirés par les principes de vérité, de justice et d'équité, se dressent aux côtés des opprimés, des marginalisés, des invisibles. Ils utilisent les enseignements de leurs ancêtres comme une force de changement, un moyen de réécrire l'histoire contemporaine. Le Kamitisme devient une voix dans le concert des luttes sociales, une voix qui ne se contente pas de protester, mais qui propose également des solutions, des alternatives fondées sur des valeurs anciennes, mais éternellement pertinentes.

Ce chemin vers l'émancipation n'est pas solitaire. En dialoguant avec d'autres identités, en reconnaissant la richesse des autres cultures, les Kamites montrent que l'identité, loin d'être figée, est une danse perpétuelle, une célébration de la complexité humaine. Ils tracent une voie vers un avenir où chaque voix, chaque tradition, chaque histoire trouve sa place dans la symphonie universelle. C'est une promesse d'unité, de dignité et de solidarité pour les générations à venir. En embrassant leur passé, tout en étant ouverts aux réalités contemporaines, les Kamites construisent un pont entre les époques, les peuples, les croyances. Ils nous rappellent que l'identité, qu'elle soit individuelle ou collective, est une quête de sens, une quête de justice et de beauté dans un monde souvent fragmenté.

Ainsi, l'interaction entre le Kamitisme et les autres identités n'est pas simplement un dialogue, mais une symphonie de voix, une fusion de perspectives, un effort commun pour bâtir un monde plus juste et plus harmonieux. Cette quête, à la fois profondément personnelle et résolument collective, est une invitation à se réapproprier son histoire, à célébrer la richesse de sa culture et à rêver ensemble d'un avenir où la dignité humaine est la seule vérité.

Chapitre 6 : Être Kamite dans la diaspora
Une identité revendiquée

Le concept d'identité est complexe et multidimensionnel, englobant des aspects culturels, ethniques, historiques et spirituels. Le Kamitisme, avec ses racines profondes dans l'histoire et la culture de Kemet, offre une perspective unique sur la manière dont les individus et les communautés peuvent se reconnecter à leurs ancêtres et se redéfinir dans un monde contemporain. Cependant, cette quête identitaire ne se fait pas en vase clos. Elle interagit, se confronte et s'enrichit au contact d'autres identités. Explorons comment les Kamites coexistent et dialoguent avec d'autres identités, tout en forgeant une voie singulière vers l'émancipation et la reconnaissance. Le Kamitisme est une célébration de l'héritage de Kemet, une redécouverte des valeurs, des croyances et des pratiques ancestrales. Il s'agit d'un mouvement qui cherche à rétablir la dignité et la fierté des descendants africains en mettant en lumière la grandeur de la civilisation égyptienne ancienne. Imaginez une communauté où les enseignements de Maât, la sagesse des pharaons et la spiritualité des temples sont au cœur de la vie quotidienne, guidant chaque action, chaque choix. Le Kamitisme n'existe pas en isolation. Il coexiste avec une myriade d'autres traditions africaines, chacune riche de ses propres histoires, rituels et croyances. Imaginez un rassemblement panafricain où des représentants des Zoulous, des Mandingues, des Yorubas, et des

Kamites se rencontrent, partageant leurs chants, leurs danses, leurs récits. Chaque tradition apporte sa couleur, sa texture, créant une mosaïque vivante de l'expérience africaine. Les Kamites, en honorant leurs racines égyptiennes, reconnaissent et célèbrent également la diversité et la richesse des autres cultures africaines. Le Kamitisme, avec sa spiritualité ancrée dans la Maât, engage également un dialogue avec d'autres traditions religieuses. Imaginez des rencontres interreligieuses où des leaders Kamites, chrétiens, musulmans et bouddhistes se rassemblent pour discuter des valeurs de justice, de vérité et d'harmonie. Les principes de Maât trouvent des résonances dans les enseignements du christianisme, de l'islam et du bouddhisme, créant ainsi des ponts de compréhension et de respect mutuel. Ce dialogue enrichit la spiritualité Kamite, la montre ouverte et capable de s'adapter aux réalités contemporaines.

Dans un monde globalisé où les identités sont en constante évolution, le Kamitisme offre une boussole pour les Afrodescendants cherchant à se reconnecter à leurs racines. Imaginez une diaspora africaine où chaque individu, inspiré par l'héritage de Kemet, trouve la force et la résilience pour naviguer les défis modernes. Le Kamitisme permet une redéfinition de l'identité noire, une affirmation de la fierté et de la dignité. Les Kamites, en puisant dans leur histoire, défient les stéréotypes et construisent un avenir où l'identité noire est célébrée et respectée. Le Kamitisme n'est pas seulement une quête spirituelle et culturelle ; il est également un mouvement social et politique. Imaginez des manifestations où les bannières de Maât flottent aux côtés des appels à la justice sociale, à l'égalité et à la dignité. Les Kamites, inspirés par les principes de justice et d'équité, s'engagent dans des luttes pour les droits civiques, contre les discriminations et pour la reconnaissance des contributions africaines à l'humanité. Le Kamitisme devient un levier pour le changement social, une voix puissante pour l'émancipation. Les Kamites, en dialoguant avec d'autres identités, en célébrant la diversité et en s'engageant pour la justice, tracent un chemin vers un avenir commun de dignité et de liberté. Ils montrent que l'identité, loin d'être figée, est une danse perpétuelle, une célébration de la complexité et de la richesse de l'expérience humaine. En embrassant leurs racines et en s'ouvrant aux autres, ils construisent un monde où chaque voix, chaque tradition, chaque histoire trouve sa place et sa résonance. Ainsi, l'interaction entre le Kamitisme et les autres identités n'est pas seulement un dialogue, mais une symphonie de voix et de perspectives, une quête commune de vérité, de justice et d'harmonie. C'est une invitation à se réapproprier son histoire, à célébrer sa culture et à bâtir ensemble un avenir de dignité et de liberté. Voilà l'essence de cette quête : une célébration de la beauté et de la complexité de l'existence, une promesse d'unité et de solidarité pour les générations à venir.

La question diasporique

La question diasporique est un océan de souvenirs, un torrent de souffrances, et une marée montante de résilience. Comme un fleuve coupé de sa source, les fils et les filles de l'Afrique se sont éparpillés à travers le monde, porteurs d'une mémoire mutilée, mais indestructible. Leur existence témoigne d'une tragédie collective, mais aussi d'une force inébranlable, où chaque génération a su insuffler vie et espoir aux morceaux d'histoire brisés qu'elle portait en elle. Cette question, aussi vaste que les horizons des mers qu'ils ont traversées, est un rappel incessant que les racines coupées ne cessent jamais de chercher la terre d'où elles viennent. Imaginez un arbre dont les branches, bien que séparées de leur tronc, continuent de croître et de fleurir. Cet arbre, c'est la diaspora africaine. Ses racines sont enterrées dans les profondeurs fertiles du sol africain, là où le berceau de l'humanité a vu naître les premières civilisations. Mais ses branches se sont étendues à travers le monde, chacune portant des fruits différents, adaptés aux climats et aux réalités de leurs nouveaux environnements. Et pourtant, même éloignées, ces branches vibrent encore d'une même sève : un désir ardent de retrouver cette unité première, ce lien qui, malgré tout, ne s'est jamais entièrement rompu. L'héritage de l'Afrique, vaste et foisonnant, a été dispersé comme des graines portées par un vent cruel. Le souvenir de Kemet, la majesté des royaumes ouest-africains, la splendeur des traditions orales, tout cela a été arraché de la terre natale et réécrit dans la violence de l'histoire. Les navires négriers, les chaînes et les fouets ont tenté d'effacer cette mémoire, de réduire à néant ces cultures. Mais comme des braises sous les cendres, la flamme de la mémoire africaine n'a jamais cessé de brûler.

Chaque membre de la diaspora est un porteur de cette mémoire. Leurs identités se construisent dans l'entrelacs de l'histoire perdue, des récits brisés et des vérités cachées. Comment se comprendre soi-même lorsqu'on est éloigné de ses origines, lorsque chaque élément de son identité est teinté d'une histoire de violence et d'oppression ? Pourtant, à travers les blessures, à travers les siècles de silences imposés, ces fils et filles de l'Afrique ont réinventé leurs récits. Leurs identités, bien qu'éclatées, sont devenues des phares qui éclairent le chemin vers une redécouverte de soi.
Le Kamitisme offre à cette diaspora un miroir dans lequel elle peut se voir dans toute sa splendeur et sa dignité retrouvée. Imaginez la scène : une terre lointaine, des descendants d'esclaves rassemblés autour d'un autel où brûlent des bougies, récitant des hymnes à Maât, la déesse de la vérité et de l'harmonie. Leurs voix, chargées des souffrances de leurs ancêtres, s'élèvent vers les cieux, se fondant dans une prière silencieuse pour la réconciliation et la paix. Ce moment, aussi simple soit-il, est un acte révolutionnaire, une réaffirmation de la fierté d'être Kamite, d'être héritiers d'une civilisation qui, bien avant l'esclavage, a donné au monde des trésors de science, de spiritualité et de sagesse.

La diaspora est un creuset de cultures, un carrefour où se rencontrent des récits multiples. De la Jamaïque au Brésil, des États-Unis à Haïti, partout où les fils de l'Afrique ont été emmenés, ils ont tissé une nouvelle tapisserie culturelle, chaque fil représentant une réinvention de l'héritage africain. Par la musique, la danse, la littérature et l'art, ils ont su recréer des espaces où leur identité est non seulement préservée, mais célébrée. Imaginez un concert où des musiciens de la diaspora, jouant des instruments traditionnels africains, s'unissent à des artistes contemporains, créant une symphonie qui résonne comme une ode à la résistance et à la survie. Chaque note, chaque rythme, raconte l'histoire d'une culture qui refuse de disparaître. Cette solidarité, bien plus qu'un simple concept, est devenue une arme puissante. Dans chaque pays, chaque communauté diasporique, des mouvements se sont formés, portant haut les valeurs de justice sociale, de résistance aux oppressions, et de fierté noire. Des leaders charismatiques ont émergé, leurs voix fortes et claires appelant à une réconciliation avec le passé et à la construction d'un avenir libéré des chaînes invisibles du racisme et de la marginalisation. Imaginez une marche où des milliers de descendants d'esclaves, portant des pancartes appelant à la reconnaissance des torts historiques, traversent les rues d'une capitale mondiale. Chaque pas, chaque slogan, chaque regard est une revendication d'une dignité retrouvée, un refus de l'oubli.

Mais cette quête de dignité n'est pas uniquement tournée vers le passé. Elle est aussi tournée vers l'avenir. La réconciliation avec le passé ne peut se faire sans une vision claire de l'avenir. Il ne s'agit pas seulement de se souvenir, mais de construire, ensemble, un monde où les voix des opprimés ne seront plus étouffées. Un monde où la mémoire des souffrances sera une force, un tremplin pour bâtir des ponts entre les communautés et créer un avenir où la justice et l'équité seront les fondations de la société. Ainsi, la question diasporique ne se résume pas à une simple exploration identitaire. Elle est une quête collective, une lutte pour retrouver un sens, pour honorer un héritage, mais surtout, pour tracer un chemin vers un avenir commun. Les fils et les filles de la diaspora, par leur résilience, leur créativité et leur solidarité, montrent que les blessures de l'histoire peuvent guérir, et que de ces cicatrices peut naître une nouvelle beauté. Ils ne sont pas seulement des survivants, mais des bâtisseurs, des artisans d'un monde plus juste, où chaque histoire, chaque mémoire a sa place. En fin de compte, cette diaspora africaine, dispersée mais jamais divisée, nous enseigne une vérité fondamentale : peu importe la distance parcourue, peu importe les épreuves traversées, la quête d'identité, de justice et de liberté est universelle. C'est une danse sans fin entre le passé et le futur, une promesse d'unité pour toutes les générations à venir.

Kamitisme et décolonisation des mentalités

Dans l'immensité brûlante des sables dorés et la majesté imposante des pyramides de Kemet, résonne un écho lointain. Un murmure des âmes qui nous précèdent, une vibration ancienne qui fait frissonner l'épine dorsale des cœurs éveillés. Cet écho, c'est l'appel à la décolonisation des mentalités. Il est là, omniprésent, nous invitant à lever les voiles de l'ignorance, à écarter les ténèbres de la domination mentale pour retrouver la lumière pure d'une conscience éveillée. Le Kamitisme, par ses racines plongées dans l'héritage millénaire de Kemet, émerge non seulement comme une philosophie spirituelle mais aussi comme une boussole pour ceux qui cherchent à réapprendre à marcher debout dans un monde qui les a courbés. Imaginez une terre autrefois florissante, une terre qui, à chaque pas, raconte une histoire. Les rivières chantent les sagesses oubliées, les montagnes se dressent comme des bibliothèques naturelles, gardiennes des secrets d'une époque révolue. Mais cette terre fertile, cette terre généreuse et nourricière, a été submergée, colonisée, violée par des forces étrangères. C'est ici que commence l'histoire de la mémoire enfouie de l'Afrique. Les chants ancestraux, les récits de guerriers et de reines, les rituels dédiés aux forces divines, tout a été écrasé, piétiné, réduit au silence par le poids de la domination. Mais cette mémoire ne meurt pas. Elle demeure, cachée sous les décombres de l'oubli, prête à renaître, prête à revendiquer sa place dans les esprits et les cœurs des Kamites modernes. C'est là que réside l'espoir : cette mémoire n'est pas perdue. Elle sommeille, telle une flamme vacillante qui attend d'être ravivée. Elle brûle dans les veines de chaque descendant, dans chaque cœur battant, et le Kamitisme est cette étincelle qui peut la rallumer. En se tournant vers l'héritage de Kemet, en renouant avec les esprits anciens, nous déterrons cette mémoire sacrée et, ce faisant, nous nous réapproprions l'histoire. Nous la réécrivons à travers le prisme de notre propre existence, réaffirmant ainsi notre place dans le monde.

Il est dit que chaque être humain porte en lui un fragment de ses ancêtres. Imaginez-vous, debout, seul au pied des pyramides. Le vent du désert caresse votre visage, et soudain, un silence s'installe. Mais dans ce silence, si vous écoutez attentivement, vous entendez les battements de cœur des anciens. Vous entendez leurs chants, leurs prières, leurs cris de victoire et leurs larmes de lutte. Chaque pierre à vos pieds, chaque gravure sur les murs des temples raconte une histoire, une histoire qui attend que vous tendiez la main pour la saisir, pour la faire vôtre. C'est cela, le réveil de l'ancêtre intérieur. Ce n'est pas une nostalgie du passé, mais un appel à éveiller la sagesse qui dort en chacun de nous. Le Kamitisme nous offre une voie pour répondre à cet appel. En épousant les principes de Maât — la vérité, la justice, l'équilibre et l'harmonie —, nous renouons avec cette sagesse. Ce n'est pas seulement un retour aux traditions anciennes ; c'est une renaissance. C'est le réveil de l'âme collective qui a été endormie par des siècles d'oppression. C'est une réaffirmation de notre dignité, de notre droit à exister non seulement dans le monde physique mais aussi dans l'espace spirituel. Pour libérer l'esprit, il faut d'abord rompre les chaînes invisibles qui l'entravent. Ces chaînes sont faites de mythes coloniaux, des récits mensongers qui ont été imposés, martelés, afin de nous faire douter de notre propre valeur. Imaginez un esprit enchaîné par des illusions, des stéréotypes, des mensonges. Ces chaînes ne sont pas physiques, mais elles sont tout aussi puissantes. Elles façonnent la manière dont nous nous percevons, dont nous percevons le monde et notre place en son sein. Mais ces chaînes peuvent être brisées. Le Kamitisme, en célébrant les grandes contributions de Kemet à la civilisation mondiale, en rappelant que Kemet est le berceau des savoirs, des sciences, des arts et de la spiritualité, détruit ces mensonges. Il ne s'agit pas simplement de rétablir la vérité historique, mais de restaurer une fierté collective, un sentiment de dignité volé depuis trop longtemps. Ce n'est qu'en déconstruisant ces mythes coloniaux que nous pouvons nous voir tels que nous sommes réellement : des héritiers d'une grande civilisation, des bâtisseurs d'avenir.

Chaque renaissance commence par une étincelle. Imaginez une explosion de créativité, un élan irrésistible qui traverse des générations, des continents. Des artistes, des musiciens, des écrivains, des penseurs se lèvent, tous inspirés par cet héritage ancien qu'ils ressentent dans leurs veines. Le Kamitisme, par sa profondeur et sa richesse, devient une source intarissable d'inspiration. C'est un creuset où les traditions anciennes fusionnent avec les expressions contemporaines pour créer une nouvelle culture, un art vibrant, qui célèbre la résilience et la beauté de l'âme africaine. Dans cette renaissance, chaque œuvre d'art, chaque note de musique, chaque poème est un cri de liberté, une déclaration d'indépendance spirituelle et mentale. Chaque création porte en elle les cicatrices du passé, mais aussi l'espoir d'un avenir où l'Afrique, sous toutes ses formes, est pleinement célébrée. L'éducation est le terrain sur lequel se livre la bataille la plus cruciale. C'est dans les esprits des jeunes générations que se jouent les victoires futures. Imaginez des écoles où l'histoire de Kemet est enseignée non pas comme une relique d'un passé lointain, mais comme une source de fierté et de savoir. Imaginez des universités où les contributions africaines à la civilisation mondiale sont non seulement reconnues, mais célébrées. Les enseignants deviennent des éclaireurs, guidant les jeunes à travers les méandres de l'histoire, éveillant en eux une curiosité insatiable et une passion pour leur propre héritage. L'éducation devient alors l'arme la plus puissante pour décoloniser les mentalités. Chaque leçon est une graine plantée, chaque discussion un espace de libération. L'apprentissage devient un acte de résistance, une manière de remettre en question les dogmes imposés, de défier les récits dominants et de se réapproprier son propre savoir.

Mais dans ce voyage vers la libération, il ne faut jamais sous-estimer la puissance de la spiritualité. Elle est l'ancre qui nous garde connectés à l'essentiel. Imaginez des cérémonies où les chants sacrés de Kemet résonnent à nouveau, où les prières, les offrandes et les méditations s'élèvent vers le ciel. Chaque rituel, chaque chant est un acte de résistance spirituelle, une affirmation de la vérité. Le Kamitisme, en réaffirmant l'importance de Maât, rappelle que la justice et la vérité sont les fondements sur lesquels repose toute société libre. La spiritualité devient alors plus qu'une simple pratique ; elle devient une boussole morale, un guide pour naviguer les défis de la modernité. Elle est un rappel constant que la véritable libération ne peut être atteinte sans une harmonie intérieure, sans un équilibre entre l'esprit et le corps, entre le monde physique et le monde spirituel. La décolonisation des mentalités ne peut s'accomplir sans un engagement social et politique. Il ne suffit pas de se réapproprier l'histoire et la culture ; il faut également agir dans le monde pour créer les conditions d'un changement véritable.

Conclusion

Tandis que je contemple l'ensemble de cet ouvrage, une tempête d'émotions m'envahit. Chaque mot, chaque pensée gravée sur ces pages est le fruit d'une quête profonde, un cri de l'âme qui appelle au réveil de nos consciences. Ce voyage à travers les âges, les cultures et les esprits m'a permis de reconstruire un pont vers une vérité que nous avons trop longtemps ignorée : la renaissance Kamite n'est pas une simple recherche nostalgique du passé, mais une rébellion vivante contre l'oubli. Elle est une réappropriation, une révolution douce mais puissante, ancrée dans une soif de justice, de dignité et d'équilibre. Au cœur du Kamitisme, il y a un souffle millénaire, une énergie vitale qui transcende les âges et les frontières. Ce souffle, ce vent ancien qui caresse encore les sables du désert et résonne entre les murs silencieux des pyramides, n'a jamais été éteint. Il ne demande qu'à être ravivé, à brûler à nouveau dans les esprits et les cœurs de ceux qui cherchent à retrouver leur essence première, leur véritable nature. La renaissance Kamite n'est pas seulement un retour vers Kemet, cette terre d'une sagesse infinie et d'une majesté éternelle. Non. Elle est une réclamation de l'âme africaine tout entière, une proclamation de notre droit inaliénable à exister dans toute notre splendeur, notre diversité, et notre humanité.

Au fil des siècles, l'histoire de l'Afrique a été réduite à une note de bas de page dans les annales des civilisations du monde. Et pourtant, Kemet, avec son héritage monumental, son architecture, sa spiritualité, sa science, et son art, est la preuve incontestable de la grandeur qui habitait cette terre. Les vestiges de cette civilisation ne sont pas des reliques mortes, mais des témoins silencieux d'un passé vibrant, d'un présent qui refuse d'être effacé, et d'un futur encore à écrire. Dans chaque pierre gravée, chaque symbole sculpté, nous trouvons non seulement l'histoire de nos ancêtres, mais aussi les clés pour libérer nos esprits enchaînés. Aujourd'hui, être Kamite, c'est puiser dans cette mémoire vivante pour réinventer notre identité, pour affronter un monde façonné par les récits d'autrui et refuser de se soumettre à des images imposées. C'est marcher avec la certitude que l'histoire de Kemet ne s'est pas arrêtée il y a des milliers d'années, mais qu'elle continue de s'écrire dans nos actions, dans nos luttes quotidiennes, dans notre désir collectif de retrouver cette sagesse ancienne et de l'adapter à notre époque moderne. Cette quête n'est pas dénuée de défis, car face à chaque affirmation de notre identité Kamite, se dresse l'ombre des doutes, des critiques, des incompréhensions. La force du Kamitisme réside dans sa capacité à transcender ces obstacles, à se nourrir des critiques pour se renforcer, à créer des ponts avec d'autres traditions tout en conservant son essence propre. C'est une identité fluide, un mouvement vivant qui, tout en se basant sur les valeurs de Maât, continue d'évoluer, de s'adapter, et de se réinventer. Comme un fleuve qui traverse les âges, il est capable de nourrir tout ce qu'il touche sans jamais perdre de vue sa source, son origine.

Le Kamitisme, avec son attachement profond à la Maât, nous rappelle que l'équilibre n'est pas une option mais une nécessité. Dans un monde où l'injustice et le déséquilibre règnent en maîtres, il est plus crucial que jamais de retrouver cet équilibre, de restaurer la vérité, la justice, et l'harmonie dans nos vies et dans nos sociétés. La Maât n'est pas simplement un principe philosophique, elle est une manière de vivre, une voie à suivre pour retrouver notre chemin dans un monde qui semble souvent perdu. Cette quête de justice et de vérité se manifeste également dans la diaspora africaine, dont l'histoire est empreinte de douleur, de résistance et de renaissance. La diaspora, dans son exil forcé, a souvent perdu ses repères, ses racines. Mais aujourd'hui, elle retrouve ses racines Kamites, elle se reconnecte à cette source ancienne et en tire une force nouvelle. Cette renaissance Kamite offre à la diaspora une nouvelle identité, un nouveau récit qui lui permet de se libérer des chaînes invisibles du colonialisme mental et de la domination culturelle.

Le Kamitisme est donc bien plus qu'un simple retour aux sources. C'est une renaissance, une promesse d'unité, de solidarité et de dignité pour les générations à venir. Il ne s'agit pas simplement de célébrer le passé, mais de forger un avenir où les enseignements des ancêtres guident nos pas, où la justice et l'équité sont au cœur de nos sociétés. Chaque Kamite, qu'il soit en Afrique ou dans la diaspora, est porteur de cette promesse, de cette responsabilité. Et ainsi, la quête Kamite ne s'arrête jamais. Elle est une danse entre le passé et le futur, un voyage spirituel, culturel, et politique vers la liberté. Il ne s'agit pas seulement de regarder en arrière avec nostalgie, mais de marcher avec confiance vers l'avenir. En ressuscitant les voix de Kemet, nous créons un espace où la vérité et la justice peuvent à nouveau régner, où la beauté et la complexité de l'existence africaine peuvent s'épanouir. Le Kamitisme, en tant que renaissance, est un appel à tous ceux qui ont perdu leurs repères, un chant d'espoir pour ceux qui cherchent à retrouver leur dignité. C'est un hymne à la vie, une célébration de tout ce que nous avons été, tout ce que nous sommes, et tout ce que nous serons. Que cet écho résonne à travers les générations à venir et qu'il soit une source d'inspiration pour tous ceux qui cherchent la vérité, la justice et l'équilibre. Voilà l'essence de cette quête Kamite : une promesse d'unité, de dignité, et de liberté, ancrée dans le passé, nourrie par le présent, et tournée résolument vers l'avenir. Pour qu'enfin, je n'entende plus une personne dire ouvertement : Je ne suis pas Kamite, comme si cela était une honte, l'histoire reste intangible, à partir du moment où on la connaît…

Annexes

Références
Bibliographie

Cheick Anta Diop

Livres et ouvrages
1. **"Nations nègres et culture"** (1954)
    - Dans cet ouvrage fondamental, Cheikh Anta Diop soutient que l'Égypte ancienne était une civilisation noire africaine. Il y présente une analyse historique et culturelle complète, plaçant

l'Afrique au centre du développement de la civilisation mondiale.
2. **"Antériorité des civilisations nègres : Mythe ou vérité historique ?"** (1967)
   - Ce livre approfondit les recherches de Diop sur l'Égypte ancienne et son rôle dans la civilisation africaine, tout en confrontant les mythes raciaux répandus par l'historiographie coloniale.
3. **"L'Unité culturelle de l'Afrique noire"** (1963)
   - Cheikh Anta Diop y expose l'idée que les peuples de l'Afrique subsaharienne partagent une unité culturelle profonde, qui se manifeste par des traits communs dans les langues, les coutumes et les institutions sociales.
4. **"Les Fondements culturels, techniques et industriels d'un futur État fédéral d'Afrique noire"** (1960)
   - Dans ce livre, Diop propose une vision politique et économique d'un État fédéral africain, basé sur la solidarité culturelle, la coopération industrielle et le développement scientifique.
5. **"L'Afrique noire précoloniale"** (1960)
   - Un ouvrage dans lequel Diop retrace l'histoire de l'Afrique noire avant l'ère coloniale, en insistant sur les réalisations politiques, culturelles et économiques des civilisations africaines.
6. **"Civilisation ou barbarie : Anthropologie sans complaisance"** (1981)
   - Ce livre est une synthèse des travaux de Diop sur l'origine de l'humanité, la préhistoire africaine et le rôle de l'Afrique dans le développement des sciences et des civilisations.
7. **"La Renaissance africaine"** (2000, posthume)
   - Cet ouvrage rassemble des écrits, discours et essais où Diop développe ses idées sur la nécessité d'une renaissance culturelle, scientifique et politique de l'Afrique pour surmonter les conséquences de la colonisation

et de l'esclavage.
   8. **"Physique nucléaire et chronologie absolue"** (1954, thèse scientifique)
      - Diop y explore les méthodes de datation radioactive et leur application à l'étude des âges géologiques, en lien avec son approche pluridisciplinaire intégrant sciences physiques et humanités.
   9. **"L'Europe, la Grèce, l'Afrique"** (1993, posthume)
      - Cet ouvrage publié après la mort de Cheikh Anta Diop rassemble des réflexions sur les liens historiques et culturels entre l'Afrique, l'Europe et la Grèce antique, poursuivant sa critique des perspectives eurocentriques.

Articles et essais majeurs
   1. **"Contribution des études linguistiques à l'histoire des peuples africains"**
      - Cet essai montre comment la linguistique peut être utilisée pour reconstituer l'histoire des peuples africains et démontrer leurs contributions au développement humain.
   2. **"Le Problème des nègres dans l'humanité"**
      - Dans cet essai, Diop aborde la question raciale dans une perspective historique et anthropologique, en soulignant les préjugés raciaux et leur impact sur la perception de l'histoire africaine.
   3. **"L'Origine des anciens Égyptiens"**
      - Article dans lequel Diop argumente que les anciens Égyptiens étaient des Africains noirs et discute des implications de cette affirmation pour la réévaluation de l'histoire africaine.

Traductions et contributions posthumes

Après sa mort, plusieurs de ses œuvres ont été rééditées ou traduites, et son influence continue d'être étudiée dans de nombreux cercles académiques, à travers des anthologies, conférences et ouvrages dédiés à son œuvre.

Ouvrages collectifs
1. **"La Méthodologie de Cheikh Anta Diop et l'historiographie africaine"** (1996)
   - Un recueil d'essais d'auteurs divers, analysant la méthodologie historique et anthropologique de Diop ainsi que l'influence durable de ses travaux sur les études africaines.

Théophile Obenga

Livres et ouvrages
1. **"Origine commune de l'égyptien ancien, du copte et des langues négro-africaines modernes"** (1993)
   - Cet ouvrage fondamental explore l'unité linguistique entre l'égyptien ancien et les langues négro-africaines contemporaines, montrant l'existence d'une continuité culturelle et linguistique africaine.
2. **"L'Afrique dans l'Antiquité : Égypte pharaonique – Afrique noire"** (1973)
   - Dans ce livre, Obenga met en lumière les relations profondes entre l'Égypte ancienne et les autres civilisations africaines. Il discute également des liens historiques et culturels entre l'Égypte pharaonique et l'Afrique subsaharienne.
3. **"La Philosophie africaine de la période pharaonique : 2780-330 avant notre ère"** (1990)
   - Un ouvrage philosophique dans lequel Obenga démontre l'existence d'une philosophie africaine propre, remontant à l'époque de l'Égypte pharaonique, et analyse les concepts fondamentaux développés par les anciens Égyptiens.
4. **"A la recherche du Maât perdu"** (2001)
   - Ce livre s'intéresse à la notion de Maât, concept éthique central de la civilisation égyptienne antique, et son influence sur la pensée africaine traditionnelle. Obenga y propose une réflexion

sur la pertinence de ce concept dans la société contemporaine.
5. **"Ancient Egypt and Black Africa: A Student's Handbook for the Study of Ancient Egypt in Philosophy, Linguistics, and Gender Relations"** (2005)
    o Une introduction à l'Égypte antique sous plusieurs angles, incluant la philosophie, la linguistique, et les relations de genre. Ce livre est conçu comme un manuel pour les étudiants et les chercheurs.
6. **"L'Égypte, la Grèce et l'école d'Alexandrie : Histoire interculturelle dans l'Antiquité"** (2005)
    o Dans cet ouvrage, Obenga explore les relations interculturelles entre l'Égypte, la Grèce antique et l'école d'Alexandrie, analysant l'impact des savoirs égyptiens sur la pensée grecque.
7. **"La Géométrie égyptienne"** (1995)
    o Ce livre est une étude de la géométrie telle qu'elle était pratiquée dans l'Égypte ancienne, montrant comment les anciens Égyptiens avaient développé des connaissances géométriques complexes, longtemps ignorées par l'histoire officielle.
8. **"Méthodologie et épistémologie : Savoirs historiques africains"** (2019)
    o Obenga propose ici une réflexion approfondie sur les méthodologies et épistémologies employées dans l'étude de l'histoire africaine, avec une insistance particulière sur la nécessité de déconstruire les approches eurocentrées.
9. **"Le sens de la lutte contre l'aliénation en Afrique aujourd'hui"** (1974)
    o Un ouvrage qui aborde les dimensions politiques et culturelles de l'aliénation en Afrique postcoloniale, en analysant les dynamiques de pouvoir et les stratégies de résistance nécessaires pour un retour à une autonomie culturelle africaine.

10. **"Pour une nouvelle philosophie africaine"** (1985)
    - Ce livre invite à repenser la philosophie africaine contemporaine en s'appuyant sur les traditions intellectuelles et spirituelles de l'Afrique ancienne, en particulier l'Égypte pharaonique.
11. **"L'Afrique centrale précoloniale : Documents d'histoire vivante"** (1992)
    - Obenga y présente des documents historiques et des témoignages vivants relatifs à l'histoire de l'Afrique centrale avant la colonisation, soulignant les systèmes politiques, culturels et économiques complexes de cette région.

Articles et contributions majeures

1. **"L'Égypte pharaonique et l'Afrique"**
   - Dans cet article, Obenga explore les connexions historiques, linguistiques et culturelles entre l'Égypte ancienne et l'Afrique subsaharienne, renforçant les thèses soutenues par Cheikh Anta Diop.
2. **"Afrique et Grèce : Dialogue de deux rationalités"**
   - Un essai où Obenga analyse l'influence réciproque des civilisations africaine et grecque, montrant que les savoirs africains ont influencé la rationalité grecque antique.
3. **"La classification des langues négro-africaines et l'égyptien ancien"**
   - Obenga y fait une démonstration linguistique comparative, montrant que l'égyptien ancien appartient à la même famille que plusieurs langues africaines modernes, en opposition à la classification des langues afro-asiatiques.

Collaborations et ouvrages collectifs

1. **"The Peopling of Ancient Egypt and the Deciphering of Meroitic Script"** (1990, coécrit avec Cheikh Anta Diop)
   - Ce livre rassemble les contributions d'Obenga et de Diop lors du colloque du Caire de 1974 organisé par l'UNESCO, qui portait sur l'origine des anciens Égyptiens et la déchiffrement de

l'écriture méroïtique.
2. **"Cheikh Anta Diop : Volonté de science, et unité culturelle africaine"** (2000, ouvrage collectif sous sa direction)
    - Cet ouvrage collectif rend hommage à l'héritage scientifique et intellectuel de Cheikh Anta Diop, en examinant son influence sur les études africaines et la quête d'une unité culturelle africaine.

Kalala Omotundé

Livres et ouvrages
1. **"L'Afrique antique : La Mémoire retrouvée"** (2007)
    - Dans cet ouvrage fondateur, Kalala Omotundé retrace l'histoire ancienne de l'Afrique en mettant l'accent sur l'Égypte pharaonique. Il démontre la contribution de l'Afrique noire à la civilisation universelle et propose une réinterprétation de l'histoire antique à partir de sources africaines et non occidentales.
2. **"Afrique, berceau de la civilisation : Preuves par l'image"** (2010)
    - Ce livre met en lumière, à travers des preuves archéologiques et iconographiques, les origines africaines de nombreuses civilisations, en particulier celle de l'Égypte antique. Omotundé y explore les racines noires de la civilisation égyptienne, souvent niées ou ignorées par les récits occidentaux.
3. **"Comprendre Cheikh Anta Diop"** (2012)
    - Ouvrage didactique, Kalala Omotundé y vulgarise la pensée de Cheikh Anta Diop, l'un de ses mentors intellectuels. Ce livre offre une introduction accessible aux concepts de Diop, en particulier ses thèses sur l'origine africaine de l'Égypte et la continuité culturelle entre l'Afrique noire et l'Égypte antique.
4. **"Les 7 masques blancs : Stratégie des puissances**

occidentales contre l'Afrique" (2011)
- Cet essai critique analyse les mécanismes de domination culturelle et idéologique utilisés par les puissances occidentales pour maintenir l'Afrique sous leur contrôle. Kalala Omotunde y dénonce la réécriture de l'histoire africaine et les stéréotypes véhiculés à l'encontre des Africains.

5. **"Les 7 leçons de l'Égypte antique : Réflexions sur le passé pour comprendre le présent"** (2014)
    - Omotunde propose ici un retour sur sept grands enseignements de la civilisation pharaonique, à travers lesquels il offre une réflexion sur les moyens de revitaliser l'Afrique contemporaine. L'ouvrage invite à une réappropriation des savoirs ancestraux pour inspirer l'action présente.

6. **"La Mémoire retrouvée : Réhabilitation de l'histoire africaine"** (2009)
    - Ce livre vise à restaurer l'histoire africaine et à corriger les distorsions du récit historique traditionnel. Kalala Omotunde y aborde des périodes allant de l'Égypte antique à l'Afrique précoloniale, en insistant sur la nécessité pour les Africains de réécrire leur propre histoire.

7. **"Le Mythe de l'homme primitif : Histoire de la science africaine"** (2013)
    - Cet ouvrage est une réponse aux préjugés concernant la supposée absence de science en Afrique avant la colonisation. Omotunde y démontre l'existence de civilisations africaines avancées, avec des connaissances scientifiques élaborées, bien avant l'arrivée des Européens.

8. **"Kamites : l'Afrique berceau de l'Humanité"** (2016)
    - Kalala Omotunde explore ici l'héritage kamite de l'Afrique, démontrant que l'Afrique noire est non seulement le berceau de l'humanité mais aussi celui des premières civilisations. Il y analyse les racines culturelles, philosophiques et

spirituelles de l'Afrique ancienne.
9. **"Faraonika : Les pharaons noirs et leur héritage"** (2015)
   - Dans ce livre, Omotunde se concentre sur la période des pharaons noirs (XXVe dynastie) et leur contribution à la grandeur de l'Égypte. Il y examine l'influence de ces rois africains, souvent oubliés par l'histoire classique, et leur rôle dans la transmission du savoir.
10. **"Néfertiti et Akhenaton : L'histoire cachée"** (2018)
    - Ouvrage consacré à la reine Néfertiti et au pharaon Akhenaton, deux figures emblématiques de l'Égypte antique. Kalala Omotunde y explore les aspects occultés de leur règne, tout en soulignant leur rôle dans l'évolution de la civilisation égyptienne et leur lien avec l'Afrique noire.

Articles et contributions majeures
1. **"Le rôle de l'Afrique dans les premières civilisations mondiales"**
   - Dans cet article, Omotunde s'attache à montrer comment les premières grandes civilisations du monde (y compris celles de la Mésopotamie et de l'Indus) ont été influencées par l'Afrique, en particulier par la vallée du Nil.
2. **"Réflexions sur la résilience africaine"**
   - Un essai sur la capacité de l'Afrique à résister et à se reconstruire après des siècles de colonisation et d'exploitation. Omotunde y plaide pour un retour aux sources africaines afin de réinventer l'avenir du continent.
3. **"L'Égypte pharaonique et l'unité africaine"**
   - Un texte dans lequel Omotunde discute de l'importance de l'Égypte ancienne dans la construction d'une identité africaine commune, en soulignant les racines partagées des peuples du continent.
4. **"Histoire et géopolitique de l'Afrique ancienne"**
   - Un article dans lequel il explore les dynamiques

politiques et économiques des grands empires africains avant la colonisation, en s'appuyant sur des sources historiques et archéologiques.

Conférences et vidéos documentaires
Kalala Omotunde a également réalisé de nombreuses conférences et participé à des documentaires visant à vulgariser ses recherches et à sensibiliser les Africains et Afrodescendants à l'importance de leur histoire. Quelques exemples notables :
1. **"La Renaissance africaine et la science pharaonique"** (Conférence)
    - Une conférence dans laquelle il explore l'idée de la Renaissance africaine à travers le prisme des connaissances et innovations scientifiques de l'Égypte antique.
2. **"La Réappropriation de l'histoire africaine"** (Documentaire)
    - Ce documentaire présente les recherches de Kalala Omotunde sur l'histoire africaine et son importance pour la jeunesse africaine contemporaine.

Œuvres posthumes et rééditions
Après son décès en 2021, plusieurs de ses ouvrages ont été réédités, certains avec des préfaces ajoutées par d'autres chercheurs ou intellectuels africains, rendant hommage à son travail et à son influence sur la réhabilitation de l'histoire africaine.

Collaborations et ouvrages collectifs
1. **"Cheikh Anta Diop, 30 ans après"** (2016, collaboration)
    - Ouvrage collectif dans lequel Kalala Omotunde et plusieurs autres intellectuels africains discutent de l'héritage de Cheikh Anta Diop, trente ans après sa mort. Ce livre revisite les théories de Diop et évalue leur pertinence dans le contexte contemporain.

Doumbi Fakoly

Livres et ouvrages
1. **"La Révolution Kamite"** (2004)
    - Un texte fondateur où Fakoly défend l'idée d'une révolution spirituelle et culturelle pour les descendants africains. Il y présente la nécessité pour les Africains de renouer avec les valeurs et les croyances traditionnelles du Kamitisme pour affronter les défis contemporains.
2. **"La longue marche vers la liberté"** (1997)
    - Cet ouvrage retrace les grandes étapes des luttes de libération des peuples africains depuis l'esclavage jusqu'aux indépendances et décolonisations. Fakoly y dénonce les entraves à la véritable libération et appelle à une prise de conscience collective.
3. **"Néocolonialisme, dernière étape de l'impérialisme"** (2001)
    - Dans ce livre incisif, Doumbi Fakoly s'attaque à la continuité de la domination occidentale sur l'Afrique à travers le néocolonialisme. Il y critique les élites africaines corrompues et explore les mécanismes de la dépendance économique, culturelle et politique post-indépendance.
4. **"L'Afrique mutilée : La traite négrière et ses conséquences"** (2006)
    - Fakoly s'attaque ici à l'impact dévastateur de la traite des esclaves sur l'Afrique, aussi bien en termes démographiques qu'en termes psychologiques et culturels. Il y présente l'esclavage comme une mutilation de l'âme africaine, appelant à une guérison par la réappropriation de l'histoire.
5. **"La spiritualité africaine révélée"** (2009)
    - Un ouvrage majeur dans lequel Fakoly explore les spiritualités traditionnelles africaines, en particulier les croyances liées au Vodun et au Kamitisme. Il y démontre que ces spiritualités

ancestrales contiennent des enseignements puissants, souvent dénigrés, mais essentiels pour la renaissance africaine.

6. **"L'Empire de Seth : Les racines occultes du mal"** (2011)
    o Dans cet essai, Doumbi Fakoly explore les concepts du mal à travers les prismes africains et occidentaux. Il y fait référence à Seth, figure mythologique égyptienne, pour illustrer les forces destructrices qui se sont acharnées contre l'Afrique, tout en appelant à une résistance spirituelle.

7. **"Libérez l'Afrique : Manifestes pour un continent libre et uni"** (2010)
    o Un texte manifeste dans lequel Fakoly appelle les Africains à s'unir pour combattre les forces impérialistes. Il y prône la solidarité panafricaine comme seule solution viable pour construire une Afrique véritablement souveraine et indépendante.

8. **"La Renaissance africaine"** (2014)
    o Fakoly y développe l'idée d'une renaissance culturelle, spirituelle et politique pour l'Afrique. Cet ouvrage propose des solutions concrètes pour redonner à l'Afrique sa place centrale dans l'histoire mondiale, en revisitant son passé glorieux et en construisant un futur sur ses propres fondations culturelles.

9. **"Esclavage moderne : le piège de la mondialisation"** (2013)
    o Fakoly y critique sévèrement la mondialisation qu'il considère comme une nouvelle forme d'asservissement pour l'Afrique. Il y expose comment les structures économiques mondiales continuent de maintenir le continent sous le joug des grandes puissances.

10. **"Cheikh Anta Diop et la renaissance africaine"** (2016)
    o Un hommage à l'œuvre de Cheikh Anta Diop,

dans lequel Fakoly met en avant les contributions intellectuelles de Diop à la renaissance africaine. Il explore les enseignements clés de Diop et leur pertinence dans le contexte contemporain des luttes africaines.

Articles et contributions majeures
1. **"La quête d'identité africaine à travers les âges"**
    - Un article explorant les tentatives des Africains de redécouvrir et de réaffirmer leur identité au fil des siècles. Fakoly y montre que cette quête est intrinsèquement liée aux luttes pour l'indépendance et la souveraineté.
2. **"Les dynasties africaines oubliées"**
    - Fakoly y met en lumière des dynasties africaines méconnues ou occultées par l'histoire officielle, soulignant leur importance dans la construction de la civilisation mondiale.
3. **"Décoloniser les mentalités"**
    - Cet essai explore l'idée que la véritable indépendance de l'Afrique doit commencer par la décolonisation des esprits, une prise de conscience de la colonisation culturelle et intellectuelle qui continue de persister.
4. **"La jeunesse africaine et l'avenir du continent"**
    - Un texte inspirant où Fakoly adresse un message aux jeunes Africains, les exhortant à prendre la relève des luttes pour la liberté et à se réapproprier leur héritage culturel et spirituel.

Conférences et vidéos documentaires
Doumbi Fakoly est également un conférencier prolifique, ayant participé à de nombreux événements panafricanistes à travers le monde. Ses conférences sont souvent l'occasion pour lui de partager ses connaissances sur l'histoire et la spiritualité africaine, tout en engageant un dialogue avec la diaspora africaine.

1. **"La libération spirituelle de l'Afrique"** (Conférence)
    - Dans cette conférence, Fakoly explique

comment la renaissance africaine ne peut être complète sans une réappropriation des spiritualités africaines, qu'il considère comme la clé de la véritable liberté.
   2. **"Décoloniser l'histoire africaine"** (Documentaire)
      o Un documentaire dans lequel Fakoly s'attelle à déconstruire les récits historiques occidentaux et à promouvoir une vision africaine de l'histoire, en particulier à travers l'étude de l'Égypte antique et des grandes civilisations africaines.

Collaborations et ouvrages collectifs
   1. **"Cheikh Anta Diop, une conscience africaine"** (2015, collaboration)
      o Fakoly a contribué à cet ouvrage collectif consacré à Cheikh Anta Diop, où divers auteurs discutent de l'influence de Diop sur la pensée panafricaniste moderne.
   2. **"PanAfricanisme : Hier, aujourd'hui, demain"** (2017, collaboration)
      o Un ouvrage collectif où Doumbi Fakoly, aux côtés d'autres intellectuels africains, explore les évolutions du panafricanisme à travers les décennies et la manière dont ce mouvement continue de façonner les luttes pour la liberté africaine.

Œuvres posthumes et rééditions
Plusieurs ouvrages de Fakoly ont été réédités après sa mort, souvent enrichis de préfaces ou d'analyses supplémentaires pour mieux contextualiser ses travaux dans les débats contemporains sur l'Afrique et sa diaspora.

Frantz Fanon
Livres et ouvrages
   1. **"Peau noire, masques blancs"** (1952)
      o Cet ouvrage majeur est l'une des premières analyses psychanalytiques de l'aliénation raciale. Fanon y étudie les effets dévastateurs de la

colonisation sur la psyché des colonisés, en particulier le sentiment d'infériorité que le racisme impose aux Noirs. Il y aborde des thématiques telles que l'assimilation, le complexe d'infériorité et la relation entre colonisé et colonisateur.
2. **"Les Damnés de la terre"** (1961)
    o Publié peu avant sa mort, ce texte est considéré comme le testament révolutionnaire de Fanon. Il y expose une analyse radicale de la violence coloniale, de la révolte et de la lutte pour la décolonisation. Fanon y défend la violence comme un moyen légitime de libération des peuples colonisés et critique durement les élites nationales post-indépendance qu'il accuse de reproduire les structures d'oppression coloniale.
3. **"L'An V de la révolution algérienne"** (1959, également publié sous le titre "Sociologie d'une révolution")
    o Dans cet ouvrage, Fanon décrit et analyse les transformations sociales provoquées par la lutte pour l'indépendance de l'Algérie. Il y explore les dynamiques de la révolution algérienne, la manière dont la guerre de libération modifie la société algérienne, et le rôle des femmes et des paysans dans cette transformation.
4. **"Pour la révolution africaine : Écrits politiques"** (1964)
    o Ce recueil d'articles et de lettres, publié après la mort de Fanon, compile ses réflexions politiques, ses analyses de la situation africaine, et ses prises de position en faveur de l'unité africaine. Ces textes révèlent la profondeur de sa pensée politique, son engagement pour la cause africaine, et sa critique des compromis des élites nationalistes.
5. **"Œuvres complètes"** (2011)
    o Cette édition réunit tous les écrits majeurs de Fanon, ainsi que des documents inédits ou

moins connus. Elle constitue une ressource incontournable pour comprendre la totalité de la pensée de Fanon et son impact sur les mouvements de décolonisation et les théories critiques contemporaines.

Articles et contributions majeures
1. **"Racisme et culture"** (1956)
   - Dans cet article, Fanon explore la manière dont le racisme s'inscrit dans les structures culturelles de la société coloniale. Il démontre que le racisme ne se limite pas à des préjugés individuels, mais qu'il est une composante systémique de la domination coloniale.
2. **"Le syndrome nord-africain"** (1952)
   - Cet article psychiatrique analyse les maladies psychosomatiques des patients nord-africains sous le régime colonial. Fanon y démontre comment l'oppression coloniale affecte la santé mentale des colonisés, illustrant l'intersection entre l'aliénation politique et la maladie mentale.
3. **"Médecine et colonialisme"** (1959)
   - Dans cet essai, Fanon critique le rôle de la médecine coloniale dans la répression des peuples colonisés. Il y démontre que la médecine, loin d'être neutre, sert souvent d'outil de contrôle et de manipulation des populations.

Conférences et interventions
1. **Discours à la Conférence de Bandung** (1955)
   - Fanon, bien que n'étant pas présent à cette conférence historique, en a largement commenté les retombées. La conférence de Bandung, qui réunissait des nations africaines et asiatiques, a fortement influencé sa pensée sur le tiers-monde et la solidarité des peuples colonisés.
2. **Discours à la conférence des écrivains afro-asiatiques de Rome** (1959)
   - Lors de cette conférence, Fanon s'exprime sur

la nécessité d'une littérature engagée, une littérature qui soit l'arme de la révolution et non le reflet d'une élite déconnectée des réalités du peuple.

Films et documentaires sur Frantz Fanon
1. **"Frantz Fanon : Peau noire, masques blancs"** (1996, réalisé par Isaac Julien)
    - Ce documentaire retrace la vie et les idées de Frantz Fanon, en se concentrant particulièrement sur son premier ouvrage. À travers des interviews, des lectures de ses textes et des images d'archives, ce film met en lumière la portée de ses idées sur le racisme et la colonisation.
2. **"Frantz Fanon : Sa vie, son combat, son œuvre"** (2001, réalisé par Cheikh Djemai)
    - Ce documentaire biographique explore le parcours de Fanon, de sa jeunesse en Martinique à son engagement dans la guerre d'indépendance algérienne, en passant par son rôle de penseur révolutionnaire. Il met également en lumière son engagement en tant que psychiatre et son combat pour la libération des peuples colonisés.

Ouvrages et essais critiques sur Fanon
1. **"Frantz Fanon et les Antilles : Paradoxes et enjeux d'une pensée tourmentée"** (2004, de Patrick Chamoiseau)
    - Ce livre explore la complexité de l'identité antillaise de Fanon et la manière dont elle a influencé sa pensée politique et philosophique. Chamoiseau y examine les tensions entre son appartenance martiniquaise et son engagement pour l'Afrique et l'Algérie.
2. **"Fanon : Collective Ethics and Humanism"** (2011, de Nigel C. Gibson)
    - Cet ouvrage critique analyse l'humanisme de Fanon à travers le prisme de ses écrits et de ses

engagements politiques. Gibson y explore les implications de l'éthique collective chez Fanon, notamment en ce qui concerne les luttes de libération et la construction d'une nouvelle humanité.
3. **"Frantz Fanon: A Biography"** (2012, de David Macey)
   o Une biographie détaillée de Fanon qui retrace sa vie, son engagement, et l'impact de ses écrits sur la pensée contemporaine. Macey y aborde à la fois l'homme et le philosophe, offrant une analyse approfondie de sa carrière de psychiatre et de son rôle dans les mouvements de libération.

Impact et héritage

Frantz Fanon a laissé une empreinte indélébile sur la pensée critique contemporaine, notamment dans les études postcoloniales, les théories critiques du racisme et la philosophie de la décolonisation. Ses écrits ont influencé de nombreux mouvements de libération à travers le monde, en Afrique, en Amérique latine et au Moyen-Orient. Aujourd'hui encore, ses idées continuent de nourrir les réflexions sur la lutte contre le racisme, l'identité et l'émancipation des peuples marginalisés. Fanon n'a pas seulement écrit sur la révolution ; il l'a vécue et l'a inspirée. Son héritage intellectuel est un appel à l'action, une invitation à poursuivre la lutte pour la justice et l'égalité. Il nous rappelle que la liberté ne s'obtient pas sans combat et que la véritable décolonisation exige la réappropriation de notre humanité dans toutes ses dimensions.

En complément :

Kamitisme et Kemet
1. **Jean Philippe Omotundé** - *Qu'est-ce qu'être Kamit(e)* : Une exploration des origines et des valeurs du kémitisme
2. **Abbé Justin Zangré** - *Le kémitisme ou le kamitisme* : Une documentation détaillée sur les origines et les principes du kémitisme[1].

Panafricanisme
1. **Amzat Boukari-Yabara** - *Africa Unite ! Une histoire du panafricanisme* : Une analyse historique et philosophique du panafricanisme[2].
2. **Kwame Nkrumah** - *Africa Must Unite* : Un appel à l'unité africaine par l'un des leaders les plus emblématiques du panafricanisme.
3. **W.E.B. Du Bois** - *The Souls of Black Folk* : Un texte clé pour comprendre les racines intellectuelles du panafricanisme.

Cosmogonie Kamite
1. **Moustapha Gadalla** - *Egyptian Cosmology: The Animated Universe* : Une étude approfondie de la cosmologie égyptienne antique.
2. **R.A. Schwaller de Lubicz** - *The Temple in Man* : Une exploration des symboles et des croyances cosmogoniques de l'Égypte ancienne.

Mouvement Kamite
1. **Molefi Kete Asante** - *Afrocentricity: The Theory of Social Change* : Une perspective afrocentrique sur l'histoire et la culture africaine.
2. **Runoko Rashidi** - *Introduction to the Study of African Classical Civilizations* : Un guide pour comprendre les civilisations classiques africaines et leur héritage.

Remerciements

Que le Ka de nos prédécesseurs illustres soit vivifié, ils ont apporté une nouvelle clarté permettant d'ouvrir des voies vers une prise de conscience collective. Ma mère qui a quitté ce monde pour les rivages sacrés, où les âmes se retrouvent dans la grande salle, à mon père fils de Kemet qui est parti avant vers la lumière. Lili et Nana les piliers, Yasmina Fagbemi, infatigable de bout en bout, Marie Ange Gnahoré pour sa patience, Kika pour son affection indéfectible, Theo Dullis, Uriel, Marina, Karolina, Alberta, Tioleja films. Mes soutiens fidèles dans cette mission de vie. Ceux que je n'ai pas cité, vous êtes avec moi ici et ailleurs.

Dépôt légal : Janvier 2025
Gabriel Souleyka